역사를 바꾼
위대한 라이벌

역사를 바꾼

위대한 라이벌

· 화장 지음 | 정광호 옮김 ·

SAA 시아

인생의 성패를 가르는 지모와 책략을 만나다

유구한 중국 역사 속에는 우리를 감개무량하게 하는 수많은 이야기들이 있다. 우리는 이 장중한 역사의 장을 펼쳐 들 때마다 깊이 사색할 만한 가치가 있는 화제들을 매번 발견하게 된다. 중국 5천 년 역사의 풍운은 굽이굽이 우여곡절 속에 경탄을 금할 수 없게 하는 사건들과 인물들을 그렇게 무수히 탄생시켰다.

이 책은 상세하고 확실한 역사 사료를 바탕으로, 역사의 거대한 물줄기 속에서 비교적 영향력을 지녔던 풍운아들 사이에 발생했던 대결투 사건들을 독자들에게 펼쳐 보이고자 한다. 그들은 대개 상이한 정치적 배경과 인생관 그리고 추구해 온 사상의 차이 등으로 인하여 극렬한 갈등과 충돌을 빚었다. 그들은 정치·경제·문화·군사 등의 영역에서 스스로의 지모와 책략으로 역사의 무대에 등장하여 각기 자신에게 주어진 역할을 수행한다. 그리고 개개의 대결투는 권력욕과 인성, 참된 지식과 탁견, 모략과 술수, 웅변과 지략, 사악함과 정의가 서로 어우러지고 부딪치며 역사상의 대사건들을 연출해 낸다.

　그들 중에는 경륜이 빼어난 정치가가 있는가 하면, 나라의 경제를 관장하여 치국안민을 이룬 경세가가 있고, 학술에 조예가 깊은 문화계의 명인도 있으며, 지략과 지모가 넘치는 병술가와 사상가도 있다. 그들은 하나같이 비범한 지혜와 재능의 소유자들이었으며 흉중의 포부와 원대한 뜻을 실현하기 위해 노심초사하며 지략을 짜내고, 군막에서 기병의 전략을 세우고, 또 천하를 종횡하며 외교 수완을 부려, 때로 역사의 풍운을 불러일으키고 때로 천하대세의 물줄기를 돌려세우기도 했다. 이들의 이야기를 통해 복잡다단하게 전개되는 역사의 진상과 내막을 펼쳐 보임으로써 독자들은 살기등등한 무용과 인간의 비정함이 교차하는 역사상의 대결투를 목도하고, 아울러 역사발전의 참뜻을 체득하게 될 것이다.

　'최고의 경지에 이른 문장에는 아무런 기교가 없다'라는 말이 있다. 이 역사적 사건들을 서술하고 평론함에 오직 역사상의 선명하고 객관적인 사실에만 기초하려고 한다. 또한 역사발전의 배경을 탐구하는 노력을 통하여 과거에 대한 이해와 인식을 넓히는 동시에 그 현재와 미래를 가늠하는 데 도움이 되기를 바란다.

　역사의 진전이 어느 개인에 의해 결정되는 것은 아니다. 그러나 또한 우리 한 사람 한 사람의 노력과 밀접한 관계가 있음을 부인하기도 어렵다. 누구나 예외 없이 성공을 추구하는 이 시대에, 오직 분발과 노력을 통해 시련과 고난을 극복하고 과학적이고 효율적인 방법으로 스스로의 인생과 사업을 경영할 때 비로소 이상을 실현하고 성공의 탄탄대로로 나아갈 수 있다. 이 책은 역사상의 걸출한 인물들의 대결투를 서술하는 동시에 '성패의 거울'과 같은 형식으로 대결투 사건 속의 두 상징적 인물에 대해 객관적인 분석과 평론을 추가했다. 옛일을 오늘의 교훈과 거울로 삼고, 역사적 경험을 정리하는 가운데 우리는 스스로의 인생에 적잖은 깨우침을 얻을 수 있을 것이다. 동시에 생존경쟁의 격렬한 환경 속에 처한 독자들로 하여금 어리석음과 우둔함을 멀리하고, 총명과 지혜를 발휘하여 올바른 결단을 내릴 수 있게 함으로써 사업상 비범하고 탁월한 성과를 쟁취하고, 스스로의 인생을 성공적으로 이끌어가는 데 적잖은 도움을 주리라 생각한다.

지면의 제한과 시간적인 촉박함, 동시에 작자의 능력 부족 등으로 내용 중에 불가피한 누락과 착오가 없지 않으리라 여긴다. 독자 여러분의 비평과 지적을 겸허히 수용하고자 한다.

화장

일러두기

현행 외래어 표기법에서는 중국 인명과 지명의 경우 신해혁명을 기준으로 이전 시대는 한자음대로
표기하고, 이후 시대는 중국어 발음에 따라 표기할 것을 권한다. 그러나 이 책의 본문은 시대구분 없이
모두 한자음으로 표기하였다. 여러 연대가 섞여 있어 표기법을 통일할 필요가 있었기 때문이다.

1. 대업을 향한 끝없는
집념으로 승리를 쟁취하다

부차夫差 VS 구천句踐

오의 부차(夫差, ?~B.C. 473)와 월의 구천(句踐, ?~B.C. 465)은 모두 춘추시대 말기의 인물로 각기 자국의 영역을 확장하고 한때 열국의 패자로 군림했던 영웅들이다. 또한 그들은 왕가의 후손으로 태어났다는 공통점을 지녔으나 한 사람은 우유부단하고 인정에 쉽게 얽매이는 성격의 소유자였던 반면에, 다른 한 사람은 노련하고 신중하며 상황에 대처하는 융통성이 탁월한 인물이었다.

열국의 제후들이 서로 패권을 다투어 전란이 끊이지 않던 시대에, 두 사람의 대결은 사실 오월 양국의 국가 간 대결이었던 셈이며, 동시에 선대(先代)의 원한과 대결을 대를 이어 물려받은 것이자, 양국 신하들이 서로 지략과 무용을 겨루는 경쟁의 장이 되었다. 두 사람은 공히 부업을 계승하여 부국강병을 이루고 중원의 패권을 거머쥐고자 했다. 나라와 가문의 원수를 갚고, 패권국의 위업을 쟁취하기 위해 서로 이웃나라였던 오와 월의 두 젊은 군왕 부차와 구천은 이리하여 목숨을 건 처절한 결투의 드라마를 연출하게 된다.

나라를 빼앗긴 구천은 오나라에 노비로 잡혀가 온갖 고초를 겪고 심지어 인분을 먹는 굴욕까지도 참아내며 은인자중 재기의 기회를 기다렸다. 그런 와중에 그는 한시도 설욕의 집념을 누그러뜨리지 않았다. 그리고 고국으로 돌아온 구천은 와신상담(臥薪嘗膽)하며 국력을 증진시키는 데 전심전력했다. 책사와 선비들을 모으고, 백성들의 생업과 물산을 장려하며, 군비를 확충하여 전쟁 준비를 게을리하지 않았다. 그리고 마침내 군민이 일치단결하여 국가의 역량을 모은 다음, 오나라를 쳐서 멸하고 지난날의 치욕을 되갚은 뒤에 열국의 패권을 장악하는 위업을 달성하게 된다.

한편 부차는 월나라를 제압하고 선대의 패배를 설욕한 다음, 인의의 도리에 미혹되어 잡은 범을 다시 산에다 놓아주는 우를 범하게 된다. 게다가 그는 소인배들을 총애하여 그들의 참언에 귀를 기울이고 여색을 가까이하며 정무를 소홀히 했다. 이리하여 민생은 나날이 피폐해졌고, 국력은 쇠퇴해 갔다. 일단 패자의 지위에 오르자마자 오나라는 그 국력이 급속히 쇠퇴하는 하강 국면을 맞아, 마침내 월나라에 의해 멸망당하고 부차 자신은 스스로 목숨을 끊는 치욕을 당하여 그 한을 구천에까지 지고 가게 된 것이다.

이 두 사람의 대결은 칼춤이 난무하고 대규모 전투가 수반되는 장관을 연출하고, 대업을 이루기 위해 온갖 치욕을 참아내는 고난과 인내, 인간사의 온갖 비참함과 처량함이 끊임없이 교차한다. 그리하여 읽을수록 희비가 교차하고 그 감회가 무궁무진하다!

오월의 깊어가는 원한

부차는 춘추시대 오나라의 마지막 군주로서 합려(闔閭)의 아들로 태어났다. 장강(長江, 양쯔강) 하류에 위치한 오는 원래 서주(西周) 초기의 봉국(封國)으로 출발했다. 춘추시대의 오는 경제적으로나 문화적으로 중원 국가들에 비해 매우 뒤처졌고, 그들과의 교류도 매우 적은 편이어서 사서에 오에 관한 언급은 매우 희귀한 편이다.

그러나 춘추시대 말기에 접어들어 오나라는 서서히 국력이 증강했다. 당시 진(晉)과 초(楚)가 패권을 다투던 시기였고, 진은 초나라를 견제하기 위해 오나라와 연맹관계를 맺었다. 기원전 583년, 진은 인력을 파견하여 오에게 중원의 마차, 궁술, 마술, 진법 등을 전수하는 한편 오에게 초와 대치할 것을 촉구했다. 이에 부응하여 오는 초를 공격하여 그 변경 땅 일부를 병탄하기에 이른다.

기원전 522년, 초나라의 대신 오사(伍奢)가 초나라 평왕(平王)에 의해 죽임을 당하자 그 아들 오자서(伍子胥)는 몸을 피해 여러 곳을 유랑하다가 오나라로 망명했다. 그로부터 7년 후, 오자서는 오의 왕자 광(光)을 도와 오나라 왕 요(僚)를 암살하고 왕위를 잇게 하는데 이렇게 즉위한 새 오왕이 바로 합려다. 이즈음 초에서 백비(伯嚭)도 오나라로 몸을 의탁해 망명해 왔다. 오자서와 백비는 모두 오왕 합려에 의해 중용되었고, 초를 공격하는 전략을 세우는 데 적극 참여했다.

공교롭게도 당시 역사상 유명한 병서인 『손자(孫子)』의 저자 손무(孫武)도 오에 머물고 있었다. 기원전 512년, 합려는 이들의 보좌 아래 오의 대군을 이끌고 초의 영토 깊숙이 들어가 이 남방의 대국을 유린했다.

기원전 506년, 합려는 다시 친히 대군을 이끌고 초를 공격하여 5전 5승의 전공을 세우며 초의 수도인 영(郢)을 공략했다. 이때 합려의 형제 중 한 사람인 대장 부개(夫概)가 군사를 이끌고 오의 도읍으로 들이닥쳤다. 그는 왕위를 빼앗으려는 야심을 품고 있었으나, 태자 파진(波秦)이 굳게 지키고 있어 성을 함락시킬 뾰족한 방법이 없었다. 그래서 부개는 월나라로 사람을 보내 원병을 청하기에 이른다.

월나라는 오와 국경을 접한 이웃 나라로 언어나 풍습, 경제 수준 등에서 오와 유사한 점이 많았다. 오늘날 절강성 일대에 위치한 월은 고대 월족(越族)의 한 분파가 정착하여 건국한 나라였다.

기원전 6세기 중엽, 약소국인 월은 주로 초나라에 의지하고 있었고 그 속국이나 다름없는 처지였다. 부단히 초에 조공을 바치고 초로부터 간섭과 지시를 받아야 했으며, 초를 따라 수차례 오를 정벌하는 데 가담했다. 이리하여 이웃한 두 나라는 그 원한이 나날이 깊어갔다.

월은 특히 윤상(允常)이 재위하던 시기, 초와 중원으로부터 선진적 생산기술을 받아들여 경제가 번영하고 국력이 증강했다.

이즈음 부개가 원병을 청해오니, 월왕 윤상에게는 뜻밖의 기쁨이었다. 그렇지 않아도 윤상은 오왕 부차가 초를 치기 위해 나라를 비운 사이 오를 공격할 마음을 품고 있던 차였다. 월은 즉시 군사를 일으켜 호탕하게 오나라로 진격했으며, 도읍인 고소(姑蘇)로 물밀듯이 들이닥쳤다.

오왕 합려는 이 소식을 듣고 급히 군사를 돌려 오로 돌아와 부개를 물리쳤다. 부개가 패해 도망가 버리자 윤상도 혼자서는 합려를 대적하기 어려워 철군하여 귀국길에 올랐다. 국난을 당한 오왕 합려가 황망히 회군하자 궁지에 몰려 있던 초는 큰 위기를 모면하게 되었다. 합려는 십수 년 동안 초를 멸하기 위해 준비하고 쌓은 노력이 성취를 눈앞에 둔 순간, 일거에 물거품이 되어버리자 월에 대해 치를 떨며 후일 반드시 앙갚음을 하겠다는 복수심을 불태웠다.

그러나 합려는 강국 초나라를 한번 호되게 공략하여 그 위세를 떨치게 되자 서서히 자만에 빠지게 되었다. 그는 궁궐에 화려한 누각을 건조했을 뿐 아니라 일상생활도 서서히 제왕의 위엄을 갖추려고 갖은 사치를 부리기 시작했다. 이런 모습을 본 군사(軍師) 손무는 크게 실망하여 오를 떠나게 되고, 이후 다시는 그의 종적을 찾을 수 없게 된다.

한편 합려의 아들 파진은 부개를 물리친 후, 병을 얻어 드러눕더니 얼마 지나지 않아 세상을 뜨고 말았다. 이때 차남인 부차는 맏형이 병사하자 속으로 태자의 지위에 오르려는 생각이 간절했다. 그러나 부친에게 그럴 뜻이 없음을 알게 되자 마음이 조급해졌다. 그래서 그는 부친이 매우 신임하는 대신 오자서를 찾아가 도움을 요청했다.

이에 오자서는 합려에게 부차가 신의를 존중하고 품행이 방정하니 태자의 자리를 잇는 것이 당연하다고 건의했다. 원래 합려는 부차에게 나라의 대통을 잇게 하는 것을 매우 불안하게 여겼으나, 오자서에게 사람 보는 눈이 있음을 믿고 그의 건의를 받아들이는 동시에 그에게 향후 성심껏 부차를 보좌해 줄 것을 당부했다. 이리하여 부차는 오자서의 도움으로 마침내 태자의 자리에 오르게 되었다.

기원전 496년, 월왕 윤상은 병이 깊어 일어나지 못하게 되었다. 이에 그의 아들이 왕위를 계승하니 이 사람이 바로 구천이다.

합려는 윤상이 병사하자 대신들에게 9년 전 자신이 초를 정벌하던 와중에 기습해 와 대업을 성사 직전에 망쳐놓은 일을 들며 월을 치자고 주장했다. 어린 구천이 왕위를 계승하여 나라가 아직 안정되지 못한 상황이니 지금이 절호의 기회라는 것이 그의 판단이었다. 그러나 대신 오자서가 이의를 제기했다. 남이 상을 입어 장례를 치르는 와중에 공격하는 것은 대국으로서의 위풍을 손상하는 것이란 주장이었다.

비록 오자서가 수차례 간했으나 합려는 이를 듣지 않았다. 그는 먼저 오자서에게 부차를 보좌하여 도읍을 지킬 것을 당부한 뒤, 친히 대군을 거느리고 월을 치기 위해 진군했다.

부친의 장례를 치르던 구천은 오왕 합려가 대군을 이끌고 쳐들어온다는 소식을 듣고 급히 군사를 소집하여 손수 응대에 나섰다.

이때 합려가 이끄는 오군은 이미 월나라 깊숙이 들어와 있었다. 양군은 진지를 구축하고 대치했다. 구천은 오군이 먼길을 행군해 피로한 기색이 역력한 것을 보고 속전속결할 것을 결심했다. 그래서 그는 결사대를 결성하고 군사를 세 갈래로 나누어 오의 진지를 공격하도록 지시했다. 그러나 합려도 이미 산전수전을 겪은 노장이었다. 구천이 젊은 기백에 조급하게 서두르는 것을 보고 각 군영에 진지를 굳게 지키고 절대 월군에 응전하지 말라는 엄한 군령을 내렸다. 월군은 연이어 세 번이나 오군의 진지를 공략했으나 오군이 철통같이 진지를 지키며 꿈쩍도 않자 아무 성과 없이 돌아오고 말았다.

오군이 쉽게 무너지지 않자 구천은 전전긍긍하고 있었다. 이때 한 신하가 다가와 나지막하게 죄수들을 한번 이용해 보라고 건의했다. 원래 월군은 출병할 때 다수의 죄수들을 데리고 왔었다. 절체절명의 시기에 그들로 결사대를 구성하여 적군을 타파함으로써 나라에 보국할 기회를 주고 그 대가로 죄를 사면해 줄 계책을 세우고 있었던 것이다. 그런데 구천이 마음이 조급해져 이 일을 까맣게 잊고 있었던 것이다. 누군가 그에게 이 일을 상기시키자 그는 즉시 계책을 기억해 내고, 원래 계획보다 더욱 잔인한 방법으로 그들을 이용하려고 했다.

구천은 죄수 3백 명에게 명을 내려 진지의 선봉에 세 줄로 도열하게 했다. 그리고 모두 상의를 벗게 한 다음 번득이는 칼을 각자 목에다 대고 오군과 대면하게 했다. 잠시 후, 제일 앞줄의 죄수들이 큰 걸음으로 오군 진지 가까이 다가가 크게 소리쳤다.

"우리 국왕이 스스로 힘을 과신하여 지난날 귀국의 미움을 사게 되었다. 귀국이 이렇게 군사를 움직여 그 죄를 물으려 하니, 우리는 국왕을 대신하여 죽음으로써 속죄하려고 한다!"

말이 떨어지기가 무섭게 그들은 일시에 목에 댄 칼을 힘껏 휘두르니, 하나같이 선혈을 뿜으며 바닥에 쓰러져 죽었다.

오왕과 그 군사들은 들어본 적이 없는 희한한 일이 눈앞에서 벌어지자 모두 어안이 벙벙해졌다. 이때 두 번째 줄의 죄수들이 또 다가와 역시 같은 말을 크게 소리치더니 모두 칼을 휘둘러 자결했다. 이어서 세 번째 줄의 죄수들도 역시 같은 길을 걸었다. 월군 병사들이 줄을 지어 다가와 모두 피를 뿌리며 쓰러지는 목불인견의 장면에다 진지 앞의 땅이 피로 흥건해지자 오군 진지에는 서서히 공포 분위기가 조성되기 시작했다. 담이 작은 일부 병사들은 다리가 후들거려 더 참지 못하고 뒤로 물러서기 시작했다.

전열의 앞쪽이 이렇게 서서히 무너지니, 뒤쪽에서는 서로 밀고 부딪치며 전체 진영이 혼란에 빠지기 시작했다. 바로 이때 월군 진영에서 돌연 북소리가 들리더니, 정예 병사들이 두 갈래로 나누어 오군의 진중으로 치고 들어갔다. 월군의 갑작스런 공격에 오군 진영은 크게 동요했다.

양군은 서로 뒤섞여 처절한 전투를 전개했다. 월군의 대장 영고부(靈姑浮)는 합려의 전차를 향해 돌진해 들어갔다. 합려의 위병들이 결사적으로 막았지만 기세등등한 영고부를 당해낼 수가 없었다. 상황이 위급한 것을 알아차린 합려가 몸을 피해보려고 했지만, 민첩한 동작으로 전차로 다가선 영고부의 칼에 그만 왼쪽 다리를 맞고 말았다. 합려는 통증을 이기지 못하고 전차 위에 그대로 쓰러져 혼절했다. 이에 오군 장졸들이 일제히 몰려들어 영고부를 격퇴하고 합려를 구해냈다.

오왕이 상처를 입고 쓰러지자 오군 장졸들은 더 이상 싸울 생각이 없었다. 재상 백비는 어쩔 수 없이 장수들에게 철군할 것을 명했다. 구천이 철군하는 오군을 뒤쫓아 다시 한 번 크게 공세를 펼치자 오군은 죽고 상하는 자를 헤아릴 수 없었다. 다행히 해가 저물어 구천이 더 이상 추격을 계속할 수 없게 되자 마침내 오왕 합려는 살길을 찾아 도주하여 생명을 보전할 수 있었다. 이 전투를 통해 오월 양국의 원한은 한층 더 심화되었다.

중상을 입고 회군하여 돌아온 합려는 월국에 대한 원한만 더 키운 채 자신의 목숨이 오래 버티지 못할 것을 예감했다. 그는 태자 부차를 불러, 자기를 대신해 원수를 갚아줄 것을 재삼 당부했다. 그리고 그날 밤을 넘기지 못하고 세상을 하직했다. 부차는 크게 애통해하며 장중하게 부친의 장례식을 치렀다.

월왕 구천은 즉위한 지 얼마 되지 않은 시기에 하찮은 계책으로 강국 오나라의 대군을 물리치자 오만에 빠졌다. 더구나 천하의 합려마저 세상을 떠났으니 이제 오나라도 겁낼 것이 없다고 여겼다. 그리하여 그는 태만해져 정사를 돌보지 않고 주색잡기에 몰두했다.

부차는 즉위 후, 부친을 죽게 만든 월왕 구천을 마음속에 원수로 각인하고 그에 대한 복수의 일념에 절치부심했다. 그는 자신의 처소 출입구에 사람을 배치하고, 드나들 때마다 각성의 말을 던지도록 했다.

"부차! 월왕 구천이 네 부친을 살해한 원수를 갚아야 함을 잊었느냐?"

그러면 부차는 이렇게 대답했다. "그렇지, 내 결코 그 일을 잊지 않을 거야."

그는 매일 친히 군사를 조련하는 외에, 군량을 비축하고 병기를 개발하며 복수 준비를 차근차근 진행시켰다. 3년이 지나자 오의 국력은 예전의 상태를 회복했다. 그러나 부차는 이에 만족하지 않고 더욱 분발을 독려했다. 오자서는 부차를 도와 복수 준비에 많은 공헌을 했다. 백성들 사이에 그의 명망은 마치 부모와 같아서 그가 내린 칙령이라면 따르지 않는 이가 없었다. 이렇게 오의 군민은 상하 구분 없이 일치단결하여 정신적으로나 물질적으로 복수를 위한 만반의 준비를 갖추었다.

이리하여 오월 사이에 또 한 차례 대전투가 임박하게 되었다.

복수는 복수를 낳는다

기원전 494년, 오왕 부차는 드디어 영을 내려 오자서로 대장을 삼고, 백비로 부장을 삼아 전국의 정예 병력을 총동원하여 오호(五湖)의 수로를 통해 월나라로 진격했다.

월왕 구천은 오나라가 군사를 일으켜 쳐들어온다는 말을 듣자

입가에 냉소를 띠었다. 그는 지난 전투에서 중원에서도 두려워하는 강국 오나라를 패퇴시키고 난 후, 기고만장하여 이제 부차 정도는 아예 안중에도 없었다. 그는 대신들을 모두 소집한 회의에서 지난 전투에서 썼던 것과 같은 계책을 다시 사용하여 적군의 기선을 제압하고 속수무책의 혼란에 빠지도록 하겠다고 말했다. 그러나 대신 범려는 이번 전투가 지난번과는 크게 상황이 다름을 꿰뚫어 보고 있었다. 오군은 지난 3년간 복수를 위해 절치부심하며, 백성들이 합심하여 철저한 전투준비를 갖추고 난 뒤 출병한 것이 아니던가! 범려는 상황이 월에 불리한 만큼 경거망동하여 가벼이 출병하는 것보다 수성의 전략으로 대응하는 것이 상책임을 건의했다. 이때 대부 문종(文種)도 나서서 계책을 건의했다.

"오군은 전투준비를 충분히 갖추어 사기가 충천해 있고, 반드시 이긴다는 신념에 불타고 있습니다. 먼저 아군이 거짓 패배를 한 다음 후하게 예물을 갖추어 화의를 요청하고, 그들이 해이해져 경계가 느슨해지기를 기다렸다가 갑자기 기습을 가한다면 결국 우리가 최후의 승리를 취할 것입니다."

구천은 신하들의 건의를 듣다 더 참지 못하고 손을 내저으며 말을 끊었다.

"그대들은 남의 기를 살려주고 스스로는 맥이 빠지게 하는 말을 그만두라. 두 대신의 계책은 비록 안정적이기는 하나 우리 월국을 너무 작게 보는 것이 아닌가? 당당한 월국의 군주로서 어찌 그리 겁쟁이처럼 비굴한 모습을 저 부차 같은 어린애 앞에 내보인단 말인가! 내 이미 결심을 굳혔으니, 그대들은 더 이상 다른 말을 하지 말

라. 이 전투를 내 기필코 이기고야 말리라!"

고집을 꺾지 않는 구천을 앞에 두고 평소 지모가 남다른 범려와 문종, 두 대신도 그 순간 어쩔 도리가 없었다. 그저 그 자리에 멍하니 서서 구천이 득의양양하게 병사를 배치하고 장수들에게 군령을 내리는 모습을 걱정스럽게 바라볼 뿐이었다.

준비가 잘 갖추어진 오군에 비해 훈련이 부족한 월군은 확실히 전투력이 부족했다. 지난 수년간 복수를 작심하고 군사를 단련한 부차와 자만에 빠져 주지육림에 묻혀 지낸 구천의 차이가 이렇게 드러난 것이었다. 구천은 일말의 불안한 마음을 무속의 힘에 기대고자 했다. 원래 월나라에는 무속이 성행하여, 귀신을 받들고 복을 비는 사람들이 많았다. 구천은 이런 무속활동과 제신들의 분묘를 모두 어느 산 위에다 모아놓고 그곳을 '무산(巫山)'이라 명명했다. 그 자신도 자주 이곳에 들러 제사를 올리고 신들의 가호와 나라의 번영을 빌었다. 이번 전투를 앞두고도 그는 무산을 참배했다. 아울러 거북 껍질로 길흉을 점쳐 보았다. 그 결과 길조의 문양이 나타나자 구천은 크게 만족하여 기병을 서둘렀다.

오왕 부차는 채 국경에 닿기도 전에 구천이 이미 군사를 이끌고 근접해 오고 있다는 소식을 들었다. 그는 즉시 정병 10만을 거느리고 나아가 월군을 맞았다. 양군은 오호의 초산(椒山) 부근에서 대치했다. 이곳은 오의 영토에 속하는 곳이었다.

오왕 부차는 원기왕성하게 높은 전차 위에 버티고 앉아 손수 북을 두드리며 전투를 지휘했다. 드디어 양군이 한바탕 전투를 치러 각기 적잖은 사상자를 냈다. 오자서는 전술을 바꾸었다. 먼저 많은 군사를 매복시켰다가 야간에 두 길로 적진에 가만히 다가가 횃불을 밝혀 들고 습격을 감행했다. 전투에 숙련되지 않은 월군은 이런 광경을 보고 크게 놀랐다. 그들은 어찌 응전해야 할지 몰라 우왕좌왕했다. 때를 놓치지 않고 오군은 총공세에 돌입했다. 부차는 더욱 복수의 일념을 가다듬으며 군사들을 독려했다. 오자서도 자기 몸을 돌보지 않고 큰 창을 들고 전차를 몰아 적진으로 돌진해 들어갔다. 오군 장졸들은 군왕과 대장이 이렇게 전투에 헌신하는 것을 보고 더욱 사기충천하여 일당백의 기세로 월군을 몰아쳤다.

이때 큰바람이 불어왔다. 오군에게는 순풍이어서 호랑이 등에 날개를 달아주는 격이었지만, 월군에게는 역풍이어서 더욱 버티기가 어려웠다. 얼마 지나지 않아 마침내 월군은 무너지기 시작했다. 오군은 더욱 힘이 솟아 수천 량의 전차로 월군을 추격했다. 오군이 전차 위에서 활을 쏘니, 바람의 힘을 얻은 화살은 더욱 세차게 월군의 진영으로 날아들었다. 월군은 죽고 상하는 자가 부지기수였다.

월군은 병기와 갑옷을 버리고 목숨을 구해 도망치기 시작했다. 월왕이 퇴각하는 병사들에게 칼로 위협하며 결사항전할 것을 촉구했지만 이미 전세를 되돌리기에는 역부족이었다. 범려는 이미 승패는 판가름 났다고 판단하여, 칼부림하며 발버둥치는 월왕을 부축하여 전차를 몰아 전장을 벗어났다.

월왕 일행은 패주하여 절강(浙江) 부근에 다다랐다. 월군은 피해가 심각했다. 더구나 언제 또 오군이 추격해 올지 알 수 없는 노릇이었다. 구천은 더 이상 오군을 대적할 여력이 없다고 판단하여, 오천여 명의 잔여병력을 이끌고 부득이 회계산의 한 작은 성으로 피신해 들어갔다. 그곳에서 험준한 산세에 기대어 성을 고수하며 더 이상 오군에 응전하지 않았다. 오군은 먼저 월국의 도읍을 가볍게 점령한 다음, 다시 대군을 몰아 구천이 숨어 있는 회계산을 겹겹이 에워쌌다.

산 위에 갇힌 구천은 이미 포위를 뚫고 도망갈 방도가 없었다. 부차도 그가 이미 독 안에 든 쥐나 다름없다고 여기고 군령을 내려, 군사들에게 다급하게 공세를 펴지 말 것을 주문했다. 오군은 산 아래 진을 치고 월군의 군량이 떨어지기를 기다려, 무력을 쓰지 않고 월군의 투항을 유도하는 전술을 구사했다. 과연 얼마 지나지 않아 산중의 월군들은 식량이 바닥나 풀을 뜯어먹으며 연명해야 했다. 위기에 몰린 구천은 성중의 백성들에게 누구든 오군을 물리칠 좋은 계책을 내놓는다면 그와 함께 국권을 나누어 가지겠노라 공포했다.

구천의 간절한 모양을 보고 대부 문종이 나아가 장기 계책을 내놓았다.

"지금 오군은 훈련이 잘 돼 있고 사기가 충천하여, 무력으로 대적하기는 어렵고 모략을 쓸 수밖에 없습니다. 먼저 병사를 거두어 짐짓 항복하는 모양새로 오왕에게 화의를 구하여 당면한 적군의 예봉을 피해야 합니다. 그러면 오군은 승리에 도취될 것이고, 오왕은 자만하여 차츰 중원의 패권을 도모하려고 시도할 것입니다. 오가 중원의 강국들과 전쟁을 일삼아 국고와 민생이 피폐해지고, 이에 더하여 자연재해라도 덮쳐 흉년이 들게 되면 우리 월국은 자멸하는 오나라를 손바닥 뒤집듯이 손쉽게 제압할 수 있을 것입니다."

구천은 문종의 의도를 알아차리고 고개를 끄덕임으로써 동의를 표시했다. 이어서 구천은 범려에게 당장 어떻게 실행할 것인지를 물었다. 범려는 스스로를 극도로 낮추어 상대의 비위를 맞추는 언사로 후한 예물을 갖추어 오왕에게 화의를 구해야 한다고 간언했다. 구천은 문종과 범려의 건의를 받아들였다. 그리고 스스로 오국에 머리를 조아릴 뜻을 비쳤다.

이리하여 구천은 대부 제계(諸稽)를 오군 진영으로 보내 오왕에게 화의를 요청하게 했다. 제계는 오왕을 알현하자 화의를 간청하면서, 월왕 구천이 써 보낸 맹약 조서를 내보였다. 내용은 월왕의 두 딸을 오국으로 보내 궁중의 시녀로 삼고, 매년 시기를 놓치지 않고 오왕에게 조공품을 올리겠다는 내용이었다. 이어서 제계는 화의의 장점을 늘어놓으며, 월국의 간청을 받아들여 오국이 어서 중원의 패권을 도모하는 일에 매진할 것을 간곡히 진언했다. 월국 사신의 말에 부차가 마음이 움직이는 듯한 모양새를 보이자, 곁에 있던 오자서가 황망히 나서며 다 잡은 범을 놓아줄 수는 없다고 제지했다. 부차는 잠시 망설이다 결국 제계의 화의 요청을 거절하며 물리쳤다.

화의 담판이 실패했다는 소식이 월군의 진영에 들려오자 구천은 노기충천했다. 이에 그는 잔여병 5천을 이끌고 최후의 결전을 벌일 태세였다. 그러나 문종이 구천의 무모한 생각을 제지하며 또 다른 계책을 내놓았다. 미녀와 금은보화로써 뇌물을 밝히는 오의 재상 백비를 매수하자는 것이었다. 구천은 즉시 세심하게 여덟 명의 미녀를 뽑게 하고 그들을 화려하게 치장시킨 다음, 다량의 금은보화와 함께 문종을 시켜 은밀히 백비에게 보냈다. 문종이 백비를 만나 간청했다.

"우리 대왕께서 지난날 귀국에 큰 죄를 짓고 지금 후회가 막급입니다. 그래서 지금 오왕의 노복이 되어 지난 잘못을 회개하고자 하나 오왕께서는 도무지 허락을 하지 않으십니다. 이에 저희 월국의 군신들이 고민한 끝에 저를 보내 덕망이 높고 오왕의 신임이 두터운 귀공을 알현하고 월국을 한번 구해주실 것을 부탁드리게 되었습니다. 원컨대 귀국 대왕의 면전에서 저희를 대신해 간언을 드려 그 마음을 돌려주신다면 앞으로 이보다 더 후한 예물을 공에게 바치겠습니다."

말을 마친 문종은 예단(禮單)을 높이 받쳐 들고 무릎걸음으로 백비에게 다가갔다. 예단을 받아든 백비는 그 속에 미녀와 금은보화가 가득한 걸 보고 마음이 움직였다. 그러나 얼굴에는 여전히 엄숙한 빛을 띠며 말했다.

"월국의 종말이 조석에 달려 있고, 때가 되면 월국의 국부가 모두 오나라의 차지가 될 것이 자명한데 겨우 이 정도 예물로 나를 매수하자는 것인가!"

문종은 백비가 말은 이렇게 해도 이미 마음이 움직이고 있음을 알아차리고, 때를 놓칠세라 얼른 말을 이었다.

"지금 비록 월군이 패했다고는 하나 산상에는 아직 일만의 병사가 최후의 항전을 대비하고 있습니다. 만일 오왕께서 화의를 허락하지 않으신다면 그들은 결사항전에 나설 것이고, 그리되면 아마 승부를 장담하기 어려울 것입니다. 게다가 만일 월군이 다시 패한다면 월의 군신들은 국고와 보물들을 모조리 불사른 다음 바다를 건너 망명할 생각입니다. 그리되면 귀국은 황무지 외에 아무것도 얻는 것이 없게 될 것입니다. 설사 귀국이 월국의 보화를 모조리 차지한다손 치더라도 그것들이 모두 오왕께 귀속될 터인데, 공에게 돌아올 것이 얼마나 될 것인지요? 만일 공께서 월국을 도와 이번 화의를 성사시킨다면 저희 월의 군신들은 비록 몸을 오왕에게 기탁할지라도, 마음속으로는 공의 은덕을 결코 잊지 못할 것입니다. 그리고 금후 오국으로 보내는 조공도 먼저 공에게 보내고, 그 다음으로 오왕께 보내게 될 것입니다."

백비는 원래 월국을 보전하는 쪽으로 마음을 굳히고 있었는데, 눈앞의 미녀와 금은보화 그리고 문종의 간청으로 그 생각을 더욱 굳히게 되었다. 그래서 문종을 대동하고 오왕을 알현하러 가기로 약조했다.

다음날 이른 아침, 백비는 문종과 함께 오왕의 군영을 찾았다. 백비가 부차에게 간했다.

"선왕의 군사(軍師)가 예전에 말하기를, 병술은 흉기와 같으므로 필요할 때 잠시 이용하는 것이지 끊임없는 오랜 세월을 그에 의존할 수는 없는 것이라 했습니다. 지금 구천이 자신의 죄를 인정하고 그 죗값으로 월국 군신의 딸들을 우리나라로 보내 궁정의 시녀와 대신들의 첩으로 삼도록 하겠다고 합니다. 또한 월국의 보화와 미녀들을 모조리 국왕에게 헌상할 것도 약조했습니다. 이리되면 월은 이미 우리의 속국이요 멸망한 것이나 다름없습니다. 사정이 이러한데도 국왕께서 화의를 허락하지 않으신다면 궁지에 몰린 구천은 금은보화를 모조리 강에 던져버린 뒤, 처자를 죽이고 궁궐을 불사른 다음 우리와 결사항전을 벌이려고 할 것입니다. 결코 우리에게도 이로운 일이 아닙니다. 국왕께서는 부디 깊이 살피소서!"

이 말에 오왕은 마음이 물러지기 시작했다. 문종을 불러 화의에 관한 일을 논하려는 뜻을 내비쳤다. 오왕을 알현한 문종은 무릎으로 기어 다가가 연신 머리를 조아리며 월왕 구천의 명의로 죄를 빌었다.

"저 구천은 문종을 사신으로 삼아 삼가 오왕께 사죄를 청하고자 합니다. 왕께서 이 구천을 사면해 주신다면 저의 가속과 대신들의 자녀를 오국으로 보내 시종과 노비로 삼도록 하겠습니다. 아울러 아국의 보물도 남김없이 헌상하겠습니다. 또한 앞으로 저는 월국의 군사를 이끌고 오국에 귀순하여 왕의 지시에 따라 견마지로를 다하겠습니다. 그러나 불행하게도 왕께서 이 구천의 간청을 받아주시지 않는다면 저는 부득이 처자를 죽이고 국보를 모두 없애버린 다음 감히 왕께 맞서 마지막 결사항전의 길을 택하지 않을 수 없습니다. 부디 굽어살피소서."

문종이 침이 마르도록 사죄와 간청을 거듭하고 있을 때, 백비도 옆에서 맞장구를 치며 거들었다. 오왕 부차는 지난번 사신 제계의 간청에다가, 이번에 다시 문종의 거듭된 사죄와 자국의 재상인 백비의 탄원을 마주하자 서서히 마음이 열리기 시작했다.

이 모든 광경을 옆에서 지켜보고 있던 오자서는 마음이 불같이 조급해지기 시작했다. 그는 황망히 오왕에게 월왕을 사면할 수 없음을 간언했다. 이 기회에 월국을 멸하지 않으면 두고두고 후환이 될 것이라고 재삼 진언했다. 백비도 지지 않았다. 그는 월국으로부터 부탁받은 일을 오자서가 망쳐놓을까 걱정되어 오왕에게 연속해서 지금 월국과 화의를 맺지 않을 수 없음을 힘껏 주장했다.

이때, 오왕 부차는 이미 마음이 기울어 대신들에게 월과의 화의를 허락했다. 오자서는 오왕이 자신의 간언을 듣지 않자 다시 한 번 목소리를 높이며 말했다.

"대왕이시여! 화의는 절대 불가합니다. 월은 진심으로 항복하려는 것이 아니라 우리의 무력에 굴종하는 것일 뿐입니다. 월국의 대부 문종은 지모가 뛰어난 사람이라 지금 우리 오나라를 손바닥 위에 올려놓고 희롱하려고 합니다. 그리고 그는 거의 목적을 달성해 가고 있습니다. 그는 대왕께서 위풍을 중시하고 승부욕이 강함을 알고 지금 비굴한 언사로 대왕의 마음을 어지럽히고 있습니다. 그리하여 대왕으로 하여금 중원의 패권을 도모하도록 유인하여 우리 오국이 국고와 병력을 소모하고 난 뒤 자기들의 밥이 되도록 만들려는 것입니다. 월왕 구천은 백성들을 사랑하고 신의가 깊어 사방에서 사람들이 월국으로 귀속해 모여들고 있습니다. 더구나 월은 토지가 비옥해 해마다 풍년이 들고 곡식창고가 가득해 가니, 지금 저들이 곤경에 처한 기회를 빌려 멸하지 않으시고 장차 저들이 힘을 길러 강성해지면 어찌 대적하려 합시옵니까?"

부차는 이 말에 웃으며 대답했다. "대부는 어찌하여 월국을 그리 크게 보는 것이오? 월국이 과연 우리 오나라의 걱정거리가 될 만하다고 보시오? 그리고 만일 월국이 없다면 언제 우리가 무력을 휘두르며 군사의 강함을 과시해 볼 수 있겠소?"

이런 오왕의 태도에 오자서가 그래도 포기하지 않고 다시 간언하려고 하자, 이번에는 문종이 앞으로 나와 스스로 가슴을 치고 크게 울부짖으며 오왕에 대한 충성을 또 한번 다짐했다. 문종은 다시 울먹이는 목소리로 월국의 모든 대부와 부인들이 모두 오의 노비가 되고, 월국에 전해오는 나라의 모든 국보를 오나라에 헌상할 것이며, 구천은 친히 오왕의 제후가 되어 대를 이어 충성을 다하겠노라 소리 높여 다짐했다. 문종의 가련한 모양새를 오왕은 더 참고 볼 수가 없었다. 그는 더 이상 주저하지 않고 즉각 회군할 것과 월국과 화의할 것을 결정했다.

이 마지막 결정의 순간에도 오자서는 물러서지 않고 오왕에게 어느 것이 국익을 지키는 길인지 재삼 설명했다. 이왕 월국을 친 이상 지금 그를 멸하지 않는다면 나중에 반드시 후회하게 될 것이며, 대를 이어 원한이 깊은 인접한 적국을 보전토록 허락하는 것은 이후 큰 후환이 될 수 있음을 강변했다.

그러나 한번 마음을 결정한 부차는 더 이상 오자서의 충언이 귀에 들어오지 않았다. 오자서는 오왕이 백비와 문종의 말에 미혹되어 사태를 꿰뚫어 보지 못함을 보고 더 이상 어쩔 도리가 없었다. 그저 하늘을 우러러 길게 탄식하며 한없이 무거운 마음으로 군영을 물러났다.

군왕에서 노비가 되다

서로 사활을 건 오월의 한바탕 대전투는 이렇게 화의를 맺음으로써 마침내 종지부를 찍었다. 부차는 많은 전리품과 포로들을 이끌고 승리의 나팔을 불며 호탕하게 귀국길에 올랐다.

월왕 구천은 그제야 안심하고 회계산을 내려왔다. 전투에 참패한 뒤 굴욕적인 화의를 맺고 난 그의 심정은 참담하기 그지없었다. 구천은 도성으로 돌아가자마자 전사자들을 위해 후한 장례를 치르고, 다친 장병들을 위로하며, 민생을 보살피기 위해 동분서주했다. 국왕의 진심어린 노력과 위로 속에 민심은 차츰 안돈되는 모습을 보였다.

기원전 492년, 구천은 화의 조건대로 아내를 대동하고 노비생활을 하기 위해 오나라로 입조하게 되었다. 출발에 앞서 그는 궁내의 보물들이며, 종묘의 귀중한 제기들을 한데 모아 수습하고 민간에서 외모가 아름다운 처녀들을 공출했다. 모두가 오왕 부차와 재상 백비에게 예물로 바치기 위한 것이었다. 그런 후, 대신들을 소집해 정사를 안배했다.

그는 만면에 눈물을 머금은 채 신하들에게 당부했다. "작금 나라가 이렇게 큰 곤경에 빠지게 된 것은 모두 내가 그대들의 충언에 귀를 기울이지 않은 탓이오. 바라건대 그대들은 부디 나를 책망하지 말고, 내가 떠난 후에 날 대신하여 나라를 잘 다스려주길 바라오."

신하들은 구천의 처량한 모습을 보고 하나같이 눈물만 쏟을 뿐 목이 메어 말을 잇지 못했다. 그들은 구천에게 월나라를 부흥시키기 위해 목숨을 아끼지 않을 것임을 다짐했다. 그러자 구천도 마음속에 새로운 희망의 불씨가 일기 시작했다. 그는 신하들과 상의한 후, 문종을 데리고 오로 입조하고 범려에게 위탁하여 국정을 관장할 것을 결정했다.

그러자 범려가 겸허하게 간했다. "저는 본래 초나라 사람이나 이렇게 대왕의 신임을 받게 되니 참으로 몸 둘 바를 모르겠습니다. 그러나 국정의 능력을 논하자면 저는 대부 문종보다 한참 아래에 있습니다. 그러나 적국을 대응하고 임기응변을 부리는 일은 제가 대부 문종보다 더 적합할 것으로 생각합니다. 원컨대 대부 문종으로 하여금 국내에 남아 국정을 관장하게 하시고, 저는 대왕을 수행하여 오국으로 들어가게 하소서."

　　구천은 한참을 생각하다 범려의 건의를 받아들이기로 했다. 대신들도 그리하는 것이 더욱 합당하겠다고 동의했다. 뒤이어 구천은 각종 국정 사무를 세세하게 신하들에게 배분하고 그 책임을 분명히 하여 감히 태만하지 못하도록 경계했다. 이렇게 일체의 뒷일을 정돈하고 나자 마침내 출국할 날이 다가왔다.

　　구천은 부인과 함께 낡은 평민의 옷으로 갈아입고, 범려와 함께 도성을 떠나 물길로 오국으로 향했다.

　　월국의 군신들은 이 이별의 순간에 모두가 애통함을 이기지 못하고 서로 말없이 눈물만 지었다. 구천은 하늘을 우러러 한번 길게 탄식한 다음, 마침내 배에 올랐다. 그리고 일단 배에 오르자 구천은 다시는 뒤를 돌아보지 않았다.

　　구천 일행은 오래지 않아 오의 도읍인 고소성에 당도했다. 범려는 먼저 데리고 온 미녀 열 명과 보화 몇 상자를 재상 백비의 사저로 보냈다. 백비는 크게 기뻐하며 즉시 구천을 사저로 청해 담소를 나누고자 했다.

　　구천은 백비를 대면하자 연신 굽실거리며 손을 모아 읍(揖)을 하고 절했다. 그리고 월국에 보여준 관대함에 재삼 감사와 예를 표했다. 백비는 구천이 이렇게 자신의 도움에 감읍하는 모양을 보자 마음속으로 득의양양해졌다. 이에 그는 구천에게 오국에 머무는 동안 결코 섭섭한 일을 당하지 않도록 자기가 책임지고 보호해 주겠다고 보증했다. 범려가 때를 놓치지 않고 그의 환심을 사기 위한 말들을 늘어놓았다.

"공의 은덕은 월국의 백성들이 장차 대를 이어 잊지 않고 보답할 것입니다. 만일 우리가 공의 은혜를 입어 무사히 귀국할 수 있게 된다면 반드시 해마다 많은 예물을 올려 보은할 것입니다."

백비는 자신에 대한 연이은 찬사에 너무 기쁘고 흥분한 나머지 구천 일행을 반드시 안전하게 귀국시키겠노라 다시 한 번 거침없이 다짐했다.

다음날, 백비는 구천을 안내해 부차를 알현했다. 구천 부부는 평민복장에다 일부러 봉두난발을 하여 가련한 모양새를 연출했다. 부차를 보자 구천은 즉시 황망한 기색을 드러내며 바닥에 무릎을 꿇고 배알했다.

"소인 구천이 지난날 스스로의 힘을 과신하여 감히 대왕의 위엄에 도전했던 일은 만 번 죽어 마땅한 일입니다. 그런데도 대왕께서는 저를 벌하지 않으시고 도리어 관용을 베푸시어 이렇게 신변에서 모실 수 있는 기회까지 주시니, 참으로 영광스러운 일이 아닐 수 없습니다. 이후 전심전력으로 대왕을 보필하여 그 은혜에 조금이라도 갚음을 하고자 합니다!"

말을 마치자 구천은 또다시 바닥에 엎드리며 몇 차례 절을 올렸다.

　부차는 구천의 모양새를 보자 크게 의기양양해진 외에, 한편으로 일말의 연민의 정마저 느껴졌다. 그래서 너그럽고 대범한 자세로 구천에게 결코 죽이지 않을 것임을 확언했다.

　구천은 다시 한 번 크게 감사의 뜻을 표시한 후, 고개를 들자 오자서가 눈을 크게 부릅뜨고 앉아 자기를 노려보고 있는 것이 보였다. 구천은 자기도 모르게 몸이 부르르 떨렸다. 오자서는 고분고분함을 가장하고 있는 저 구천이 실제로는 매우 위험한 흉수임을 일찌감치 꿰뚫어 보고 있었다. 그는 높은 당상에서 구천의 얼굴을 바라보며 오왕에게 간했다.

　"대왕이시여, 하늘을 날아가는 새는 활시위를 당겨야 하는 번거로움이 있지만 그 새가 지금 바닥에 떨어져 있거늘 어찌 거두지 않으십니까! 구천은 지금 마음속에 모략을 숨기고 있으며, 그것이 날을 거듭할수록 그의 날개를 자라게 하여 마침내 어느 날 더 이상 그를 제압하지 못하게 될 날이 올 것입니다."

　"상국은 너무 걱정거리가 많으시오." 백비가 받아쳤다. "대왕께서는 머지않아 중원의 패자에 오르게 될 터인데, 인의의 도리로 적을 복속시켜야지 이미 항복해 온 포로마저 포용하지 못해서야 장차 어찌 천하의 신임을 얻을 수 있단 말이오!"

　오왕 부차가 가장 듣고 싶어 하는 말이 바로 '중원의 패자'라는 그 한마디였다. 그는 이번 일을 기화로 자신의 도량을 한번 크게 과시하여 열국의 추대를 얻어보려는 요량이 있어서 자연히 백비의 말에 귀를 기울이게 되었다. 뒤이어 그는 구천 부부와 범려에게 마장에서 말을 먹이는 임무를 부여한 뒤 대신들을 물리고, 총망히 구천이 헌상한 미녀와 보물들을 구경하러 갔다.

마장으로 나간 구천은 조금도 망설임 없이 누추한 옷으로 갈아입은 뒤, 말을 치고 먹이는 일을 시작했다. 이후 그의 생활은 낮에는 여물을 썰어 말을 먹이거나 똥을 치우고 때로 마차를 닦는 고된 노동을 해야 했고, 밤에는 부차가 그를 위해 합려의 능 근처에 마련해 준 어두컴컴한 석실에서 지내야 했다. 거처로 정해진 석실은 빛이 잘 들지 않을 뿐 아니라 비바람을 제대로 가리기도 어려운 곳이었다. 때때로 부차가 마차를 타고 출궁할 때 그는 일부러 구천을 불러 마부가 되어 자기를 수행하게 했다. 밖에서 많은 사람들에게 월왕이 마부로 전락하여 고삐를 쥐고 있는 모습을 공개함으로써 그를 웃음거리로 만들기 위해서였다. 구천은 속으로 극도의 치욕과 모멸감을 느꼈으나, 겉으로는 평온한 얼굴색을 띠며 조금도 속마음을 드러내지 않았다.

구천은 겉으로 고요한 호수와 같은 모습을 가장했으나, 속으로는 복수의 화염을 불태우며 언젠가 월을 부흥시켜 반드시 오나라에 복수하고야 말겠다는 일념을 한시도 잊지 않았다.

때로 구천은 너무나 처량하고 고통스러워 차라리 이 노예생활을 죽음으로써 마감해 버리고 싶은 생각이 간절한 순간도 없지 않았으나, 그때마다 범려가 곁에서 위로와 용기를 주어 다시 정신을 가다듬고 자유를 얻어 풀려나는 그날을 기다리기로 했다.

이리하여 월왕 구천 부부는 무려 3년의 세월을 마장에서 갖은 고생을 다하며 고된 노동에 종사했다. 그러나 그들은 한 번도 얼굴에 원망이나 분노의 기색을 보이지 않았다.

어느 날, 오왕 부차는 문득 구천 일행이 어떻게 지내는지 궁금한 생각이 들어 멀리 떨어진 높은 누각에 올라 가만히 그들의 동태를 살폈다. 비록 그들은 마구간에서 말의 분뇨를 치우면서도 군신과 부부 간의 예절을 깍듯이 유지하고 있었다. 부차는 그들의 이런 모습에 자기도 모르게 마음이 숙연해졌다. 그래서 그는 백비의 간언을 받아들여, 날을 정해 구천을 사면하기로 결정했다. 3개월 후, 사면의 길일이 다가왔으나 그만 불행하게도 부차가 병으로 드러누워 일어나지 못했다. 다시 3개월이 흘렀다. 사면의 약속이 물거품이 될까 조급해진 구천은 거처에서 범려를 은밀히 불러 부차의 병이 언제나 완쾌될 것인지 점을 쳐보도록 했다. 그리고 점괘에 따라 그에 대한 대책을 강구하기로 했다.

점을 쳐본 결과 범려는 오왕이 그리 위중한 상태는 아니며 기사(己巳)일이 되면 회복되어 일어날 것이라고 예언했다. 이에 범려는 구천에게 오왕의 사면을 앞당길 묘책을 하나 건의했다. 그것은 기회를 보아 구천이 오왕을 찾아 병문안을 하고 그의 인분을 맛본 다음, 먼저 크게 절하며 축하의 말을 올리고 그에게 큰일이 없을 것이며 언제쯤 쾌차할 것이라고 날을 정해 예언을 하라는 것이었다. 그래서 그의 예언이 나중에 적중하게 되면 오왕은 크게 감동할 것이라는 것이었다.

다음날, 구천은 백비에게 청을 넣어 오왕에게 병문안을 가겠다고 했다. 병석의 오왕이 접견을 허락하여 구천이 안으로 들어가자 때마침 오왕은 방금 볼일을 마친 뒤였다. 백비가 오왕의 변을 담은 그릇을 들고 나오는 것을 보자 구천은 절을 하며 그것을 맛보고 길흉을 점치게 해달라고 간청했다. 이어 그는 그것을 손으로 찍어 맛보고는 오왕에게 크게 절하며 축하의 말을 올렸다. 그리고 병이 언제 완쾌될 것이라고 기일을 정해 예언했다.

이에 오왕이 의아해하는 빛을 띠자 구천이 말했다. "소신은 전에 의관을 스승으로 모시고 의술을 배운 적이 있습니다. 원래 인분의 맛은 오곡의 맛과 서로 상통하는 점이 있으며, 그것이 계절의 기운과 배치되면 죽게 되고 또한 계절의 기운에 순응하면 살아날 수 있는 것입니다. 오늘 소신이 대왕의 변을 맛본 결과, 그 맛이 쓴 가운데 신맛을 느낄 수 있었습니다. 이것은 바로 춘하(春夏) 계절의 기운에 순응하는 것입니다. 당연히 대왕께서 조만간 쾌차하실 것을 알수 있습니다."

이에 오왕 부차는 크게 기뻐하며 그의 거처를 석실에서부터 지내기 편한 다른 집으로 옮겨 마장 일을 계속할 수 있도록 배려했다.

드디어 구천이 예언한 날이 되어 오왕은 병이 씻은 듯이 나아 병상에서 일어나게 되자 내심 구천의 충성심에 크게 감읍했다. 그래서 주연을 마련하고 구천을 청하여 그를 군왕이나 앉는 북면의 자리에 앉도록 권했다. 그런 후, 대신들에게 국빈을 대하는 예우로 구천을 응대하도록 지시했다. 이를 지켜본 오자서는 크게 노하여 주연에 배석하지 않고 소매를 뿌리치며 궁을 빠져나가 거처로 돌아가 버렸다.

주연의 분위기가 농농하게 무르익어 갈 즈음, 구천과 범려가 일어나 오왕에게 술을 올리며 다시 한 번 그를 찬양하는 말들을 늘어놓아 오왕을 크게 기쁘게 했다. 다음날, 오자서가 입조하여 간했다.

"구천은 음흉한 속을 숨기고 겉으로는 끊임없이 유순하고 듣기 좋은 말들만 내뱉고 있습니다. 이것은 다 대왕의 눈을 속여 자신의 안녕을 지키기 위한 술책일 뿐입니다. 그런데 지금 대왕께서는 귀를 간질이는 말만 들으시고 장차 닥쳐올 우환을 생각지 않으십니다. 오월은 대를 이어 원한이 깊어 서로 양립할 수 없으며, 선왕께서 남기신 복수의 당부도 결코 소홀히 할 수 없습니다. 대왕께서 계속 충언에 귀를 기울이지 않으시고 소인배들의 참언에 미혹되시면 장차 이 나라는 참으로 위중하기 이를 데 없는 상황에 빠지게 될 것입니다. 통촉하소서!"

이 말에 오왕은 냉소를 띠었다. "내 석 달을 병석에 누워 있었으나 공으로부터 한마디 위로의 말을 들은 적이 없소. 이것은 공에게 자비심이 없음을 뜻하는 것이오. 또 공은 한 번도 내가 즐겨 먹는 음식을 보낸 적이 없소. 이것은 공이 나를 심중에 두지 않고 있다는 것이요, 인자함이 부족함을 말하는 것이오. 일국의 신하로서 자비와 인자를 모르는 사람이 어떻게 충심을 논할 수 있단 말이오? 그러나 구천을 보시오. 자신의 나라도 버리고 약조대로 가속과 신하들을 이끌고 입조하여 스스로 노비가 되는 고역을 감수하니, 이것은 그에게 의리가 있다는 것이오. 또 자신을 포로로 잡고 있는 나를 원망하기는커녕 내가 병들자 손수 찾아와 변을 입에 넣으면서까지 병세를 진단하니, 이것은 그에게 자비심이 있다는 것이오. 게다가 월국의 국고를 털어 많은 국보와 재물을 아낌없이 헌상해 왔으니, 이것은 그의 충성을 나타내는 것이오. 지난날 공의 진언을 받아들여 만일 그를 죽였더라면 공의 마음은 통쾌했을지 모르지만 그것은 하늘의 뜻을 거스르는 것이요, 그 일로 나는 스스로의 우둔함을 크게 후회했을 것이오!"

오왕은 마침내 구천을 사면하면서, 귀국할 것을 허락했다. 구천이 출발하는 날이 되자 오왕은 친히 대신들을 이끌고 성문 밖까지 나와 전송했다. 오왕은 구천에게 귀국하여 봉지를 잘 다스릴 것과 오국의 은혜를 잊지 말 것을 당부했다. 구천은 머리를 조아리며 말했다.

"대왕께서 소신을 가엾게 여기시어 오늘 이렇게 살려 돌려보내시니, 지금 당장 대왕의 면전에서 죽어도 여한이 없습니다. 하늘에 맹세컨대 저 구천은 결코 대왕의 은혜를 배반하지 않을 것입니다."

말을 마치자 구천은 두 번 절하며 바닥에 엎드렸다. 이에 오왕이 그의 손을 잡아 일으키며 마차에 오르도록 했다. 이리하여 범려가 마차를 몰아 구천 일행은 드디어 오를 떠나게 되었다.

국경을 넘어 월국으로 들어서 고국의 강산이 변함없이 수려하고 청명한 것을 보자 구천과 그 부인은 감격을 이길 수 없었다. 이때 월의 백성과 대신들이 몰려와 구천 일행을 맞으며 경하의 말을 올렸다. 구천은 눈두덩이가 붉어지기 시작했다. 곁에 있던 부인과 범려도 감정을 이기지 못하고 방성대곡했다. 구천은 도도하게 흐르는 강물을 두 눈으로 응시하며 장엄하게 맹세했다.

"이후 나는 분골쇄신하여 월국을 부흥시키고, 다시는 타국으로부터 치욕을 당하는 일이 없도록 할 것이다!"

패권을 향한 불굴의 집념

오왕은 구천을 사면하여 귀국시키면서 그에게 사방 약 1백 리의 땅을 봉지로 주었다. 적국의 포로가 되어 죽을 고생을 하고 돌아온 구천은 이제 즉위한 지 7년이 흘러 불혹의 나이가 되었다. 비록 오국으로부터 받은 봉지가 크지 않고 아직 많은 난관이 앞을 가로막고 있었지만, 그는 복수의 일념을 불태우며 월국을 부흥시키고 부국강병을 이루기 위해 동분서주했다. 현명한 신하들과 근검한 백성 그리고 봉지의 풍부한 자원이 이런 그를 뒷받침해 주었다.

3년간의 노예생활은 비록 고통스러웠지만 한편으로 그에게 민간의 고초와 서민들의 생활을 몸소 체험할 수 있는 소중한 기회가 되기도 했다. 그 기간에 그가 한 번도 원망의 말을 내뱉거나 언짢은 기색을 드러내지 않은 것은 그에게 어떤 알 수 없는 힘이 내재해 있음을 뜻하는 것이기도 했다. 그는 언젠가 국력을 회복한 뒤, 복수의 일전을 벌여 오를 멸하고 중원의 패권을 장악할 것이라는 신념을 지니고 있었던 것이다.

구천이 사면을 받아 귀국해 보니 월국은 아직 도처에 전쟁의 상흔이 남아 있었고, 거리에는 다쳐 불구가 된 사람들이 넘쳐났다. 그는 이런 광경을 목도하며 오왕에 대한 복수심을 더욱 깊이 새겼다. 그는 이 모든 책임이 자신에게 있음을 통감하고, 자학에 가까운 고통스런 생활태도를 유지하며 복수심을 잃지 않으려고 애썼다. 거처에 쓰디쓴 동물의 쓸개를 달아매 놓고, 눕거나 일어날 때 그리고 음식을 먹고 마실 때마다 그 맛을 보았다. 또 처소를 출입할 때도 그것을 맛보며 "회계산의 치욕을 벌써 있었느냐?"라고 자문했다.

그리고 구천은 밤을 새워가며 각종 병서나 고전을 학습하며 지난 경험을 정리하고 각종 새로운 지식을 습득하기 위해 노력했다. 그러다 때로 피곤하여 졸리기라도 하면 여뀌풀의 즙을 눈에 발라 자극함으로써 졸음을 쫓았다. 또 발이 시리면 도리어 얼음물에 발을 담그며 그 고통을 참아내려고 애썼다. 뿐만 아니라 겨울에는 얼음덩이를 품고, 삼복더위에는 도리어 끓는 물을 담은 그릇을 가까이 했다. 어쩌다 한밤중에 망국의 치욕이 상기되기라도 하면 그는 홀로 훌쩍이며 상심이 극에 달해 하늘을 향해 울부짖었다.

한편으로 구천은 안락한 생활에 빠져 부국강병과 복수전의 결심이 누그러지는 것을 막기 위해 스스로 근검을 실천하고 엄격한 규율을 정해 생활했다. 그는 손수 농지를 경작하여 그곳에서 생산되는 것이 아니면 먹지 않았으며, 부인으로 하여금 직접 길쌈을 하게하여 그녀가 짠 베로 만든 옷이 아니면 입지 않았다. 또 궁중에 음식을 만드는 아궁이가 다섯 개나 되었지만 한 번도 상에 고기와 생선이 오르는지를 묻지 않았고, 그 맛이 어떠한지를 따지지 않았다. 더구나 밥을 지을 때는 쓸 양식의 양을 자신이 직접 정해주는 식으로 낭비를 방지했다. 여기다 구천은 자신의 호색하는 단점을 극복하기 위해 첩을 거두지 않았고, 미녀를 멀리했으며, 악기 연주 소리를 듣지 않았고, 일체의 사치와 욕망을 단절했다.

동시에 민심을 수습하기 위해 그는 패전으로 인해 상처를 입은 백성들을 적극 위무하고 다녔다. 전사자의 가속들을 위로하고 빈곤에 빠진 그들을 구제했다. 또한 신하들과 화목을 도모하고 백성들과 동고동락하는 자세를 보였다. 술과 고기가 생기면 자신이 먹지 않고 주변 사람들에게 나누어주었으며, 출궁하여 민간을 살필 때는 항상 양식을 실은 수레를 대동하여 노약자나 과부, 가난에 굶주린 백성을 발견하면 그들에게 아낌없이 나누어주었다.

구천은 스스로의 지난 경험에 비추어 한 나라가 부강해지려면 반드시 많은 현명한 책사와 능력 있는 대신들이 있어야 함을 뼈저리게 느끼고 있었다. 그래서 그는 어질고 덕망 있는 선비가 있다는 이야기를 들으면 어디든 자신을 낮추고 찾아가 후한 예물로 그를 초빙했다. 이리하여 얼마 지나지 않아 사방에서 책사와 선비들이 월국으로 모여들어 월왕 구천에게 부국강병의 책략을 헌상하고자 했다.

또 구천은 도읍에서 80리 떨어진 고죽성(苦竹城)에다 백성들의 편의를 위해 제방을 쌓았다. 이리하여 황무지를 개간하고 경작지가 크게 늘어나자 백성들에게 부과하는 세금이 크게 낮아지는 효과를 거둘 수 있었다. 이렇게 10년을 전심전력 국정에 정성을 기울이자 민간의 생활은 크게 향상되었으며, 가가호호 적어도 3년을 먹을 수 있는 양식을 비축할 만큼 국력이 증강했다.

이렇게 농업생산의 증진에 노력하는 한편, 구천은 어업과 목축의 발전을 진작하기 위해 도성 주변에 수많은 전문화된 양어장과 목장을 건설했다.

그리고 오를 공격할 전력을 증강하기 위해 성벽을 보수하는 등 대대적으로 방어용 공사를 벌이는 동시에 갑옷·방패·창·활 등 병기를 대량 생산했다.

연이은 전쟁과 뒤이은 패전으로 사상자가 많아 월국에는 병력과 노동력이 태부족이었다. 구천은 생산력 증대와 병력 확보를 위해 출산을 장려하는 정책을 적극 실시했다. 정책을 실시한 후 해를 거듭하자 월국의 인구는 급속하게 증가했다.

인구의 증가와 병기의 확보라는 기반 위에 구천은 군사의 조련을 특히 중시했다. 그는 도읍에서 5리 떨어진 사포(射浦)에 훈련장을 건설하고, 그곳에서 밤낮없이 군사를 훈련시키며 각종 병술을 익히게 했다.

군주와 신하들의 다방면에 걸친 노력과 고심 아래 월의 국력은 하루가 다르게 부강해져 갔다. 사람들은 하나같이 혈기왕성하고, 생산은 예전의 전성기를 회복했으며, 민간에는 도처에 활기찬 모습이 완연했다. 이에 구천은 크게 기뻐하며 이제 오를 멸할 구상에 착수했다. 그가 대신들에게 합당한 계책을 물으니, 문종이 나서 아홉 가지 책략을 설파했다. 이것이 바로 유명한 '멸오구술(滅吳九術: 오를 멸하는 아홉 가지 술책)'이다.

1. 하늘과 제신들에게 제사를 올려 월국을 보우해 주실 것을 기도드린 다음, 월국이 반드시 승리한다는 신념을 수립한다.
2. 후한 예물로 오국의 군신들을 매수하여 그들의 자만심을 북돋우고 경계심을 누그러뜨린다.
3. 높은 가격에 오국의 양식을 사들여 그들의 비축량을 줄이고 창고를 비게 만든다.
4. 미녀를 오왕에게 헌상하여 그 심기를 어지럽히고 기백을 허하게 만든다.

5. 재간이 빼어난 장인(匠人)과 귀한 목재들을 오왕에게 헌상하여 궁궐공사를 대대적으로 벌이게 함으로써 오국의 국고를 바닥내고 백성들을 고달프게 한다.

6. 아첨을 잘하는 오국 대신들에게 뇌물을 주어 그들 내부에서 동요가 일어나도록 유도함으로써 오국의 국기(國基)를 흔들어 놓는다.

7. 오왕과 충신들 사이에 갈등을 부추겨, 특히 오자서를 사지로 내몰고 오왕에 대한 대신들의 보좌능력을 무기력하게 한다.

8. 부국강병을 이루어 오국을 멸할 내부 역량을 키워간다.

9. 군비를 증강하고 전력을 강화하여, 기회가 오면 오를 멸하고 복수한다.

구천은 문종의 계책을 받아들여, 단계적으로 실시하도록 지시했다. 구천은 오왕 부차가 의상을 매우 중시하는 것을 알고 있었다. 그래서 그에게 귀한 갈포를 진상해 환심을 사려고 마음먹었다. 그는 도성에서 7리 떨어진 갈산에 갈초(葛草)를 대규모로 심게 했다. 그리고 갈초가 자라나자 캐게 한 다음, 직공들로 하여금 그것으로 베를 짜도록 했다.

이때 마침 오왕 부차가 구천이 귀국 후에도 근신하며 음식과 의상을 극도로 절제하고 지낸다는 이야기를 듣고 크게 감동하여 구천의 봉지를 늘려주려고 준비하고 있다는 서신을 보내왔다. 오왕의 서신을 받아본 후, 구천은 대부 문종을 사신으로 삼아 갈포 10만 필, 특산 꿀 아홉 통, 꽃문양을 새긴 대나무 상자 일곱 개, 여우가죽 다섯 벌 등의 진귀한 물품들을 오왕의 배려에 대한 답례품으로 헌상했다. 오왕 부차는 구천이 보낸 예물을 받아보고 크게 기뻐하며 월국에 대한 봉지를 더욱 증가시켜 주었다. 이리하여 월국의 봉지는 거의 예전의 영역을 회복하는 상황에 이르렀다. 이어서 오왕은 구천에게 진귀한 깃털이 장식된 지팡이와 제후의 예복을 하사하고, 월에 대한 경계심을 한층 누그러뜨리게 되었다.

오왕에게는 또 다른 특별한 기호가 있었는데, 궁전을 건축하고 화려한 누각을 세우는 일을 매우 즐기는 점이었다. 월과의 전쟁에서 승리한 후, 오왕 부차는 도성에 큰 토목공사를 벌이고 있었다. 이에 문종은 구천에게 명산의 좋은 목재들을 골라 오왕에게 헌상할 것을 건의했다. 구천은 즉시 3천여 명의 인부들을 모아 산으로 보내 대대적인 벌목을 실시했다. 그중에는 희귀한 목재들도 상당수 있었다. 벌목해 온 목재들은 목공들에 의해 정교하게 가공되었다. 화려한 문양을 새기고, 단청을 입힌 위에 상감기법으로 백옥을 박아 넣었다. 이렇게 조각과 치장을 마친 다음에는 마지막으로 황금을 칠해 마무리하니, 그 찬란하고 번쩍이는 색채는 사람들의 눈을 부시게 했다. 구천은 가공을 마친 목재들을 문종을 시켜 오왕에게 헌상하니, 오왕 부차는 입을 다물지 못하고 기뻐하며 즉시 그것으로 고소대(姑蘇臺)라는 화려한 누각 건축공사에 착수했다.

고소대는 재료를 모으는 데만 3년, 건축기간 5년의 장기 건축 공정이었다. 그 과정에 얼마나 많은 사람들의 피땀, 얼마나 많은 국고가 소모되었는지 이루 다 헤아리기 힘들 정도였다. 많은 인명이 손상되었고, 저잣거리에는 곡성이 끊이지 않았다. 백성들의 살림이 피폐해지고 동원된 군사들의 고통도 이루 말할 수 없었다. 자연히 이 공사로 오나라는 내부적 갈등이 서서히 고조되기 시작했다.

부차의 또 하나 특별한 기호는 매우 여색을 즐긴다는 것이었다. 부차는 월을 정벌한 이후, 정사를 소홀히 한 채 여색에 탐닉했다. 이에 문종은 다시 구천에게 미녀를 부차에게 헌상하여 그 기상과 체력을 손상시키도록 건의했다. 구천은 문종의 말대로 사람을 시켜 전국에서 미녀를 물색하게 했다. 그리하여 마침내 저라산(苧蘿山) 부근에서 빨래하던 두 처녀를 발견했는데 그 미모가 출중했다. 한 명은 이름이 서시(西施)라 했고, 또 한 명은 정단(鄭旦)이라고 했다.

구천은 도성에서 5리 떨어진 한 토성 안에 미인궁을 건조하고 서시와 정단을 그곳에 기거하게 했다. 그리고 사람을 그곳에 파견하여 그녀들에게 가무와 악기, 각종 예법을 익히게 했다. 이렇게 3년을 세심하게 가르친 뒤, 구천은 범려에게 그녀들을 오왕에게 진상하고 오도록 명했다.

부차는 월국으로부터 천하의 미녀를 헌상받자 기쁨을 가누지 못하며 구천을 더욱 신임하게 되었다. 그는 특히 서시를 극도로 총애하여 나날이 주색에 깊이 빠져들어 갔다. 이렇게 국왕 부차가 사치와 방탕한 생활에 탐닉하여 국정을 제대로 돌보지 않자 오나라는 나날이 부패해 갔고, 내부의 갈등은 더욱 격화되어 갔다.

상황이 이러함에도 부차는 사태의 심각성을 깨닫지 못하고 구천의 부추김 속에 도리어 인접국들과 끊임없이 전쟁을 벌여 오의 국력은 나날이 쇠락해 갔다.

기원전 494년, 오나라가 월을 대파한 바로 그해다. 오는 출병하여 진(陣)을 쳤다. 그러나 그 과정에 현지의 묘당과 신위를 파괴하고, 병든 사람들까지 참살하는 등 인심을 잃는 행위들을 자행했다.

기원전 489년, 오왕이 구천을 사면하여 귀국시킨 그 이듬해의 일이다. 오는 다시 한 번 진을 공격했다. 초가 진을 도우기 위해 파병을 하였으나, 초 소왕(昭王)이 병사하자 하는 수 없이 철병하고 오는 목적하던 바를 달성할 수 있었다. 이즈음 제(齊)의 경공이 막 세상을 뜨자 제는 국정이 크게 혼란한 양상을 보였다. 부차는 이 기회에 제도 치려고 마음먹었다. 이런 소식을 전해 들은 오자서가 긴급히 간해 이를 제지하려 했으나 오왕은 듣지 않았다. 먼저 진을 병탄한 오군은 다시 북벌을 감행해 제를 크게 패퇴시켰다.

기원전 488년, 오군은 노(魯)의 도성을 공략하며 노의 군주에게 굴욕적인 맹약을 강요했다. 기세등등한 오군을 보자 도리 없음을 알아차린 노나라가 그 요구조건을 수용했으며, 오군은 비로소 철군했다.

기원전 486년, 중원으로 진출하여 패권을 도모할 목적으로 오왕은 대규모 인력을 동원하여 한(邗)에다 성을 축조하고 수로를 팠다. 이 수로는 장강, 회수(淮水)와 연결되어 오군이 북방으로 출병할 때 교통을 편리하게 하는 이점이 있었다. 이에 오왕은 북방 정벌의 야심을 한층 키워갔다.

이해 겨울, 오왕은 사신을 노국에 파견하여 함께 제를 정벌하기 위해 병력을 준비할 것을 요청했다. 그리고 봄이 오자 오나라는 노, 주(邾), 담(郯) 등의 약소국들을 협박하여 함께 제의 남쪽 국경을 치고 들어갔다. 이때, 제나라에 내란이 발생하자 오왕은 대부 서승(徐

承)에게 명하여 수군을 이끌고 해로로 제를 협공하게 했다. 그러나 예기치 않게 서승이 이끈 수군이 크게 패해 물러나자 오왕도 도리없이 철군하게 되었다.

기원전 484년 여름, 오왕은 다시 한 번 대군을 출병하여 제를 정벌하게 된다. 이해 봄에 제는 이미 노를 한번 크게 공격하여 쌍방이 서로 적지 않은 피해를 보고 물러난 뒤였다. 이리하여 오군은 노군을 연맹군으로 끌어들여 함께 제를 공격할 수 있게 된 것이었다. 오와 노의 연맹군은 먼저 박(博)을 접수하고 이어 영(嬴)을 타파한 다음 애릉(艾陵)에서 마지막 결전을 치렀다. 제군은 연전연패하며 크게 궤멸되었다. 승리한 오왕은 제와 맹약을 맺은 다음 회군하여 귀국했다.

오는 비록 진, 노, 제 등을 연이어 정벌하며 많은 전과를 거두었으나, 연이은 출병으로 군사들은 지치고 민생은 고갈되어 나라 안에는 백성들의 원성이 고조되어 갔다. 그럼에도 오왕은 승리에 도취되어 더 멀리 떨어진 북방의 중원 국가들을 정벌하기 위해 더 큰 전쟁을 계획하고 있었다.

월왕 구천은 오의 국력과 군사력을 소모시키기 위해, 오의 제나라 정벌에 적극 찬동했을 뿐 아니라 애릉 전투 이후에 또다시 오왕 부차에게 북방의 진(晉)을 정벌하여 패권을 쟁탈할 것을 건의했다.

아울러 오국 내부의 갈등을 더욱 심화시키기 위해, 구천은 사람을 보내 재상 백비에게 지속적으로 뇌물을 건네며 부차와 오자서 간의 관계를 이간하도록 부추겼다. 이에 백비가 오왕의 면전에서 끊임없이 오자서를 헐뜯는 언사를 일삼자 오자서에 대한 오왕의 신임은 나날이 줄어갔다. 더구나 오자서는 오왕이 추진하고자 하는 일에 자주 반기를 들고 직언을 서슴지 않았다. 이에 애릉 전투에서 대승을 거두고 돌아와 득의양양해진 오왕은 자신의 출병을 제지했던 오자서에게 죄를 물어 그를 죽게 만들어버렸다.

오자서가 죽은 후, 오왕 부차는 백비를 더욱 신임하여 국정을 대부분 그에게 위임해 처리하게 했다. 충신이 사라지고, 대외적으로 끊임없는 정벌을 일삼은 오국의 형세는 이리하여 더욱 위험한 지경으로 빠져들게 되었다.

와신상담, 대업을 완수하다

말하자면, 애릉 전투의 승리가 오나라에게는 최전성기였던 셈이다. 오는 대외적인 확장과 정벌을 위해 부단히 출병하는 가운데, 민생에 대한 부담이 가중되고 각종 생산활동은 정체되었으며 대내적으로 갈등은 더욱 심화되어 갔다. 여기다 이웃의 월국은 나날이 국력이 증강되어 오에게 큰 위협이 되고 있음에도 오왕 부차는 이를 인식하지 못하고 중원정벌과 패권에 대한 야심만 키워갔다.

오자서가 죽고 나자 오왕은 중원으로의 출병을 위한 준비작업에 더욱 박차를 가했다. 많은 인력을 동원하여 이미 장강, 회수와 연결시켰던 한의 수로를 더욱 북쪽으로 연장하여 북방으로의 출병을 한결 수월하게 만들어놓았다.

기원전 482년 봄, 부차는 드디어 대군을 이끌고 수로를 통해 북진하여 황지(黃池)에 다다랐다. 그는 이곳에서 단평공[單平公: 주(周) 왕실의 집정대신], 진(晉) 정공(定公), 노(魯) 애공(哀公)과 회맹(會盟)했다. 오왕 부차는 대군을 배후에 주둔시키고 북상하여 기세등등하게 회맹에 임함으로써 진을 끌어내리고 중원의 새로운 패자를 칭할 욕심이었다.[회맹이란 제후국 간에 분쟁이 생기면 질서를 유지하기 위해 대표자들이 모여 약속을 정하고 맹세를 행하는 의식을 말한다. 주(周)가 동천(東遷)한 뒤 종주국으로서의 세력이 약해지자 실력 있는 제후국이 회맹을 관리하는 맹주가 되었다. 이 회맹의 맹주가 되는 것이 바로 패자(覇者)의 필수조건이었다.]

　기원전 482년 6월, 월국의 백성들이 손꼽아 기다리던 설욕과 복수의 날이 드디어 다가왔다. 구천은 오왕 부차가 북벌에 나선 시기를 틈타 대군을 이끌고 오국을 향해 공격해 들어갈 심산이었다. 출정하는 그날, 월국의 원로들이 모두 나와 원정길에 오르는 구천에게 술을 올리며 송별했다. 승리를 다짐하는 의식을 행하는 자리에서 구천은 군사의 사기를 북돋우기 위해 술을 모두 하천의 상류에 쏟아붓고 하류에서 장졸들과 어울려 함께 그것을 퍼마셨다. 국왕과 함께 호탕하게 술을 나누어 마신 군사들은 사기충천하여 감격어린 환호를 지르며 장도에 올랐다.

　이미 잘 훈련된 월군은 거침없이 오군을 격파하고 오나라의 태자를 포로로 잡더니 마침내 주살해 버렸다. 그리고 도성으로 물밀듯 쳐들어가 고소대를 불태웠다.

　이때 오왕 부차는 회맹 석상에서 진과 맹주의 자리를 다투고 있었다. 서로 양보 없는 소강상태가 지루하게 이어지고 있었다. 이 절체절명의 시기에 본국으로부터 월군이 쳐들어와 도성이 함락되었다는 급보가 연이어 날아들었다. 오왕 부차는 놀라움에 억장이 무너졌다. 만일 이 소식이 새나가면 패주의 자리를 차지하는 일은 고사하고 목숨마저 보전하기 어려워질 일이었다. 이에 부차는 연이어 달려온 본국의 사자 일곱 명을 모두 죽여버린 뒤, 태연함을 가장하고 진과의 쟁론을 계속 이어갔다.

조급해진 부차는 속히 맹주의 자리를 확보하기 위해 밤에 군사를 이끌고 진군의 진영으로 가 북을 치고 고함을 지르며 상대방을 위협하는 형세를 취했다. 이에 진국은 겁을 먹고 마침내 패주의 자리를 오나라에 양보하기로 동의했다. 오왕 부차는 서둘러 회맹을 마무리하고 황망히 귀국길에 올랐다.

대신과 군사들을 이끌고 부차는 수천리 길을 쉬지 않고 행군하는 고생을 감수하며 마침내 본국으로 회군했다. 그러나 월군은 일찍부터 돌아오는 오군과 일전을 벼르며 기다리고 있었다. 장거리 행군에 지친 오군은 피로한 기색이 역력했지만 피할 수 있는 일전이 아니었다. 이에 비해 10년을 은인자중하며 복수의 일념으로 이 순간을 기다려온 월군은 당연히 투지가 왕성할 수밖에 없었다. 전투가 개시되자 월군은 죽음을 각오하고 일당백의 맹렬한 기세로 오군을 공략했다. 지치고 사기가 떨어진 오군은 좌충우돌 진격해 오는 월군에 추풍낙엽처럼 무너지기 시작했다.

패주의 자리에 오른 지 채 이틀도 되지 않아, 제대로 위엄을 한번 부려보기도 전에 예상 못한 월군의 기습을 받아 크게 기세가 꺾인 오왕 부차는 분을 이길 수 없었다. 그러나 눈앞의 상황이 오군에게 크게 불리할 뿐 아니라 월군을 쉽게 제압하기 어려움을 절감한 부차는 하는 수 없이 사람을 보내 화의를 구하기로 했다. 오왕의 사신이 이틀을 연이어 월군의 진영을 찾았으나 소득 없이 빈손으로 돌아왔다. 이에 부차는 재상 백비를 불러 화의를 성사시킬 것을 명하고, 만일 실패하면 목숨을 보전할 수 없으리라 위협했다.

백비가 생명의 위협을 느끼자 질겁하며 황망히 월군의 진영을 찾아 애걸복걸했다. 범려는 가만히 구천에게 아직 오를 완전히 제압하기에는 월군의 여력이 부족하므로 못 이기는 척 화의에 응하고 차후에 신중하게 다시 계획을 수립할 것을 건의했다.

이리하여 월왕 구천은 대량의 전리품을 오국으로부터 빼앗아 회군했다. 이제 오월 양국의 지위는 완전히 뒤바뀐 셈이 되었다. 월국이 현격한 우위를 점하게 된 것이다.

황지의 회맹에서 돌아온 부차는 장기간의 전쟁에 따른 피로와 국고의 쇠진, 도탄에 빠진 민생, 그리고 월의 기습으로 폐허가 되어 버린 국도를 바라보며 참담하기 이를 데 없었다. 게다가 언제 또다시 쳐들어올지 모를 월국의 위험을 생각하니 그제야 자국이 처한 상황의 심각성을 뼈저리게 느낄 수 있었다. 부차는 충신 오자서가 떠올랐다. 그리고 그를 죽음으로 내몬 자신의 실수가 크게 후회스러워, 도성 밖의 강가에 성대한 제단을 쌓고 오자서를 위해 제사를 지냈다. 오나라 백성들은 오국을 부강하게 일으켜 세웠던 충신 오자서를 그리워하며 그의 비참한 종말에 눈물짓지 않는 사람이 없었다. 그리하여 그들은 제단 부근에 오자서를 기념하는 사당을 건립했다. 그러나 이 모든 것이 너무 늦어버린 뒤였다. 안타깝게도 이제 오국이 처한 상황은 돌이키기 어려운 단계에 직면해 있었던 것이다.

기원전 480년, 초가 옛일을 잊지 않고 오국으로 쳐들어와 동수(桐水)에까지 다다랐다. 이듬해 오는 초에 복수하기 위해 초의 신읍(愼邑)을 공격했다. 그러나 도리어 신읍을 지키고 있던 백공(白公)에게 대량의 병기를 노획당한 뒤 철군하고 말았다.

기원전 479년, 오나라에 대기근이 찾아왔다. 부차는 월에 사신을 파견하여 양식을 빌리고자 하였으나 월왕 구천은 이에 응하지 않았다. 대부 문종은 이 시기를 틈타 다시 오를 공략할 것을 건의했다.

기원전 478년 3월, 월왕 구천은 사기충천한 군사를 이끌고 재차 오를 공격했다. 부차가 군사를 모아 방어전에 나섰다. 양군은 오의 도읍에서 남쪽으로 50리 떨어진 입택(笠澤)이라는 작은 강을 사이에 두고 대치했다. 오군은 강북에, 월군은 강남에 진을 쳤다. 월왕 구천은 먼저 적극적인 공세를 폈다. 그는 군사를 좌·중·우군으로 삼분한 뒤, 친히 중군을 인솔하고 좌우군으로 하여금 양동작전을 펴게 하는 전술을 취했다.

결전을 앞둔 전날 밤, 구천은 좌군에게 명하여 병사들의 입에 젓가락을 물려 강을 5리 거슬러 올라가 조용히 명을 대기하도록 했다. 동시에 우군에게도 병사들의 입에 젓가락을 물려 강을 5리 내려간 뒤, 역시 명을 대기하고 있도록 시켰다. 병사들의 입에 젓가락을 물린 것은 적에게 작전이 사전에 노출되지 않도록 소리를 방지하기 위한 조치였다. 이리하여 한밤중이 되었을 때, 구천은 좌우군에 명하여 북을 치고 함성을 지르며 짐짓 오군을 공격하는 형세를 취하게 했다. 오군은 좌우 양쪽에서 월군이 강을 건너 공격해 오는 소리를 듣자 크게 동요했다.

　이리하여 날이 아직 밝기 전에 오군도 좌우 양군으로 나뉘어 월군의 공세에 대응하게 되었다. 그러자 오군 진영의 가운데가 비게 되었다. 이에 월왕은 자신의 중군에게 명하여, 역시 모두 입에 젓가락을 물고 살그머니 강을 건너게 했다. 전군이 모두 강을 건너 오군의 진영에 가까이 다가가자 돌연 크게 북을 치며 공격을 개시했다. 오군은 난데없이 월군이 중간으로 공격해 들어오자 당황해 어쩔 줄 몰라하며 무너지기 시작했다. 이때 월의 좌우군도 모두 강을 건너 오군의 진영을 유린하기 시작했다. 오군은 참패하여 죽고 상하는 자가 부지기수였다.

　입택에서 대승을 거둔 월왕 구천은 오를 멸할 계획을 더욱 가속화시켰다. 양식을 비축하고, 병기를 증산하였으며, 병력의 보충과 훈련에 매진했다.

　기원전 476년 봄, 월은 일부러 초를 공격하는 듯한 모양새를 취했다. 월군은 초의 국경에 들어서자마자 곧장 물러나와 버렸다. 초군이 대적하기 위해 몰려왔으나 월군의 종적은 어디서도 찾을 수 없었다. 월군의 이러한 행동은 순전히 오나라에 보여주기 위한 것이었다. 오국으로 하여금 월이 이제 자신이 아니라 초를 공격목표로 전환한 것처럼 여기게 만들어 월에 대한 경계와 방어를 소홀히 하도록 유도하기 위한 것이었다.

　오왕 부차는 입택에서 월에 크게 패한 후, 더욱 자신감을 잃고 온종일 주색에 탐닉하며 지냈다. 자연히 정사가 소홀해질 수밖에 없었다. 이때 오국의 공자(公子) 경기(慶忌)가 부친에게 국정에 집중할 것을 간언했으나 오왕은 이 충고를 듣지 않았다. 이에 경기는 도성을 떠나 애(艾) 땅으로 거처를 옮겼다가 나중에는 초나라로 들어가 버렸다.

기원전 475년 겨울, 월왕 구천은 지난 몇 차례의 승전으로 자신감을 키워 오를 멸할 제반 준비를 다시 한 번 점검한 다음 최후의 결전에 돌입했다. 구천은 고대하던 순간이 다가오자 마음이 조급해졌다. 그는 전국의 모든 병력을 결집시켜 오나라로 진격해 들어갔다. 월군은 먼저 몰(沒) 땅에서 일전을 벌여 오군을 궤멸시킨 다음, 오나라 도성 교외에서 다시 한 번 오군을 크게 무찔렀다. 그러고는 오의 도성을 겹겹이 에워쌌다.

오군은 모두 도성에 갇혀 공포에 떨었다. 성내의 물자가 서서히 고갈되어 가자 오왕 부차는 초조한 마음에 월군과 속전속결로 승부를 결정짓고자 했다. 그래서 하루에도 여러 차례 군사를 성 밖으로 내보내 월군에게 싸움을 부추겼다. 전황을 지켜보던 범려가 구천에게 간했다.

"작전계획을 미리 잘 세워놓고도 야전에서 이성을 잃어 이를 쉽게 바꾸어버리면 어찌 승리를 차지할 수 있겠습니까? 이것은 하늘이 내린 천재일우의 기회입니다. 함부로 소홀하게 다루어서는 안 될 일입니다. 대왕께서는 신중하게 생각하시어, 오군과의 교전을 자제하고 출전을 잠시 허락지 않는 것이 좋겠습니다."

구천은 범려의 충고를 받아들였다. 그리하여 영을 내려 월군이 진지를 굳게 지키고 오군에게 응전하지 말 것과 오의 도성으로 연결되는 모든 물자 공급로를 차단하도록 했다. 그리하면 오군은 양식과 물이 고갈되어 저절로 무너질 것이었다.

이 포위전은 2년을 끌었다. 오의 도성에는 오래전에 이미 양식이 떨어져 굶어 죽는 자가 넘쳐났다. 종국에는 부차 자신이 먹을 음식조차 구할 수가 없게 되었다.

부차는 다른 방도가 없었다. 사신에게 궁중의 보물들을 지니고 월왕을 찾아가 포위를 풀어줄 것을 간청하게 했다. 구천은 오왕이 보낸 사신을 접견해 보니 오래 굶어 앙상하게 뼈만 남은 몰골이었다. 구천은 작전이 계획한 대로 효과를 발휘하는 듯하여 속으로 의기양양해졌지만, 겉으로는 연민과 동정의 기색을 가득 드러냈다. 범려가 구천의 심중을 헤아리고, 일부러 사신이 들으라는 듯 간언을 했다.

"대왕께서는 온갖 고생과 치욕을 겪으시고, 스스로 와신상담(臥薪嘗膽)의 고통을 참으시며 무려 20년 동안 오늘을 기다려왔습니다. 그런데 대업의 성사를 눈앞에 두고 이를 포기하시려 하십니까? 결코 화의를 허락하셔서는 안 될 것입니다!"

"그러나 내 목불인견의 참상을 보고 어찌 이를 거절할 수 있단 말이오? 차라리 그대가 날 대신하여 이 일을 처리하구려!" 이렇게 말한 구천은 몸을 숨기고 다시는 사신을 만나지 않았다.

범려는 확고한 자세로 사신에게 통고했다. "그대는 돌아가 오왕에게 전하시오. 지난날 하늘이 월나라에 화를 내리시어 오나라의 수중에 떨어지도록 만들었으나 오왕은 도리어 하늘의 뜻을 받아들이지 않았었소. 그러나 이번에는 하늘이 오의 운명을 월의 수중에 떨어지게 하시니, 우리가 어찌 또다시 하늘의 뜻을 거슬러 오왕을 놓아주겠소? 우리는 즉시 총공격을 감행할 것이니, 돌아가 맞을 준비를 하시오."

그런 후, 범려는 구천에게 지시를 묻지도 않고 스스로의 재량으로 오의 사신을 돌려보냈다. 이후 오의 사신은 무려 일곱 차례를 연이어 찾아왔으나 모두 소득 없이 돌아갔다. 이어 범려가 월군에게 총공세를 명하니, 제대로 먹지 못해 쓰러지기 직전인 오군은 여지없이 무너져 내렸다. 범려가 이끄는 월군은 아무 저항도 받지 않고 오의 도성을 공략한 뒤 궁중으로 밀려들어갔다. 오군은 그저 손을 놓고 죽기만을 기다리고 있었다. 월군은 성내를 돌아다니며 잔여 오군을 무찌르고 신속하게 성내 전체를 장악했다.

월군이 도성으로 쳐들어오자 오왕 부차는 몇몇 총애하는 대신들과 함께 몸을 피하여 도성 서남쪽에 있는 고소산을 향해 도망갔다. 부차는 크게 낭패를 당하여 눈이 어지럽고 걷기조차 불편했다. 도중에 배가 고프면 생쌀을 씹었고, 목이 마르면 엎드려 땅에 고인 물을 마셨다. 또 한참을 가다가 길가에 오이가 몇 개 떨어져 있어 그것을 주워 먹었다. 부차는 군왕의 신분으로서 이런 곤궁한 지경에 이르고 보니 자기 손에 죽은 충신 오자서가 떠올라 마음이 쓰려왔다. 이때 월왕 구천이 3천 명의 군사를 이끌고 고소산으로 쫓아와 산을 겹겹이 포위했다.

오왕은 다시 왕손락(王孫雒)을 월군의 진영으로 보내 화의를 청했다. 왕손락은 월왕을 알현하자 가슴을 드러내고 무릎으로 기어 월왕 앞으로 다가가 애원조로 오왕을 대신해 탄원했다.

"소신 부차는 대왕께 삼가 가슴속의 진심을 아뢰고자 합니다.

지난날 제가 회계산에서 대왕께 무례를 범한 적이 있으나, 당시 감히 대왕의 명을 소홀히 할 수 없어 화의를 맺고 돌아왔었습니다. 그리고 작금 대왕께서 손수 납시어 소신을 벌하고자 하시니, 그저 뜻대로 복종하지 않을 수 없습니다. 바라옵건대 지난 회계산에서의 일을 부디 잊지 마시고, 이번에 고소산에서 소신의 죄과를 한번 사면해 주시기 바랍니다. 만일 그런 천복을 누릴 수 있게 된다면 소신과 오국은 앞으로 오랜 세월 월국의 노비가 될 것을 맹세합니다."

구천은 사신의 탄원에 마음이 변하기 시작했다. 그래서 화의를 허락하려는 기색을 보였다. 이때 곁에 있던 범려가 간했다.

"지난 회계산에서의 일은 하늘이 월을 오의 손에 안겨준 것이었으나 오는 이를 취하지 않았습니다. 지금 하늘이 다시 오를 월의 수중에 떨어뜨렸으니, 어찌 그 뜻을 거슬러 취하지 않겠습니까? 자고로 성현들의 성공은 다 하늘의 뜻에 순종하고 시기를 놓치지 않았기에 가능한 것이었습니다. 다가온 기회를 취하지 않으면 상황은 종종 다시 반전되기 십상입니다. 대왕께서는 부디 회계산에서의 일을 잊지 마시기 바랍니다."

이 간언에 각성한 월왕은 결국 오의 화의 요청을 허락지 않았다.

오국의 사신은 돌아가 상황을 보고한 뒤, 또 한 차례 월군의 진영을 찾아왔다. 그는 월왕에게 더욱 극진한 예의를 갖추며 한층 간절한 언사로 화의를 애걸복걸했다. 월왕 구천도 사람인 이상 더 이상 냉정을 유지하기 어려웠다. 다시 마음이 물러져 화의를 허락하려 하자 범려가 또 한 번 불가함을 진언했다. 구천은 한동안 침묵하며 생각에 잠겼다. 그러자 지난날 오국에서 당했던 치욕스런 일들이 떠올랐다. 구천은 다시 화의를 거절하기로 결심했다. 그러나 오국 사신에게 입을 떼기가 민망스러워 범려에게 이 일을 처리하게 했다.

월왕의 당부를 받은 범려는 전의를 불태우며 왼손에 군용 북을 잡고, 오른손에는 북채를 들고 오국 사신에게 말했다.

"과거 하늘이 월국에 화를 내려 오국으로 하여금 다스리도록 했으나 오국은 이를 받들지 않았었소. 작금 사정이 뒤바뀌어 하늘은 다시 월국으로 하여금 오국을 다스리도록 요구하고 있거늘, 하늘의 뜻을 따르지 않고 어찌 오왕의 말을 들을 것인가?"

이렇게 범려는 다시 화의를 거절하고 오의 사신을 돌려보냈다.

왕손락이 눈물을 뿌리며 처량하게 월의 군영을 나서는 모양을 본 월왕 구천은 가련한 마음이 들었다. 그래서 따로 사람을 시켜 오왕에게 전언을 보냈다.

"하늘이 오를 월의 품에 안기니, 내 그 뜻을 따르지 않을 수 없소. 그러나 인간의 일생이 그리 길지 않으니 오왕은 쉽게 죽음을 택하지는 마시오. 과인이 그대에게 용동(甬東) 땅에 3백 호의 식읍을 내려 그대가 만년을 편안히 보낼 수 있도록 조치하겠소."

그러나 오왕 부차는 사절의 뜻을 표시했다.

"하늘이 오국에 화를 내려 소인의 대에 이르러 나라가 멸망당하고 종묘사직을 잃게 되었습니다. 지금 오의 영토와 백성이 모두 월국의 소유가 되었거늘, 제가 무슨 낯으로 다시 천하를 대하겠습니까!"

범려는 더 이상 월왕에게 묻지 않고 북을 울려, 월군으로 하여금 오국의 사신을 뒤따라 고소산으로 치고 올라가도록 명했다. 오왕은 월군이 추격해 오는 것을 보고 몸을 피해 도망가기 시작했다. 그러나 고소산 서북의 기슭에서 월군에게 포획당하고 말았다. 포로가 된 부차는 이미 죽음을 결심하고 있었다.

죽음에 앞서 부차는 스스로의 후회스런 일생이 주마등처럼 머리를 스쳤다. 특히 충신 오자서를 떠올리며 탄식하듯 말했다.

"내 오자서의 충언을 외면하여 오늘의 지경에 이르렀도다. 비록 죽은 사람은 아무것도 알지 못한다고 하나, 그래도 내 어찌 지하에서 오자서의 낯을 대할 것인가!"

이렇게 한탄스럽게 울부짖은 부차는 흰 수건으로 얼굴을 가리고 스스로 목을 베어 자결했다. 이리하여 수십 년 동안 펼쳐져 왔던 용호상박의 대결투는 마침내 부차의 죽음으로 그 종말을 고하게 되었다.

오왕 부차가 죽은 뒤, 월왕 구천은 진중에 명하여 사람마다 한 바구니씩 흙을 가져다 오왕의 무덤에 뿌리게 하는 식으로 예를 갖추어 장례를 치러주었다. 부차의 분묘는 유정(猶亭) 서쪽의 비유산(卑猶山) 위에 세워졌다. 이곳은 오의 도성에서 57리 떨어졌고, 태호(太湖)를 가까이 둔 곳이었다.

오왕이 자결하고 오가 멸망함으로써, 월은 마침내 20년의 준비를 거친 부흥과 복수의 대업을 완수하게 되었다. 아울러 강국 오를 멸한 월왕 구천의 위세는 사방으로 뻗어나갔다. 구천은 먼저 오와 월의 형세를 정돈한 다음, 이어서 중원으로의 북벌을 단행하여 월국을 춘추 말기의 강국으로 부상하게 한다.

기원전 465년 1월, 월왕 구천은 병으로 세상을 떠난다. 그가 죽은 후, 그의 자손들이 계속해서 패주의 지위를 누렸다. 패권은 월이 초에 의해 멸망당할 때까지 이어졌으니, 그 기간은 도합 224년간이었다.

성패의 거울

　부차와 구천의 대결, 즉 오와 월의 투쟁은 오왕이 죽고 오가 멸
망함으로써 결말을 맺게 되었다. 이 대결의 과정을 살펴보면, 두 사
람 모두에게 한때 승리의 환희가 뒤이은 패배의 원인이 되고, 또 한
때의 패배가 절치부심 끝에 쟁취하는 승리의 밑거름이 되는 상통하
는 측면이 있음을 어렵지 않게 발견할 수 있다.

　그러므로 소위 국가의 흥망이나, 개인의 성공과 실패는 모두가
자업자득의 산물이라고 해야 할 것이다.

　구천이 거둔 최후의 승리는 그 나름의 필연성을 지니고 있다고
할 수 있다. 무엇보다 구천이 대업을 위해 일신을 아끼지 않고 치욕
과 고난을 감수했다는 점을 꼽아야 할 것이다.

　이 대업을 향한 집념이 바로 그가 3년간 노예생활의 굴욕을 이
겨내는 원동력이 된 것이다. 국가의 부흥과 패배의 설욕이라는 불타
는 복수의 집념이 보통사람도 견디기 어려웠을 고난의 세월을 왕가
에 태어나 화려한 온실 속에서 성장했을 그로 하여금 이겨낼 수 있

게 해준 것이다. 그 3년간의 인고의 세월이 바로 구천이 오를 멸하고 중원의 패자가 될 수 있게 해준 밑거름이 되었던 셈이다.

역사는 준엄한 것이다. 망국의 군주에게 이렇게 굴욕을 참고 인내하는 길 외에 어떤 다른 선택이 있을 것인가? 그러나 아무리 굴욕을 참는다손 치더라도 재기의 기회가 반드시 주어지는 것은 아닐 것이다. 시기와 상황이 부여하는 기회가 따라야 이런 인고의 노력도 빛을 발할 수 있게 된다. 만일 부차가 과감하게 월국을 멸하는 결단을 내렸거나, 소인배를 멀리하고 충신들의 말에 귀를 기울였더라면 그 결과가 어찌되었을까? 그러나 역사는 가정을 근거로 바꾸어 쓸 수 없는 일이다.

'군자는 복수를 위해 10년의 세월도 마다않고 기다린다'는 옛말이 있다. 고난과 굴욕의 세월을 참고 견디되, 때가 성숙되기를 기다릴 줄 아는 인내심을 가져야 한다. 오자서는 초나라에서 박해를 받고 망명길에 올라 온갖 고난을 무릅쓰며 무려 30년을 기다린 끝에, 마침내 오나라 승상의 지위에 올라 군사를 지휘하여 초를 공략하고 부친과 형제들의 원수를 갚는다. 구천도 마찬가지로 온갖 굴욕을 견디고 오의 눈을 속이며 은인자중하다가, 오왕이 북방 정벌을 위해 나라를 비운 기회를 잡아 마침내 출병하여 과거의 원수를 갚고 대업을 완성할 수 있었던 것이다. 그러므로 시기가 아직 성숙되지 않았을 때는 기다림의 인내를, 일단 때가 찾아왔을 때는 그 기회를 놓치지 않는 지혜와 과감한 결단력을 발휘해야 최후의 승리를 쟁취할 수 있다.

구천이 승리하여 대업을 완성할 수 있었던 또 다른 원인은 그가 보여주었던 불굴의 의지력이다. 강인한 의지력은 지도자가 지녀야 할 필수불가결한 자질의 하나다.

오국에서의 포로생활을 끝내고 귀국한 뒤, 그가 부국강병을 이루고 스스로의 결점을 고치기 위해 보여준 의지력과 전심전력을 기울인 정성은 가히 눈물겨운 것이었다.

아홉 길 높이의 둑을 쌓는데 한 삼태기의 흙이 모자라 마무리하지 못한다는 옛말이 있다. 성공을 눈앞에 두고도 작은 실수로 결국에는 그것을 성취하지 못함을 비유하는 말이다. 구천이 패전으로 폐허가 된 나라의 참상을 보았을 때, 고통스런 포로생활을 견뎌야 했을 때, 복잡하게 꼬인 정무와 외교에 임했을 때, 오국을 멸하고 복수를 하고야 말겠다는 굳은 신념과 의지가 없었다면 어떻게 국가를 부흥시키고 계획한 복수전을 성공적으로 완수할 수 있었을 것인가?

현실생활 중에서 실패의 좌절을 겪은 사람들이 그 실패의 원인을 타인과 운수 나쁨으로 돌리는 경우를 종종 보게 된다. 실패의 원인을 자기 자신에게 두는 것이 아니라 외부적 조건에서만 찾으려고 하는 것이다. 이것은 자신감을 상실한 상태이자 자기 운명을 스스로 개척하려는 의지를 포기한 상태라고 말할 수 있다. 이렇게 의지력을 잃어버린 사람은 무슨 일이든 왕왕 중도에 포기하기 일쑤고, 한번 좌절을 당하면 다시 일어서지 못하는 경우가 허다하다.

구천이 보여준 의지력의 배경은 당연히 그가 지닌 복수심에서 비롯된 것이라고 할 수 있다. 그러나 그도 한때는 승리에 도취되어 정사를 소홀히 하고 주색잡기에 빠져들지 않았던가! 그러므로 인성은 개조할 수 있고, 의지력은 배양될 수 있는 것이라 할 수 있다. 우리가 일상생활 중에 작은 일에서부터 좋은 습관과 의지를 키우려고 노력한다면, 장기적으로 강인한 의지력을 배양해 낼 수 있다. 그리고 이렇게 형성된 의지력은 우리가 성공의 길로 나아가는 데 큰 도움을 줄 것이다.

실패자 부차의 경우를 보자. 어떤 이는 부차가 패망한 핵심적 원인을 미녀 서시에게서 찾는다. 그러나 이것은 아무런 역사적 근거가 없는 추론이다. 서시는 역사상의 속죄양일 뿐이다. 오왕 부차의 노리갯감에 불과했던 서시가 어떻게 봉건적 남권사회에서, 그것도 패주의 자리에까지 올랐던 일국의 군주를 패망하게 만들 수 있단 말인가? 물론 서시가 의도적으로 부차에게 접근하여 그의 판단력을 흐리게 한 점에서 어느 정도의 영향은 끼쳤다고 할 수 있겠지만, 본질적인 요인은 역시 외부에서보다 오왕 부차가 스스로 지닌 성벽과 결점에서 찾는 것이 옳은 일이다. 그의 우유부단, 사치와 무사안일, 그리고 호색하는 음탕한 성벽이 오나라 패망의 근본 원인인 것이다.

부차가 패망한 가장 근본적 원인은 그의 우유부단한 처신이다. 부차는 오월이 서로 공존하기 어려운 인접국임을 인식하고도 과감하게 구천을 죽이지 못했고, 게다가 오자서의 충언을 듣지 않고 도리어 백비의 참언을 받아들여 월과의 화의를 허락한 점이 그의 첫번째 실수였다. 그리고 구천이 오에서 포로로 생활하는 중에 그를 처단할 기회가 있었음에도 구천의 교활한 가식과 백비의 참언에 속아 그를 살아 돌아가게 한 것이 그 두 번째 실수였다. 또 백비의 이간에 놀아나 충신 오자서를 죽게 한 것이 그의 세 번째 실수였다. 내부에 충직한 신하가 사라지고, 외부의 적이 나날이 강성해져 가니 오의 패망은 예정된 일이 아니었던가!

우리는 어떻게 우유부단함을 극복할 수 있을 것인가? 역시 사안의 관건은 외부가 아니라 우리 자신에게서 찾아야 한다. 우선 스스로의 목표를 분명히 인식하는 것이 무엇보다 중요하다. 그 다음 단계로 당면한 상황을 전면적이고 세밀하게 분석해야 한다. 바꾸어 말하면, '지피지기(知彼知己)'를 이루어야 한다는 말이다. 당면한 목표를 확연히 인식하면 우유부단함을 초기 단계에 억제할 수 있다. 그것이 어떤 불리한 환경을 만들기 전에 말이다.

부차가 실패한 또 다른 원인은 바로 그의 무사안일이다.

'복은 화를 그 속에 숨기고 있고, 화는 복이 항상 기대는 곳이다'라는 말이 있다. 재앙과 복됨은 서로 인과관계를 맺고 있고, 서로 자리를 바꾸어 둔갑할 수 있다는 말이다. 태평성대에도 위기상황에 대비해야 함은 백성들의 안위를 책임지는 통치자가 잠시도 잊지 말아야 할 철칙이다. 부차는 월국에 승리를 거둔 이후, 경계심을 누그러뜨린 채 베개를 높이 베고 서서히 무사안일과 향락에 빠져들었다. 국고를 탕진해 가며 궁궐에 화려한 누각을 세우고, 서시를 총애하며 주색에 빠져들어 국정을 챙기지 않았다.

이에 더하여, 부차는 오의 국력을 감안하지 않고 무리하게 패권 목표를 추구하기 위해 빈번하게 군사를 출병시켰다. 이로 인해 군사들을 고단하게 하고 민생을 도탄에 빠지게 했으며, 내부적으로 많은 갈등을 불러일으켰다. 그리고 이 와중에 월이 서서히 부국강병을 도모하며 복수의 칼을 갈고 있음을 알아채지 못하는 우를 범하고 말았다. 그 결과, 부차는 패권을 쥐었으되 도리어 나라를 잃게 되어 천하의 웃음거리로 전락했다.

비록 부차가 종국에는 패망하여 자결하는 운명을 맞지만, 그의 모든 점을 부정하고 매도할 수는 없는 일이다. 춘추시대 말기 천하를 호령한 일대 패주의 한 사람으로서, 그에게도 배울 점이 없지는 않다. 만일 그가 인덕을 베풀지 않고 일찌감치 월왕 구천을 주살했더라면 아마 그 후의 역사는 다시 써야 했을 것이다.

부차와 구천의 목숨을 건 대결투에서 한 사람은 승리를 패배로 환원하여 구천에까지 한을 지고 가게 되었고, 또 한 사람은 패배를 승리로 환원하여 패주의 자리에까지 오르게 되었으니, 이 역사적 사실은 우리들로 하여금 오랜 세월 많은 것을 생각하게 한다.

2. 겸허한 배움의 자세로
이상을 실현하다

손빈孫臏 VS 방연龐涓

손빈(孫臏, B.C. 380?~320?)과 방연(龐涓, B.C. 374~342)은 모두 전
국시대의 유명한 병법가들이다. 이들은 각 지역에 할거한 제후들이
서로 대립하고 이에 따른 전란이 끊임없이 이어져 무고한 백성들의
삶이 도탄에 빠져 허덕이던 시대를 살았다. 손빈이 병법을 배운 목
적은 무력으로 전쟁을 막고 세상을 전란의 고통에서 구하고자 하는
것이었다. 이에 비해 방연은 병법을 입신과 출세의 수단으로 삼아
부귀영화를 추구하고자 했다.

　그들은 귀곡자(鬼谷子)의 문하에서 동문이 되어, 같이 먹고 자며
함께 병법을 배웠다. 그리고 의형제를 결의했다. 성벽이 오만하고
지기를 싫어하는 방연은 속히 병법을 배워 세상으로 나아가 입신출
세를 도모하고자 했다. 그러나 3년에 걸쳐 귀곡자에게 병법을 수학
하면서 항상 손빈에게 뒤처지자 그는 동문인 손빈에게 큰 시기심을
품게 된다.

　방연은 귀곡자의 문하를 떠나 위나라로 돌아가 막료가 된 뒤, 손

빈의 재능이 장차 자신의 앞날을 가로막을 것을 두려워하여 동문의 인연을 저버리고 그를 모함하여 두 다리를 불구로 만드는 형벌을 받게 한다. 폐인의 몸이 된 손빈은 복수의 후일을 기약하며 모진 시련을 감수한다. 이리하여 동문 간의 한바탕 치열한 대결이 서막을 올리게 된다.

굴욕을 당한 손빈은 미친 것을 가장하여 방연의 눈을 속이고 제나라로 돌아가게 된다. 그리고 마침내 복수의 일전을 준비하기 시작한다. 두 차례의 전투를 통해 손빈이 계략을 써서 적을 유인하고 복병으로 공격하니, 방연은 곳곳에서 함정에 걸려들고 연전연패하여 마침내 스스로 목숨을 끊는 운명을 맞는다. 이리하여 한 사람은 교만과 배은으로 패망의 길을 걸은 인물로, 다른 한 사람은 굴욕을 인내하고 악덕을 제거한 인물의 전형으로 역사에 길이 그 이름을 남기게 된다.

올곧은 배움의 길을 걷다

손빈은 약 기원전 380년경에 제나라에서 태어났다. 병서인『손자』로 유명한 손무(孫武)의 손자다.

손무는 원래 제나라 사람이나 전란을 피하여 오나라에 은거하며 살다, 오왕 합려와 부차에 의해 등용되어 많은 전공을 세운 바 있다. 그가 남긴 불후의 명저『손자』는 중국 군사학 발전의 기초가 되었을 뿐 아니라, 전 세계적으로 많은 국가의 군사이론 발전에 크게 기여했다.

전해지기를, 손무가 원래 죽간에 쓴『손자』는 오직 한 부뿐이었는데 손무는 그것을 오왕 합려에게 헌상했다고 한다. 그런데 월이 오를 멸하고 고소대(姑蘇臺: 오왕 부차가 세운 화려한 누각)를 태울 때 함께 소각되어 버렸다는 것이다. 그러나 다행스럽게도, 뒷일을 예상한 손무는『손자』의 부본을 절친한 친구이자 역시 병법을 즐겨 연구하는 귀곡자에게 주어 소장하게 했다. 손무는 혹시 자신의 후대에 누군가 이를 계승할 사람이 있으면 그를 통해 세상을 이롭게 하는 대업에 이 병서를 사용하기를 바란다는 뜻을 친구에게 전했다.

오나라가 멸망한 이후, 손무의 세 아들은 각자 가솔을 이끌고 살길을 찾아 흩어지게 되는데, 손빈의 아버지인 손명(孫明)은 이때 제나라로 가게 된다.

당시, 각 제후국들이 서로 패권을 다투며 약육강식이 무단히 자행되었다. 전란과 합병이 반복되면서 제후국들은 점차 수가 줄어들어 결국에는 이삼십 개의 나라만 남았고, 그중 일곱 개의 강국이 있었으니 이를 역사적으로 전국 칠웅이라 일컫는다. 진(秦), 제(齊), 초(楚), 조(趙), 위(魏), 한(韓), 연(燕)이 그것이다.

극렬한 패권전쟁에서 살아남고 부국강병을 이루어 영토를 확장하기 위해, 각국의 제후들은 인재들을 모으는 일에 심혈을 기울였고 특히 전술과 병법에 통달한 사람은 서로 다투어 데려갔다. 이런 사회적 환경은 혈기왕성한 재사(才士)들로 하여금 난세에 일대 영웅으로 부상하기 위해 너나없이 군사학과 병법을 학습하는 일에 몰두하게 했다.

손빈은 태어나자마자 부모가 차례대로 세상을 떠났다. 어려서 혼자가 된 것은 그의 인생에서 첫 번째 맞은 시련이었지만, 오히려 가난하고 고독한 생활환경이 그를 단련시킨 측면도 있었다. 그래서 그는 어린 나이임에도 사고가 매우 성숙하고 고생을 두려워하지 않는 강인한 성격을 지니게 되었다.

손빈은 유달리 총명하고 무엇이든 배우는 일을 좋아했다. 당시

각 제후국들이 서로 사활을 건 전쟁을 수행하고 있었고, 그 전쟁의 승부가 나라의 존망은 물론 백성들의 안녕을 결정짓는 상황을 목격한 손빈은 자신이 살아가는 세상에서 가장 중요한 문제는 바로 '전쟁'임을 깊이 자각하게 되었다. 그래서 그는 병법을 공부해 할아버지 손무처럼 세상을 편안하게 하고 백성들의 삶을 도탄에서 구해내는 일을 필생의 업으로 삼겠다는 뜻을 세우게 된다.

손빈은 우선 이름이 높은 은사(隱士)인 귀곡자를 찾아가 스승으로 삼는 일을 자신의 이상을 실현하는 첫 번째 관문으로 삼았다. 사실 귀곡자는 그의 조부인 손무와 절친한 친구 사이였다. 본명이 왕허(王栩)인 귀곡자는 초나라 사람으로, 학식이 해박하고 특히 병법에 깊은 조예가 있었으며 당대에 다시 만나기 어려운 비범한 인물이었다. 그는 제후들이 백성들의 비참한 삶을 외면한 채, 해를 거르지 않고 전쟁을 일삼는 세태와 온갖 권모술수로 세도와 자리를 다투는 벼슬길의 속성에 염증을 느껴 세상과 담을 쌓고 은거하며 지냈다.

이때, 배움을 갈구하는 손빈이 먼길을 마다않고 귀곡자의 은거지인 양성(陽城)을 찾아왔다. 손빈을 본 귀곡자는 그가 바로 손무의 후대인데다, 그 기상과 포부가 범상치 않음을 보고 마침내 그를 제자로 받아들이게 된다.

당시, 손빈과 같은 시기에 병법을 배우고자 귀곡자를 찾아온 사람이 또 하나 있었으니, 그가 바로 위나라에서 온 방연이었다. 이리하여 손빈과 방연은 서로 은혜와 원한이 교차하는 일생의 인연을 맺게 된다.

위(魏)는 원래 제후국이 아니었다. 위의 시조인 위사(魏斯)는 원래 진(晉)의 신하였으나 후에 진이 조(趙), 위(魏), 한(韓)의 삼국으로 분할된 뒤, 주(周) 천자로부터 제후로 추인받은 것이다. 위는 진의 중부와 서남부의 평원지대를 차지했는데, 이곳은 토지가 비옥하고 인구가 많아 국력을 증강하는 데 매우 유리한 조건을 갖추고 있었다.

위는 문왕 재위기간에 이르러 많은 현사들을 등용하고 변법을 시행하여 정치·경제·군사·법률제도를 개혁함으로써 급속히 부강해져 중원의 강국으로 부상하게 된다. 그리고 그의 손자인 혜왕에 이르러 위는 마침내 전성기를 맞게 된다. 사방으로 영토가 천리에 달하고, 갑옷으로 무장한 병력이 수십만에 달했다. 이에 위는 중원의 패권을 도모하는 데 한층 유리한 대량(大梁: 하남성 개봉)으로 천도를 단행한다.

이렇게 위가 전성기를 구가하고 있을 때, 서쪽은 진(秦)이, 동쪽에는 제(齊)가, 남쪽에는 초(楚)가 각각 강성해져 위와 함께 중원의 패권을 다투는 형세를 이루었다. 세력 다툼이 치열해질수록 각국은 병법에 능한 군사전략가를 절실히 필요로 했다. 위 혜왕도 영토와 세력을 더욱 넓혀, 마침내 패주의 지위에 오르고 천하통일의 위업을 달성하고자 많은 보화를 써가며 병법에 능한 인재를 찾아 헤맸다.

범상치 않은 기개와 재능을 지닌 방연은 이런 세태 속에서 자신이 출세하기 위해서는 병법을 공부하는 것이 절실하다고 판단하고 고향을 떠나 배움의 길을 걷게 된다. 그래서 그는 귀곡자가 학식이 깊고 특히 병법에 정통하다는 이야기를 듣고, 멀리 그를 찾아와 스승으로 받들고자 배알하게 된 것이다.

손빈과 방연은 귀곡자의 문하에 있는 동안 서로 우정이 매우 깊었다. 서로 같이 기거하며 병법을 공부하고 함께 무술을 연마했으며 마침내 의형제를 결의하기에 이른다. 그러나 방연의 학업 성적은 항상 손빈을 따라갈 수 없었다. 귀곡자가 어떤 문제를 제시하면 그는 항상 손빈에 앞서서 먼저 대답했으나, 종종 그 답이 틀려 스승으로부터 칭찬을 듣지 못했다. 그리고 스승으로부터 가끔 꾸지람을 들을 위기에 처하곤 했으나, 그때마다 손빈의 도움으로 위기를 모면하곤 했다.

방연은 비록 겉으로는 이런 손빈의 배려에 감격하는 듯했으나 속으로는 철저하게 그를 질투하고 있었다. 그는 남에게 지는 것을 극히 싫어하는 성격이었다. 더구나 입신출세의 현실적 욕망은 그로 하여금 더욱 열심히 학업에 정진하여 손빈을 능가하고, 하루속히 하산하여 벼슬길에 나아가야겠다는 강박관념에 사로잡히게 했다. 그러나 성실하고 후덕한 손빈은 방연의 이런 속마음을 전혀 알아차리지 못했다. 이리하여 이들 의형제는 하루 또 하루 함께 동문생활을 이어갔지만, 한 사람은 속으로 끝없는 질투심을 불태웠고 다른 한 사람은 이를 조금도 의식하지 못하고 있었다.

3년이 흘렀다. 스스로 학업이 어느 정도 성숙했다고 느낀 방연은 하루속히 산을 내려가고 싶은 생각이 간절했다. 손빈에 앞서 공을 세우고 출세하려는 경쟁심이 발동한 것이다. 이미 마음이 조급하여 좌불안석이 된 방연의 모양새를 보고 스승 귀곡자는 길게 탄식하며 그의 하산을 허락했다. 다음날, 방연은 득의양양하게 산을 내려가 위나라로 향했다. 이렇게 떠나가는 방연을 손빈은 매우 아쉬운 눈빛으로 전송했다.

방연이 떠나간 후, 손빈은 촌각을 아끼며 더욱 학업에 몰두했다. 스승 귀곡자는 손빈의 품행이 성실하고 배움의 자세가 한없이 진지한 것을 보고 그를 매우 기특하게 여겼다. 더구나 그가 손무의 후손인 점을 감안하여 귀곡자는 자신이 오랜 세월 소장해 온 손무의『손자』13편을 모두 그에게 전수했다.

손빈은 한편으로 감격해 마지않으면서도, 스승이 왜 이 귀중한 서책을 방연이 아닌 자신에게 전수하는지 의아해하며 그 이유를 물었다. 이에 스승 귀곡자는 자세를 가다듬으며 엄숙하게 말했다.

"이 책은 올곧은 사람이 가지면 세상에 큰 복이 될 것이로되, 만일 마음이 비뚤어진 사람이 가지면 세상에 재앙을 불러올 것이다. 방연은 성벽이 조급하고 시기심이 많은데다 승벽이 강하니, 어찌 이 기서를 전수하겠느냐!"

이 말에 손빈은 고개를 숙인 채 아무 말이 없었다. 그는 스승이 방연을 평하는 시각에 이해할 수 없는 측면이 있었다.

『손자』를 손에 넣은 손빈은 침식을 잊은 채 그것을 읽고 또 읽었다. 아무리 읽어도 그 내용의 오묘함은 손빈으로 하여금 손을 떼지 못하게 했다. 이 탁월한 군사 이론서이자 사상서는 손빈의 시야를 크게 열어주었다. 비록 그의 몸은 산속에 묻혀 있지만, 이 책을 통하여 그는 마치 높은 산봉우리에 올라 널리 세상을 굽어보는 듯한 깨달음을 얻을 수 있었다. 책 속의 한 자 한 자는 빠짐없이 손빈의 머릿속에 깊이 각인되었다.

사흘 뒤, 귀곡자가 손빈을 시험해 보니 손빈은 한 자도 빠짐없이 완벽하게『손자』를 암송해 냈다. 스승은 희열에 겨워 탁자를 치며 칭찬의 말을 손빈에게 던졌다.

"손무에게 마침내 후계자가 나타났도다!"

질투심에 눈먼 의형제의 음모

방연이 귀곡자의 문하를 떠나 위나라로 돌아오니, 때마침 혜왕
이 목마르게 인재들을 구하고 있었다. 방연은 자신이 고명한 귀곡
자의 제자임을 내세워 직접 혜왕을 알현했다. 방연과의 대화를 통하
여, 혜왕은 과연 이 젊은 학사가 그 언변이 논리정연하고 병술에 깊
은 조예가 있음을 확인하고 내심 크게 기뻐하며 그에게 대장군의 직
위를 내리게 된다.

훌륭한 스승 밑에 출중한 제자가 배양되고, 강한 장수 밑에 무능
한 병사가 없다고 했다. 방연은 그래도 탁월한 스승인 귀곡자의 문
하에서 3년을 수학한 사람이었다. 비록 손빈에 비하면 그 재능이 다
소 뒤처진다 하더라도 자신에게 부여된 책무를 그리 소홀히 다룰 사
람이 아니었다. 혜왕으로부터 장군에 봉해진 후, 그는 3년간 배운
병술을 유감없이 발휘하며 위나라를 위해 수많은 전공을 세워 이름
을 크게 떨치게 되었다. 출세가도에 접어든 방연은 어느 정도 여유
가 생기자 동문수학한 손빈이 생각났다. 그리고 누구든 먼저 세상
에 나아가 뜻을 펼치게 되면 서로를 결코 잊지 말자고 그와 맹세한
일이 떠올랐다.

그러나 방연이 손빈을 떠올린 것은 그와 나눈 맹세 때문이 아니

었다. 혹시 손빈이 장차 자신의 앞날에 어떤 장애가 되지 않을까 하는 걱정 때문이었다. 그를 위나라로 데려올 수는 없는 일이었다. 그렇다고 제나라나 다른 나라로 가도록 방치해서는 더더욱 안 될 일이었다. 만일 어느 나라 군주에 의해서든 일단 등용이 되면 필시 자신에게 큰 후환이 될 것이라 여겼기 때문이었다.

제나라는 당시 위왕(威王)이 재위하고 있었다. 위왕은 높은 기상과 투지를 지닌 군왕이었으며 신하들의 충언에 귀를 기울일 줄 아는 사람이었다. 그는 이즈음 추기(鄒忌)를 재상으로 삼아 국정 전반을 개혁함으로써 제의 국력이 크게 강성해졌다. 그만한 국력에 현명한 군주, 다시 여기에 손빈과 같은 탁월한 전략가가 가세한다면 어떻게 이를 대적할 수 있을 것인가. 그래서 방연은 손빈이 제나라로 귀국하는 것을 반드시 막아야겠다고 마음먹었다.

이즈음, 방연이 생각지도 않게 혜왕이 어디선가 손빈에 관해 듣게 되었다. 왕은 방연을 불러 왜 손빈을 천거하지 않았는지 나무라듯 물었다. 이 말을 듣고 방연은 크게 놀랐다. 그는 얼른 적당한 구실을 찾아 둘러댔다. 방연은 손빈이 원래 제나라 사람이라 그의 가족들이 모두 제나라에 살고 있고 그래서 위나라로 오는 것을 원치 않을 것 같아 천거하지 않았다고 말했다. 아울러, 만일 혜왕이 그를 데려오기를 원한다면 그에게 서신을 보내 위나라로 오도록 성심껏 권해보겠다고 말했다.

방연이 말은 비록 이렇게 했지만 손빈이 위나라로 오는 것을 정말 원치 않았다. 그러나 군왕이 그렇게 원하고 있는 바에야 그도 달리 방도가 없었다. 그래서 방연은 일단 손빈을 위나라로 불러와 자신의 신변에 두고 보다가 만일 상황이 정말 여의치 않으면 기회를 보아 그를 없애버릴 흉계를 마음속에 품게 되었다.

이리하여 방연은 손빈을 초청하는 내용의 서신을 쓴 뒤 사람을 보내 손빈에게 전했다. 그는 서신에서 위왕에게 적극 추천해 허락을 얻었으니 속히 하산해서 위나라로 오라고 손빈에게 말했다. 방연의 편지를 받아본 손빈은 순진한 마음에 크게 기뻐하며 친구의 배려에 감동했다. 그는 즉시 행장을 꾸려 스승 귀곡자와 아쉬운 석별의 정을 나눈 뒤에 총망히 위나라로 향했다. 그러나 그는 그렇게 자신이 신뢰하는 의형제이자 동문인 방연이 음흉한 계략을 꾸며놓고 기다리고 있을 줄은 꿈에도 생각지 못했다.

위나라에 도착한 손빈은 먼저 방연을 만나 그에게 진심으로 고마움을 표시했다. 그리고 그 다음날, 방연의 안내로 위왕을 알현했다. 손빈은 먼저 겸허하게 자신을 소개했다. 위왕은 손빈과 병법을 토론하다 그의 독창적인 안목에 크게 감복하여, 그를 부군사(副軍師)에 임명하고자 마음먹고 방연의 의견을 물었다. 방연은 속으로 생각하길, 만일 이 일을 반대했다가는 위왕이 이상히 여기고 손빈도 의아스럽게 생각할 듯했다. 그래서 진심인 듯 가장하며 말했다. 즉, 손빈과 자신은 의형제를 맺어 그가 자신의 의형인바 세상에 동생을 본관에, 형을 부관에 임명하는 경우는 없으니 좀 여유를 가졌다가 나중에 손빈이 공을 세우면 그에게 자신의 직위를 넘겨주면 좋겠다고 했다. 그 말에 위왕은 일리가 있다고 여겨 손빈을 임시로 '객경(客卿)'에 임명했다.

방연은 손빈이 혼자 전수받았다고 들은 『손자』의 내용을 빼내기 위해 손빈에게 의도적으로 친근하게 접근했다. 어느 날, 방연은 술자리를 마련하여 손빈을 청했다. 두 사람은 술을 마시면서 함께 병법을 토론했는데, 손빈의 입에서 청산유수처럼 흘러나오는 말들이 방연은 한 번도 들어보지 못한 신선한 것들이었다. 이에 방연은 손빈에게 그것이 바로 『손자』의 내용이 아닌지 물었다. 솔직 대범한 손빈은 방연을 신뢰하는 마음에 조금도 망설임 없이 그것을 인정했다. 그러자 방연은 그 귀한 책을 자신이 좀 빌려볼 수 없는지 물었다. 이에 손빈은 솔직하게 방연에게 모든 것을 알려주었다. 즉, 『손자』는 스승인 귀곡자가 주석을 단 이후에 원본과 내용이 달라졌으며, 스승이 자신에게도 사흘간만 보도록 허락한 뒤 다시 회수해 갔다는 것이었다.

방연은 그 귀한 병서가 손빈의 수중에 없음을 알고 크게 실망했다. 이어서 그는 손빈이 그 내용을 기억하고 있는지를 물었다. 손빈은 대략의 내용은 아직 기억하고 있다고 대답했다. 이에 방연은 크게 안도하며 당장 그에게 그 내용을 필사하도록 요청하고 싶은 생각이 간절했으나, 행여 자신의 마각이 드러날까 두려워 잠시 그 일을 미루었다.

며칠 후, 손빈의 재능을 시험해 보고 싶은 마음에 위왕은 손빈과 방연을 함께 불러 진법을 연습하게 했다. 방연이 배열한 진법을 보자마자 손빈은 그것이 무슨 진법이며 어떤 공략법으로 타파할 수 있는지 알 수 있었다. 그러나 손빈이 배열한 진법은 방연이 들어보지도 못한 것이었다. 방연은 위왕 면전에서 체면을 잃게 될 일이 두려워 가만히 손빈에게 해법을 물었다. 그러자 손빈은 순순히 사실대로 알려주었다. 방연은 손빈의 말을 듣고 위왕에게 다가가, 마치 자신이 이미 그 진법에 정통한 것처럼 태연하게 손빈의 진법을 타파할 공격법을 설파했다. 위왕이 손빈을 불러 그의 진법에 대해 물으니 과연 그가 말하는 해법이 방연이 말하는 것과 정확히 일치했다. 이에 위왕은 크게 기뻐하며 속으로 두 사람의 재능에 감탄했다.

그러나 이 날의 일이 있은 후, 방연은 더욱 좌불안석이 되었다. 손빈의 재능이 자신의 수준보다 한참 위에 있음을 확인했고, 그를 제거하지 않으면 장차 자기 윗자리를 차지할 것임이 불을 보듯 뻔했기 때문이었다. 이런 생각이 깊어질수록 방연은 어서 손빈을 제거해야겠다는 결심을 더욱 굳히게 되었다. 그러던 어느 날, 방연은 손빈의 집을 찾아 함께 한담을 나누던 중 손빈의 가족사에 대해 자세히 듣게 된다.

손빈은 네 살에 어머니를 잃고, 아홉 살에 아버지를 잃은 다음 숙부 손교(孫喬)에 의지하여 자라났다. 그런데 손교는 제나라에서 벼슬살이를 하다 왕의 눈에 벗어나는 일을 저질러 멸족을 당하는 운명에 처하게 된다. 이에 손교는 두 아들 손평, 손탁 그리고 조카 손빈 등 일족을 데리고 피난을 떠나게 된다. 원래 손빈은 이런 상황에서 귀곡자의 문하에 몸을 의탁하게 되었던 것이었다. 손빈의 집안 속사정을 자세히 알아낸 후, 방연은 크게 동정하는 얼굴빛을 가장하며 그를 위로했다. 그리고 더 이상은 자세히 캐묻지 않았다.

이때 방연은 잔인한 음모를 하나 마음속에 품게 되었다. 반년 후 어느 날, 손빈이 조정에서 일을 마치고 귀가하니 고향 사람이라며 누군가가 찾아왔다. 그는 편지 한 통을 전했는데 손빈이 받아 그 내용을 보니, 숙부는 이미 세상을 떠났고 두 사촌형은 지금 매우 어려운 지경에 처해 있으니 속히 귀향하여 만날 수 있기를 간절히 바란다는 것이었다. 손빈은 크게 슬퍼하며 자기도 모르게 방성대곡했다. 그러나 위나라의 벼슬을 살고 있는 이상, 쉽게 몸을 움직일 수는 없었다. 그래서 회신을 써서 찾아온 사람에게 지니고 돌아가게 했다.

손빈을 찾아갔던 사람은 사실 방연의 심복 중 한 사람이었다. 방연은 손빈의 집안 사정을 알아낸 후, 가짜 편지를 만들어 심복으로 하여금 제나라 상인을 가장하여 손빈을 찾아가게 했던 것이다. 손빈은 사촌형인 손평, 손탁과 헤어진 지가 오래되어 그 필적을 알아보지 못하고 방연의 계략에 속아 넘어갔던 것이다.

방연은 손빈이 쓴 회신을 손에 넣고 크게 기뻐했다. 그리고 그 서신의 말미에 손빈의 필적을 모방하여 마치 손빈이 제나라와 밀통하고 있는 듯한 내용을 추가로 써넣었다. 이어 그는 잠시도 지체하지 않고 서신을 지닌 채 위왕을 찾아갔다. 그는 자신도 매우 놀란 듯 호들갑을 떨며 위왕에게 손빈이 제나라와 내통한 서신을 보여주었다. 서신을 보고 난 뒤, 위왕은 손빈이 위나라에서 중용되지 못함에 자신의 재능을 썩히고 있다고 생각해 제나라로 도망가려는 것이 아닌지 방연에게 물었다. 이에 방연은 손빈의 조부 손무도 예전에 오나라에서 벼슬살이를 했으나 결국은 제나라로 돌아가 만년을 보냈다며 위왕에게 손빈을 해칠 것을 충동질했다.

제나라는 손빈의 고향이어서 그가 항상 그리워하고 있으며, 그래서 설사 위왕의 중용을 얻더라도 그가 위나라를 위해 진충보국할리 만무하며, 더구나 그의 재능이 자신보다 앞서니 만일 제나라가 그를 쓰게 되면 위나라에 크게 불리할 것이라고 방연은 위왕에게 간했다. 아울러 멀리 내다보고 그를 지금 없애는 것이 후환을 막는 길이라고 상주했다. 그러나 위왕은 방연의 견해에 동의하지 않았다. 죄상이 아직 명확하지 않은 사람을 함부로 죽이면 세상의 인심을 잃는다는 뜻이었다. 이에 방연은 얼른 태도를 바꾸어 위왕의 비위를 맞추며 그의 관대하고 넓은 도량을 예찬했다. 이어서 방연은 다시 위왕에게 자신이 성심을 다해 손빈이 위나라에 남도록 설득할 것이며, 그가 잔류를 결심하면 중용하고 만일 도저히 붙잡을 수 없을 상황이 되면 그 이후의 처리를 자신에게 맡겨달라고 진언했다.

위왕의 면전을 물러난 방연은 손빈을 찾아갔다. 그리고 그에게 제나라에 한번 다녀오라고 부추겼다. 손빈은 조금의 경계심도 없이 방연의 제의를 진심어린 우정으로 받아들여 그의 말에 따르기로 결심했다. 그러나 위왕이 허락지 않을 것을 손빈이 걱정하자 방연은 자기가 곁에서 함께 위왕을 설득할 수 있도록 도와주겠다고 다짐했다. 방연의 말에 손빈은 더욱 감격해서 그에게 연이어 감사하다는 말을 반복했다. 그날 밤, 방연은 다시 위왕을 알현했다. 그는 손빈이 위나라에 남기를 원치 않으며 아마 내일 중 휴가를 청원하는 상소를 들고 왕을 찾아올 것이라고 보고했다. 그리고 손빈이 위왕에게 불만을 품고 있다는 등의 말을 덧붙였다. 이에 위왕은 크게 노했다.

다음날, 손빈이 위왕을 찾아 휴가를 청원하자 이미 방연으로부터 전후 사정을 들어 마음의 준비가 되어 있던 위왕은 손빈을 크게 질책하기 시작했다. 손빈이 이미 제나라와 밀통한 후에 다시 제나라로 돌아가기를 청하는 것은 배반하려는 속셈을 가지고 있음이 분명하다며 위왕은 그를 군사부(軍師府)에 가두어 죄상을 자세히 추궁하도록 명했다. 손빈이 포박당해 군사부에 가두어지는 것을 보자 방연은 크게 놀라는 척하며 말했다.

"손형이 난데없이 이리 억울한 일을 당하니, 내 당장 대왕에게 사정을 설명하여 이해를 얻도록 하리다." 이렇게 말한 방연은 즉시 위왕을 찾아갔다.

그러나 그가 왕을 찾은 것은 결코 사정을 설명하기 위한 것이 아니었다. 그는 위왕에게 손빈의 무릎을 들어내 폐인으로 만들어 그를 제나라로 돌아가지 못하게 만들도록 건의했다. 그렇게 함으로써 후환을 방지할 수 있을 뿐 아니라 그의 생명을 보전시켜 세상 사람들의 질타를 면할 수 있을 것이라고 간했다. 이에 위왕은 방연의 건의에 선뜻 동의했다. 군사부로 돌아온 방연은 동정과 걱정이 가득한 얼굴빛을 드러내며 손빈에게 말했다.

"대왕이 크게 노하셨네. 손형을 사형에 처하도록 하려는 걸 내가 천신만고 끝에 목숨을 애걸하여 겨우 죽음은 면했네. 그러나 반드시 무릎을 들어내고 얼굴에 죄수 문신을 해야만 하게 생겼네. 이것은 위국의 결정이니 양해하게. 나도 최선을 다했으나 더 이상 어쩔 도리가 없었네."

이렇게 말하며 방연은 진심을 가장한 눈물까지 몇 방울 흘렸다. 그러고는 손빈이 다른 말을 할 여유를 주지 않고, 바로 도부수(刀斧手)를 불러 손빈을 단단히 묶게 한 뒤 무릎 뼈를 들어내 버렸다. 손빈은 통증을 이기지 못하고 크게 소리지르며 혼절했다. 그리고 반나절이나 지나서야 깨어났다. 이어서 행형수(行刑手)가 바늘로 손빈의 얼굴에 죄수 문신을 새겨 넣었다. 방연이 침통한 얼굴을 가장하고 한쪽에 서서 흐느끼며 우는 척하고 있었다.

　이제 불구의 몸이 된 손빈은 하루 세끼를 모두 방연에게 의지하게 되자 그에게 도리어 미안한 마음을 금할 수 없었다. 이때, 방연은 손빈이 암기하고 있는 귀곡자 주석의 『손자』를 필사하도록 만들었다. 손빈은 방연의 갖가지 배려에 보답하기 위해 흔쾌히 동의했다. 이에 방연은 늙은 하인 한 명을 손빈을 돕도록 붙여주었다. 이 하인은 비록 신분이 천했지만 가슴 가득 정의감을 품고 있는 사람이었다. 그는 손빈이 이렇게 억울한 일을 당하고 있는 것을 목격하고 마음이 크게 불편했다. 그래서 은밀히 손빈에게 그간의 사정을 낱낱이 알려주었다. 방연이 우정을 가장하여 뒤에서 갖가지 음모를 꾸민 일, 가짜 편지를 만든 일, 위왕 면전에서 갖은 모함을 한 일, 게다가 병서의 필사를 마친 뒤에는 먹을 것을 주지 않아 굶어 죽도록 만들 계획이라는 사실까지 모두 이야기했다. 이 말에 손빈은 대경실색하며 자신이 사람을 잘못 보았음을 크게 한탄했다.

　손빈은 큰 뜻을 품고 귀곡자의 문하에 들어가 각고의 노력을 거쳐 병법을 배우고, 다시 희망에 부풀어 위나라로 와서 자신의 재능을 한번 세상을 위해 펼쳐보려다가, 생각지도 않게 가장 믿었고 형제의 정을 결연한 친구의 모함을 받아 절망의 구렁텅이에 빠진 자신이 처량하기 짝이 없었다. 이때, 그는 반드시 재기하여 이 원한을 설욕하고야 말겠다고 속으로 깊이 다짐했다. 그러나 지금 방연이 자기에게 병서를 필사해 낼 것을 수시로 독촉하고 있으니 난감하기 이를 데 없었다. 만일 순순히 응하지 않으면 자신의 목숨을 유지하기가 어려울 것이고, 그렇다고 그의 요구를 들어준다면 그로 인해 이 세상 얼마나 많은 사람들이 그 음험한 인간에게 해를 입게 될지 알 수 없는 노릇이었다. 이리저리 고민하다가 손빈은 마침내 한 가지 계책을 생각해 내게 된다.

미친 것을 가장해 도피하다

손빈은 방연이 자신을 해칠 속셈임을 알게 된 후, 미친 것을 가장하는 계책으로 위기를 벗어나려고 결심했다. 그날 저녁, 저녁밥을 먹기 위해 막 젓가락을 들자마자 손빈은 갑자기 기절하여 바닥에 쓰러졌다. 입에 흰 거품을 물고 한참 정신을 잃고 있다가 깨어나서는 크게 소리를 지르며 허공에다 욕을 해대기 시작했다. 더욱 진짜처럼 가장하기 위해 그는 이미 써둔 병서의 일부분을 모두 불속에 집어던져 태워버렸다. 신변을 지키던 늙은 하인은 그것이 계책임을 알지 못하고 즉시 방연에게 달려가 사실대로 알렸다. 방연이 친히 와서 바라보니 손빈이 얼굴에 진흙투성이가 된 모습으로 때로 웃다 때로 울곤 하고 있었다. 그리고 방연을 보더니 그의 옷소매를 부여잡고 크게 소리쳤다.

"귀곡자 선생님! 저를 좀 구해주세요!"

의심이 많은 방연은 손빈이 일부러 미친 척할지도 모른다고 생각해, 사람들을 시켜 손빈을 끌어다 돼지우리에 집어넣도록 명했다. 우리 속은 돼지의 분비물로 가득한 것이 더럽기 짝이 없었다. 그러나 하루속히 이 위기상황에서 벗어나려는 생각에 손빈은 조금도 주저하지 않고 그 속에 엎드려 잠이 들었다. 방연은 계속해서 손빈을 시험하기 위해 사람을 시켜 우리 속으로 그에게 먹을 술과 고기를 들여보냈다.

그것이 방연의 간계임을 알아차린 손빈은 눈을 부릅뜨고 욕을 해대며 음식을 바닥에 쏟아버렸다. 그러고는 돼지 먹이를 손으로 집어 먹기 시작했다. 이런 광경을 본 방연은 손빈이 정말 미쳤다고 생각했다. 다만 귀한 병서를 다시는 볼 수 없게 된 일이 아쉬울 뿐이었다. 그러나 손빈이 미쳐버려 이제 힘겨운 경쟁상대가 하나 줄어들었으니, 드디어 안심하고 자신의 원대한 포부를 펼칠 수 있게 되었다고 기뻐했다.

이날 이후, 방연은 다시 손빈의 일을 마음에 두지 않았다. 손빈은 돼지우리 속에서 굴욕을 인내하며 하루하루를 보내고 있었다. 때로 아침에 기어 나왔다가 저녁에 기어 들어가고, 때로는 며칠을 바깥에서 노숙하기도 했다. 이리하여 많은 사람들이 손빈이 미쳤음을 알게 되었다.

제나라 대장군 전기(田忌)가 친분이 있는 선비인 묵적(墨翟)을 통해 손빈에 관한 이야기를 듣고, 그를 구해와 제나라를 위해 봉사토록 해야겠다고 마음먹었다. 그는 먼저 제나라 왕에게 손빈을 천거한 다음, 그를 구해올 묘책을 수립하게 된다. 전기는 손빈의 어릴 적 친구 두 사람을 물색했다. 한 사람은 순우곤(淳于髡)이고, 한 사람은 금활(禽滑)이라는 사람이었다. 전기는 이들에게 두 명의 수행원을 딸려서 특산 차를 헌상한다는 명분으로 위나라로 들어가게 했다. 위나라에 도착한 두 사람은 먼저 위왕을 알현하고 국서를 전하며 찾아온 목적을 설명했다. 위왕은 크게 기뻐하며 조금도 의심하는 기색이 없었다. 그날 밤, 금활이 어느 들판에서 손빈을 찾았다. 그는 낮은 목소리로 손빈에게 물었다.

"자네 아직 금활을 기억하나?"

그러나 손빈은 아무 대답이 없었다. 금활은 묵적이 전기와 제왕에게 손빈을 천거한 일이며, 그들이 자신을 파견하여 손빈을 제나라로 데려오도록 조치한 일을 모두 이야기했다. 이 말에 손빈은 눈물을 비 오듯 쏟더니 한참 후에야 비로소 입을 열었다.

"나는 이미 죽은 목숨인 줄 알았는데, 오늘에 이르러 살아날 희망이 생길 줄 미처 몰랐다네. 그러나 방연이 결코 내가 살아서 위나라를 떠나게 하지는 않을 걸세."

이에 금활이 손빈을 구해낼 계획 일체를 알려주자, 그제야 손빈은 어느 정도 안도하는 빛을 띠었다.

며칠 후, 순우곤과 금활은 위왕을 알현하고 작별을 고한 뒤 제나라로 돌아갈 준비를 서둘렀다. 그날 밤, 금활은 손빈을 차(茶) 수레 안에다 숨게 했다. 그리고 손빈이 입은 옷을 벗게 하여 따라온 시종에게 입힌 뒤 그의 얼굴에 진흙을 바르고 산발을 하게 했다. 손빈과 비슷하게 꾸며 방연의 눈을 속이기 위한 술수였다. 순우곤은 금활로 하여금 수레를 끌고 먼저 출발하게 한 다음 자기는 뒤이어 출발했다. 며칠 후, 손빈처럼 변장했던 시종도 마침내 몸을 피해 빠져나왔다. 이리하여 이들 일행은 위나라 국경을 넘어 제나라로 들어섰다. 이들은 손빈을 목욕시키고 깨끗한 옷을 입힌 다음, 제나라 도성인 임치(臨淄)를 향해 내달렸다.

다시 며칠이 지난 뒤, 방연이 손빈을 감시하도록 파견했던 사람이 돌아와 손빈이 사라졌다고 보고했다. 다만 그가 입었던 더러운 의복 한 벌이 우물가에 버려져 있다는 것이었다. 방연은 손빈이 우물에 몸을 던져 자살한 줄 알고 사람을 시켜 우물 속을 뒤지게 했다. 그러나 손빈의 시체는 발견되지 않았다. 방연은 크게 미심쩍었으나 위왕이 질책할 것을 두려워하여 그에게 손빈이 우물에 몸을 던져 자살했다고 거짓으로 보고하고 말았다.

손빈이 임치에 도착하니, 전기가 손수 마중 나왔다. 전기는 제나라 왕족이자 대장군으로 지위가 상당한 인물이었다. 그는 선비나 현사를 매우 아끼고 존중하는 사람이었다. 그는 일찍부터 손빈의 비범함에 대해 들은 바가 적지 않았다. 직접 손빈을 대면한 전기는 비록 그가 불구의 몸이 되었지만 병법에 탁월한 식견을 지니고 있음을 확인하고 그를 자기 신변에 머물게 했다. 그리고 손빈을 상객으로 대우하며 그에게 가르침을 구하고 그가 말하는 대로 실행했다.

당시 경마가 제나라 귀족들 사이에 크게 유행하고 있었다. 특히 제나라 왕과 전기는 함께 내기 경마시합을 자주 벌였다. 전기는 이 경마시합을 위해 개인적으로 적지 않은 양마(良馬)를 키우고 있었지만, 매번 왕과의 시합에서 패해 이미 상당한 재물을 잃은 상황이었다. 시합은 항상 세 차례 경주로 겨루는데, 전기는 세 번 모두 지는 경우가 많았다.

손빈이 시합장에 나가 한동안 관찰해 보니, 쌍방의 말들이 모두 힘이 넘치는 양마들이었으나 전체적으로 비교해 보건대 왕의 말이 그래도 전기의 말에 비하면 좀 나은 편이었다. 그런데 말을 상·중· 하 세 등급으로 구분하고 시합에 임할 때는 항상 상급은 상급끼리, 중급은 중급, 하급은 하급끼리 대결시키는 방식을 취했다. 이에 손 빈은 자기가 알려주는 방식대로 시합을 치르면 반드시 이길 수 있다 고 장담하며, 전기에게 왕과의 다음 시합에 크게 재물을 걸고 한번 자기 방식을 시험해 보라고 권했다.

이에 전기는 한 번 경주에 1천 냥, 총 3천 냥의 금화를 걸고 다음 시합에 임했다. 전례 없는 대도박이었다. 그리고 손빈이 시키는 대 로 왕의 상급 말에 자신의 하급 말을, 중급 말에는 상급 말을, 하급 말에는 중급 말을 출전시켜 경주를 하니 첫 번 시합은 비록 패했으 나 두 번째, 세 번째 시합은 이겨 결과적으로 1천 냥의 금화를 따게 되었다.

시합이 끝난 뒤 왕은 크게 놀라며 오늘은 어떤 방식으로 경기에 임했기에 이길 수 있었는지 전기에게 물었다. 이에 전기는 그것이 손빈의 공로임을 토로하고, 이어서 손빈이 알려준 경기방식을 왕에 게 자세히 설명했다. 나아가 손빈의 출중한 재능과 그가 당한 불행 을 소개하면서 그를 왕에게 천거했다. 제왕은 손빈의 경마방식을 듣 고 그가 매우 비범한 사람이라고 여겨, 그를 한번 만나고자 했다.

손빈을 불러 그와 대화를 나누면서, 제왕은 그가 병법에 매우 정 통하고 군사 방면에 탁월한 능력을 소지하고 있음을 느꼈다. 이에 왕은 손빈에게 전쟁에 대한 그의 견해를 물었다. 손빈은 자신이 배 운 병법에 근거하여 전쟁에 대한 자신의 생각을 설파했다.

"전쟁은 국가가 영원히 의존할 수 있는 수단이 아닙니다. 전쟁을 경솔히 여겨 수시로 기병을 하면 도리어 멸망의 길로 들어서기가 쉬우며, 전쟁을 통해 이익을 얻으려는 탐욕에 빠지면 도리어 굴욕을 당하게 되기가 쉽습니다. 전쟁은 비록 승리하더라도 반드시 소득이 있는 것은 아닙니다. 그러므로 전쟁은 충분한 고려와 준비과정을 거친 다음에 수행해야 합니다. 작은 나라가 영토를 견고하게 방어해 내는 것은 충분한 병참물자를 준비하고 있기 때문입니다. 군사가 수적으로 적더라도 강한 전투력을 발휘할 수 있는 것은 자신이 정의의 전쟁을 수행하고 있다는 자긍심을 지니고 있기 때문입니다. 충분한 전쟁물자와 도의에 부합하는 정의감이 없다면 아무리 탁월한 전략가나 많은 군사를 보유하고 있어도 전쟁에서 원하는 결과를 얻기 어렵습니다."

손빈의 전쟁론을 들으면서 제왕은 경탄을 금할 수 없었다. 전쟁과 병법에 대한 그의 깊이 있고 독창적인 견해는 왕을 감탄하게 하고도 남음이 있었다. 왕은 손빈을 너무 늦게 만나게 됨을 한탄했다. 이로부터 얼마 후, 제왕은 손빈을 군사(軍師)에 임명하고 자신을 보좌하여 중원의 패권을 쟁취하는 데 진력하도록 명했다. 이리하여 마침내 손빈은 가슴속에 가득 품고 있는 자신의 포부를 마음껏 펼칠 수 있는 기회를 얻게 되었다.

이즈음, 방연은 위왕을 도와 동분서주하며 각종 전투를 지휘하여 위나라의 국력을 크게 키웠다. 그리고 다져진 국력을 바탕으로 위나라는 더욱 팽창을 추구하여 제나라와의 한바탕 충돌이 불가피한 상황으로 치닫고 있었다. 마침내 손빈과 방연, 동문이자 의형제인 두 사람의 대결이 서서히 고조되어 가고 있었던 것이다.

위를 공략하여 조를 구하다

기원전 354년, 조나라는 세력과 영토를 확장하기 위해 위(衛)나라를 침공한다.

위나라는 역사가 매우 오랜 제후국이었다. 기원전 11세기경, 원래 주(周) 무왕의 동생인 강숙(康叔)에게 봉한 땅이었으며 당시 위세가 당당한 대국이었다. 그런데 기원전 660년경, 북융(北戎)의 침입을 받고 거의 멸망 직전의 상태에 이르러 제나라의 도움으로 겨우 명맥은 유지했으나 약소국으로 전락하고 말았다. 이후 위나라는 신흥 강대국인 위(魏)에 의지하여 정기적으로 조공을 바쳤으며, 그 속국이나 다름없었다.

방연은 조나라가 위(衛)를 침공한다는 소식을 듣고 혜왕에게 출병하여 조를 치겠다고 재가를 요청했다. 아울러 속국이나 다름없는 위(衛), 송(宋)에게도 같이 출병하도록 압박했다. 이에 송의 군주는 은밀히 사신을 조나라로 보내, 자신들이 처한 난감한 상황을 설명하고 이해를 구했다. 송과 조는 서로 상의한 결과, 송의 군사가 조의 국경을 침입해 변방의 작은 성을 하나 포위하여 양국이 마치 전쟁을 치르는 듯이 위(魏)의 눈을 속이되, 서로 실질적인 무력행사는 하지 않을 것을 비밀리에 약조했다.

원래 진(晉)에서 분할된 조(趙)·위(魏)·한(韓) 삼국 중 조는 가장 북쪽에 위치했으며, 그 국토의 영역이 전국 칠웅 중에서 결코 작은 편이 아니었음에도 조는 만족하지 못하고 부단히 확장을 도모했다. 그러나 전국시대의 조는 결코 강국이라고 할 수 없었으며, 특히 위

(魏)에 비기면 발전이 좀 뒤처진 편이었다. 그래서 때로 주위의 약소국들을 침략해 승리를 거두기도 했지만, 그 자신은 또한 주변의 강국들로부터 자주 시달림을 당하고 있었다.

위(衛)를 침공한 조를 치기 위해 방연은 8만 대군을 이끌고 공격에 나섰다. 그는 수차례의 전투에서 연전연승하며 순식간에 조의 국도인 한단(邯鄲)을 포위하고 공세의 고삐를 늦추지 않았다. 이에 조왕은 동맹국인 제로 사신을 보내 긴급히 구원을 요청했다.

제가 비록 동방의 대국이라고 하나 위(魏)에 비하면 국력이 좀 달리는 편이었다. 그래서 조왕의 지원 요청을 받고 경솔하게 답변할 수 없는 일이었다. 이에 제왕은 대신들을 소집하여 대응책을 논의하게 되었다. 이 자리에서 파병 불가를 주장하는 재상 추기와, 출병하여 조를 구원함이 마땅함을 주장하는 장군 단간붕(單于朋)의 주장이 대립했다. 단간붕의 주장은 만일 출병하지 않으면 조와의 동맹을 훼손할 뿐 아니라, 위가 조를 멸하여 세력이 더욱 커지면 제에게도 이로울 것이 없다는 것이었다.

그는 출병한다는 전제하에 비교적 완벽한 전략을 제시했다. 즉, 먼저 위(衛), 송과 연맹하여 이 두 소국들로 하여금 위(魏)의 양릉(襄陵)을 공격하게 함으로써 위의 군사를 양분하게 하고, 제는 출병을 미루었다가 조와 위가 서로 대치하여 크게 지친 다음 비로소 진격하여 어부지리를 취하자는 것이었다. 제 위왕은 이 의견이 유리하다고 판단하고 그대로 수용했다. 이에 조의 사신에게 제의 출병 결정을 알려주며, 귀국하여 조왕에게 알리도록 분부했다.

제는 일차적으로 아주 일부분의 병력만 먼저 출병시켰다. 그리하여 송과 위(衛)가 양릉을 공격하여 위(魏)의 군사를 견제하도록 독려하고, 한편으로 한단성을 지키고 있는 조군에게도 서로 멀리서 호응하며 지원하는 모습을 보여주어 더욱 견고하게 성을 방어하도록 분발을 촉구하기 위한 것이었다.

장기간 한단성을 함락시키지 못한 방연은 피해와 손실이 적지 않았다. 설상가상으로, 이때 위(魏)의 인접강국인 진(秦)과 초(楚)가 형세의 유리함을 간파하고 각각 서쪽과 남쪽에서 위를 침공했다. 이런 상황 아래, 비로소 제 위왕은 정식으로 출병하여 위를 치고 조를 구할 것을 명했다.

출병을 앞두고 위왕은 병법에 정통한 손빈을 주장(主將)으로 삼아 전군을 통솔하게 하려고 했으나, 손빈은 몸도 온전치 않은 사람이 주장을 맡으면 적군에게 웃음거리가 될 것이라며 한사코 사양했다. 이에 위왕은 전기를 주장에, 손빈을 군사에 임명했다. 그리고 손빈에게 장막을 친 마차에 앉아 수시로 전기에게 전략을 자문하도록 명했다.

진군에 앞서 전기와 손빈은 작전계획을 협의했다. 이때, 조의 도성인 한단은 장기간 방연의 군대에 포위되어 위급하기가 이를 데 없었다. 그래서 전기는 속히 조나라로 진격해 한단을 포위하고 있는 위군과 결전을 벌이자고 말했다. 그러나 손빈은 생각이 달랐다. 엉겨 있는 한 뭉치의 마를 풀고자 한다면 힘을 써서 억지로 당겨서 될 일이 아니며, 두 사람이 거세게 싸우고 있는 와중에 끼어들어서는 아무것도 해결할 수 없다고 생각했다. 지금 조를 구하는 일도 적군의 주력과 정면으로 맞붙는 방식이 아니라, 적의 허점이나 약한 부분을 파고들어 그들에게 불리한 상황을 조성한 다음, 그들이 부득이 작전계획을 수정하지 않을 수 없게 만들어야 한다고 보았다. 방연이 대부분의 정예 병력을 이끌고 한단성을 에워싸 장기간 대치하고 있는 이상, 위나라에 남아 있는 군사들은 분명 늙고 허약한 군사들일 것이었다. 만일 제의 대군이 곧바로 위의 도성인 대량을 향해 진격하여, 중도의 군사요충지들을 점령하고 위의 후방을 교란한다면 방연의 군사들은 한단성의 포위를 풀고 회군하지 않을 수 없을 것이었다. 이때 제군은 적당한 기회를 틈타 지치고 수세에 몰린 위군을 제압한다면 일거양득의 효과를 거둘 수 있다는 것이었다. 손빈의 치밀한 전세분석과 작전계획을 듣고 전기는 두말없이 그것을 그대로 수용했다.

손빈은 작전을 두 단계로 나누어 실행했다. 그는 먼저 8만 제군을 이끌고 위의 평릉(平陵)을 공격하러 나아갔다. 평릉은 대량에서 멀지 않은 군사요충지로 대량의 방어벽 역할을 하는 곳이었다. 위나라의 동부에 위치한 이곳은 비록 큰 성은 아니지만 인구가 많고 양식이 풍부하며 지세가 험준해 공략하기가 그리 쉽지 않았다. 손빈이 직접 대량을 치지 않고, 먼저 평릉을 공략하기로 한 것은 방연을 유인하여 그를 손쉽게 무너뜨리기 위해 교묘하게 짠 군사작전의 일부분이었다.

손빈에게 구태여 평릉을 먼저 점령할 필요성이 있는 것은 아니었다. 다만 이곳을 공격하는 척 가장하면서 방연의 눈을 속이고자 한 것일 뿐이었다. 제군은 평릉 가까이 진군한 다음, 숨기 좋은 곳에 집결하여 추가 명령을 기다렸다. 그리고 한편으로 병법을 잘 모르고 지휘력이 부족한 장수 두 명을 선봉으로 삼아 위군과 작은 전투를 벌여 거짓 패함으로써 더욱 위군 진영의 판단을 흐리게 했다.

당시 위는 부강한 국력을 바탕으로 장병들에 대한 대우가 매우 후한 편이어서 군사들의 사기가 높고, 전투력도 매우 강했다. 위는 일찌감치 문왕 시절부터 국정을 개혁하고 군제를 개편하여 매우 엄정한 선발과정을 거친 정예 상비군을 보유하고 있었다. 이들 상비군 소속 장병들에게는 대우가 특별히 후해서 집과 전답을 지급하고 전 가족의 부역을 면하게 해주었다. 이런 군사제도는 병사들의 사기와 적극성을 크게 높여 위군의 전투력은 누구도 대적할 수 없을 정도로 막강했다. 게다가 위군은 개개 병사의 특성을 반영하여 부대편성을 실시했다. 즉, 체력이 건장하여 근접 육박전에 유리한 경우, 동작이 민첩하여 비탈이나 계곡을 잘 뛰어다니는 경우, 지구력이 뛰어나 원거리 원정에 유리한 경우 등을 구별하여 특성별로 부대를 조직했다. 그리고 전투에 임해서는 이 부대들을 지형이나 전황에 따라 교체하기도 하고 혼합하기도 하여 유기적으로 활용함으로써 개개 병사들의 능력과 장점을 전투에 충분히 발휘할 수 있게 했다. 이런 혁신적인 군제에다 방연과 같이 뛰어난 전략가가 있어서 위군은 많은 전투에서 연전연승할 수 있었던 것이다.

제나라도 대국으로 꼽히고 그 군사력이 약하다고 할 수는 없었지만, 그래도 위에 비기면 뒤처진 측면이 있었다. 만일 당시 제군이 한단으로 바로 진격해 방연의 정예군과 직접 자웅을 겨루었다면 쉽게 승리를 장담할 수 없는 일이었다. 그리고 제군이 대량을 공략하여 한단성의 포위를 풀게 하려는 의도를 미리 노출했더라면, 총명한 방연은 일찌감치 회군하여 대량을 방어하는 일에 집중했을 것이고 이리되면 제군이 크게 불리해질 것이었다. 그러므로 손빈이 제군을 이끌고 먼저 평릉을 공격하는 것처럼 가장한 것은, 확실히 방연보다 한 수 높은 그의 수완을 보여주는 일이었다.

제군이 평릉으로 진격하여 공격을 감행하다 패퇴하는 듯한 조짐을 보이자, 과연 방연은 안심하고 계속해서 한단성을 공략하는 데 매달렸다. 그리고 회군하려는 생각은 아예 접어두고 아무런 대비도 하지 않았다. 대량성의 위 혜왕도 제군이 그다지 위협적이지 않은 것을 보자 비로소 안도하며 적극적인 방어계획을 세우지 않았다.

기원전 353년 10월, 방연이 이끄는 위군은 연이은 공격 끝에 마침내 한단성을 함락시켰다. 비록 오랜 노력 끝에 목적을 이루었으나 위군도 지치고 그 피해가 심각했다. 더욱이 위나라를 둘러싼 정세가 매우 불리하게 돌아가고 있었다. 제, 위(衛), 송의 3국 연합군이 양릉을 포위하여 위의 남부지역 병력을 붙잡고 있었고, 진(秦)과 초(楚)도 각각 서쪽과 남쪽 변경을 침입하여 위의 영토 일부를 빼앗았다. 그러나 위에게 최대의 위협은 바로 전기와 손빈이 거느린 제나라의 주력군이었다.

방연이 한단을 함락시키고 의기양양해 있을 때, 손빈은 드디어 두 번째 단계의 전략에 돌입했다. 손빈은 전기에게 평릉 부근에 집결하여 대기하고 있는 군사들을 이끌고 드디어 위의 국도인 대량을 치도록 주문했다. 손빈은 제군을 둘로 나누어 먼저 일부 병력으로 하여금 대량을 향해 떠들썩하게 북을 치며 진격하게 했다. 방연에게 빨리 회군하여 대량을 구하라는 의사표시였다. 그리고 다수의 나머지 주력부대는 방연이 회군하는 길목에 있는 계릉(桂陵)에 매복하여 방연이 다가오기를 기다리게 했다. 매복기습전을 벌일 심산이었다.

제군이 대량을 공략하러 진군해 오고 있다는 소식을 접한 혜왕은 크게 놀랐다. 그는 즉각 방연에게 전령을 보내 회군하도록 명했다. 방연도 제의 주력군이 대량을 공략하려 한다는 급보를 받고 크게 놀랐으나, 한편으로 그 군사가 그리 많지 않고 전력도 매우 약하다는 말을 듣고 그다지 심각하게 생각하지 않았다. 더구나 그는 손빈이 우물에 몸을 던져 자살하고 난 뒤, 이제 세상에 군사전략 방면에서 자기를 능가할 사람이 없다고 자만에 가득 차 있었다. 그는 주력군을 한단성에 남겨 성을 수비하도록 안배하고, 자신은 소수 병력만 거느린 채 밤을 도와 대량을 향해 행군했다.

위군이 비록 강한 전투력을 지니고 있었지만 이미 한단성 전투에서 크게 지친 상태였다. 그러나 방연은 이런 사정을 고려하지 않고 총망히 행군을 재촉하여, 위군은 짧은 시간에 황하를 건너 계릉 부근에 이르렀다.

계릉은 방연이 대량으로 가는 길에 거치지 않으면 안 될 경유지였다. 계릉은 평릉에서 그리 멀지 않았다. 제의 주력군은 일찌감치 평릉에서 계릉으로 옮겨와 휴식하며 전투준비를 갖추고, 위군이 지나가기만을 기다리고 있었다. 장기간의 전투와 원거리 행군에 지친 위군이 이런 제군의 상대가 될 수 없었다. 매복해 있던 제군이 일시에 뛰쳐나와 공격하자 위군은 놀라 순식간에 무너지기 시작했다. 유리한 전세를 굳힌 제군이 다시 '팔문진(八門陣)'을 펼치자 방연은 아연실색했다. 그것은 오직 손빈만이 사용할 수 있는 진법이었기 때문이다. 설마 그가 죽지 않고 제나라로 갔단 말인가? 방연이 이렇게 의아해하고 있을 때, 전기가 갑옷을 입고 출전해서 방연을 조롱하며 유인하자 과연 방연은 참지 못하고 진중으로 뛰어들었다.

'팔문진'에 뛰어든 방연은 좌충우돌했으나 도무지 빠져나갈 길을 찾을 수 없었다. 진중에 북소리, 징소리가 들리고 사방에서 함성이 일어나더니 '군사 손(軍師 孫)'이라고 쓴 깃발들이 휘날리는 것을 볼 수 있었다. 방연은 대경실색하며 그제야 손빈이 제군의 진중에 있으며, 자신이 이번에 철저히 그의 계책에 말려들었음을 깨닫게 되었다.

방연이 위중한 것을 보고, 그의 부하들이 진중으로 치고 들어와 천신만고 끝에 그를 구출해 냈다. 그러나 이미 사람과 말이 크게 다친 뒤였으며, 방연의 아들 방모(龐茅)가 이 전투에서 전사하고 말았다. 방연은 크게 슬퍼하며 잔여 병력을 수습하여 위나라로 도망쳐 갔다.

손빈이 수립한 전략에 따라 이루어진 계릉 전투는 전국시대의 유명한 전투 중 하나다. 전쟁의 규모나 격렬함, 그리고 전쟁 사후의 파급효과 측면에서 전대미문의 대전투였다. 아울러 전국시대로 들어선 후 강성해져 가던 위국이 가장 큰 피해를 입은 전투이자, 동시에 손빈이 제나라의 막료가 된 이후 거둔 가장 큰 승리였다. 전투 결과, 위 혜왕은 제의 압력에 따라 한단을 조나라에 돌려주고 화친을 맺어야 했다. 이리하여 제는 크게 위세를 더하며, 위나라가 중원에서 차지하고 있던 지위를 차츰 대신하게 되었다.

선은 선으로 답하고 악은 악으로 갚는다

　계릉대전 후, 위나라는 패전의 결과로 큰 군사적 손실을 입었다. 그러나 오랜 기간 중원의 패주로서 버텨온 여력이 있어서 여전히 열국의 강자로서 그 면모는 유지하고 있었다. 혜왕 역시 패전의 상처를 속히 씻어버리고 군사외교적 국면을 일신하기 위해 능동적으로 대처했다. 그는 먼저 한단을 돌려주는 기회를 빌려 조와의 관계를 회복하고 동맹관계를 수립했다. 이어 한(韓)에도 손을 뻗어 우호적 관계를 맺고, 한으로부터 군사적 도움을 받아 서쪽의 진과 남쪽 초의 침략을 물리쳤다. 또한 제, 위(衛), 송 3국이 장기간 포위하고 있던 양릉을 수복함으로써 위(魏)는 기본적으로 계릉 전투의 손실을 거의 만회하게 되었다.

　그러나 전국시대는 자국의 이해득실에 따라 합종연횡이 수시로 이루어지고, 약육강식의 참상이 다반사로 일어나던 시기였다. 위 혜왕은 야심 많은 군주였다. 그는 언젠가 한과 조를 합병함으로써 옛 진(晉)의 영역을 다시 통일하여, 중원을 홀로 장악하는 패주가 되려는 욕심을 잠시도 포기하지 않았다. 이리하여 계릉 전투가 있은 지 11년 후, 즉 기원전 342년, 위 혜왕은 다시 방연으로 하여금 출병하여 한(韓)을 합병하도록 명령했다.

　위(魏)의 서남방에 위치한 한은 전국칠웅 중에서 비교적 영토가 작고 국력이 약한 편이었다. 한은 소왕(昭王)에 이르러 신불해(申不害)를 재상으로 삼아 국정 전반을 개혁하려고 시도했다. 당시 법가를 신봉하는 개혁가들이 법치를 통해 군주의 권한을 강화하고 국정개혁을 단행하던 것과는 달리 신불해는 '술(術)'을 매우 중시했다. '술'이란 신하를 임용하고, 감독하고, 평가하는 방식을 말함이었다. 신불해는 이 권술(權術)과 더불어 심지어 음모를 동원해서라도 군주가 강력한 전제권력을 장악해야 한다고 생각했다. 그의 주장에 따르면 군주는 매사를 못 들은 척, 못 본 척, 모르는 척함으로써 신하들로 하여금 그 속마음이나 의도를 결코 추측하지 못하도록 해야 한다고 했다. 그렇게 함으로써 거꾸로 모든 걸 들을 수 있고, 모든 걸 볼 수 있고, 모든 걸 알 수 있으며, 나아가 전혀 예상 못한 방법으로 대신들을 겁주어 그들을 복종시킬 수 있다는 것이었다.

이런 권모술수는 비단 군주뿐 아니라 신하들도 자신의 권력과 입지를 강화하는 데 사용할 수 있는 일이었다. 이리하여 소왕과 신불해가 단행한 개혁은 별다른 성과를 거두지 못했고, 도리어 한의 국정은 크게 혼란한 국면에 빠져들게 되었다. 자연히 한의 국력은 위는 물론 조에도 미치지 못했다. 그래서 위의 대군이 침공해 오자 스스로의 힘으로는 대적할 수 없다고 판단한 한은 제나라에 사신을 보내 구원을 요청하기에 이른다.

제 위왕은 대신들을 소집하여 한을 지원하기 위해 출병하는 문제를 토론하게 했다. 재상 추기는 이번에도 출병을 반대했다. 지금 제나라는 내부 안정을 도모해야 할 때이므로 경솔하게 나라 밖으로 파병할 수 없으며, 한과 위가 서로 전쟁을 벌여 누가 이기든 큰 손실을 입을 것이 자명하므로 오직 나서지 않는 것만이 제에게 유리하다는 주장이었다. 이 의견에 대해 장군 전기는 반대했다. 그는 반드시 출병해야 하며 그것도 일찍 서두르는 것이 좋다고 주장했다. 파병이 늘어 만일 한이 버티지 못하고 위에 투항이라도 하게 되면, 위는 더욱 강성해질 것이므로 이것이야말로 제에게 불리한 것이라고 말했다. 대신들 역시 이 두 사람의 의견을 각각 지지하며 양분되어 쉽게 결말이 나지 않았다.

이때 제 위왕은 군사 손빈이 한쪽에 앉아 시종 아무 말이 없음을 보고 그에게 의견을 물었다. 손빈은 위가 자신의 힘을 믿고 약소국을 침략함에, 이를 꺾어놓지 않으면 장차 위의 강성함이 제에 필시 불리한 상황을 만들 것이므로 출병하는 것이 타당하되, 그렇다고 지금 당장 출병하는 것은 적당치 못하다는 의견을 피력했다. 작금 위와 한이 전투를 시작한 지 얼마 지나지 않아 아직 그 역량을 그다지 소모하지 않은 시기여서, 만일 당장 출병하면 자칫 한이 대적해야 할 위군의 예봉을 제군이 대신 감당하는 식이 되어 큰 손실을 입는 것은 물론 제군이 위의 대군을 패퇴시킬 확실한 보장도 없다는 견해를 피력했다.

손빈은 일단 한의 구원 요청을 수락하되, 출병은 국면을 지켜보며 여유를 가지고 진행하는 전략을 제시했다.

"한은 제가 구원요청을 수락하면 있는 힘을 다해 더욱 완강하게 위군에게 저항할 것입니다. 그러면 위군도 더욱 전력을 다해 공격하지 않을 수 없을 것입니다. 그 존망이 위태로운 지경에 처하게 되면 한은 제나라에 의지하려는 생각이 더욱 절실해질 것이고, 위군도 필사적인 저항을 하는 한과 계속되는 교전에 인적 물적 소모가 커질 것입니다. 이런 상황에서 제가 출병하여 위기에 처한 한을 구하게 되면 확실하게 승리를 거둘 수 있을 뿐 아니라, 작은 힘으로 큰 전과를 거둘 것입니다."

제 위왕은 손빈의 건의를 듣고 기뻐서 귀가 번쩍 뜨이는 듯했다. 손빈의 전략을 수용한 위왕은 친히 한의 사신을 접견하고 출병의 뜻을 전하면서, 먼저 한이 전력을 기울여 위군에게 저항할 것을 당부했다.

제로부터 지원 약속을 받은 한은 과연 투지를 불태우며 사력을 다해 위군에 저항했다. 그러나 국력과 군사력이 미약한 한은 한계가 있었다. 무려 다섯 차례에 걸쳐 위군과 필사의 교전을 벌였으나 그들을 물리치지 못하고 결국 패퇴하고 말았다. 드디어 국가 존망의 기로에 선 절박한 순간에 한은 다시 사신을 파견하여 제의 출병을 재촉했다. 제 위왕은 양국의 전황을 파악하고 출병시기가 성숙했다고 판단하여, 전기를 주장(主將)으로 삼고 전영(田嬰)을 부장, 그리고 손빈을 여전히 군사로 삼아 대군을 이끌고 출전하도록 명했다.

제군은 이번에도 손빈의 건의대로 한을 구원하기 위해 위의 국도 대량을 공격하는 전략을 채택했다. 위는 한을 공략하는 원정군으로 많은 군사가 빠져나간 상태여서 국경수비가 허술했다. 그래서 제군은 별다른 저항도 받지 않고 신속하게 위의 국경을 돌파하여 곧장 대량을 향하여 맹렬한 기세로 진격해 들어갔다. 계릉 전투의 교훈을 잊지 않고 있는 위 혜왕은, 방통으로 하여금 더 이상 한을 공략하는 일에 연연하지 말고 속히 회군할 것을 강력하게 주문했다. 이와 동시에 혜왕은 태자를 상장군으로 삼아 방연과 함께 10만 대군을 이끌고 제군을 격파할 것을 명했다.

이번 전투는 계릉대전과 비교할 때 그 상황이 적지 않게 달랐다.

이에 전기와 전영은 군사 손빈에게 어떤 방법으로 위군을 공략할지 물었다.

손빈은 양군의 전력과 작전에 대해 잘 알고 있었다. 더구나 적군의 군사(軍師)이자 동문수학한 바 있는 방연의 성격이나 심리에 대해서는 너무나 깊이 꿰뚫어 보고 있었다. 손빈은 전략을 제시하기에 앞서 우선 위군의 상황에 대해 전기와 전영에게 설명했다.

"위군은 자신을 매우 강하고 용맹하다고 여기는 자긍심을 지니고 있으며, 반면에 제군을 용기 없고 허약하여 감히 자기들과 자웅을 겨루기를 겁내고 있다며 깔보고 있습니다. 지금 방연이 한에서 철군하여 밤을 도와 행군하며 급히 돌아오고 있습니다. 병서에 이르기를, 장거리를 급하게 행군할 때 그 거리가 1백 리를 초과하면 군사들은 지치고 병참이 어려워지며 대오가 너무 길게 늘어져 만일 위급한 상황이 발생하면 대장군을 잃는 위험에 처하게 된다고 했습니다. 아울러 그 거리가 50리를 초과하면 대오의 전후가 서로 신속히 연락하기 어려워 만일 전투가 발생하면 절반의 병력만 동원할 수 있다고 했습니다. 그리고 방연은 필시 급하게 우리와 결전을 벌이려고 할 것입니다. 필승의 전략은 임기응변을 적절히 구사하여 전황을 우리에게 유리하게 만들어가는 중에 세워집니다. 위군의 이런 심리를 이용하여 계책으로 그들을 유인한 다음, 함정으로 몰아넣는다면 승리는 우리의 것이 될 것입니다."

이리하여 손빈은 거짓 퇴각하는 방법으로 적을 멀리 유인하는 계책을 내놓았다. 즉, 제군을 깔보고 급히 결전을 벌이려는 방연의 심리를 이용하여, 그들의 예봉을 피하고 교전을 자제하며 잔뜩 겁을 먹은 모양새로 철군하여 위군으로 하여금 뒤쫓아오게 유인한다는 것이다. 도중에 적군의 눈을 속이기 위해, 제군은 군영의 불아궁이 흔적을 점차 줄여 탈영하는 군사들이 늘어나고 있는 듯이 가장하여 위군이 더욱 자신감을 가지고 추격하게 만든다는 것이다. 이렇게 위군을 후방 깊숙이 유인한 다음, 유리한 시기와 지역을 골라 전력을 총집중하여 매복공격을 단행하면 손쉽게 그들을 궤멸시킬 수 있다는 것이었다.

손빈의 계책과 그 설명을 자세히 들은 전기와 전영은 그 전략의 교묘함과 분석의 세밀함에 크게 감복하며 기꺼이 이를 수용했다. 그리고 즉시 군령을 내려, 서진하던 제군의 말머리를 동쪽으로 돌려 철군하기 시작했다.

계릉의 패배를 설욕하고 손빈을 제거하려는 일념으로 가쁜 숨을 몰아쉬며 밤을 도와 회군하여 돌아온 방연은 얼른 제군과 생사의 결전을 치르려는 생각이 간절했으나, 손빈은 도리어 군사를 돌려 철군하고 있는 것이 아닌가! 방연은 자기도 모르게 의기양양해졌다. 그는 필시 손빈에게 뭔가 거리끼는 것이 있어 철군하는 것이라고 생각했다. 방연은 즉시 전군에 군령을 내려 제군을 추격하도록 명령했다. 그러나 자신의 수완이 손빈에 비길 수 없음을 감안하여 매우 조심스런 자세로 추격전을 개시했다. 그는 수시로 군사들을 휴식하게 하고, 부대 상호 간에 연락과 협의를 긴밀히 유지하도록 조치했다.

위군이 제군을 추격하여 그들이 첫 번째 야영을 한 장소에 도착했을 때, 방연은 제군들이 남긴 많은 아궁이 흔적들을 볼 수 있었다. 군사를 시켜 그 수를 헤아려보니 대략 10만 군사의 밥을 할 수 있는 정도의 규모였다. 그러나 그 다음 야영지에 도착했을 때, 방연이 다시 군사들에게 아궁이 수를 세게 했더니 지난번의 절반으로 줄어들어 있었다. 즉 5만 군사에게 취사를 제공할 정도였다. 그리고 세 번째 야영지에 도착했을 때는 더욱 그 수가 줄어들어 3만 병사의 밥을 할 정도의 규모였다. 야영지의 아궁이 수가 나날이 줄어드는 것을 파악한 방연은 속으로 흥분하기 시작했다. 그것은 필시 사기가 크게 떨어지고 겁에 질린 제군 진영에 탈영자가 급속히 늘어나고 있다는 반증일 것이었다. 자신만만해진 방연은 드디어 경계심을 풀고 가능한 한 최대한 빨리 제군을 추격하여 그들을 전멸시키려는 욕심에 집착하기 시작했다. 이에 그는 행군속도를 더욱 빠르게 하기 위해 운신이 늦은 보병부대와 기갑부대, 군량미 수레 등을 뒤에 남기고, 친히 소수의 기병부대만을 이끌고 눈썹이 날리도록 제군을 뒤쫓아 갔다.

방연의 위군이 맹렬한 기세로 뒤에서 추격해 오고 있는 와중에도 전기와 전영, 손빈이 이끄는 제군은 태연하게 행군하고 있었다. 이때, 손빈은 위군의 행군속도를 따져보고 그들이 며칠 후 저녁쯤 마릉에 도착할 것이라고 추정했다. 마릉은 산세가 험준하고 길이 좁으며 산림이 무성해서 매복공격을 하기에 안성맞춤의 장소였다. 손빈은 이곳에서 위군을 궤멸시키기로 결심했다.

제군은 먼저 마릉에 도착했다. 손빈은 군사들을 시켜 나무를 벌목하고 그것들을 길 가운데 쌓아 장애물로 삼도록 했다. 그는 일부러 큰 나무 한 그루를 남겨 그 껍질을 일부 벗겨낸 다음, 그 위에다 '방연이 이 나무 아래서 죽으리라'라고 새겨 넣었다. 이어서 손빈은 궁수 1만 명을 선발하여 마릉 양쪽의 숲 속에 매복시키고, 그들에게 일단 불길이 치솟으면 즉시 위군을 향해 활을 쏘도록 분부했다. 일체의 준비를 마친 다음, 제군은 방연의 군사가 매복 지역으로 들어오기를 기다렸다.

과연 손빈이 추정한 그날 밤, 방연의 군사는 마릉에 당도했다. 위군의 선봉이 마릉에 진입하니 어지럽게 쌓여 있는 나무들이 길을 막고 있었다. 방연이 보고를 받고 말을 몰아 앞으로 달려가 보니, 정말 좁은 길에 쓰러진 나무들이 쌓여 있어 앞으로 나아갈 수가 없었다. 그래서 그는 군사들에게 말에서 내려 나무들을 치우고 길을 열도록 명했다. 이때, 그는 길가에 큰 나무 한 그루가 벌목당하지 않고 서 있는 것을 보았다. 그는 의아스러운 생각이 들어 가까이 다가가 보니, 나무 둥치 일부가 벗겨져 하얀 빛을 띠는데 그 위에 어슴푸레하게 무슨 글자가 새겨져 있는 듯이 보였다. 그는 병사에게 횃불을 밝히게 하여 그것을 자세히 들여다보았다. 나무에는 확실하게 '방연이 이 나무 아래서 죽으리라'라고 새겨져 있었다. 대경실색한 방연은 그제야 손빈의 계략에 말려들었음을 알아차리고 신속하게 군사를 뒤로 물리도록 소리쳤다. 그러나 이미 때가 늦은 뒤였다. 방연이 밝힌 횃불이 바로 신호가 되어, 매복하고 있던 1만여 명의 제군 궁수들은 일제히 불을 향해 활을 쏘기 시작했다.

깜깜한 산길에서 위군은 아무 방비도 없었다. 숨을 곳도, 도망갈 길도 없는 위군은 대오가 크게 흐트러지며 날아드는 화살에 맞아 무수히 쓰러졌다. 방연도 크게 상처를 입었다. 싸우려고 해도 방법이 없고, 도망가려 해도 길이 없었다. 어쩔 도리가 없는 그는 마침내 자신의 보검을 꺼내 자결하는 길을 택하고 말았다. 그는 마지막으로 하늘을 향해 울분을 토로하며 크게 소리쳤다. "내 손빈을 제때 죽이지 못한 것이 한스럽구나!"

방연이 이끈 정예기병을 궤멸시킨 제군은 다시 위군의 후방부대를 공격하여 철저하게 무너뜨렸다. 주장으로 출전한 태자마저 포로가 되어버린 위국의 주력군 10만은 거의 전멸하다시피 했다.

마릉 전투는 제와 위가 패권을 다투며 힘겨루기를 하는 과정에 발생한 한바탕 대결전이었다. 아울러 계릉 전투와 함께 전쟁사에 기록될 만한 유명한 전투였다. 두 전투에서 승리한 손빈의 이름은 열국의 제후들에게 널리 알려졌다. 그리고 위국은 이 전투 이후 다시는 재기하지 못하고 패주의 지위를 상실했다. 그리고 국력이 진일보 증강한 제의 위력에 두려움을 느낀 위 혜왕은 재상 혜시(惠施)의 건의에 따라 제국으로 들어가 제왕에게 무릎을 꿇고 화친을 구걸하게 된다. 이후 열국의 정세는 동방의 강국 제(齊)와 서방의 강국 진(秦)이 서로 멀리서 대치하는 모양새를 이루게 된다.

이리하여 두 걸출한 전략가이자 동문 간의 필생의 대결은 종지부를 찍었다. 손빈은 제나라에 들어간 지 10여 년 만에, 두 차례의 전투에서 대승을 거두어 마침내 지난날의 원한을 설욕하고 제나라에 큰 공을 세우게 되었다.

그런데 마릉 전투를 전후하여 제나라 통치 집단 내부에는 큰 갈등이 표출되었다. 그것은 바로 재상 추기와 대장군 전기가 이끄는 두 파벌 간의 대결 양상 때문이었다. 계릉 전투에서 승리한 뒤, 전기와 손빈의 위세와 명망이 크게 높아지자 재상 추기는 질투심이 생겼다. 그가 마릉 전투를 전후하여 출병을 반대한 것은 전기가 다시 승리를 거두고 귀국하여 자신의 지위에 위협이 될 것을 두려워했기 때문이었다. 그런데 제 위왕이 한을 구하기 위해 출병하는 것을 허락하자 그도 도리 없이 주장을 바꾸었다. 그러나 그는 결코 제군이 이기기를 바라지 않았다. 차라리 전투에서 전기가 전사하거나 혹은 패하고 돌아와 그를 제거할 수 있기를 기원했을 뿐이었다.

마릉 전투에서 승리를 거둔 손빈은 이후 제나라 내부의 정치투쟁이 더욱 격렬해질 것을 내다보고, 전기에게 전공을 세운 기회를 빌려 병사를 거느리고 입조하여 추기를 제거하도록 권고했다. 그러나 전기는 이를 받아들이지 않았다.

그러나 얼마 뒤, 추기는 음모를 꾸며 전기를 정치적으로 모함하기 시작했다. 심복을 시켜 많은 금을 지니고 저잣거리의 점쟁이를 찾아가 전기의 수하임을 가장하여 점을 치게 했다. 즉, 전기가 연전연승하며 큰 전공을 세워 그 이름이 사방의 제후들을 놀라게 할 정도여서 한번 크게 마음먹고 대사를 도모하려고 하니 그 길흉을 점쳐달라고 주문했던 것이다. 그리고 그 대사란 바로 군왕의 지위를 찬탈하려는 것임을 암시했다. 그런 후, 추기는 사람을 시켜 그 점쟁이를 잡아다 제왕의 면전에서 증언하게 했다. 과연 흉계를 사실대로 믿은 위왕은 크게 격노했다. 이 소식을 전해 들은 전기는 황급히 몸을 피해 초나라로 망명했다. 전기와 밀접한 관계를 맺고 있던 손빈도 하는 수 없이 화를 피해 함께 초나라로 건너갔다.

후에 위왕이 죽고, 그의 아들 선왕(宣王)이 제왕으로 즉위했다. 그리고 그는 초나라로 사람을 보내 전기와 손빈을 데려갔다.

제로 다시 돌아온 손빈은 이후 다시는 정계에 몸을 담지 않았다. 정치적 분규에 휘말려 자신의 정력을 소모하고 싶지 않았기 때문이었다. 그는 선왕이 관직을 내렸으나 사양하고 스승 귀곡자처럼 조용한 초야에 거처를 마련하고 제자들에게 병법을 가르치며, 한편으로 자신의 실전 경험을 바탕으로 더욱 깊이 있게 병법을 연구했다. 그리고 만년에 이르러 혼신의 정력을 집중하여 자신이 연구한 병법을 정리하여 한 권의 저술로 남기니, 이것이 바로 수천 년을 전해져 내려오는 천하의 명저『손빈병법(孫臏兵法)』이다.

성패의 거울

　손빈과 방연, 두 동문형제의 10여 년에 걸친 대결은 결국 방연이 패망하고 손빈이 천하에 명성을 떨치는 것으로 마무리되었다. 성공은 우연한 것이 아니었고, 패망은 그 원인이 있었음을 우리는 이들의 이야기 속에서 어렵지 않게 발견할 수 있다. 이들의 성패는 바로 이들 두 사람의 자질 속에 내재된 요인들에 의해 빚어진 결과물인 것이다.

　우선, 역경을 극복해 낸 겸허하고 근면한 인간성, 그리고 배움에 대한 그의 끊임없는 탐구정신을 손빈이 성공한 첫 번째 요인으로 꼽을 수 있다.

　손빈은 귀족의 후예이자 저명한 병법가인 손무의 후손이었지만, 당시 사회의 격렬한 요동 속에 집안이 몰락하고 어려서 부모마저 잃어버린 불운한 환경 속에서 자라났다. 그러나 이런 가난하고 의지할 데 없는 성장환경이 도리어 손빈으로 하여금 인내, 부지런함, 강인한 의지 등과 같은 그가 지닌 장점들을 배양하는 밑거름이 되었다.

어른이 된 손빈은, 열국들이 전쟁을 일삼아 백성들이 모진 고난을 감수하며 살아가는 광경을 목도하고 조부 손무처럼 병법을 공부하여 세상을 구하고자 하는 큰 이상을 가슴에 품게 된다. 이 숭고한 이상은 그로 하여금 공명과 부귀영화를 추구하려는 사심과 잡념을 버리고 오직 배움에 몰두할 수 있게 해주었다. 또한 그것은 배움의 목표를 추구하는 그에게 무한한 힘을 발휘하도록 끊임없는 채찍질을 가했다. 사실 그가 성공을 이룬 원인을 좀더 깊이 들여다보면, 바로 세상과 사람을 위해 그가 지닌 숭고한 이상이 그 최초의 출발점이 되었음을 알 수 있다.

귀곡자의 문하에 들어간 뒤에도, 손빈은 세상의 부와 명예에 유혹당하지 않고 오직 이상을 실현하기 위해 겸허한 자세로 배움에 정진함으로써 스승의 총애를 얻는다. 그의 성실하고 겸허한 성품을 기특하게 여긴 스승 귀곡자는 마침내 자신이 오랜 세월 귀중하게 소장해 온『손자』를 그에게 전수한다. 손빈은『손자』를 탐독하면서, 선조가 연구 집적한 병법의 정화를 자신의 것으로 흡수했다. 그러나 다른 한편으로, 그는 선인들의 경험과 사상에 구속받지 않고 당대의 정치사회적 환경이나 전쟁의 특성 등을 연구하며 그 나름의 독창적인 사상과 병법이론을 정립해 나갔다. 이리하여 그는 천고에 이름이 남는 병법의 대가를 이룰 수 있었던 것이다.

배움에 대한 손빈의 이런 겸허한 자세와 집요한 탐구정신은 누구나 본받아야 할 점이다. 원래 배움이란 순서와 단계가 있으며 장기간 학습이 누적되어 가는 과정을 말함이다. 이 배움에 임하는 가장 기본적인 자세는 바로 겸허한 마음가짐이다. 사람은 누구나 성장환경이나 교육, 실천 경험 등의 결과로 남과는 구별되는 특장을 지니게 되며, 아울러 어떤 특정 방면에 대해서 다른 사람보다 한 발 앞서는 자기만의 재간이나 식견을 지니게 되기 마련이다. 그러나 이런 특장이 배움의 과정에서 남에게 배타적이고 부정적인 방식으로 작용하면 참으로 그 당사자에게는 비극적인 일이 아닐 수 없다. 왜냐하면 이런 사람은 언제나 과거의 성과에 안주하며 새로운 진보를 이루지 못하고, 항상 남을 업신여기기만 하다가 종국에는 스스로도 남으로부터 부정당하고 멸시당하게 되기 십상이기 때문이다.

'천외유천(天外有天) 인외유인(人外有人)'이란 말이 있다. 우주는 광막하여 하늘 밖에는 더 넓은 하늘이 반드시 있기 마련이고, 아무리 출중한 사람이라도 그를 능가하는 사람이 반드시 나타나기 마련이라는 뜻이다. 그러므로 겸허하게 만사에 대응하는 사람은 진보를 이룰 수 있고, 교만에 빠진 사람은 낙후되기 마련이다.

배움은 선택과 흡수의 과정이다. 외부의 많은 정보와 사물을 취사선택하고, 그것을 분석 정리하여 자신의 것으로 소화 흡수해 가는 과정인 것이다. 이 과정에 겸허한 자세와 더불어 고생을 감내하며 끊임없이 탐구하는 정신이 반드시 필요하다. 만일 손빈이 방연처럼 교만과 허영에 사로잡혀 속히 학업을 수료하고 세상으로 나가 입신출세하고자 서둘렀다면, 오늘날 천고의 명저로 전해져 내려오는 『손빈병법』도 아마 탄생하지 못했을 것이다.

각고의 인내와 탐구정신으로 배움에 정진하는 자세는 배움에 임하는 자가 지녀야 할 만고불변의 덕목이자 필수불가결한 정신자세이다. 문장을 무조건 암송하고 그 숨은 의미를 제대로 새기지 못하는 무모한 학습법이 옳다고 할 수는 없지만, 드넓은 학문의 바다에서 설익은 전문가가 되는 길을 피하고 배움과 학문의 진정한 성과를 거두기 위해 우리는 각고의 인내와 불굴의 탐구정신을 견지하지 않을 수 없다.

불구의 몸이 되는 불행을 당하고도 이를 딛고 일어선 그의 의지력, 굴욕을 참아낸 뒤 결국은 설욕하고야 만 그의 투지를 손빈이 성공을 이룬 또 다른 이유로 꼽을 수 있다.

사람이 일생 중에 깊이 신뢰한 사람으로부터 배신을 당하고 가해를 입었을 때, 그로부터 받게 될 충격을 우리는 쉽게 짐작하기 어렵다. 손빈은 세상에 나아가자마자 가장 신뢰했던 동문형제의 흉계에 말려들어 상상하기 어려운 좌절을 당한다. 그러나 배움의 과정에 보여준 그의 인내와 의지는 인생의 액운을 만나서도 쉽게 꺾이지 않고 발휘되었다. 그는 역경을 만나 이에 굴하지 않고 도리어 재기와 설욕의 결심을 다진 것이다. 그리고 그 수단으로 보통사람이 생각하기 어려운 방법을 선택했으니, 바로 미친 것을 가장하는 일이었다. 이것은 아마 방연의 수중에 잡혀 있는 그로서 달리 도리가 없는 선택이었을 것이다.

그러나 손빈도 결점이 없는 완벽한 사람은 아니다. 그의 지나친 충실함과 사람을 판별하지 못하는 우매함은 우리가 거울로 삼아 경계해야 할 점이다. 그는 방연과 3년을 같이 기숙하며 생활하였고, 일찍이 스승 귀곡자도 방연의 사람됨에 대해 그에게 경계의 말을 한 적이 있었다. 그럼에도 손빈은 방연의 인성을 간파하지 못하고 쉽게 신뢰하여 스스로에게 큰 비극을 초래하고야 말았다. 병법을 배워 세상과 사람을 구제하고자 하는 이상을 자신이 품은 이상, 시기심이 강하고 병법을 오직 출세와 명리의 수단으로만 삼는 방연을 일찌감치 경계하고 그의 초청을 수락하지 말았어야 옳은 일이었다.

평범한 인생을 거부하고, 뜻을 세워 배움을 구한 뒤 세상에 나아가 봉사하고자 한 방연의 기상은 우리가 본받을 만한 일이다. 그런 그가 패망으로 인생을 마감한 것은 무엇 때문일까?

교만과 자만이 방연을 패망의 구렁텅이에 빠지게 한 가장 큰 원인이다. 먼저 그는 교만으로 인해 배움을 완성하지 못했다. 속히 배움을 수료하고 세상에 나아가 공을 세우고 부귀영화를 얻으려는 조급함 때문에 그는 수박 겉핥기식의 공부를 할 수밖에 없었다. 배움은 학습이 단계적으로 축적되는 과정이고, 세상에 큰 공을 세우는 일은 배움의 튼튼한 기초가 그 바탕이 된다고 할 수 있다. 결국 방연이 병법에 대한 설익은 이해를 바탕으로 실전에 임한 것은 그의 패망을 초래한 복선이 되었다.

사실 계릉과 마릉의 두 차례 대전투에서 그가 패배한 것도 바탕에 그의 오만과 자만심이 도사리고 있다. 전쟁과 전투란 면밀한 사고와 정확한 정보, 고도의 분석 능력과 정확한 판단력을 필요로 하는 하나의 종합적이고 복합적인 인간능력의 수행과정이다. 전투에 임하여 적군의 역량을 오판하고, 오직 승리를 거두어 공을 세우는 일에만 집착한 그의 태도는 바로 그의 교만과 쉽게 우쭐대는 성격과 무관하지 않다. 더구나 손빈이라는 희대의 전략가를 대적하여 그가 패배한 것은 어찌 보면 자연스러운 일인 것이다.

시기와 이기심은 방연의 이름을 역사에 오래도록 욕되게 한 또

다른 원인이다. 중국 속담에 '선은 선으로 보답받고, 악은 악으로 갚는다'라는 말이 있다. 의형제를 결의하고 자신을 절대적으로 신뢰한 동문을, 오직 자신의 영달을 위해 해치려다 패망한 방연의 일생은 마치 이 속담을 실증하고 있는 듯하다. 사실, 남을 해하려다 오히려 스스로가 패망하고 만 방연과 같은 인간형이 결코 이해하거나 생각해 내지 못하는 일들이 있다.

첫째, 충직하고 높은 이상을 품은 손빈과 같은 인간형은 결코 자신의 명리를 위해 신뢰하는 친구와 공을 다투지 않는다는 점이다. 자기보다 탁월한 능력을 지닌 손빈이 결코 방연 자신의 영달에 누가 되는 일을 벌이지 않을 것이라는 점을 방연은 이해할 수 있을까?

둘째, 만일 손빈이 다른 나라로 가서 임용되었다면 방연과 함께 서로 상부상조하며 두 사람 모두에게 좋은 결과를 도출할 수도 있었을 것이다. 당시 열국이 세력 확장을 위해 병탄과 합병이 수시로 일어나고, 각국은 서로 합종연횡을 추구하는 정책을 펼치는 상황이었다. 이런 정세 속에 손빈과 방연이 각기 자기 나라를 대표해 서로 결연을 맺고 함께 큰일을 도모했더라면, 상호 이익이 되는 형세를 만들지 못할 리 없는 일이었다. 그러나 애석하게도, 생각이 편협하고 시기심이 많은 방연은 이런 생각을 해내지 못하고, 결국 우정을 배반하고 스스로 패망하는 길을 택함으로써 세상 사람들의 조소거리가 되어버렸다.

3. 무한한 포용력으로
재난을 극복하다

염파廉頗 vs 인상여藺相如

염파(廉頗, ?~?)와 인상여(藺相如, ?~?)는 각각 전국시대 조(趙)나라의 걸출한 장군과 정치가였다. 염파는 비록 비천한 집안에서 태어났으나 선천적으로 강인한 체력과 병법에 대한 깊은 조예를 지니고 있었다. 각국의 제후들이 서로 약육강식의 투쟁을 벌이던 시대에, 전쟁은 그들이 생존과 발전을 추구하는 수단이었다. 이러한 시대적 환경은 염파에게 하나의 기회가 되었다. 그는 사병의 신분으로 전투에서 탁월한 기량을 발휘하며 수많은 전공을 쌓은 끝에, 일약 조나라의 병권을 장악하는 대장군의 자리에 오른다.

인상여 역시 원래 환관 무현(繆賢)의 저택에서 시종으로 일하던 비천한 신분이었다. 그러나 타고난 기지와 담력, 빼어난 언변을 지닌 그는 나라가 위기에 처했을 때 목숨을 걸어야 하는 위험을 무릅쓰고 진(秦)에 사신으로 파견된다. 맡은 바 임무를 훌륭히 완수하여 나라의 명예와 이익을 지켜낸 그는 그 후 일약 재상의 자리에 오르게 된다. 염파는 수많은 전투를 지휘하여 전공을 세우고 적국으로부터 빼앗은 성과 땅이 적지 않음에도, 단지 세 치 혀를 잘 놀려 공을 세운 젊은 후배에게 자기보다 높은 지위가 주어지자 심히 불만스러웠다. 이리하여 장군과 재상 사이의 갈등이 서서히 고조되기 시작한다.

나라의 중임을 맡은 재상과 장군의 충돌은 조나라의 존망에 직접적인 영향을 끼칠 수 있는 중대한 일이었다. 연배가 높은 장군의 갖은 무례와 도전에 직면한 인상여는 국가의 안위를 생각하며 시종 이를 인내심으로 극복했다. 마침내 염파는 인상여가 국가대사를 생각하며 굴욕을 참고 모든 것을 자신에게 양보하며 인내심으로 일관하는 것을 보고 편협한 스스로에게 큰 부끄러움을 느꼈다. 이에 그는 노구에도 불구하고 형구를 짊어진 채 인상여를 찾아가 스스로 죄를 자청했다.

인상여는 지난 일들을 따지지 않는 큰 도량을 보임으로써, 스스로의 잘못을 인정하며 마음을 연 염파와 화해를 하고 나아가 생사고락을 함께할 것을 결연하게 된다. 이리하여 이들은 이후 한마음으로 조나라를 위해 봉사하여, 후세에 오래도록 전해져 내려오는 아름다운 이야기의 주인공이 되었다.

용기와 지모를 겸비한 명장과 현상

춘추시대 말기에 접어들면서 각국의 대부(大夫: 귀족계급)들은 그 세력이 갈수록 막강해졌다. 그들은 서로 세력 투쟁을 벌이기도 하고, 군왕의 재산을 자의적으로 분할하기도 했다. 진(晉)의 세 대부 한(韓)·조(趙)·위(魏)씨도 이런 과정을 거쳐 각각 독립국가를 형성하게 된다. 기원전 403년, 이들은 마침내 주왕(周王)으로부터 합법적인 제후의 지위를 얻게 되니, 이해로부터 기원전 221년까지를 '전국시대'라고 일컫는다.

조나라는 북으로 연(燕), 동으로 제(齊), 남과 서로는 한(韓), 위(魏), 진(秦)과 국경을 접하고 있었다. 조의 영토는 그리 작은 편이 아니었으나, 그래도 종합적인 국력을 따지자면 전국칠웅 가운데 결코 강국에 낀다고 할 수는 없었다. 조는 비록 인근 소국들과의 전쟁에서 승리를 거두기도 했으나, 수시로 강국들의 침략을 받았으며 특히 진(秦)으로부터 자주 괴롭힘을 당하고 있었다.

염파는 바로 조국이 이렇게 다사다난한 위기에 처해 있을 시기에 태어났다. 그의 집은 찢어지게 가난했고, 어머니는 그가 태어나자마자 세상을 떠났다. 병이 많은 아버지도 가정을 제대로 꾸리지 못했다. 어린 염파는 굶주리는 날이 더 많은 어려운 환경 속에서 자라났다. 그러다 아버지마저 그가 열 살이 되던 해 세상을 떠났다. 그는 도리 없이 남의 집에 기식하며 살아야 했다. 이즈음 이미 염파는 몸이 건장하고 힘이 장사와 같았다. 그는 자주 약자들의 억울한 사정을 편들어 해결해 주었고, 군사모략과 병법에 천부적인 자질을 보였다.

기원전 307년, 열네 살이 된 염파는 열국들이 끊임없이 전쟁을 일삼고 와중에 조나라가 강국들에게 시달리는 것을 보고, 나라와 백성을 편안케 하고 스스로 대업을 이루기 위해 의연히 참전을 결심하게 된다. 이해, 진(秦)에는 무왕이 죽고 소양왕이 즉위한다. 그러나 소양왕은 즉위 초기 내란이 발생하여 밖으로 눈을 돌릴 겨를이 없었다. 이때 조나라는 무령왕의 재위기간이었다. 그는 매우 능력 있는 군주였다. 유능한 인재들을 발탁하고, 군제개혁을 단행하여 그의 재위기간에 조는 크게 강성해지기 시작했다.

기원전 299년, 조 무령왕은 자신의 차남에게 자리를 양위하니 그가 바로 혜문왕이다. 무령왕은 물러난 뒤 스스로를 주부(主父)라 칭했다. 3년 후, 주부는 군사를 통솔하고 주변 소국들을 합병하여 조의 영역을 크게 넓혔다. 이 수차례의 전투에 참전했던 염파는 빼어난 전공을 세워 주부와 혜문왕의 주목을 받고 중용되기에 이른다. 이에 염파는 장군의 자리에 올라 조군을 통솔하게 된다.

당시 동방 6국 중에는 제(齊)가, 서방에는 진(秦)이 대표 강국으로서 서로 호각지세를 이루고 있었다. 동쪽으로 세력을 확장하고 싶은 진으로서는 자연히 조가 그 첫 번째 공략대상이 될 수밖에 없었다. 마침내 진은 동쪽으로 나아가는 길목의 장애물을 제거하기 위해 대군을 파병하여 조를 공격하기 시작했다. 그러나 염파가 이끄는 조군은 수차례에 걸친 진의 공격을 모두 물리쳤다. 진의 소양왕은 달리 방법이 없자, 전략을 바꾸어 합종연횡을 추진했다. 기원전 285년, 그는 조 혜문왕과 만나 강화를 맺고 이후 진이 한·연·위·조와 연합군을 결성하여 함께 동쪽의 제를 토벌하기로 맹약했다.

기원전 283년, 염파는 제로부터 수차례 침략당했던 지난날의 원한에 앙갚음하기 위해 군사를 이끌고 제를 공격했다. 조군은 제나라 깊숙이 들어가 양진(陽晉)성을 빼앗으니, 이후 염파의 용맹과 무공은 열국에 널리 알려지게 되었다. 이 전투 후, 조는 진을 제외한 동방 6국 중 이전에 제가 누렸던 최강자의 지위를 대신하게 된다.

염파의 군대가 승리를 거두고 개선하자 조왕과 문무백관들은 모두 몰려나와 염파를 영접했다. 백성들도 승전 소식을 듣고 기뻐하며, 가축을 잡고 술통을 들고 나와 원정에 지친 장병들의 노고를 위로했다. 그날 밤, 조왕은 주연을 마련하고 염파의 승전을 축하하는 자리를 마련했다. 이 자리에서 조왕은 염파를 상경(上卿)에 봉해 그의 전공에 보답했다.

진 소양왕은 조가 독자적으로 출병하여 제를 크게 패퇴시켰다는 이야기를 듣고 크게 놀랐다. 그는 조가 강성해져서 진이 유지하는 패주의 권위에 위협이 될 것을 두려워했다. 이에 그는 당장 출병하여 조를 제압하고 싶었지만, 조에는 염파가 버티고 있어 쉽게 승리하리라 장담할 수 없었다. 이렇게 진이 머뭇거리며 결단을 내리지 못하고 있을 무렵, 소양왕은 또 한 가지 조나라에 관한 소식을 듣는다. 그것은 조나라가 최근 희대의 보석으로 일컬어지는 화씨벽[和氏璧: 춘추시대 초나라의 변화(卞和)가 발견했다는 보옥]을 손에 넣었다는 것이었다.

진왕은 그 보옥이 무척이나 탐이 났다. 그러나 그것을 손에 넣을 방법이 없어 마음을 태웠다. 이때 재상 위염(魏冉)이 진왕을 위해 계책을 내놓았다.

"열다섯 개 성과 보옥을 맞바꾸자고 하십시오."

이 말에 소양왕이 놀라며 그럴 수는 없다고 손을 내저었다. 이에 위염은 웃음을 띠며 다시 말했다.

"조왕은 이미 오래전부터 우리 진국을 두려워해 왔습니다. 대왕께서 그렇게 교환하자고 하시면 조왕이 감히 거절할 수 없을 것입니다. 조에서 그 벽옥을 바치면 그것을 먼저 받아두고, 열다섯 개 성을 떼어 주는 일은 그저 말일 뿐 반드시 실행할 필요는 없는 일입니다. 대왕께서는 성을 잃어버릴 일을 걱정하실 필요가 없겠습니다."

이에 소양왕은 크게 기뻐하며, 즉시 조왕에게 보내는 서신을 준비하게 했다. 그리고 호상(胡傷)을 사신으로 임명하여 조나라로 파견했다.

기원전 283년, 진국의 사신 호상이 국서를 들고 조나라에 도착했다. 조왕은 진국의 서신을 받아보고 즉시 문무대신을 소집했다.

염파는 진왕이 간계가 많은 사람이어서 이것은 필시 음모가 숨어 있음이 분명하다고 말했다. 아무리 보옥이 귀중한 물건이라 하더라도 그것을 열다섯 개의 성과 바꿀 리가 만무하고, 조나라에 지혜로운 인재가 있는지 없는지, 그리고 진에 대항할 의사가 있는지 없는지 시험해 보려는 속임수가 틀림없다고 주장했다. 그래서 만일 지금 보옥을 그들에게 바치면 그들이 언제 다시 국도인 한단성을 내놓으라고 위협할지 모를 일이라고 목청을 높였다. 이에 염파는 진의 제의를 거절하고 당장 군사를 소집하여 그들의 갑작스런 공격에 대비해야 한다고 주장했다.

대부 이극(李克)은 좀 다른 견해를 내놓았다. 현재 칠웅 중에 진이 가장 강국이며, 조나라의 국력이 아직 진과 겨루기는 힘든 상황임을 설파했다. 비록 조나라가 제에 승리를 거두기는 했지만 스스로도 적지 않은 상처를 입어서, 당장 진과 결전을 벌여서는 승리를 장담하기 어렵다는 것이었다. 강국을 상대함에 그를 두려워할 필요도 없지만 무모하게 좌충우돌해서도 안 되는 일이라고 그는 강조했다. 이에 그는 일단 예를 갖추어 사신을 보내 진의를 알아보는 것이 좋겠으며, 함부로 상대를 홀대하여 그가 전쟁을 도발할 구실을 만들어주어서는 안 된다고 주장했다.

이 말에 염파는 노기충천했지만 달리 더 좋은 생각이 떠오르지 않아, 묵묵히 간접적 동의를 표시하고 말았다. 그러면 누구를 사신으로 파견할 것인가? 아무도 적당한 사람을 추천하지 못하고 있었다. 조왕이 조급해하고 있을 때, 무현(繆賢)이 나서서 말했다.

"소신의 집에 있는 인상여가 용기와 지모를 겸비하여 이 임무를 맡기기에 적당합니다."

인상여는 염파보다 10여 살이 아래로, 대략 기원전 310년경에 태어났다. 그는 어려서부터 유달리 총명과 기지가 넘쳤고 배짱이 두둑해서 고향 일대에서 꽤 유명한 인물이었다.

기원전 295년, 인상여의 아버지는 친분관계를 이용하여 아들을 환관 무현의 집에 시종으로 들어가게 한다. 이것은 아들이 자신의 기지와 능력으로 장차 자기에게 걸맞은 길을 찾을 수 있기를 바라는 뜻에서 취한 조치였다. 당시, 인상여는 열다섯 살이었다. 무현의 집에 들어간 인상여는 비록 신분은 미천했지만 조금도 비굴하게 굴지 않았고, 그렇다고 자만하지도 않았다. 그는 어린 나이에도 일처리가 매운 신중하고 노련했으며, 여러 차례 무현이 곤란해하는 난제들을 시원하게 해결해 주어 그로부터 찬탄과 총애를 받았다.

이에 조왕이 진에 파견할 사신으로 적당한 사람을 물색하지 못하고 있음을 보고 인상여를 추천한 것이다. 그러나 조왕은 무현이 전혀 들어보지도 못한 비천한 신분의 인물을 천거하자 크게 불쾌해하며 그에게 하문했다.

"그대는 어떻게 그 사람이 이 임무에 적임임을 확신하는가?"

이에 무현이 그 이유를 설명했다.

"지난번 대왕께서 제가 소장한 화씨벽을 헌상할 것을 요구하셨을 때, 제가 그것을 내놓기 아쉬워하자 결국 대왕께서 사람을 시켜 그것을 수색해 가져가셨습니다. 이에 저는 제가 지은 죄가 두려워 국외로 도망갈 것을 생각했었습니다. 이때 인상여가 제게 어디로 가려고 하는지 물었습니다. 저는 연나라로 가겠다고 대답했었습니다.

그러자 인상여는 저를 제지하며, 무슨 이유로 연나라로 가려고 하는지 물었습니다. 이에 저는 언젠가 대왕을 수행하여 국경에서 연왕과 만나는 자리에 따라갔을 때, 연왕이 은밀히 제 손을 잡으며 서로 친구가 되자고 청했던 일이 있었음을 이야기했습니다. 그래서 저는 연왕이 저를 흔쾌히 받아줄 것이라 생각하고 연나라로 피신해 몸을 기탁하려 한다고 인상여에게 이야기했습니다. 이때 인상여는 고개를 가로저으며 저에게 말했습니다. 조가 강성하고 연이 약한 이유 때문에 연왕이 그렇게 친밀함을 보이며 친교를 맺자고 한 것이지, 만일 제가 망명하여 연에 몸을 기탁하려고 한다면 연왕은 조나라가 두려워 저를 받아들이지 않는 것은 물론 도리어 저를 묶어 조나라로 보낼지도 모른다고 말했습니다. 이에 제가 죄를 벗을 수 있는 길은, 옷을 벗고 사람을 다져 죽이는 돌형구 위에 엎드려 대왕에게 죄를 청하는 것이라고 간했었습니다. 당시 저는 그의 건의를 받아들여 그대로 시행했더니, 과연 대왕께서 저를 사면해 주시어 목숨을 보전할 수 있었습니다."

이에 조왕은 고개를 끄덕이며 즉시 인상여를 불러들일 것을 명했다. 이윽고 인상여가 대령하자 조왕은 그에게 하문했다.

"진왕이 열다섯 개의 성으로 내가 가진 화씨벽과 맞바꾸고자 하는데, 이것을 내주어도 괜찮겠느냐?"

인상여가 대답했다. "진은 강하고 조는 약하니 응하지 않을 수 없습니다."

조왕이 다시 말했다. "진왕이 나의 보옥만 취하고 성을 내주지 않으면 어떻게 하느냐?"

인상여가 다시 대답했다. "진이 많은 땅을 떼 주고 옥을 얻고자 하는데도 조가 이에 응하지 않는다면 이것은 사리에 맞지 않는 일입니다. 또한 진이 보옥을 받고도 약속한 땅을 떼 주지 않는다면 이 또한 도리에 맞지 않는 일입니다. 두 가지 일을 가늠해 보건대, 진으로 하여금 도리에 맞지 않는 일을 하게 하는 것이 더 낫겠습니다."

이에 조왕이 물었다. "그럼 누구를 사신으로 보내면 좋겠느냐?"

인상여가 말했다. "만일 대왕께 정말 적합한 사람이 없으시다면 소인이 명을 받들어 다녀오겠습니다. 그래서 진이 정말 열다섯 개의 성을 우리에게 떼 준다면 보옥을 남겨두고 오고, 그렇지 않다면 보옥을 반드시 다시 되가지고 오겠습니다."

이 말에 조왕은 크게 반색을 하며, 인상여를 대부에 봉하고 그로 하여금 진국에 사신으로 다녀오도록 명했다.

염파는 아무 말이 없었지만, 이렇게 중요한 국가대사를 신분도 미천하고 듣지도 보지도 못한 젊은이에게 덥석 맡기는 것은 아무래도 좀 경솔한 데가 있다고 속으로 생각했다. 더구나 인상여가 비록 조왕 앞에서 도리에 맞는 말을 청산유수처럼 쉽게 내뱉지만 말과 실제상황은 서로 다른 일이 아닌가. 이렇게 나이어린 백면서생이 어떻게 간계가 변화무쌍한 진왕을 상대할 수 있단 말인가? 염파는 인상여가 이번에 생명을 보전하기 어렵겠다고 생각했다. 그러나 인상여가 아니라면 또 누구를 보낼 것인가? 염파는 도리 없이 그저 만일을 대비하여 전투준비를 충실히 해두는 수밖에 없겠다고 생각했다. 그래야만 만일 진국이 갑작스레 쳐들어오더라도 신속히 방어선을 구축하여 그들로 하여금 야심을 접도록 할 수 있을 것이었다.

갈등의 서곡

기원전 283년 5월, 인상여는 진의 도성 함양(咸陽)에 도착했다. 진 소양왕은 장대(章臺: 진의 궁전 이름)의 높은 자리에 앉아 아래를 굽어보며 인상여를 맞았다. 인상여는 진왕이 높은 자리에 앉아 자신을 접견하는 데 불쾌한 생각이 들었다. 그러나 그는 태연하게 두 손으로 보옥을 받들어 진왕이 자세히 볼 수 있도록 헌상했다.

옛날 사람들은 바닥에 앉을 때 요즘처럼 책상다리를 하고 앉는 것이 아니라 둔부를 발꿈치에 얹고 꿇어앉았다. 그리고 만일 더욱 경의를 표하려면 그 자세에서 몸을 곧추 세우는 것으로 대신했다. 이렇게 예를 갖추며 자신을 알현하는 타국의 사신을 일국의 군주가 함부로 대하는 점에 대해 인상여는 불쾌함과 더불어 경각심을 지니기 시작했다.

진왕은 보옥을 받아들고 티끌 하나 없이 맑고 빛을 발하는 그 모양에 기뻐 어쩔 줄 몰라했다. "참으로 다시 보기 어려운 천하의 보물이로다!" 그는 감탄하며 한동안 이리저리 관상하더니, 그것을 대신들에게 건네 함께 구경하게 했다. 그러자 군신들 사이에 감탄 소리가 끊이지 않더니, 마침내 보옥에 절을 하며 만세를 연호하는 사람까지 있었다. 이어 진왕은 내시에게 명하여 보옥을 후궁으로 가져가 자신의 여인들에게 구경시켰다. 그리고 한참이 지나서야 보옥을 다시 내오게 하더니, 여전히 자신의 탁자 위에 올려두었다.

진왕이 후궁에 있는 비천한 여인들에게 조나라의 보물을 함부로 다루게 하는 것을 보고 인상여는 그 태도가 매우 정중하지 못하다고 생각했다. 만일 진왕이 정말 열다섯 개의 성과 이 보옥을 교환할 용의가 있다면 결코 보옥을 이렇게 장난감처럼 가볍게 다룰 수는 없을 것이라 여겼다. 이렇게 속으로 낙담하며 한참을 기다렸으나, 여전히 진왕은 성을 떼어 주겠다는 이야기를 꺼내지 않았다. 이에 인상여는 진왕에게 그럴 마음이 없음을 간파하고 한 가지 계책을 품었다. 그리고 진왕에게 말했다.

"화씨벽이 비록 천하의 보물이라고 하나 그 역시 완벽하지는 않습니다. 자세히 보시면 흠이 있습니다. 제가 그것을 찾아 보여드리겠습니다."

진왕은 이것이 의도 있는 행동의 일부인지 알 리 없었다. 그는 순순히 보옥을 인상여에게 넘겨주었다. 보옥을 받아든 인상여는 뒤로 몇 걸음을 물러서더니, 전각 기둥에 기대고 서서 두 눈을 부릅뜨고 노한 목소리로 진왕에게 말했다.

"대왕께서 이 보옥을 얻고자 조에 사신을 보내셨을 때, 저희 조나라에서는 군신들이 모두 모여 이 일을 상의했습니다. 당시 대신들이 모두 진이 스스로의 강성함을 무기로 보물을 빼앗아가는 것이라며 진의 탐욕을 질타했었습니다. 그들은 성과 맞바꾸자는 것은 분명히 빈말이며 보옥을 손에 넣으면 결코 진국이 약속한 성을 내놓을 리 없다고들 했습니다. 그러나 저는 이런 의견에 동의하지 않았습니다. 백성들이 서로 거래를 함에도 함부로 속이지 않거늘, 하물며 대국 간의 내왕에 그럼 속임수가 있을 리 없다고 주장했습니다. 더구나 보석 하나 때문에 강국 진나라와의 화의를 손상시킬 수는 없다고 설득했습니다. 이어서 제가 진국을 출발할 때, 조왕은 친히 정중한 예를 행한 다음 저에게 국서를 내리셨습니다. 왜 이렇게 했겠습니까? 대국에게 더욱 경건히 예를 갖추기 위함이었습니다. 그러나 제가 진국에 도착한 뒤, 대왕께서는 평소 집정하시던 높은 자리에 그대로 앉아 저를 맞으셨습니다. 예의와 격식이 매우 소홀하고 태도는 오만하기 이를 데 없었습니다. 또한 보옥을 후궁의 여인들에게 넘겨 저를 희롱하셨습니다. 이에 대왕께서 약속하신 성을 내놓으실 의향이 없으심을 알고 저는 마침내 제가 가져온 국보를 다시 돌려받았습니다. 만일 대왕께서 저를 협박하시고자 한다면 저는 차라리 이 보물과 함께 전각 기둥에 머리를 찧어 임무를 다하지 못한 한을 풀겠습니다."

말을 마치기가 무섭게 인상여는 보옥을 들고 기둥을 곁눈으로 바라보면서, 마치 그것을 기둥에 부딪쳐 깨트리려는 듯한 자세를 취했다.

이에 진왕은 크게 놀랐다. 그는 인상여가 보옥을 상하게 할 것이 두려워 부드러운 말로 그에게 사죄하며 행동을 중지할 것을 거듭 요청했다. 그리고 담당 관원을 불러 지도를 가리키며, 어디서 어디까지의 성 열다섯 개를 조나라에 떼어 주라고 짐짓 지시를 내리는 척했다. 인상여는 진왕의 조급한 마음을 이용하여 상황을 반전시키는 데 성공했지만 결코 진왕의 말을 쉽게 믿을 수 없었다. 그는 눈앞의 상황이 자신을 속이려는 가식에 불과하며, 실지로 성을 손에 넣기는 쉽지 않을 것이라 생각했다. 이에 그는 진왕에게 말했다.

"화씨벽은 세상이 인정하는 보물입니다. 조왕이 이것을 그토록 애지중지했지만, 진국을 두려워하여 대왕께 헌상하지 않을 수 없었습니다. 조왕은 이 보물을 보내면서 5일간 재계(齋戒: 의복과 음식 등 생활을 절제하는 무속의식. 이슬람권의 라마단과 유사)를 행했습니다. 대왕께서도 이 보물을 받으시면서 마땅히 5일간 재계를 행하신 뒤, 조정에서 성대한 의식을 거행하셔야 합니다. 그런 다음에야 제가 비로소 이 보물을 다시 바치겠습니다."

인상여는 5일간의 재계를 요청함으로써 그들로 하여금 격식을 갖추게 하여 진왕의 위세를 누그러뜨리고, 조나라의 위상을 높여보겠다는 심산이었다. 진왕은 보옥을 억지로 뺏을 수는 없다고 생각하고 5일간 재계를 행하기로 했다. 그리고 인상여에게 거처를 마련해 주어 그곳에서 묵도록 안배했다. 인상여는 진왕이 비록 재계를 행하기로 했지만 성을 넘기겠다는 약속은 지키지 않을 것이라 짐작했다. 이에 그는 따라온 시종 한 사람에게 평민들이 입는 거친 마옷을 걸치게 한 뒤, 그에게 화씨벽을 가지고 먼저 조나라로 돌아가도록 지시했다.

과연 진왕은 5일간 정결한 옷을 입고, 술과 고기를 입에 대지 않았다. 그런 후, 조정에서 성대한 영접의식을 거행하고 다시 화씨벽을 접수하고자 했다. 인상여는 진의 조정으로 나아가 진왕에게 태연하고 침착하게 말했다.

"진국에는 목공(穆公) 이래 20여 명의 군주들이 재위했었지만 누구 하나 신용을 귀하게 여기는 사람이 없었습니다. 이번에도 제가 대왕에게 속아 조나라에 누를 끼칠까 두려워, 사람을 시켜 보옥을 이미 조나라로 비밀리에 돌려보냈습니다. 진은 강국이요, 조는 약소국입니다. 대왕께서 만일 진심으로 열다섯 개 성과 보옥을 교환하시고자 한다면, 조나라로 사신을 보내 진의를 표하십시오. 조나라는 즉시 보옥을 다시 보내올 것입니다. 진국처럼 강성한 나라가 열다섯 개의 성을 먼저 떼어 주는데, 감히 조나라의 어느 누가 보옥을 움켜잡고 내놓지 않을 수 있겠습니까? 그러나 제가 이미 대왕을 속였으니 그 죄가 작지 않습니다. 마땅히 죽어야 할 것입니다. 원컨대 저에게 끓는 솥에다 삶아 죽이는 팽형(烹刑)을 내리십시오. 그리고 그 후의 일은 대왕과 진의 대신들께서 자세히 상의하시기 바랍니다."

인상여의 말은 어느 한구석 사리에 맞지 않는 것이 없었다. 더구나 그 어투가 준엄하고 기상이 당당하며 조금도 사사롭거나 두려워하는 기색이 없었다. 진의 군신들은 예기치 않았던 인상여의 언행에 다들 어쩔 줄 몰라 서로 얼굴만 물끄러미 바라보았다. 그러다 차츰 분노하는 분위기가 생겨났다. 진왕의 시위들이 인상여를 끌어내 죄를 다스리려 하자 진왕이 제지하며 말했다.

"지금 인상여를 죽인들 보옥을 다시 손에 넣을 수 있는 것도 아니고, 조나라와의 우호만 손상하게 된다. 더구나 불의를 행했다는 오명을 진나라에 씌우게 될 뿐이다. 차라리 그를 잘 후대해서 조나라로 돌려보내도록 하라."

이리하여 인상여가 조나라로 돌아오자 조왕은 친히 성문 밖까지 나와 그를 맞았다. 백성들도 모두 몰려나와, 공을 세우고 돌아오는 사신에게 환호를 보냈다. 조왕은 이번 인선이 참으로 적당했다고 생각했다. 인상여는 무례한 진왕의 위세에 위축되지도 않았고 속아서 옥을 빼앗기지도 않았으며, 도리어 나라의 위엄과 명예를 지키고 당당히 돌아온 것이다. 이에 조왕은 그를 상대부(上大夫)에 봉했다. 이후 진은 조에게 열다섯 개의 성을 내놓지 않았고, 조도 진에게 화씨벽을 다시 주지 않았다.

　인상여가 개선했다는 소식은 진의 도발을 막기 위해 변방을 지키고 있던 염파의 귀에도 들렸다. 염파는 크게 놀라워하면서 한편으로 좀 의외라고 여겼다. 염파가 놀라워한 것은 인상여와 같이 문약한 서생이 간단치 않은 임무를 훌륭히 완수하고 안전하게 귀국했다는 사실이었다. 그는 인상여가 참으로 범상치 않은 사람이며, 장차 나라에 큰 공을 세울 새로운 인재가 나타났다고 생각했다.

　염파는 조나라가 큰 인재를 배출하게 되었음에 자기도 모르게 얼굴에 한줄기 미소를 띠었다. 그러나 산전수전을 다 겪은 노장군에게 젊은 인상여는 가볍게 보일 수밖에 없었다. 비록 그가 큰 공을 세웠다고 하지만 모두 무력이 아닌 언변으로 얻은 것이기에, 자신의 무공에 비길 바는 아니라고 여겼다. 더구나 자기가 조의 영토를 넓히느라 사방팔방으로 원정하며 전장을 누비고 다닐 때 그는 미천한 시종의 신분이 아니던가! 또한 주변의 강적들을 막아내고 국력을 밖으로 신장하는 일을 모두 입으로만 해낼 수 있을 것인가? 그래도 자신이 칼을 들고 전투에 임하여 국방을 튼튼히 한 바탕 위에 그도 공을 세울 수 있었던 것이 아니던가! 그러나 젊은 후배가 큰 공을 세우고 벼슬이 높아졌으니 축하해 주는 것이 마땅한 일이었다. 이에 그는 전선의 일을 안배하고, 몇 명의 시종만 거느린 채 조정으로 돌아와 인상여를 위해 축하하는 자리를 마련했다.

　염파는 무인 출신이어서 원래부터 그리 성격이 고상하고 부드럽지가 않았다. 더구나 선배의 입장에서 후배 인상여를 격려하는 자리여서 어느 정도 우쭐거림은 피할 수 없는 일이었다. 그러나 인상여는 이런 염파의 갖가지 무례한 행동에 개의치 않았다. 그는 시종 겸허하게 받드는 자세로 염파를 대했다. 염파는 크게 득의양양했다. 하지만 노장군은 자신이 함부로 대하는 이 젊은 후배가 얼마 지나지 않아 자신의 윗자리에 앉게 될 줄은 꿈에도 생각지 못했다.

진의 계략을 함께 제압하다

화씨벽을 둘러싸고 조와 불편한 관계를 빚었던 진왕은 시종 그 일 때문에 마음이 어두웠다. 이에 그는 기원전 282년, 대장 백기(白起)를 보내 조의 영토를 일부 빼앗았다. 그리고 이듬해에도 다시 군사를 파병해 땅을 빼앗았다.

1년 후, 진이 다시 조를 침공하여 혈투를 벌인 결과 조나라는 무려 2만의 군사를 잃었다. 그러나 이런 패전에도 불구하고 염파가 이끄는 조군은 진군에게 지속적인 반격과 저항을 계속하여, 진군의 공세는 크게 꺾이게 되었다.

이에 기원전 279년, 진왕은 조와 계속 대치하는 것이 이로울 것이 없다고 판단하고, 조와 화의를 맺은 다음 길을 열어 초를 공략하기로 결심한다. 이에 진왕은 조에 사신을 보내, 양국의 군주가 민지(澠池)에서 만나 서로 강화를 맺자고 제안했다.

그러나 조왕은 예전에 초의 부왕(怀王)이 강화를 맺으러 나갔다가 진왕에 의해 억류되었던 일을 상기하며, 강화 제의에 선뜻 응하기가 두려웠다. 그해, 초왕은 진왕과 무관(武關)에서 만나 화친의 맹약을 맺기 위해 나갔다가, 뜻하지 않게 진왕에게 억류되어 1년이 넘게 옥중에 갇혀 있다가 도망쳐 조나라로 몸을 피해 왔었다. 그러나 당시 조의 무령왕은 국내에 없었고, 조의 신하들은 진의 미움을 살 것이 두려워 그를 받아들이지 않았다. 이에 초 부왕은 다시 진으로 잡혀가는 신세가 되었고 그는 얼마 지나지 않아 한을 품고 객사하고 말았다.

조의 무령왕은 초 부왕에 비하면 용기가 있는 사람이었다. 그는 일찍이 사신의 신분을 가장하여 진나라로 들어가 여러 곳을 시찰한 적이 있었다. 당시 그는 진왕과 많은 사담을 나누기도 했으며, 진왕은 사신의 총명함과 넓은 식견에 놀라 그를 꽤나 좋아했었다. 진왕은 그가 귀국하고 나서야 비로소 그가 조의 국왕이었음을 알게 된다. 그러나 조 혜문왕은 부친 무령왕에 비하면 담력이 크게 부족했다. 그는 초 부왕의 전철을 밟을까 두려워, 감히 민지로 갈 엄두를 내지 못하고 있었다.

이런 전후 사정을 자세히 전해 들은 인상여는 이 일을 염파 장군과 상의해야겠다고 마음먹고, 즉시 마차를 준비시켜 장군부로 향했다. 염파는 갑작스런 인상여의 방문을 받고 뭔가 중대사가 있으리라 짐작하고 그를 내실로 안내해 들어갔다. 인상여는 먼저 예를 갖춘 후, 단도직입적으로 말했다.

"오늘 무공(繆公)의 말을 듣자니, 대왕께서 초 부왕의 선례를 생각하시고 두려워하시어 민지에 가는 일을 포기하시려는 듯합니다. 이럴 수는 없는 일 아니겠습니까! 그래서 가르침을 받으러 왔습니다.”

염파도 조왕이 이런 선택을 하리라고는 미처 생각지 못하고 있었다. 이에 그도 분연한 모습으로 대답했다.

“물론 그럴 수는 없지요. 그리되면 진왕은 우리가 힘이 없어 자신을 두려워하고 있다고 여길 것 아니겠소?”

“바로 그렇습니다.” 인상여가 공경하게 대답했다. “지난 두 해 동안 진은 두 차례나 우리를 침략했었습니다. 그리고 이번에 대왕과 민지에서 만나 강화를 맺자는 것도 표면적으로는 양국의 우호관계를 회복하자는 것이지만, 실질적으로는 또 다른 형태의 도발이나 다름없습니다. 만일 대왕께서 민지로 나가시지 않으면 진왕은 우리를 얕잡아 보고 더욱 공세의 고삐를 늦추지 않을 것입니다.”

염파는 한동안 생각에 잠겼다가 입을 뗐다. “가야 해요. 대왕을 설득해 반드시 가시도록 해야 하오. 그러나 사정이 그리 간단치 않으니, 우선 세부적인 행동계획을 수립해야 해요.”

인상여도 머리를 끄덕이며 동의를 표시했다. 이리하여 노장군과 젊은 대신은 처음으로 함께 머리를 맞대고 국가대사를 논하는 기회를 가지게 되었다. 그들은 하루를 꼬박 연구하여, 발생 가능성이 있는 각종 상황을 따져보고 그에 대한 세밀한 대비책을 마련했다.

다음날, 두 사람은 함께 조정으로 나아가 혜문왕에게 민지로 가 진왕의 강화요청에 응해야 함을 설득했다. 그들은 먼저 조왕에게 이 일의 이해득실을 분명하게 설명한 다음, 갈 결심만 굳힌다면 인상여가 대왕의 어가를 호위할 것이며, 염파는 남아 태자를 보좌하며 국방을 책임질 것이라고 말했다. 이렇게 두 사람이 집요하게 설득하자 조왕도 마침내 염치불구하고 마음을 바꾸었다. 그리고 그는 사람들이 비웃을까 걱정되어 호기스럽게 소리쳤다.

"인상여 그대가 목숨을 걸고 진국에 사신으로 가 국보를 지켜낸 일을 생각하면, 군왕인 내가 이 정도는 해야 하지 않겠소!"

이어 인상여는 조왕에게 대비해야 할 주의사항들을 들려주었다. 비록 자신이 어가를 호위해 가긴 하지만, 날쌘 정병들을 뽑아 시종으로 가까이서 모시게 하고, 이에 더하여 일단의 군사들을 민지 30리 밖까지 따라와 주둔하게 해야 확실한 안전을 담보할 수 있다고 상주했다.

조왕은 인상여가 매우 주도면밀하다고 생각했다. 그는 인상여의 건의대로 이목(李牧)을 중군대부로 삼아 정병 5천을 거느려 민지까지 자신을 수행하게 하고, 평원군(平原君) 조승(趙勝)으로 하여금 수만 군사를 이끌고 민지 30리 밖에 주둔하여 만일의 사태에 호응하도록 했다.

염파는 조왕 일행을 국경까지 전송해 따라갔다. 작별에 앞서 염파는 조왕에게 만일 진왕에게 억류되는 사태를 대비하여 간언했다.

"전체 일정을 따져보건대, 회맹을 끝내는 데 아무리 길어야 30일은 초과하지 않을 듯싶습니다. 만일 30일이 지나도록 별다른 연락이 없이 대왕께서 돌아오시지 않으면, 즉시 태자를 즉위하게 하여 진국의 음흉한 계략을 미리 방지할 수 있도록 윤허해 주십시오."

이 말에 조왕은 응낙을 표했다. 인상여는 염파 장군의 사려 깊음에 마음 깊은 곳에서 존경심이 우러났다.

기원전 279년 8월, 조 혜문왕 일행은 약속한 일정대로 민지에 당도했다. 진왕은 조왕에게 가식이 가득한 예를 표시했다. 이에 조왕도 조심스럽게 예를 표했다. 진왕은 조왕의 뒤에 늠름하게 서 있는 인상여를 발견하고는 지난 일이 떠올라 심경이 매우 복잡해졌다. 그러나 그는 여전히 웃음을 잃지 않고 조왕에게 말했다.

"인상여는 지용을 겸비했으니, 참으로 조나라의 든든한 재목이라 하지 않을 수 없소!"

인상여도 진왕이 결코 호의로 이런 말을 할 리가 없음을 잘 알고 있었다. 그저 무표정하게 칭찬에 예를 표시할 뿐이었다. 두 군왕이 서로 인사를 차린 다음 연회가 이어졌다.

주흥이 서서히 무르익어 갈 즈음 진왕이 말했다.

"과인은 조왕께서 음악에 매우 조예가 깊다고 들었는데, 여기 거문고가 있으니 한 곡 연주하심이 어떤지요?"

주연 석상에서 다른 사람의 흥을 돋우기 위해 음악을 연주하는 것은 광대나 하는 일이다. 당시 광대는 사회적 신분이 매우 낮은 계급이었다. 진왕이 조왕에게 이런 요청을 하는 것은 사실상 모욕이나 다름없는 일이었다. 겁이 많은 조왕은 감히 거절하지 못하고 진왕 면전에서 거문고를 연주했다. 진왕은 연주 솜씨를 칭찬해 마지않았다. 그리고 어사(御史)를 불러 이 일을 기록하도록 명했다. 이에 사관이 적기를 "모 년 모 월 모 일, 진왕은 조왕과 함께 술을 마시다가 조왕에게 거문고를 타도록 명령하다"라고 했다.

이것은 후세에 진왕의 위세를 전하기 위한 책동이 아닌가! 부탁한 일을 명령이라고 변조함으로써 진이 외교적 승리를 거두었음을 사료에 남기는 것이었다. 인상여가 보고 있다가 참지 못하고 진왕 앞으로 나아가 말했다.

"조왕께서 듣기에 진왕께서 진의 고유한 토속 악기를 잘 연주하신다고 알고 있습니다. 한 곡 연주하시어 서로 흥을 돋우는 것이 어떠하신지요?"

진왕은 크게 노하며 응하지 않았다. 이에 인상여가 악기를 받들고 진왕 앞에 무릎을 꿇은 채, 다시 그의 연주를 정중히 요청했다. 그래도 응하지 않자 인상여가 진왕에게 소리쳤다.

"대왕께서는 진국의 강성함을 믿고 연주를 하지 않으시려 합니까? 지금 제가 스스로 목을 찌르면 대왕의 몸에까지 피가 튀게 될 것입니다."

인상여는 이렇게 말하며 한편으로 진왕에게 살의를 드러냈다. 진왕 좌우에 시립해 있던 그의 신하들이 "어찌 이리 무례한가!"라고 소리치며, 인상여를 처치하려는 의도를 보였다. 이에 인상여가 그들에게 눈을 부릅뜨며 대갈일성 소리쳤다. 그 소리가 얼마나 살기등등했던지 인상여는 머리카락마저 쭈뼛쭈뼛 일어섰다. 이에 진의 신하들은 크게 놀라 자기도 모르게 모두 뒤로 몇 걸음 물러섰다. 진왕도 불쾌하기 짝이 없었다. 그러나 그는 인상여를 의식하며 억지로 조왕을 위해 악기를 한 곡 연주했다.

이에 인상여는 고개를 돌려 조나라의 어사를 불렀다. 그리고 그에게 받아 적도록 구술했다. "모 년 모 월 모 일, 조왕이 진왕과 민지에서 만났다. 이때 진왕이 조왕을 위하여 악기를 연주했다."

그러자 진의 신하들이 불만을 터뜨리며 자리를 박차고 일어섰다. 그리고 무례하게 조왕에게 말했다. "조나라의 성 열다섯 개를 진왕에게 바쳐 예물로 삼으시는 것이 어떻습니까?"

이에 인상여도 지지 않고 받아쳤다. "예물이란 원래 서로 주고받는 것이거늘, 조에서 열다섯 개의 성을 예물로 내놓는데 진에서 보답이 없을 수 없지요. 진의 도성 함양을 조왕에게 바쳐 예물로 삼으시는 것이 어떻소?"

진왕이 보고 있자니, 서로 티격태격하는 것이 쉽게 결말이 날 것 같지가 않았다. 또한 이즈음 정찰을 보낸 기마병이 돌아와, 조나라가 여러 가지 방비를 하고 있음을 보고했다. 이에 진왕은 자리를 정리하듯 말했다.

"우리가 오늘 이렇게 자리를 함께한 것은 우의를 돈독히 하자는 것이오. 서로 불필요한 말들은 그만 거두도록 하시오."

그러고는 양국 신하들에게 서로 함께 어울려 술을 권하도록 명했다. 이렇게 연회가 끝날 때까지 진왕은 결국 아무런 주도권도 행사하지 못했다. 조나라가 워낙 여러 가지 방비를 철저히 하고 있어서, 진왕은 일단 조왕을 풀어주고 한(韓)을 먼저 공략하기로 마음먹는다. 이리하여 가식이 가득한 우의(友誼)로 일관한 연회가 마무리되고, 진왕은 조왕 일행을 전송했다. 민지에서의 회맹은 이렇게 큰 사변 없이 원만히 종료되었다.

포상이 일으킨 풍파

조 혜문왕은 민지에서 귀국한 후, 공로가 있는 신하들에게 포상을 내리고자 했다. 그가 먼저 대신들에게 말했다.

"이번 행차에 인 대부와 염 장군의 노고가 참으로 컸소. 우리 조나라에 이 두 사람의 든든한 대신이 있으니, 이제 아무런 걱정이 없게 되었소."

인상여는 조왕이 자신을 염파 장군과 동렬에 올려 칭찬하는 것을 듣고 황망히 대답했다.

"대왕이시여, 이번 민지로의 행차를 무사히 마치게 된 것은 모두 염 장군의 깊은 생각과 세심한 준비에 힘입은 것입니다. 만일 그가 후방 경계를 든든히 하지 않았더라면 진군은 일찌감치 우리 조나라로 밀고 들어왔을 것입니다. 저는 그저 수행원의 한 사람에 불과한데 무슨 공로가 있겠습니까!"

이에 조왕이 말했다. "그대는 너무 겸손할 필요 없소. 인 대부는 지난번 진에 사신으로 가 국보를 지켜냈고, 이번에 민지 행차를 수행하여 국위를 크게 떨쳤으니 그 공이 참으로 크오. 과인에게 그대와 같은 인재가 있음으로 해서 일신의 안전을 보장받고, 나아가 국가의 존엄을 드높일 수 있는 것이오. 만일 공을 논하자면 누구도 그대에게 비기지 못할 것이오."

이에 조왕은 인상여를 재상에 임명하니, 그 지위가 염파보다 높아졌다. 문무 대신들이 모두 인상여의 앞으로 가 그의 담력과 지모를 추켜세우며 축하의 말을 던졌다. 오직 염파만이 얼굴에 어두운 기색을 띠었다.

노기등등해서 장군부로 돌아온 염파는 방금 조정에서 있었던 일들이 머릿속을 맴돌아 견딜 수가 없었다. 그는 조왕이 군신들 앞에서 오직 인상여의 공만 언급하고 자기는 안중에도 없는 듯이 처신하여 체면이 크게 손상당했다고 여겼다. 생각할수록 화가 치민 백전노장 염파는 집안의 시종들에게 심경을 토로했다.

"내가 이 나라 장군으로 사방으로 원정하며 수많은 전투를 수행하여 쌓은 공로가 적지 않다. 인상여는 원래 미천한 신분으로 그저 타고난 언변을 좀 잘 부렸기로 나보다 높은 지위에 앉히다니, 이것은 나에 대한 모욕이 아니더냐! 내가 어떻게 그의 밑에 자리하는 굴욕을 감수한단 말인가? 언제 인상여를 마주치면 한번 그를 크게 모욕하고 말리라."

염파는 분한 마음에 음식조차 넘어가지 않았다. 며칠을 연이어 장군부에는 염파의 짜증 섞인 고함소리만 밖으로 새나왔다. 수하 사람들은 숨소리조차 크게 내지 못했다. 조금만 그의 비위를 거스르면 얻어맞거나 욕을 듣기 일쑤였다. 그러나 수하들도 장군이 평소 좀 거칠기는 해도 아랫사람들에게 순박하고 정이 매우 두터운 편임을 잘 알고 있었다. 그래서 그들은 모두 장군을 동정했다. 또한 적지 않은 대신들도 염파를 대신하여 그를 홀대한 처사에 불만을 품었으며, 이번에 인상여가 재상의 자리에 오른 것은 너무 쉽게 얻은 벼슬이라고 여겼다.

염파의 불만 섞인 언사가 인상여의 귀에도 전해졌다. 인상여도 난감하기 이를 데 없었다. 그는 이 노장군을 줄곧 마음속으로 존경해 온 터였다. 조나라의 누구도 진충보국한 공로를 따지자면 그에게 비길 만한 사람이 없었다. 오랜 세월 그가 생명의 위험을 무릅쓰며 수많은 전공을 세운 덕분에 오늘날 조나라가 이렇게 평안을 누릴 수 있는 것 아닌가. 이번 민지에서의 담판도 만일 염 장군이 대군을 이끌고 변경을 든든히 지키지 않았더라면 그렇게 순조롭게 끝나기 어려웠을 것이었다. 염 장군의 이름은 지난번 제군을 크게 무찔러 패퇴시킨 이후, 열국의 제후들 가운데 모르는 사람이 없었다. 조나라에 염 장군과 같은 용맹한 군사전략가가 있다는 것은 백성들의 복이라고 해야 마땅한 일이었다.

인상여가 특별히 염파를 존경해 마지않는 점은 그의 일편단심 충성심이었다. 민지로 가는 길에 염파가 전송을 마치고 변경에서 헤어지며 조왕에게 했던 말은 아직까지 인상여의 귓가를 맴돌고 있었다. 나라를 위해 그렇게 멀리 내다보고 그렇게 세심하게 생각하는 염 장군의 충성심에 당시 인상여는 저절로 머리가 숙여졌었다.

인상여는 아무리 따져보아도 자신과 염파 장군 사이에 근본적인 이익의 충돌은 없다고 생각되었다. 최소한 나라를 위해 함께 봉사한다는 점에서 두 사람은 목표가 일치했다. 그리고 지난 일을 아무리 자세히 돌이켜봐도 염 장군과의 접촉에서 어떤 불쾌한 기억을 찾아낼 수 없었다. 그럼에도 이 노장군은 왜 자신에게 이렇게 노발대발하고 있단 말인가?

인상여는 다시 염파 장군의 입장에서 생각해 보았다. 장군은 오랜 세월 적지 않은 전공을 세우며 줄곧 자기보다 높은 자리에 있었다. 그런데 돌연 자기가 윗자리에 앉게 되니 속으로 받아들이기가 심히 거북스러웠을 터였다. 그러나 인상여는 진심으로 염 장군과의 관계를 소원하게 만들고 싶지 않았다. 국가의 입장에서 생각하면, 만일 자신이 염 장군과 갈등을 빚게 되면 그 틈을 비집고 강국 진과 제가 침공의 기도를 보일 것이 자명했다. 나라의 안위를 위해서도 그리되는 것만은 피해야 할 일이었다. 개인의 입장에서 생각하면, 사실 그도 염 장군에게 섭섭한 점이 없지 않았다. 그러나 염 장군이 자신에게 모질고 듣기 거북한 말을 하고 다니는 것은, 원래 그의 성격이 직설적인데다 홧김에 내뱉은 것이어서 어느 정도 이해할 수 있는 일이었다. 그가 호인인데다 솔직담백한 성품의 소유자임은 누구나 다 알고 있는 일이 아닌가. 인상여는 자신이 현재 나라의 재상을 맡고 있는 이상, 나라를 위해 크게 생각하고 사소한 일로 염 장군과 시시비비를 따질 계제는 아니라고 여겼다.

이에 인상여는 불필요한 충돌을 피하기 위해 이후 가능한 한 염파와 마주치는 일을 줄였다. 매번 조정 회의에 병을 칭하고 나가지 않음으로써 그와 자리의 상하를 비교하는 상황을 만들지 않았다. 또한 외출 시에도 멀리 염파가 보이면 마차를 돌리거나 피하게 하여 그와 마주치지 않았다.

인상여가 재상직에 오른 이후, 문무백관들은 그가 이룬 업적과 수완에 경탄하며 그중 적지 않은 이들은 그를 자신의 집으로 초청해 연회를 베풀고자 했다.

이 날은 인상여가 평원군(平原君) 조승(趙勝)의 초청을 받아 시종을 거느리고 마차에 올라 그의 집으로 향하는 길이었다. 길에서 백성들이 인상여를 알아보고 모두 앞을 다투어 다가와 경배했다. 그는 이렇게 많은 사람들이 자신을 지지해 주는 것을 보고 속으로 감읍해 마지않았다.

일행이 번화가인 장가(長街)를 지나고 있을 때였다. 멀리 한 무리의 마차 대열이 앞으로 다가오고 있는데, 대오의 앞에 한 장군이 말을 타고 측근들에게 손짓 몸짓을 하며 무언가를 설명하고 있었다. 인상여가 자세히 보니 그것은 바로 염파 장군이었다. 이에 그는 얼른 마부에게 옆으로 난 작은 골목 속으로 차를 몰아 길을 돌아가도록 지시했다. 그러나 인상여의 마차는 골목의 출구에서 또다시 염파 일행과 마주치고 말았다.

염파는 인상여가 재상의 자리에 오른 뒤 줄곧 불편한 심기를 삭이지 못하고 있었다. 그는 빌미를 잡아 안상여에게 한번 크게 모욕을 줌으로써 분풀이를 하려고 잔뜩 벼르고 있었다. 그러나 인상여가 병을 칭해 조정에도 나오지 않고 온갖 궁리를 다해 자신을 피해 다니자 염파로서도 달리 방법이 없었다. 이날, 염파는 수하의 문객인 가릉(賈凌)으로부터 인상여가 평원군의 집에 초청받아 간다는 이야기를 듣고, 즉각 마차를 준비시켜 장가로 나와 인상여의 행차를 기다리고 있었던 것이다. 드디어 인상여의 행렬이 다가오는 것을 보고 염파는 마차를 몰아 인상여에게 다가가 한번 크게 일을 벌이려는 찰나, 생각지도 않게 인상여가 골목 속으로 숨어버리자 다시 마차를 몰아 골목의 반대편 출입구를 막고 서 있었던 것이다.

인상여는 장가의 큰길에서 염파 일행과 마주쳤을 때 그것이 우연한 조우라고 여겨, 그냥 잠시 돌아가는 수고를 하면 될 것이라 생각했다. 그러나 염파가 또다시 길을 막아서자 이것은 분명히 그가 고의로 자기를 난처하게 만들려고 계획한 일임을 알아차렸다. 인상여는 순간적으로 화가 치밀어 올랐다. 그는 앞으로 나가 염파에게 이유를 따져 묻고 싶은 충동이 불같이 일었으나, 감정을 자제하며 억눌러 참았다. 자기가 정말 염파와 대립하기 시작하면, 일국의 재상과 대장군이 화목하지 못하는 모양새를 드러내어 조나라의 안위에 크게 불리할 것이었다. 그리고 그 부작용은 상상하기 힘든 재앙을 불러올 수도 있는 일이었다. 그래도 참는 것만이 나라를 위하는 길이었다.

인상여는 얼굴에 억지웃음을 지으며 마부에게 다시 마차를 돌리도록 명했다. 인상여의 시종들은 하나같이 속으로 부아가 치밀어 올라 이를 부득부득 갈았다. 재상의 마차가 다시 길을 돌아가는데, 등뒤로 염파 일행이 큰 소리로 득의양양하게 웃는 소리가 들려왔다.

인상여가 골목을 돌아 나와 다시 장가에 들어서 얼마간 앞으로 나아가자 또다시 염파 일행이 앞길을 막아섰다. 어찌 이런 무례가 있단 말인가! 인상여는 이제 더 이상 스스로를 자제하기가 어려웠다. 쌓은 전공이 아무리 많기로서니 이렇게 사리에 맞지 않는 일을 버젓이 자행할 수 있단 말인가? 인상여는 시종들에게 평원군의 저택에는 가고 싶지 않으니 어서 마차를 돌려 집으로 돌아가자고 재촉했다.

저택으로 돌아온 인상여는 무거운 마음으로 생각에 잠겼다. 지금 열국 중에 오직 조나라가 진에 대적할 수 있는 것은 바로 문무백관들이 안으로 일치단결하는 데서 나오는 역량 때문이었다. 그런데 염 장군이 전장에서는 그렇게 대범하게 용맹하거늘, 어찌 직위를 따지는 문제에 있어서는 이리 쩨쩨하고 소인배같이 군단 말인가. 오늘 그가 세 번이나 길을 막아서서 자신이 세 번을 모두 참았건만, 그는 여전히 마음을 돌릴 기미를 보이지 않았다. 이 일로 자신의 체면이 손상되는 것은 별일이 아니나, 장군과 재상이 이리 화목하지 못하니 장차 나라를 위해 큰 걱정거리가 아닐 수 없었다.

인상여가 이런저런 고민에 잠겨 있을 때, 수하 사람 몇 명이 그를 찾아왔다. 사실 오늘 염파에게 세 번이나 길을 양보한 일로 부중(府中: 고관의 저택 내부)에서는 한바탕 풍파가 일었었다. 이야기를 전해 들은 사람들은 하나같이 분을 참지 못했다. 그래서 그들은 함께 상의를 한 뒤, 대표 몇 사람을 뽑아 인상여를 면담하러 온 것이었다.

인상여의 집에 식객[食客: 명망 있는 사람의 집에 기식하며 그를 위해 자문하고 일을 도와주는 지식인을 말함. 문객(門客)이라고도 함]으로 있는 이성(李誠)이 대표로 말했다.

"저희가 고향을 등지고 떠나와 공께 몸을 의탁하고 있는 것은 바로 공이 대장부이시기 때문입니다. 지금 공은 같은 조정에서 염 장군과 함께 봉직하고 계시고 지위가 그보다 높음에도, 그는 수시로 공을 모욕하고 뒤에서 험담하며 다닙니다. 사정이 이러함에도 공께서는 이를 따지시기는커녕 도리어 그를 피해 다니기만 하시니, 저희들로서는 도무지 이해할 수가 없습니다. 저희 수하들조차 수치심을 느끼게 되거늘, 공께서는 어찌 그를 겁만 내고 계십니까? 이렇게 참고만 계시면 그를 더욱 기고만장하게 할 것이 뻔한 일인데, 저희는 도량이 작아서 도저히 더 견딜 수가 없습니다. 그래서 모두 사직하고 떠나려고 합니다."

말을 마친 일행은 자리를 뜨려고 했다. 이에 인상여가 그들을 잡으며 말했다.

"그대들은 잘 모르겠지만, 내가 염 장군을 피해 다니는 것은 다 그 나름의 이유가 있다네. 내 그 사정을 자세히 들려주겠네."

이어서 인상여는 그들에게 자신의 심경을 풀어 설명해 주었다.

"자네들은 진왕과 염 장군 중에 누가 더 두려운가?"

"그야 당연히 진왕이 더 두려운 상대지요." 모두가 이구동성으로 대답했다.

인상여가 다시 말했다. "진왕이 그렇게 위풍당당하고 열국의 제후들조차 모두 그를 두려워하건만, 나는 진의 조정 대신들이 보는 앞에서 그들의 대왕을 책망하기까지 했네. 그런 내가 어찌 염 장군을 겁내겠는가? 그러나 음흉한 진나라가 우리를 함부로 하지 못하는 것은 나와 염 장군이 한마음으로 그들을 상대하기 때문이라는 점에 생각이 미쳐 참고 있을 뿐이네. 만일 우리 두 사람의 사이가 벌어지면 좋아할 사람은 진왕일 뿐이지. 그래서 개인적인 체면을 접어두고 나라를 생각해 염 장군에게 그리 대하고 있을 따름이네."

문객과 시종들은 인상여의 말에 크게 깨닫는 바가 있었다. 이에 그들은 인상여에 대해 더욱 존경하는 마음을 지니게 되었다.

인상여는 수하들이 비로소 자신의 뜻을 이해하는 듯하여 매우 흡족했다. 나아가 그는 부중 사람들을 모두 모아놓고, 만일 장군부 사람들과 마주치는 일이 있으면 그들과 다투지 말고 반드시 겸손하게 양보하도록 재삼 당부했다.

그러던 어느 날, 인상여의 문객인 이성, 부양(傅讓) 등이 밖에서 일을 보고 돌아오다 식당에서 밥을 사먹게 되었다. 식당 점원은 이들이 재상부의 문객들인 줄 알아보고 상석으로 안내했다. 이들이 식사를 하는 중에 장군부의 문객인 가릉과 곽성(郭盛) 등이 역시 이 식당으로 식사를 하러 들어왔다. 가릉은 상석에 벌써 사람이 앉아 있고, 그들이 다름 아닌 재상부 사람들이란 걸 알고는 화를 내기 시작했다. 그는 이성에게 다가가 노기등등하게 소리쳤다.

"이분들은 바로 겁쟁이 인상여 집안의 문객들이 아닌가? 그렇게 출신이 천박하고 담도 작은 사람이 어떻게 우리 염 장군보다 높은 상국의 자리에 오를 수 있단 말인가. 그리고 당신들은 바로 그런 사람의 문객이니 어찌 상석에 앉을 수 있겠는가. 어서 자리를 우리에게 양보하게!"

가릉이 말을 마치고 큰 소리로 껄껄 웃어대며, 이성이 앉은 좌석 귀퉁이로 엉덩이를 들이밀었다. 이에 이성이 크게 화를 내며 눈을 부릅뜨고 가릉을 째려보았다.

이 모습을 보고 가릉이 조소를 띠며 다시 말했다.

"그래도 성깔이 있으시구먼, 그래 어쩔 텐가? 가소롭게도 너희 어른 인상여는 우리 장군을 보고 겁이 나, 같은 곳에서 세 번이나 도망쳤단 말이야. 하긴 아무것도 한 일 없이 입 하나로 상국에 올랐으니, 백전노장에 무공이 혁혁한 우리 장군을 보기가 부끄럽고 겁이 나겠지. 스스로 제 발이 저린 게야!"

이때, 식당 안에 있던 사람들이 이 말을 듣고 모두 깔깔대며 웃기 시작했다. 이성은 도저히 더 이상 분을 참을 수가 없었다. 그러나 문득 인상여가 수도 없이 당부한 말이 생각나, 겨우 화를 억눌러 울분을 삼키며 참았다. 그리고 자리를 장군부의 사람들에게 양보하고 난 뒤, 평상심을 되찾으며 가릉에게 차분하게 말했다.

"당신은 하나만 알고 둘은 모르는구려. 한 나라가 외적을 상대하는 데는 빼어난 문신과 무장을 겸비해야 하고, 나아가 그들이 한 마음으로 일치단결해야 비로소 목적을 이룰 수 있는 것이오. 만일 우리나라에 염 장군만 있고 외교와 치국에 능한 인상여 같은 재상이 없거나, 상국 인상여만 있고 백전백승의 명장 염파 장군과 같이 지략과 무용을 지닌 장수가 변방을 지키지 않는다면 조나라는 그 안위가 매우 위태롭게 될 것이오. 지금 이웃의 진국이 우리를 침략하지 못하는 것은, 바로 염 장군과 인 상국이 일심으로 단결하여 나라를 보위하고 있기 때문이오. 만일 요즘처럼 인 상국이 염 장군에게 양보하지 않고 사사건건 충돌을 일으킨다면, 결국 적국에게 딴마음을 먹도록 부추길 것이고 나라와 백성은 큰 위기에 빠질 것이오. 비록 인 상국이 예전에 신분이 비천했던 건 사실이나, 그분은 결코 담이 작거나 염 장군이 겁이 나 피해 다니는 것이 아니오. 오직 나라의 안위를 생각해 그리 하시는 것일 뿐이오. 그러나 당신들은 오직 자신들의 위세만 세우려고 하고 지위의 높낮이만 따지면서, 나라의 안위는 안중에도 없으니 참으로 무책임한 일이 아닐 수 없소!"

그들은 말을 마치기가 무섭게 식당 밖으로 나가버렸다. 안에 남은 가릉과 곽성은 진상을 알고 난 후, 참으로 부끄럽기 이를 데 없었다.

문경지교, 역사로 남은 두 사람의 화합

염파와 인상여 두 사람이 갈등을 빚고 있다는 이야기를 조나라의 명사(名士) 우경(虞卿)이 듣게 되었다. 그는 인상여의 도량에 크게 탄복하며, 다른 한편으로 두 사람의 반목을 크게 우려했다. 이에 그는 왕궁으로 조왕을 찾아갔다.

우경이 조왕에게 간했다. "제가 알기에 우리나라는 예로부터 신하들이 충성스럽고 근면하며 서로 일치단결해 정사를 받들어온 아름다운 전통이 있습니다. 그런데 작금에 이르러 대왕께서 가장 의지하는 두 대신이 서로 반목하고 있으니, 참으로 걱정이 아닐 수 없습니다."

이 일은 조왕도 이미 걱정하고 있던 일이었다. 그러나 자세한 상황을 모르는 조왕은 우경에게 두 사람 사이가 얼마나 심각한지 물었다. 이에 우경은, 염파를 마주치지 않으려고 인상여가 병을 핑계로 여러 날 조정에 나오지 않는 일이며, 평원군의 집을 방문하러 가던 인상여의 마차를 염파 장군이 세 차례나 가로막은 일 등 최근 두 사람 사이에 있었던 일들을 소상하게 왕에게 알렸다. 그리고 이어서 말했다.

"한 사람은 날이 갈수록 더욱 도리에 맞지 않는 일을 벌이고, 한 사람은 더욱 상대방을 피하려고만 합니다. 게다가 이제 두 집안의 하인들끼리도 서로 반목하는 지경입니다. 이러다 만일 나라에 큰일이라도 생기면 재상과 대장군이 조정에서 함께 상의할 수도 없고, 서로 상부상조할 수도 없으니 이를 어찌 그냥 두고 볼 수가 있겠습니까?"

조왕도 한숨을 내쉬며 말했다. "참으로 나라의 큰 우환이 아닐 수 없소. 이 나라의 안위가 모두 그 두 사람에게 달려 있거늘 어찌 편안히 두고 볼 수만 있겠소. 공이 한번 두 사람을 중재함이 어떻겠소?"

이에 우경이 조왕을 위로하며 하루속히 두 사람이 화목하도록 견마지로를 다하겠노라 다짐했다.

염파는 인상여의 행차를 막아섰던 그날, 집으로 돌아와 며칠 동안 꽤나 득의양양했었다. 세 차례나 모욕을 당하고서도 기침소리 한번 내지 못하고 발걸음을 돌린 인상여를 생각하니, 염파는 그가 확실히 자기를 두려워하고 있음이 틀림없다고 여겼다. 그러나 이것도 잠시였다. 염파는 다시 성질을 부리기 시작했고, 그 정도는 날이 갈수록 심해졌다. 가릉과 곽성이 식당에서 재상부 문객들과 마주쳐서 들었던 이야기를 염파에게 보고하려고 왔었으나, 인상여의 이름 석 자를 입에 담기가 무섭게 염파가 또다시 크게 성질을 부리자 이들은 아예 더 자세한 이야기를 하지 못하고 그의 면전에서 물러나고 말았다.

이날, 염파는 부중에 앉아 홀로 술잔을 기울이다 우경의 방문을 맞았다. 우경은 염파의 의기소침한 모습을 보고 다정한 어투로 인사를 건넸다.

"장군께서 여러 날 조정에 납시지 않았는데, 어디 병이라도 나신 게 아닌지요?"

염파는 누가 자신을 늙었다고 하거나 몸이 쇠약해졌다는 이야기를 하면 크게 불쾌하게 생각했다. 그는 우경을 향해 눈을 껌벅이며 말했다.

"비록 이 염파가 늙었지만 아직 온몸의 근육이 젊은 사람처럼 단단하다오."

이에 우경이 얼른 말을 바꾸었다. "염 장군이 삼군을 지휘하여 천하무적의 무용을 떨친 일을 누가 모른단 말이오? 일찍이 제군을 물리쳐 진양 땅을 빼앗았고, 후에 또다시 연(燕)을 대파해 다섯 개 성을 점령했습니다. 지금 염 장군의 위용은 비단 제, 연뿐만이 아니라 진나라까지도 두려워하고 있지요!"

"우공께서는 칭찬이 너무 과하십니다그려!" 염파는 비록 말은 이렇게 겸손하게 했지만, 속으로 매우 후련했다. 그래도 세상에 이렇게 옳은 말을 하는 사람이 있구나 싶은 심정이었다. 염파도 자신이 그렇게 명리에 집착하는 사람은 아니라고 생각했다. 그러나 자신이 오늘의 지위에 오르기까지 목숨을 걸고 전장을 누빈 지가 한두 해가 아니었다. 그러나 인상여는, 비록 두 차례 진나라에 사신으로 가 세운 공이 없다고는 할 수 없지만 단지 뛰어난 말재주를 부린 것뿐 아닌가. 목숨을 걸고 피를 흘리며 쌓은 전공과 언변이 뛰어난 입으로 쌓은 공을 어떻게 같이 비교할 수 있단 말인가. 그 경중이 자명한 일이거늘, 조왕은 이것을 제대로 구분하지 못하고 인상여를 상국에 봉하여 자신의 윗자리에 앉게 하니 어떻게 이런 처사에 순종하란 말인가?

염파는 우경이 자기를 추켜세우는 말을 듣고 마음이 매우 편안해지는 것 같았다. 우경도 염파의 기색이 밝아지는 것을 알아보고, 방금 자신이 한 몇 마디 말이 효과가 있었음을 알아차렸다. 이에 그는 말을 계속 이어갔다.

"전 줄곧 장군의 무용을 흠모해 왔습니다. 그런데 요즘 장군께서 여러 날 조정에 들지 않으셨다고 해서 불안한 마음에 특별히 문안을 여쭈려고 왔습니다."

이에 염파는 크게 한숨을 내쉬더니, 한참이나 지나서야 입을 열었다. 그가 조정에 들지 않는 것은 다른 이유가 아니라 바로 사람 하나 때문이라는 것이었다.

염파의 말을 들은 우경은 그 사람이 누구인지 분명히 짐작이 갔지만, 짐짓 모르는 체하며 염파에게 그 사람이 바로 상국 인상여가 아닌지 물었다. 염파는 고개를 끄덕였다. 그는 인상여라는 이름만 거론해도 벌써 숨결이 거칠어지기 시작했다.

"장군! 인 상국 역시 국가에 공로가 큰 대신이자 모두가 받들어 존경하는 사람입니다."

우경은 이런 말을 하면 염파가 분명히 화를 낼 것이라 생각했지만, 결코 화제를 돌리지 않았다. 염파는 인상여에게 무슨 공로가 있느냐며 하찮게 치부했다. 이에 우경이 다시 정색을 하고 염파에게 말했다.

"인 상국의 공로도 적지 않습니다. 그는 지용을 겸비한 사람으로, 위험을 무릅쓰고 진나라에 두 차례나 사신으로 가 진왕의 횡포를 막아내고 나라의 위엄을 지켰으며, 이로 인해 진국은 지금까지 우리 조나라를 함부로 대하지 못하고 있습니다. 그리고……."

"그것은 어쩌다 운 좋게 얻은 횡재나 다름없는 일이오. 만일 그때 내가 후방에서 든든히 경계를 펴지 않았더라면 진군은 일치감치 우리 조나라의 국경으로 넘어들어 왔을 것이오. 내가 보기에 인상여는 그저 혀를 잘 놀리는 문약한 서생에 불과한 인물이오."

우경은 인 상국이 어떻게 문약한 서생이냐며 이해할 수 없다는 듯이 되물었다.

이에 염파는 평원군의 저택으로 가던 인상여의 행차를 막아섰던 일의 전말을 우경에게 자세히 들려주었다. 그날의 일에 대해 염파는 인상여가 특별한 공도 없이 큰 봉록을 받은 것이 부끄러워 자신과 마주치기를 두려워하는 것이라고 생각하고 있었다.

우경은 인상여가 길을 양보한 이유를 염파가 아직 정확히 모르는 것을 보고 고개를 가로저으며 말했다.

"장군께서는 인 상국이 장군에게 이런저런 일을 양보하는 것이 정말 장군을 두려워해서 그러는 것이라 생각하십니까? 만일 그렇다면 크게 잘못 생각하고 계십니다!"

염파는 자신이 무엇을 잘못 생각하는지 모르겠다는 듯 물끄러미 우경을 바라보았다. 이에 우경이 말을 이었다.

"인 상국의 식견이 탁월한 것은 바로 이 부분입니다. 진왕이 호시탐탐 우리나라를 침공할 의도를 품고 있는 것은 장군께서도 잘 알고 계시지요?"

염파는 고개를 끄덕여 동의를 표시했다. 그러나 그는 그것이 인상여의 식견과 무슨 연관이 있는지 몰라 의아해했다.

"지금 진국이 우리를 침략하지 못하는 것은 무엇 때문이겠습니까? 그것은 다른 이유가 있는 것이 아니라 바로 조나라의 두 사람을 두려워하기 때문입니다. 그 두 사람이란 바로 장군과 상국 인상여를 말하는 것입니다."

"오! 제발 입만 잘 놀릴 줄 아는 그 인상여와 나를 함께 거론하지 마시오. 그와 함께 이름이 거론되는 것만도 수치스런 일이오."

우경은 인상여가 결코 언변만 뛰어난 사람이 아니라고 염파에게 강변했다.

"상국의 담력과 식견은 절대 보통사람과 비길 바가 아닙니다. 문관과 무관, 장군과 재상이 합심 협력하여 대왕을 보필할 때, 비로소 진국이 함부로 우리를 넘보지 못합니다. 그러나 만일 두 분 사이에 틈이 벌어진다면 진국이 그것을 기회로 삼아 이 나라를 멸할 기도를 품을 것이고, 장차 종묘사직을 잃고 백성들을 노예로 전락시킨 만고의 죄과는 누구의 책임으로 돌아가겠습니까?"

우경의 이 말에 염파는 속으로 뭔가 뜨끔하게 느껴지는 것이 있었다. 이어 그는 깊은 생각에 잠겼다. 우경은 말을 멈추지 않았다.

"인 상국은 오직 나라를 생각하고 장군과의 화목을 위해, 온갖 굴욕을 참고 자기 체면을 헌신짝처럼 버렸습니다. 참으로 존경해 마지않을 일입니다. 국가에 공을 세운 일로 따지자면 누구도 장군에게 비기지 못하겠지만, 사람의 도량을 따지자면 누구도 인 상국에 비길 수 없습니다."

이 말에 염파의 마음은 혼란스러워지기 시작했다. 우경은 염파가 고개를 숙인 채 아무 말이 없는 것을 보고 말을 계속 이어갔다.

"지난번 장가의 대로에서 장군께서 인 상국의 행차를 세 차례나 가로막은 적이 있는 줄 압니다. 그날 그들이 부중으로 돌아간 뒤, 상국은 아무 말이 없었으나 도리어 그 수하 사람들이 분을 못 이겨 상국에게 몰려가, 장군께서 끊임없이 모욕을 주는데도 고양이 앞에 쥐처럼 말 한마디 못하고 피해만 다니니 저희 하인들조차 더 이상 부끄러워 낯을 들 수가 없다며 모두 사직하고 고향으로 돌아가겠다고 했었답니다."

염파는 우경의 말을 듣고 자신이 벌인 일들에 대해 크게 부끄럽고 후회스러웠다.

"인 상국은 수하들이 하나같이 자신을 떠나려고 하는 것을 보고 크게 슬퍼하며, 그들에게 허심탄회하게 자신의 속마음을 털어놓고 이야기했습니다. 지금 강국 진이 조나라를 침범하지 못하는 것은 문무백관들이 합심 단결하여 그들을 대비하기 때문인데, 만일 자신이 장군과 사사건건 충돌하여 내부의 전열을 흩트리면 장차 진국에게 이 나라 강산을 잃고 백성들을 도탄에 빠트리는 끔찍한 재앙을 어찌 감당하겠느냐며 그들을 설득했다고 합니다. 이어서 인 상국은 차라리 염 장군에게 모욕을 당하더라도 나라를 망하게 할 수는 없다며, 수하들에게 장군부 사람들을 만나면 절대 그들과 다투지 말고 나라를 구하는 차원에서 양보에 또 양보를 하라며 재삼 간곡하게 당부했다고 합니다. 장군! 인 상국의 이런 기개와 도량이 어찌 사람을 감복시키지 않겠습니까?"

이렇게 우경은 그간 벌어졌던 일들의 배경에 도사린 진상을 염파에게 빠짐없이 일러주었다. 우경의 이야기가 길어질수록 그의 얼굴은 부끄러움을 이기지 못하고 빨갛게 달아올랐다. 그리고 눈두덩에는 뜨거운 눈물이 고이기 시작했다. 인상여의 '차라리 염 장군에게 모욕을 당하더라도 나라를 망하게 할 수는 없다'는 한마디는 염파의 폐부를 아프게 찔렀다.

염파는 속으로 스스로를 질책했다.

'염파야, 염파야. 이렇게 나이를 먹도록 넌 세상을 헛살았구나!

대장군으로서 나라의 안위는 안중에도 없이 자신의 손해득실만 따지고 있었으니…… 만일 오늘 우경이 제때에 지적해 주지 않았더라면 장차 망국의 무거운 죄를 짊어질 뻔하지 않았더냐!'

염파는 인상여를 생각하자 부끄러움에 쥐구멍이라도 찾고 싶은 심정이었다. 인상여는 상국으로서 명백히 자기보다 지위가 위이거늘 국가의 안위를 위하여 자신에게 재삼 길을 양보하는 굴욕을 감수했지만, 자기는 부끄러운 줄도 모르고 그것이 마치 영예인 양 더욱 기고만장했으니…… 내가 이러고도 사람이란 말인가! 염파는 더욱 모질게 스스로를 자책해 마지않았다.

염파는 생각할수록 양심에 가책이 되고, 자신이 원망스러웠다. 그는 부끄러운 빛을 얼굴에 가득히 띠며 우경에게 말했다.

"우공! 저는 용렬하고 편협하기 이를 데 없는 사람입니다. 만일 공께서 절 일깨워주시지 않았더라면 전 아직 스스로의 허물을 깨닫지 못했을 것입니다. 확실히 저는 인 상국에 비기지 못할 인물입니다. 정말 그에게 부끄럽기 그지없습니다."

염파는 우경에게 조만간 자신이 친히 인 상국에게 죄를 빌러 갈 것이라는 이야기를 전해달라고 부탁했다.

이즈음, 인상여도 염파와의 반목 때문에 전전긍긍하고 있었다. 하루속히 그를 찾아가 서로 속마음을 털어놓고 대화를 나누고 싶은 마음이 굴뚝같았지만, 혹시 그가 또다시 자신을 난처하게 만들지 않을까 고민하고 있던 중이었다.

바로 이때, 우경이 사람을 보내 염파가 조만간 친히 재상부로 죄를 빌러 갈 것이라고 알렸다. 인상여는 이 의외의 소식을 접하고 잠시 어찌해야 좋을지 몰랐다. 우경이 보낸 사람이 돌아가자마자 문객 이성이 총망히 달려와 염 장군이 홀몸으로 이미 재상부 대문을 들어섰다는 것이었다. 인상여는 황망히 의관을 차려입고 그를 영접하기 위해 대청으로 달려갔다.

그가 대청으로 들어서니, 백발이 성성한 노장군이 상의를 벗은 채 형구를 짊어지고 바로 자기에게로 다가오는 것이 아닌가! 인상여가 그를 맞으러 앞으로 나아가려는 찰나, 노장군은 그대로 바닥에 털썩 무릎을 꿇었다. 그리고 두 눈에서 뜨거운 눈물을 왈칵 쏟아냈다.

"인 상국! 이 염파가 성질이 포악하고 식견이 부족해 상국에게 그간 너무 많은 죄를 지었소. 그럼에도 상국은 이 부족한 사람에게 시종 아량으로 대하니, 참으로 상국을 볼 낯이 없소. 바라건대 내가 짊어진 이 형구로 나를 벌해주시오. 차라리 내가 이 자리에서 맞아 죽는다면 이 부끄러움을 조금이라도 덜 수 있겠소!"

인상여는 황망히 염파 면전에 꿇어앉으며 말했다.

"장군이나 저나 모두 나라를 위해 몸을 바친 사람들이고, 그 임무가 막중하기 이를 데 없습니다. 장군께서 이렇게 제 심정을 헤아려주시니, 저는 뭐라 감사한 말씀을 다 드릴 수가 없습니다. 어찌 제가 감히 장군께 허물을 따질 수 있겠습니까?"

이 말에 염파는 만감이 교차했다. 그리고 감정이 격해져서 아무 말도 못하고 그저 눈물만 흘리고 있을 뿐이었다. 인상여도 감격에 겨워 흐느끼기 시작했다. 두 사람은 서로를 감싸 안았다. 그리고 한참 동안 손을 풀지 않았다.

이날, 두 사람은 앞으로 생사를 같이할 것을 결연했다. 그리고 그 마음이 영원히 변치 않을 것임을 맹세했다.

이날 저녁, 재상부에는 큰 술상이 차려졌다. 염파 장군을 대접하기 위한 것이었다. 장군부의 문객인 가릉과 곽성 등도 초청되어 염파를 배석했다. 지난날의 원수가 이제 절친한 친구로 변한 셈이었다. 모두가 술을 마시며 속마음을 털어놓기 시작했다. 그리고 지난 일을 언급하며 서로 참지 못하고 웃음을 터뜨리기까지 했다.

염파는 인상여에게 지난날의 심경을 토로하며, 한편으로 자신의 무지와 편협함을 자책했다. 인상여는 염파의 솔직담백한 성품에 다시 한 번 감읍해 마지않았다. 그리고 오랫동안 마음을 짓누르고 있던 걱정거리들이 일순간에 사라져버리는 듯했다. 그는 계속해서 노장군에게 술을 권했다. 대청에 염파의 통쾌하고 쩌렁쩌렁한 웃음 소리가 쉴 새 없이 메아리쳤다.

참으로 '지기를 만나니 천 잔의 술도 모자라는구나.'라는 옛말을 실감케 하는 자리였다. 이들은 밤이 늦도록 술과 담소를 나누다가 마침내 아쉬움을 달래며 헤어졌다.

이날 이후, 염파와 인상여는 마치 친형제처럼 서로 상부상조, 합심협력하며 조나라를 보위했다. 이렇게 재상과 장군이 마음을 합친 지 10년이 넘도록, 진나라는 감히 조나라를 넘볼 생각조차 하지 못했다.

기원전 266년, 혜문왕이 병으로 죽고 효성왕(孝成王)이 즉위했다. 이때, 진은 원교근공(遠交近攻) 책략을 채택하여 멀리 있는 강국 제, 초와 원만한 관계를 유지하면서 인근의 약소국들을 공략하고 있었다. 기원전 260년, 진은 한의 상당(上黨)을 공격했다. 상당을 지키고 있던 한의 수비군은 고립무원의 처지가 되었다. 이에 상당 태수 풍정(馮亭)은 하는 수 없이 성을 조나라에 헌상하고 말았다. 이리하여 진과 조 사이에 상당성을 둘러싼 전쟁이 발발했다.

당시 조나라의 상황은, 명장 조사(趙奢)가 이미 죽고 난 뒤였고 인상여는 병상에 있었으며 오직 염파 혼자 병마를 통솔하고 있었다. 이에 효성왕은 염파에게 20만 군사를 이끌고 장평(長平)에서 진의 대군을 저지하도록 명했다. 이때 진군은 이미 장평 남단의 야왕(野王)과 북단의 상당을 점령하여 남북 간의 상호 연락을 두절시키고 있었으며, 그 사기가 하늘을 찌를 듯했다. 이에 비해 조군은 장거리 행군을 한데다 전투력이 진군에 비하면 열세여서 전세는 조군에게 불리하게 돌아갈 수밖에 없었다. 이에 염파는 견고한 진지를 구축하고 적이 지치기를 기다렸다가 적당한 기회를 잡아 공세를 취하는 전술을 채택했다.

염파는 조군에게 험준한 산세를 이용하여 튼튼한 보루를 쌓게 했다. 그리고 진군이 수차례 다가와 전투를 부추겼으나, 진지를 굳게 지키며 응전하지 않았다. 또한 염파는 상당 지역의 백성들로 하여금 조군을 위하여 병참 수송과 진지 구축을 돕도록 했다. 조군이 진지를 굳게 지키며 응전하지 않자 속전속결로 승부를 보려던 진군도 달리 방법이 없었다. 이렇게 대치는 3년을 끌었다. 염파는 여전히 군사들을 신중하게 다루었고, 점점 사기가 떨어져 가던 진군은 궁리 끝에 마침내 반문계(反間計: 36계의 제33계로 역정보를 흘려 적을 혼란에 빠트리는 계략)를 사용하게 된다. 즉, 진군이 가장 두려워하는 일이 염파 대신에 조괄(趙括)을 대장군에 기용하는 것이란 소문을 고의적으로 흘려 조왕이 혼란스럽게 만들었다. 효성왕은 승전 소식을 학수고대하고 있다가 차츰 염파가 진지만 지키고 싸우기를 겁낸다고 여기게 되었다. 더구나 그는 평소 염파를 크게 신임하지 않는 편이었다. 마침내 조왕은 염파의 직책을 면하고 조괄에게 추가로 20만 군사를 주어 그를 대신하도록 명했다.

이때, 큰 병을 얻어 누워 있던 인상여가 이 소식을 듣고 크게 놀랐다. 백전노장 염파 장군이 전세를 정확히 보고 올바른 전술을 채택해 그 성과를 눈앞에 두고 있거늘, 도상(圖上) 전투에만 능한 미숙한 조괄로 그 중차대한 임무를 대신하게 하다니! 일을 크게 그르치게 생겼다고 판단한 인상여는 밤새 눈을 붙이지 못하고 번민을 거듭했다. 그리고 이튿날, 날이 밝기가 무섭게 시종들의 부축을 받아 왕궁으로 들어갔다. 효성왕을 알현한 인상여는 염파를 위해 적극 변호했으나, 조왕은 이미 마음을 정한 뒤였다. 결국 인상여의 간곡한 건의는 받아들여지지 않았다.

조괄은 염파의 직책을 대신한 다음, 염파가 설치한 전략부서와 군관들을 교체하는 등 편제를 완전히 일신했다. 진국은 조괄이 장군으로 부임한 것을 보고 백기(白起)를 기용하여 조군을 공략하게 하니, 장평대전에서 조군은 대패하고 장군 조괄마저 주살당하고 말았다. 이 전투에서 조군은 45만의 군사를 잃었다.

장평대전 후, 진군은 고삐를 늦추지 않고 조국의 도성인 한단을 포위하여 1년여를 끌고 있었다. 이때 인상여는 그 병세가 나날이 위중해 갔지만 문 앞까지 밀고 들어온 적군을 맞이하여 가만히 누워 있을 수만은 없었다. 이에 그는 평원군 조승을 찾아갔다.

"지금 나라가 백척간두에 서 있습니다. 이 상황에서 사는 길은 바깥에서 구원병을 끌어들이는 방법밖에 없습니다. 공께서 위(魏) 공자 신릉군(信陵君)과 교분이 두터우시니, 한번 서신을 보내 구원을 청해보시는 것이 어떻습니까?"

결과적으로, 신릉군이 병부(兵符: 군대를 동원하는 표지)를 훔쳐내 군사를 끌고 와 조나라를 구원하니 마침내 조는 멸망의 위기를 벗어나 그 명맥을 유지할 수 있었다. 그러나 국력은 이미 크게 쇠잔해지고 말았다.

나라를 구했으나 위기상황은 여전히 계속되었다. 걱정이 더욱 깊어진 인상여의 몸도 나날이 쇠약해져 갔다. 염파도 면직된 후 크게 의기소침해져 있었으며, 울분을 달래기 위해 자주 인상여의 집을 찾곤 했다.

이날 밤, 염파가 재상부를 찾으니 인상여는 침대에 비스듬히 기대 앉아 있었다. 그는 염파를 보더니 반갑게 손을 꼭 잡으며 말했다.

"드릴 말씀이 있었는데, 때마침 잘 오셨습니다. 요즘 나라가 많은 인재를 필요로 할 때이나 쓸 인재가 그리 많지 않으니 참으로 걱정입니다. 장군께서 지금 섭섭한 대우를 받고 계신 줄 잘 알고 있습니다. 그럼에도 나라를 향한 장군의 일편단심에 추호도 변함이 없다는 것을 잘 알고 있습니다. 우린 이미 십여 년을 친형제처럼 지내왔습니다. 그러나 요즘 저는 나날이 몸이 쇠약해져 아마 떠날 날이 그리 멀지 않은 것 같습니다. 그러나 장군은 아직 나라를 위해 봉사할 기회가 남아 있습니다. 이 나라를 위해 혹시 지금보다 더 섭섭한 일을 당하시더라도 꾹 참으시고 큰일을 저버리지 마시기 바랍니다."

여기까지 이야기한 인상여는 온몸에 식은땀을 흘리며 호흡이 곤란한 듯 보였다. 염파가 황망히 그에게 다가가 부축해 앉히려고 했으나, 그는 스스로의 힘으로 다시 일어나 앉았다. 그리고 몸에 지니고 있던 옥패를 끌러 염파의 손 위에다 올려놓았다.

"장군, 이 옥패를 받아주십시오. 만일 언제 제가 세상을 뜨고 나면 이것으로 절 본 듯 여겨주시기 바랍니다……."

염파의 눈에서는 하염없이 눈물이 흘러내렸다. 옥패를 받아 넣은 뒤, 그는 인상여의 손을 세게 감아쥐었다. 두 사람은 오랫동안 목이 메어 서로 아무 말도 할 수 없었다.

그 후 얼마 지나지 않아, 마침내 상국 인상여는 가슴 가득 여한을 품은 채 세상을 떠나고 말았다.

기원전 251년, 연나라가 조나라를 침공해 왔다. 효성왕은 다른 적당한 인물을 찾지 못하고 또다시 염파를 기용하여 상장군으로 삼았다.

염파는 군사를 두 길로 나누어 연군에 대적했다. 먼저 장군 악승(樂乘)으로 하여금 일단의 군사를 이끌고 서쪽 방면의 연군들을 대적하게 하고, 나머지는 자신이 직접 이끌고 연군의 주력을 막아섰다. 염파는 나라를 침범한 원수들을 물리치자는 강한 적개심을 군사들에게 주입시킨 뒤, 병력을 집중하여 적군의 정면을 공략하는 전술을 펼쳤다. 그는 첫 전투에서 승리함으로써 일단 연군의 예봉을 꺾어놓았다. 이어서 조군이 연군의 주력을 격파하고 연의 장수 율복(栗腹)을 참살하니, 연군은 크게 무너지기 시작했다. 염파는 기회를 놓치지 않고 패퇴하는 연군을 추격하여 5백 리를 쫓아갔다. 그리하여 기원전 250년, 마침내 조군은 연의 도성 계(薊: 오늘날의 북경)를 포위하기에 이른다.

연왕은 당면한 위기를 벗어날 별다른 방도가 없어, 하는 수 없이 조나라가 요구한 대로 다섯 개의 성을 할양하기로 하고 화의를 요청했다. 염파는 전공을 세운 대가로 신평군(信平君)에 봉해지고 아울러 상국에 임명되었다. 염파가 재상의 자리에 있은 6, 7년간 여러 차례 외부의 침입을 격퇴했으며, 아울러 기회를 찾아 거꾸로 그들을 공략하기도 했다. 이에 조나라는 어느 정도 예전의 국력을 회복하게 되었다.

효성왕이 죽고 난 뒤, 그의 아들 양왕(襄王)이 자리를 계승했다. 그런데 양왕은 간신 곽개(郭開)의 참언을 듣고 그만 전선에 나가 있던 염파를 파직해 버린다. 그리고 악승으로 하여금 그 자리를 대신하게 했다. 염파는 자신이 쫓겨나는 데 대해 크게 분해하며 악승을 공격하여 패퇴시킨 뒤, 위(魏)의 대량으로 가 몸을 의탁하게 된다. 위왕은 비록 염파를 받아들이기는 했으나, 오랜 세월이 지나도록 그를 기용하지 않았다.

이때, 조나라는 진으로부터 여러 차례 침공을 받아 위급한 상황에 처하자 염파를 다시 기용하고자 했다. 염파도 고향으로 돌아가고 싶은 생각이 간절했다. 이에 조왕은 환관 당구(唐玖)에게 예물을 지니고 대량으로 염파를 찾아가 그를 위로하고, 한편으로 그를 다시 기용할 수 있겠는지 근황을 살피고 오라고 분부했다. 그런데 염파를 몰아냈던 곽개는 그가 다시 돌아와 득세할 것이 두려워, 은밀히 당구에게 많은 뇌물을 주고 염파가 돌아오지 못하도록 해달라고 청탁을 넣었다.

조왕의 사자를 맞이한 염파는 그의 면전에서 쌀 한 말 분량의 밥과 열 근의 고기를 먹어치우고 난 뒤, 갑옷을 입고 말에 올라 자신에게 아직 충분한 힘이 남아 있음을 재삼 강조했다. 그러나 당구는 조나라로 돌아와 확연히 다른 보고를 했다.

"염파 장군이 비록 늙었으나 아직 식사량은 예전과 다름없이 대단했습니다. 다만 저와 함께 잠시 앉아 있는 동안 세 번이나 배앓이를 하여 변을 보러 다녀와야 했습니다."

이 말에 조왕은 염파가 늙었다고 판단하고 그를 임용하지 않았다. 이리하여 염파는 조국을 위해 봉사할 기회를 두 번 다시 얻질 못했다.

그런데 염파가 위나라에 있다는 말을 들은 초나라는 은밀히 사람을 파견해 염파를 초로 데려갔다. 초로 건너간 염파는 비록 장군직을 받았으나 별다른 전공을 세우지는 못했다. 그는 내내 "난 조나라 군사를 지휘하고 싶어!"라며 조국과 고향 사람들에 대한 그리움을 토로하곤 했다. 그러나 조나라는 결국 그를 다시 기용하지 않았고, 평생 조국을 위해 크나큰 전공을 세웠던 이 일대 명장은 우울한 말년을 보내다 초나라의 수춘(壽春)에서 그 생을 마감하고 만다.

그가 가고 난 뒤, 10여 년 후 조나라는 진에 의해 멸망당한다.

성패의 거울

　염파와 인상여는 그들의 갈등을 포옹으로 마무리하고, 서로 간의 대립을 생사를 함께하는 결연으로 바꾸었다. 이리하여 이들 두 사람은 수천 년 동안 사람들이 서로 다투어 암송하며 전해져 내려온 고전 속의 주인공이 되었다. 이 아름다운 이야기를 형성하는 핵심은 인상여의 넓은 도량과 염파의 자기반성이다. 수천 년의 세월이 지나 시대의 변천이 무상하지만, 이들 두 사람이 보여준 인간미의 향기는 여전히 우리의 마음을 움직이게 한다.

　먼저, 인상여의 남다른 지모와 용기를 이야기하지 않을 수 없다. 그가 미천한 시종의 신분에서 일약 일국의 재상으로 성장하게 된 것도 바로 이 때문이었다.

　전국시대에는 일단 외교적으로 약점을 노출하면 그것은 바로 국력의 쇠약으로 받아들여져 강국들의 멸시와 침략의 대상이 되기 일쑤였다. 진국이 표면적으로 합리적인 거래 조건을 내세우고 배후에 음흉한 욕심을 숨긴 채 조의 국보를 얻고자 했을 때, 조나라는 참으로 지모와 담력을 겸비한 인재를 필요로 했었다. 이에 인상여가 목숨의 위험을 무릅쓰고 진국에 사신으로 가 자신의 임무를 완수해 냈다. 그는 진왕의 내심에 도사린 탐욕을 이용하여 피동적인 상황을 능동적으로 바꾸었으며, 스스로의 비범한 지모를 발휘하여 진왕이 파놓은 각종 함정과 속임수를 벗어나 나라의 이익을 지켜내고 국보를 다시 조국으로 되가져왔다.

민지에서 있은 진왕과의 담판 석상은 양국 간에 격렬한 외교투쟁이 전개된 현장이었다. 이 자리에서 진국의 갖은 도발행위에 그는 조금도 물러서지 않고 국면을 능동적으로 이끌며 조국의 존엄을 지켜냈고, 다른 한편으로 각종 경계를 세밀히 안배하여 진국이 경거망동할 생각을 접도록 만들었다.

다음, 인상여의 큰 도량은 후세 사람들이 끊임없이 그를 칭송하고 존경해 마지않는 부분이다.

인상여가 걸출한 외교가, 정치가이자 전국시대의 명재상으로 받들어지는 이유는 이미 언급한 대로 그가 외면적으로 지모와 용기를 드러낸 강인함의 소유자라는 점 외에, 내면적으로 겸손과 인내라는 미덕을 지니고 있었기 때문이다. 겸손과 인내를 권모술수의 일부분으로 치부할 수는 없는 일이다. 그것은 한 개인의 사고방식과 도덕적 수양에서 우러나는 것이다. 그가 염파와의 갈등에서 상대방을 설복시킬 수 있었던 것도 바로 이 도덕과 수양의 우위 때문이었다. 이리하여 인상여는 겸손과 인내로 인생의 성공을 일군 역사상의 전범(典範)으로 꼽히게 된 것이다.

『대학(大學)』에는 '한 사람이 어질면 나라가 흥할 수 있고, 한 사람의 사악함에 나라가 망할 수도 있다'라는 구절이 나온다. 때로 한 사람의 심적 태도가 크게는 국가의 흥망과 생존에, 작게는 자신의 행복과 안녕에 큰 영향을 미치게 된다. 더구나 봉건사회 통치자 계급의 처신과 판단이 국가의 흥망에 끼칠 영향의 중대성은 설명할 필요가 없는 일이다. 인상여가 발휘한 겸양과 큰 도량이 있음으로 해서 비로소 염파의 각성과 개과천선이 이루어질 수 있었고, 이렇게 얻은 장군과 재상의 화목으로 인해 조나라는 10년의 태평성세를 구가할 수 있었던 것이다.

물론 인상여도 완벽한 사람은 아니었다. 비록 지모와 도량을 겸비한 그이지만, 국가통치 방면에서 그는 그다지 큰 업적을 이루지 못했다. 그가 10여 년을 재상의 자리에 있었지만 조나라는 부국강병을 이루지 못했고, 여전히 강국인 진과 제의 위협에 시달리는 신세를 면하지 못했던 것이다. 이런 결과에 그의 책임이 전혀 없다고 할 수는 없다. 그에 대한 평가가 너무 가혹하다고 할지 모르지만, 이 점은 후세의 우리가 거울로 삼을 만한 일이다.

염파에 대해서는 먼저 그의 용맹과 지휘력을 장점으로 꼽아야 하겠다. 염파는 일개 무명의 사병에서 목숨의 위험을 무릅쓰고 부단히 쌓은 전공으로, 일약 국가의 병권을 지휘하는 대장군의 지위에 오르는 범상치 않은 이력의 소유자였다. 그의 용맹과 지략이 있음으로 해서 조나라는 일찍이 제군을 격파하고 동방 육국[전국 칠웅 중 진(秦)을 제외한 나머지 여섯 나라를 말함]의 패권을 차지했으며, 호시탐탐 침략의 기회를 엿보는 진의 경솔한 행동을 제지할 수 있었다.

특히 장평대전에서 참패한 이후 국력이 급격히 쇠퇴한 조나라를 연나라가 침공하자, 이 백전노장은 다시 갑옷을 입고 출정하여 연군을 대파하고 그 도성까지 포위하는 전공을 거둠으로써 조군의 사기를 드높이고 국가의 위신과 역량을 예전처럼 회복했다. 이리하여 열국의 제후들 중에 염파의 이름을 모르는 사람이 없었으며, 주변 강국들은 염파의 이름만 들어도 얼굴빛을 고쳤다는 고사를 남기게 되었다.

염파는 스스로의 잘못을 반성하고 그것을 바로잡을 줄 알았다. 이것은 말처럼 누구나 쉽게 해낼 수 있는 일이 결코 아니다.

사람은 살아가면서 때로 크고 작은 실수와 잘못을 범하게 된다. 그러나 더 큰 문제는 대개 스스로의 잘못을 승복하기 꺼린다는 점이다. 특히 지위가 높은 사람일수록 자신의 체면을 버리고 잘못을 인정하기가 더욱 어렵게 된다. 이것은 결코 소홀하게 생각하고 다룰 문제가 아니다. 염파의 경우처럼 청사에 이름을 남기느냐, 역사에 오명을 남겨 후세 사람들의 질타를 받느냐가 걸린 일이 될 수도 있기 때문이다.

사실 염파가 인상여를 경시한 일은 인지상정의 측면이 있다. 삼군을 통솔하고 무수한 전공을 쌓은 백전노장의 눈에 빼어난 언변으로 일약 자신보다 높은 재상의 자리에 오른 하인 출신의 나이 어린 문신이 어떻게 비쳤을까? 목숨을 걸고 피를 흘리며 전장에서 혁혁한 무공을 쌓은 사람에게 기지와 담력으로 외교적 성과를 거둔 후배의 아랫자리에 앉아 지휘감독을 받으라고 하면 쉽게 승복할 수 있을까? 유사한 사례를 우리는 역사에서 적지 않게 발견할 수 있으며, 그것이 망국의 씨앗이 되는 경우도 없지 않았다.

그러나 다른 한편으로, 국가의 운명을 좌우할 중책을 짊어진 대신이 오직 자신의 체면과 지위 상의 득실 때문에 그렇게 편협하고 생각없는 처신을 한 일은 후세의 우리가 교훈으로 삼을 일이다. 더욱이 재상과 장군의 반목은 외부의 침입을 부르는 빌미가 되어, 나라의 존망에 결정적 영향을 끼치고 백성을 도탄에 빠트리는 재앙을 불러올 수도 있는 일이기에 더욱 그러하다.

그러나 다행스럽게도 염파가 스스로의 잘못을 승복하고 이를 참회했다는 점을 우리는 귀하게 평가하지 않을 수 없다. 그는 자신의 잘못을 깨닫고는 어깨를 드러내고 형구를 짊어진 채 인상여를 찾아가 벌을 자청했다. 산전수전을 다 겪은 일국의 군사통수권자로서 쉽게 하기 어려운 처신이다. 이 비범한 결심은 결국 나라를 큰 재난의 위험으로부터 구해냈다. 그의 이런 허심탄회함을 어찌 우리가 배우지 않을 것인가!

4. 믿음의 용인술로
천하의 패권을 다투다

유방劉邦 VS 항우項羽

유방(劉邦, B.C. 247?~195)과 항우(項羽, B.C. 232~202)는 가가호호 모르는 사람이 없을 정도로 널리 알려진 역사 속의 영웅들이다. 이들 두 사람은 원래 초나라 백성이었다. 한 사람은 그다지 학업을 쌓지 못하고 무위도식하다 향촌의 말단 관리로 출발하였고, 다른 한 사람은 초인적인 체력과 병술에 재능을 지닌 명문가의 자손이었다. 이들은 난세에 태어나, 진(秦) 말기의 사회적 대동란 중에 각자 큰 야망을 품고 기병한다. 그리고 진 왕조의 학정에 못 이겨 각지에서 벌떼처럼 일어난 반진(反秦) 의병에 참여하여, 마침내 진 왕조를 무너뜨리고 일세의 영웅으로 부상한다.

　　진이 멸망한 뒤, 한때 반진 전선의 협력자였던 이들은 드디어 천하의 패권을 두고 서서히 대립하더니 마침내 4년에 걸쳐 피비린내 나는 잔혹한 초한(楚漢) 전쟁을 벌이게 된다. 이 과정에 이들은 각자

가 지닌 갖은 지모와 전술을 동원하며, 승부를 가늠하기 어려운 혼
전과 진퇴의 공방을 벌여 사람들의 손에 땀을 쥐게 하고 경탄을 금
할 수 없게 만든다.

개국 황제와 서초 패왕

유방은 기원전 247년에 태어났다. 패현(沛縣) 풍읍(豊邑) 사람이다. 농가에 태어난 유방에게는 세 명의 형제가 있었는데, 큰형은 일찍 죽었고 둘째형은 부지런한 성격이었으며 동생은 재능이 있고 손재주가 뛰어났다. 오직 유방만 어려서부터 힘든 일을 싫어했고, 어른이 되어서는 허구한 날 술만 마시고 돌아다녀 집안사람들로부터 업신여김을 당했다.

그러나 유방에게는 많은 친구가 있었다. 그는 의협심이 강하고 대범한 편이어서 고향 일대에 많은 친구들을 사귀었다. 바로 이들이 후에 유방이 반진 기병을 하고, 항우와 투쟁을 벌일 때 그를 보좌하고 힘을 보탠 사람들이었다.

농사에 생계를 의존한 그의 집은 결코 부유한 편이 아니었으나, 그는 집에서 착실히 농사일에 매달리기보다 항상 세상으로 나가 뭔가 큰일을 벌이려는 야심을 품고 있었다.

　유방은 일찍이 진의 수도인 함양으로 부역을 간 적이 있었다. 그 때 그는 진시황이 전국을 순회하기 위해 출궁하는 행렬의 웅장한 모습을 볼 기회가 있었다. 당시 그는 그 장관에 감탄해 마지않으며 되뇌었다. "대장부로 세상에 태어난 바에야 응당 이러해야 하느니!"

　난세가 영웅을 만든다고 했다. 시대의 혼란상이 유방에게 기회를 준 것이다. 진말의 대동란기에 유방은 스스로의 지모와 능력 그리고 용기를 밑천으로 한 단계 한 단계 실력을 키워, 향촌의 말단관리에서 일약 한 나라의 개국시조가 된다. 바로 4백여 년을 지속한 한(漢) 제국을 건국한 것이다.

　기원전 221년, 진왕 영정(嬴政)은 전국칠웅의 나머지 여섯 나라를 모두 멸망시킨 뒤 통일왕조를 수립했다. 그리고 스스로를 시황제(始皇帝)라 칭했다. 이해, 유방은 이미 36세였다.

　진시황은 열국을 통일한 뒤, 각종 호칭과 제도를 정비하여 봉건 전제 군주제를 확립하고 강력한 중앙집권제를 실시하여 국가의 모든 권한을 자신에게 집중시켰다. 이러한 정책은 사실상 폭정이나 다름없는 것이었고, 그 결과적 현상은 민중에 대한 과중한 부역과 가혹하리만치 엄격한 형벌제도로 나타났다.

　통일왕조 수립 후, 진시황은 아방궁과 여산릉을 건축하도록 명했고 이 대형공사에는 많은 죄수와 백성들의 부역이 불가피했다. 당시 동원된 사람의 수는 연간 평균 3백만 명을 초과했다. 이것은 당시 중국 전체 인구의 15퍼센트 이상을 차지하는 규모였다.

　진왕조의 엄격한 형벌제도는 백성들에게 큰 재난이 되었다. 지나치게 엄한 법률을 시행한 결과, 평범한 백성들이 죄가 있건 없건 걸핏하면 죄수로 돌변했고 저잣거리에는 죄수복을 입은 사람이 넘쳐나는 지경이 되었다.

진시황이 이렇게 일련의 폭정을 실시하자 강력했던 진국은 급속하게 쇠락해 갔고, 진시황도 서서히 자신을 사면초가의 궁지로 몰아가고 있었다.

진시황 16년, 시황제는 순유(巡遊)하던 중 길 위에서 세상을 떠난다. 진시황이 죽고 난 뒤, 진에는 더욱 잔혹한 군주가 등장하니 그가 바로 2세(二世) 황제인 호해(胡亥)다.

원래 호해는 환관인 조고(趙高), 이사(李斯)와 내통하여 진시황이 남긴 유서를 변조하는 방법으로 황위에 올랐었다. 도둑질한 황권을 지키기 위해 이들은 종실 인척과 대신들을 무수히 살육했다. 이리하여 진국 내부에는 누구도 죽음의 위험에서 벗어나기 어려운 공포 상황이 연출되었다.

가학적인 성격의 호해는 전국에서 부역할 백성들을 징발하여 아방궁 증축과 아직 마무리하지 못한 여산릉(진시황릉) 공사에 투입했다. 이외에도 직도(直道), 치도(馳道: 황제나 귀족이 통행하는 전용도로) 등의 대형 공사는 끊임없이 이어졌고, 각종 부역과 과중한 세금에 백성들은 생계를 이어나갈 방도가 없었다.

호해가 즉위한 지 1년 후, 진국은 내부갈등이 서서히 폭발하기 시작했다. 마침내 진승(陳勝)과 오광(吳廣)을 수령으로 한 농민봉기가 일어난 것이다. 이들은 처음 대택(大澤)에서 기병하더니 진현(陳縣)에 이르러 스스로 왕을 칭하고 장초(張楚) 정권을 수립했다. 이 소식을 듣고 멸망한 여섯 나라의 귀족과 백성들도 너나없이 도처에서 들고일어났다. 천하대란은 유방에게 하나의 계기가 되었다.

당시 유방은 고향에서 정장(亭長)이란 말단 관직을 맡고 있었다. 정국이 혼란한 와중에 그는 여산릉 공사에 동원된 고향 패현 사람들을 호송하는 임무를 맡게 되었다. 당시 이렇게 부역에 동원된 사람은 열에 아홉이 살아 돌아오지 못했다. 자연히 호송 도중에 기회를 보아 도망치는 사람이 부지기수였다. 유방으로서도 도주를 막아낼 방법이 없었다. 이에 임무를 완수할 수 없음을 깨달은 그는 아예 그들을 모두 풀어주고 각자 살길을 찾아가도록 했다.

그리고 아무데도 갈 곳이 없는 사람들은 유방과 함께 산택(山澤)으로 들어가 몸을 숨겼다. 이에 패현 일대에서 진왕조의 통치에 불만을 품고 있던 사람이나 생계를 꾸려갈 방도가 없는 사람들은 유방이 기병하려 한다는 소식을 듣고 모두 그를 찾아와 몸을 의탁하고자 했다. 패현에서 개고기를 파는 일로 생업을 삼았던 번쾌(樊噲)도 이때 유방에게 몸을 맡겼다. 유방은 이렇게 모여든 사람들로 일단 대오를 구성한 다음, 먼저 패현성을 공격한다.

유방이 패현을 장악하자, 성중의 백성들은 모두 유방을 패현 현령으로 추대했다. 당시 그곳에 있던 소하(蕭何), 조참(曹參) 등의 문관도 유방이 장차 큰일을 도모할 수 있을 것임을 감지하고 그를 추대하는 데 적극 동참했다. 이에 유방은 더 사양하지 못하고 이를 수락하니, 이때부터 사람들은 유방을 패공(沛公)이라 부르게 되었다.

이후 유방은 소하를 승상으로 삼고, 번쾌를 장군에, 동향인 하후영(夏侯嬰)을 태복[太僕: 차마(車馬)를 관리하는 직책]으로 삼아 백성들을 안심시키고, 사병들을 모아 진의 폭정에 항거하는 기병을 본격적으로 추진한다.

기병 후 유방은 먼저 패현 일대를 서둘러 수습한 뒤, 설(薛) 지역을 공략하러 나섰다. 그러나 생각지도 않게 패현을 지키게 한 장수가 유방을 배반하는 일이 벌어졌다. 고향 사람의 배반으로 근거지를 잃게 된 유방은 격노했다. 이에 그는 다시 군사를 돌려 빼앗긴 풍읍을 수차례 공격했으나 목적을 이루지 못하고, 하는 수 없이 패성으로 돌아갔다.

진 2세 황제 2년, 유방은 옹치(雍齒)의 배반과 풍읍을 빼앗긴 일로 진퇴양난의 곤경에 빠져 있었다. 그는 하는 수 없이 몸을 의탁할 수 있는 좀 더 '큰 인물'을 찾기 위해 길을 나섰다가 중도에 장량(張良)을 만나게 된다. 장량은 원래 박랑사(博浪沙)에서 진시황을 시해하려다가 실패한 적이 있으며, 그 뒤 하비(下邳)에 몸을 숨기고 있다가 황석공(黃石公)을 찾아가 그로부터 『태공병법(太公兵法)』을 전수받은 바 있는 범상치 않은 인물이었다.

당시 유방의 무리는 수천에 불과했으나, 장량은 일찍부터 유방이 웅지를 품고 있고 남의 충고를 잘 받아들이는 비범한 인물임을 소문으로 듣고 있었다. 이에 그는 유방이 장차 큰일을 이룰 것이라고 믿고 그에게 몸을 기탁한다.

항우는 유방보다 열네 살 적다. 기원전 233년에 태어났으며, 하상(下相) 사람이다.

항우의 조부 항연(項燕)은 초나라의 명장이었다. 그는 한때 진군을 격파한 적이 있었으나, 또 너무 적을 경시하다가 크게 패하여 자결하고 말았다. 이리하여 초나라가 멸망했다. 이때 항우는 거우 열 살이었다.

항우는 어려서부터 숙부 항량(項梁)을 무척 따랐다. 항우가 어린 시절 글과 검술을 배우던 때의 일이다. 그는 어느 방면에도 그다지 열심이지 않아 배움에 그다지 성과가 없었다. 이에 항량이 크게 꾸지람을 하자 그는 도리어 이렇게 말했다.

"글이야 이름자를 기억할 정도면 되고, 검술은 능히 한 사람을 대적할 정도면 돼요. 그렇게 열심히 할 필요가 없어요."

또 항량이 그에게 병법을 가르치려고 했으나, 그는 대략적인 요지만 읽어보고는 더 이상 깊이 공부하려 하지 않았다. 그러나 그의 힘은 천하장사여서 혼자 능히 정(鼎: 큰 쇠솥)을 들 수 있을 정도였고, 언제나 기백이 넘쳐흘렀다. 그래서 주변의 동년배 젊은이들이 모두 그를 추종해 마지않았다. 그도 유방과 마찬가지로 젊어 많은 친구를 사귀었고, 그들은 나중에 모두 항우 수하의 심복들이 된다.

얼마 뒤, 항량이 살인을 저지르게 되고 보복을 두려워한 그는 조카 항우를 데리고 오중[吳中: 오늘날의 소주(蘇州)]으로 몸을 피하게 된다. 그러자 항씨 집안의 자제들인 항백(項伯), 항성(項聲), 항장(項莊) 등과 일련의 항씨 집안 문객들이 모두 이들을 따라 차례대로 오중으로 건너와 한곳에 모이게 된다. 이들 무리가 나중에 항량, 항우가 반진 기병을 단행할 때 중요한 역할을 담당한다.

그즈음, 진시황의 위풍당당한 순유 행렬이 동쪽으로 회계에 도달한 적이 있었다. 항량과 항우가 이 장관을 구경할 기회를 가졌다. 당시 항우는 순간적으로 감정이 격앙되어 자기도 모르게 내뱉었다.

"내 언젠가 저 자리를 대신하고야 말리라!"

가슴에 큰 포부를 품은 항우는, 도처에서 분란이 끊이지 않는 그 대동란의 시대에 스스로의 용맹과 무공으로 마침내 일세를 풍미한 패주의 자리에 오르게 된다.

진 2세 황제 원년(기원전 209년) 7월, 진승과 오광이 일으킨 봉기는 각지로부터 호응을 받아 반진 봉기의 거센 불길은 전국으로 번져 갔다.

이때, 항량과 항우도 오중에서 봉기를 위한 각종 준비를 은밀히 진행하고 있었다. 마침내 이해 9월, 항량과 항우는 회계 태수를 죽이고 오중에서 정식으로 반진 기병을 선포했다. 항량은 스스로 회계 태수의 자리에 앉고, 항우를 장군으로 삼아 8천 병사를 이끌도록 했다.

진 2세 2년 3월, 항량과 항우는 8천 정병을 이끌고 장강을 건넜다. 이때 항량은 강소(江蘇) 일대에서 기병한 진영(陳嬰)이 이미 동양(東陽)을 점거했다는 이야기를 듣고 그와 연합하여, 동진 중인 진군에 함께 대항하게 된다.

이어 항량과 진영은 각자 거느린 부대를 합병한 후, 다시 회하(淮河)를 건넜다. 그러자 강서(江西) 일대에서 기병한 봉기군의 수령 영포(英布)가 일군의 병사를 이끌고 항량을 찾아와 봉기군에 함께 참가할 것을 요청했다. 이리하여 항량의 부대는 순식간에 6, 7만을 헤아리게 되었으며, 이들은 하비를 점령하고 그 근거지로 삼았다.

얼마 뒤, 항량의 부대는 율현(栗縣)에서 진의 주력군과 조우하여 전투를 벌였으나 패퇴하여 설현(薛縣)으로 물러나고 말았다.

바로 이때 근거지를 잃고 조력자를 찾아 헤매고 있던 유방은, 항량의 부대가 설현에 이르렀다는 이야기를 듣고 백여 명의 잔여 병력을 거느린 채 친히 항량과 항우를 찾아갔다. 이것이 유방과 항우의 첫 대면이었다. 두 사람은 오랜 시간 대화를 나누며 크게 의기투합했다.

당시 두 사람은 몇 년 후 자신들이 목숨을 걸고 천하제패의 자웅을 겨루는 적수가 될 줄은 꿈에도 생각지 못했다. 항우는 유방의 처지를 동정하여 그에게 열 명의 장수와 5천 명의 병사를 지원해 주었다. 유방은 이렇게 지원받은 적지 않은 병사를 이용하여 신속하게 풍읍을 수복하고, 자신을 배반한 자들에게 복수를 가했다.

진 2세 2년 6월, 항량은 봉기군을 위해 상징적이고 위엄있는 새 중심인물을 추대하기로 마음먹고 각지 봉기군의 수령들을 패현으로 불러모아 상의한 끝에 초부왕(楚怀王) 손심(孫心)을 왕으로 옹립하게 된다. 이에 초부왕은 각 수령들을 격려하고 그들의 분발을 촉구하며 한 가지 약정을 선포했다.

"누구든 먼저 진을 멸하고 함양을 점령하는 자가 그곳의 왕이 되리라!"

그로부터 얼마 뒤 항량이 전사한다.

항량이 죽은 뒤, 항우와 유방은 팽성(彭城)으로 물러나 주둔하게 된다. 이때, 진의 장수 장한(章邯)이 군사를 이끌고 북상하여 조(趙)의 옛 땅을 공격했으며, 뒤이어 역시 진의 장수인 왕리(王离)의 부대와 함께 거록(巨鹿)을 포위하는 형세를 이루었다.

전세가 크게 위급해지자 초부왕은 송의(宋義)를 상장군에 임명하고 항우를 차장(次將)으로 삼아, 북진하여 조를 구하도록 명했다. 그리고 이때 유방도 초부왕의 명으로 군사를 이끌고 관중[關中: 섬서성 위하(渭河) 유역으로 수도 함양을 비롯한 진의 핵심 근거지가 이 일대에 집중해 있다]으로 진격해 나아가게 된다.

송의가 이끄는 부대는 안양(安陽)에 이르러 46일간이나 행군을 멈춘 채 위급한 전황을 수수방관만 하고 있었다. 이에 항우는 반역의 죄를 명분으로 송의를 죽여버렸다. 그러자 초부왕은 즉각 항우를 상장군에 봉하고, 전군을 통솔하여 조를 구하도록 명했다. 항우는 먼저 2만 군사를 파견하여 장하(漳河)를 건너 거록의 포위를 풀도록 만들었다. 이어 자신이 친히 전군을 이끌고 장하를 건너 배수진을 치고 진군과 결전을 벌인 결과, 초군이 대승을 거두게 된다. 이전투 후, 각 지역 수령들은 항우를 배알할 때 그의 면전에 무릎을 꿇었으며 함부로 시선을 마주하지 못했다. 그리고 누구도 항우의 지휘에 복종하지 않는 자가 없었다.

이때, 유방이 이끄는 서정군도 완성(宛城)을 점령하고 무관(武關)을 돌파한 뒤, 신속하게 파상(灞上)을 향해 진격했다.

진 2세 3년(기원전 207년) 10월, 유방은 파상을 점령하고 진왕 자영(子嬰: 호해의 조카로 조고가 호해를 모살한 후 진왕으로 옹립함)의 항복을 받음으로써 마침내 진 왕조는 멸망하게 된다.

이 소식을 들은 항우가 화급하게 관중을 향해 진군하니, 유방과 항우 사이의 천하를 건 대결은 마침내 그 서막을 올리게 된다.

홍문에서의 충돌

진 2세 3년, 유방이 파상으로 진군하자 진왕 자영은 스스로 투항했다. 유방은 먼저 진왕의 투항에 따른 일련의 일들을 처리하고 적절히 안배한 다음, 즉시 군사를 재정비하고 서진하여 함양성으로 들어갔다.

승상 소하는 이 혼란 중에 진 황실이 소장하고 있던 많은 문서와 전적(典籍) 자료를 수집했다. 이 자료들은 전국의 자연지리와 인구밀도, 물산자원에 관한 내용을 담고 있는 것으로, 이후 유방 진영이 작전계획을 수립하는 데 매우 유용한 정보를 제공했으며 그 전략적 가치가 극히 높은 귀중한 것들이었다. 이해 11월, 유방은 파상에서 다음과 같은 내용을 세상에 공표했다.

1. 진의 가혹한 법률을 철폐한다. 대신 다음 세 가지를 새로이 시행한다. 살인한 자는 죽인다. 남을 해치거나 도둑질을 한 자는 벌한다. 이외의 여타 어떤 행위도 법률의 추궁을 받지 않는다.
2. 봉기군은 먼저 관중을 점령하는 자를 왕이 되도록 한다고 약정한 바 있다. 그러므로 먼저 관중을 점령한 본인이 이제부터 관중왕이 되겠다. 모두 본인의 명령에 복종하길 바란다.
3. 진의 전직 관리였건, 일반 백성이건 모두 현재의 생업과 자리를 충실히 지켜주기 바란다.
4. 본인은 우선 파상에 주둔했다가 각 방면의 봉기군들이 도착한 다음, 함께 이후의 대사를 상의하도록 한다.

유방이 관중으로 들어간 뒤 실시한 일련의 민심 위무정책은 관중지역 백성들로부터 즉각적인 환영을 받았다.

이때 항우는 오수(汙水)에서 다시 한 번 진군을 대파하고, 진 통치계급 내부의 갈등을 이용하여 장군 장한의 투항을 유도했다. 그러나 항우는 투항한 진군이 순순히 복종하지 않을 것을 걱정하여, 신안성(新安城) 남쪽에서 항복해 온 진의 장수와 병사 20만을 모두 생매장해 버렸다. 그러고는 군사를 이끌고 관중으로 신속하게 진군했다.

유방이 함양을 점령한 후, 한 유생이 그에게 항우가 군사를 이끌고 관중으로 들어오면 그에게 관중왕의 자리를 빼앗길 것이 분명하니 대군을 함곡관(函谷關)으로 보내 항우가 관중으로 들어오지 못하도록 제지하라고 건의했다. 이에 유방은 그의 말을 받아들여, 대군을 파견해 함곡관을 지키도록 명했다.

함곡관은 고관(古關)으로도 불리며, 관중으로 들어가는 중요한 통로가 되는 곳이었다. 예로부터 이곳은 전략가치가 극히 높은 군사 요충이었다.

항우의 대군이 드디어 함곡관 입구에 당도했다. 그렇지 않아도 유방이 먼저 관중으로 들어간 일에 대해 그리 유쾌하게 생각하지 않고 있던 항우는 그가 다시 군사를 보내 함곡관을 막고 있다는 이야기를 듣고 노기충천했다. 이에 그는 즉각 함곡관을 공격하도록 명했다.

항우의 병력은 전투력이 막강했다. 함곡관을 지키던 장수와 병사들은 방어가 어려움을 알고 항우의 군대와 타협을 했다. 이에 항우의 대군은 순식간에 함곡관을 통과할 수 있었다.

사흘 후, 이들은 드디어 동관(潼關)에 다다라 파상에 주둔하는 유방의 군대와 마주보며 대치하게 되었다.

이때 항우 진영의 군사(軍師)인 범증(范增)은 줄곧 항우에게 유방과 결전을 벌일 것을 진언했다. 먼저 관중에 진입한 유방이 이미 이 지역에서 확고한 우위를 확보하고 있는데다, 원래 재물과 여색을 밝히기로 널리 알려진 유방이 이 화려한 진의 도성을 점령한 뒤 전혀 약탈행위를 자행하지 않은 것은 그가 속에 큰 야심을 품고 있다는 반증이라는 것이었다. 더구나 그는 방자하게 스스로를 관중왕으로 칭한바, 그를 죽일 구실도 충분하므로 지금 유방 일당을 멸하여 후환을 없애야 한다는 것이 범증의 주장이었다.

유방을 아예 적수로 생각지도 않고 있던 항우는 범증의 거듭된 주장에 못 이겨, 다음날 아침 유방의 군대를 기습공격하기로 결정했다. 그런데 이 일을 항우의 숙부인 항백이 알게 되었다.

항백은 젊은 시절에 사람을 죽이고 하비로 피신한 적이 있었다. 당시 여비도 떨어지고 갈 곳이 없어 낭패를 당했을 때, 진시황을 시해하려다가 실패하고 역시 하비에 은신 중이던 장량에게 크게 신세를 진 적이 있었다. 의리가 두터운 항백은 당시의 고마움을 잊지 못하고 언젠가 꼭 보은을 해야겠다고 마음먹고 있었다. 이런 와중에 항우가 유방의 진영을 기습공격할 것이라는 이야기를 항백이 들은 것이다. 항백은 야음을 틈타 변장을 하고 장량의 군영을 찾아가, 항우의 기습계획을 알려주었다. 그리고 그에게 속히 함께 피신할 것을 권유했다.

항백의 이야기를 들은 장량은 급히 항백을 데리고 유방을 배알했다. 사정을 전해 들은 유방은 대경실색했다. 그리고 항백에게 울상을 지으며 고충을 하소연했다. 자신이 관중에 들어온 이후 줄곧 관리와 백성들을 안심시키고, 재물 창고를 봉한 뒤 항우가 와서 처리하기를 기다렸는데 어찌 감히 항우에게 반기를 들겠느냐고 억울함을 호소했다. 이어 자신이 직접 항우를 찾아가 해명하고자 하니 먼저 그에게 자신의 충심을 좀 전해달라고 간곡히 사정했다.

이에 항백은 항우의 진영이 있는 신풍(新豊)으로 돌아와 그에게 유방의 동정에 관해 자세히 보고했다. 항우는 유방의 충심을 가련하게 생각했다. 그래서 그가 찾아와 해명하겠다는 제의를 즉각 수락하고, 주연을 마련해 유방을 환대하기로 했다.

신풍 홍문(鴻門)의 대본영에서 범증은 항우에게 이 기회를 빌려 유방을 제거하도록 집요하게 주문했다. 항우는 범증의 거듭된 간청에 못 이겨, 연회 석상에서 항우가 잔을 던지는 것을 신호로 미리 매복한 병사들로 하여금 유방을 주살하도록 모의했다.

다음날 아침, 유방은 장량과 번쾌를 대동하고 친히 홍문을 찾아 항우를 배알했다. 그들은 한동안 대화를 하고 난 뒤 서로 오해를 풀었다. 그리고 항우는 유방 일행을 위해 연회를 베풀었다.

연회가 시작된 지 얼마 지나지 않아, 범증은 항우에게 유방을 속히 처치하자고 신호를 보냈다. 그러나 항우가 아무 반응을 보이지 않자 더욱 안달이 난 범증은, 재삼 항우에게 계획대로 속히 일을 결행하자는 뜻을 암암리에 전했다. 그러나 유방의 해명을 쉽게 믿은 항우는 이런 범증의 재촉에도 불구하고 아무런 응답을 하지 않았다.

범증은 항우가 유방의 교언영색에 넘어가 판단력을 잃었다고 생각해 마음이 크게 조급해졌다. 이에 그는 핑계를 대고 연회석을 빠져나와 항장을 불러냈다. 범증은 그에게 주흥을 돋운다며 일어서 검무를 추다가 적당한 기회에 유방을 살해하라고 주문했다.

잠시 후, 연회석상에서 항장은 좌중에게 주흥을 한번 돋워보겠다며 일어서 검무를 추기 시작했다. 유방은 그가 춤추며 수시로 칼을 자신에게 겨누자 그 의중을 일치감치 꿰뚫어 보고 있었다. 그러나 드러내 놓고 화를 낼 수도 없는 노릇이어서 그저 마음속으로 경각심을 높이며 태연히 앉아 있었다.

연회석의 분위기가 심상찮음을 간파한 장량은 항백에게 눈짓을 보냈다. 항백도 그 뜻을 알아차리고 일어섰다. 그리고 말하기를, 혼자 검무를 추면 별반 흥이 나지 않으니 자신도 함께 검무를 추겠다고 했다. 그러더니 그도 칼을 뽑아 항장과 어울려 검무를 추며 돌아가는데, 일부러 자신의 몸으로 유방의 앞을 가로막았다. 이에 항장은 유방에게 가까이 접근할 방도가 없었다. 그러나 항백은 나이가 많아서 항장의 기력을 당해낼 수가 없었다. 그는 유방을 보호하기 위해 진력을 다했으나 시간이 지날수록 몸이 마음처럼 움직이지 않았다.

장량이 보기에 상황이 위급하기 이를 데 없었다. 만일 항백이 잠시 실수라도 한다면 유방은 그대로 황천길로 가는 수밖에 없었다. 그는 핑계를 대고 황망히 자리를 빠져나와, 밖에서 대기하고 있던 번쾌를 찾았다. 번쾌는 장량이 혼자 나오는 것을 보고 연회석의 상황이 어떤지 걱정스레 물었다. 이에 장량은 지금 항장이 검무를 추며 살기를 드러내고 있어 유방이 처한 상황이 극히 위험하다고 알려 주었다. 이 말을 듣자마자 번쾌는 노기충천하여, 당장 연회가 열리고 있는 군막 안으로 달려 들어가 그들과 한판 겨룰 기세였다.

번쾌는 칼과 방패를 들고 군막 안으로 급하게 달려 들어갔다. 그리고 성난 눈으로 항우를 노려보았다. 항우는 한 노기등등한 장수가 갑자기 연회석상으로 뛰어들어 눈을 부릅뜨며 자신을 노려보자, 자세를 곧추세우고 자신의 검에다 손을 얹으며 경계했다. 그리고 성난 목소리로 이 사람이 누구냐고 소리쳤다.

번쾌를 뒤따라온 장량은 예상치 못한 충돌이 생길까 두려워 황망히 항우에게 이 사람은 유방의 호위장수 번쾌라고 해명했다. 번쾌가 갑자기 좌중에 뛰어드는 바람에 항장과 항백은 검무를 중단하고 좌우로 물러났다.

항우가 번쾌를 보니 위풍당당하고 기개가 범상치 않아 그를 칭찬하며, 수하들로 하여금 미주(美酒) 한 말을 상으로 내리도록 명했다. 이에 번쾌는 꿇어 절하며 감사의 예를 표한 뒤, 술 한 말을 그 자리에서 비워버렸다.

번쾌의 주량에 놀란 항우는 다시 부하들에게 삶은 돼지다리 하나를 그에게 내리도록 주문했다. 그러자 번쾌는 방패를 바닥에 놓고 그 위에 돼지다리를 얹었더니 칼로 한 조각씩 잘라 순식간에 깨끗이 먹어치워 버렸다.

항우는 그 먹음새 또한 매우 호쾌한 것을 보고 껄껄 웃으며, 번쾌에게 술을 더 마실 수 있는지 물었다. 이에 번쾌는 항우가 호의로 자신을 대함을 알고 칼을 거두어들인 뒤 말했다.

"소장은 죽는 것도 두려워해 본 적이 없거늘 어찌 술을 마다하겠습니까? 진국이 무도한 폭정을 자행하여 사람을 무수히 해치고 형벌이 잔혹하여 천하가 이에 반기를 들고 일어났습니다. 그리고 초부왕은 일찍이 기병을 시작할 즈음에 여러 수령들과 누구든 진군을 격파하고 함양에 먼저 들어가는 자가 그 왕이 될 것이라고 약정한 바 있습니다. 그러나 저의 주군 유방은 먼저 관중에 들어와 백성들을 안돈하고 관부의 창고들을 봉한 뒤, 장군이 오셔서 처리하기를 기다리며 조금도 자의적으로 취한 바가 없습니다. 이렇게 공로가 높은 사람에게 상을 내리기는커녕 도리어 소인배들의 말만 듣고 죽이려 하시다니, 이것이야말로 진국이 자행한 처사와 다를 것이 무엇이겠습니까? 소장은 이것이 분명 대왕의 뜻이 아님을 잘 알고 있습니다!"

항우는 이 말에 입을 닫고 아무 대꾸를 못했다. 그리고 한참 후에야 겨우 번쾌에게 자리를 권하라고 좌중에게 말했다.

이에 번쾌는 의연하게 장량의 뒤에 자리 잡고 앉았다. 긴장된 분위기가 사라진 후, 항우와 유방은 다시 서로 술을 권하며 담소를 나누었다.

얼마간 시간이 흐른 뒤, 유방은 측간에 간다는 핑계로 자리를 빠져나왔다. 장량과 번쾌도 차례대로 연회석을 빠져나왔다.

밖에서 유방을 보자 이들은 속히 이곳을 떠나라고 화급히 유방을 재촉했다. 그러나 유방은 항우에게 작별인사도 제대로 하지 않고 떠나는 것이 마음에 걸렸다. 그러나 번쾌는 목숨이 경각에 달렸는데 어찌 작은 예절에 구애받겠느냐며, 여차하면 흉계에 말려 난자 당해 고깃덩이가 될지도 모르는 곳에 어찌 한시라도 지체할 수 있느냐고 성화가 불같았다. 장량도 항우 본인은 그다지 나쁜 저의를 품고 있지 않은 듯하므로 인사 없이 자리를 떠도 이해해 줄 것이라고 진언했다.

이에 유방은 먼저 그곳을 빠져나가면서, 장량을 남겨 항우에게 양해를 구하도록 하고 아울러 항우의 후한 접대에 감사를 표시하도록 당부했다. 이울러 유방은 항우와 범증에게 전하려고 가져왔으나 분위기가 조성되지 않아 내놓지 못했던 옥 선물을 남기며, 장량에게 대신 전달하도록 부탁했다.

홍문에서 파상까지는 40리 길이었다. 유방은 운신을 가볍게 하고, 사람들의 주의를 끌지 않기 위해 타고 왔던 마차와 1백여 명의 호위병을 남겨두었다. 그리고 손수 말을 타고, 번쾌와 하후영 등 몇 명의 장수들만 자신을 호위하게 했다. 이들은 작은 길을 통해 쏜살같이 여산을 가로질러 파상으로 안전하게 돌아갔다.

유방이 파상에 도착했으리라 짐작이 될 무렵, 장량은 유방이 남긴 선물을 항우와 범증에게 각각 전달했다. 항우는 좀 불쾌해했지만 그래도 선물을 받아들였다. 그러나 범증은 크게 화를 냈다. 그는 분을 이기지 못하고 칼로 선사받은 옥을 내리치며 혼자 한탄했다.

"오늘 유방을 죽이지 못했으니 항우는 이제 천하를 유방에게 빼앗기고, 우리는 모두 그의 손에 잡혀 포로의 신세가 되리라!"

피할 수 없는 적수를 만나다

홍문 연회 이후, 항우는 유방이 이미 자신에게 귀순했다고 여기고 군사를 이끌고 함양으로 들어갔다. 유방은 감히 다시는 항우의 진군을 막을 생각조차 못하고, 여전히 군사를 파상에 주둔시키고 있었다.

승리자 행세를 하며 함양에 진입한 항우는 사병들을 시켜 무참한 살인과 약탈을 자행하게 했다. 이어 항복한 진왕 자영을 잔인하게 살해하고, 진 황실의 종실 인척들을 모조리 죽였으며, 아방궁을 불살라 버렸다.

이 일련의 난폭한 행위로 인해 항우는 관중 백성들의 인심을 잃었을 뿐 아니라, 이후 유방과 패권을 다투는 과정에서 민심의 향방이 자신에게 불리한 방향으로 작용하는 원인을 만들었다. 또한 이후 경제적으로나 문화적으로 중국의 발전에 중대한 손실을 끼쳐 그가 역사적 오명을 남긴 한 원인이 되었다.

항우는 함양에 도착한 뒤, 약 한 달간의 협의와 조정을 거쳐 각 수령들의 세력판도를 새로 안배하고 결정했다.

기원전 206년, 항우는 자신이 거느린 40만 대군에 의지하여 초 부왕을 의제(義帝)로 옹립하고 침성(郴城)을 도읍으로 정했다. 그리고 각 수령들을 제후로 봉했다. 스스로는 서초패왕이라 칭하고 양(梁)과 초(楚)의 아홉 개 군을 관할했으며, 팽성을 도읍으로 삼았다. 유방은 한왕(漢王)에 봉하고 파(巴), 촉(蜀), 한중(漢中)을 다스리게 했으며 남정(南鄭)을 도읍으로 삼았다.

항우로부터 분봉을 받은 각 제후들은 각자 임지로 부임해 갔다. 유방은 자신에 대한 대우와 봉지가 크게 불만스러웠다. 그래서 부임하고 싶은 생각이 없었으나, 항우의 눈이 두려워 도리 없이 한왕을 받아들이고 봉지로 떠났다. 유방은 소하를 승상에 임명하고, 자신의 모든 부하와 가속을 데리고 파상을 출발하여 한중을 향해 나아갔다.

이때 유방이 거느린 군사는 이미 10만에 달했으나, 항우는 유방의 세력을 견제하기 위해 오직 3만의 군사만 끌고 가게 했다.

그런데 관중에서 한중과 파촉 일대로 들어가려면 많은 잔도(棧道: 험한 벼랑에 선반처럼 달아서 만든 길)를 거치지 않을 수 없었다. 이때 유방은 장량의 건의를 받아들여, 자신들이 지나온 잔도를 모조리 불살라 한중으로 들어가는 길을 단절시켜 버렸다. 이 잔도는 필요하면 다시 재건할 수 있는 것이지만, 그가 이렇게 한 이유는 항우의 눈을 속여 자신의 실력을 키울 시간을 벌어보자는 전략이었다.

유방의 동향에 유의하고 있던 항우는 유방이 잔도를 보두 불살랐다는 소식을 듣고 그가 다시는 한중에서 밖으로 나올 생각이 없다고 판단했다. 이에 자신과 천하를 다툴 사람이 이제 없어졌다고 여긴 그는 마음속으로 기쁨을 감추지 못하며 유방에 대한 경계심을 풀었다.

제후들이 모두 봉지로 떠나간 후, 항우는 의제를 침현으로 옮기게 했다. 또한 뒤이어, 그를 살려두는 것이 자신에게 이로울 것이 없다고 생각해 사람을 시켜 살해해 버렸다.

유방의 부대가 남정에 정착한 후, 그곳의 풍토와 환경에 적응하지 못하고 고향 생각 때문에 탈영하는 병사들이 서서히 늘어났다. 회음(淮陰)이 고향인 한신(韓信)도 이 도망자 무리에 끼었다. 일찍부터 한신의 기재(奇才)를 눈여겨보고 있던 승상 소하는 그가 탈영했다는 이야기를 듣고, 유방에게 보고할 틈도 없이 밤을 도와 그를 뒤쫓아갔다.

소하는 한신을 다시 데려온 다음, 유방에게 추천하여 그를 대장으로 삼았다. 이 걸출한 용병의 천재는 이후 유방이 천하를 얻는 과정에 수도 없이 혁혁한 전공을 세운다.

유방은 한동안 충분한 준비를 갖추고 난 뒤, 소하에게 한중과 파촉을 지키며 후방 지원을 철저히 할 것을 당부한 다음 친히 대군을 이끌고 고도(故道)를 나서 진창(陳倉)을 거친 다음 돌연 관중으로 진입해 들어갔다. 진창은 옹왕(雍王)으로 봉해진 장한의 관할 지역이었다. 장한은 급히 군사를 소집하여 유방의 군대에 응전했으나 그만 패하고 말았다. 이어 유방은 승기를 이용하여 장한의 봉지 전체를 점령해 버렸다.

장한을 제압한 유방은 이어서 새왕(塞王) 사마흔과 적왕(翟王) 동예를 투항하게 만들어, 채 한 달도 안 되는 기간에 관중의 대부분을 장악하고 이 지역에 새로 여섯 개 군을 설치했다. 이후 유방은 이 여섯 개 군과 원래의 한중, 파촉을 근거지로 항우와 본격적인 초한전쟁을 전개하게 된다.

항우는 유방이 관중으로 진입했다는 이야기를 듣고, 원래 진국에서 오현의 현령을 역임했던 정창(鄭昌)을 한왕(韓王)에 봉한 후, 그로 하여금 한(韓) 지역을 점령하고 유방이 무관을 나와 동진하지 못하도록 방어할 것을 명했다. 그러나 정창은 군사적 재능이 없고 겁이 많은 사람이어서 이런 중임을 수행할 재목이 아니었다. 유방이 한신에게 무관을 돌파하도록 명하자 정창은 아예 싸워보지도 않고 투항하고 말았다.

정창을 제압한 후, 유방은 항우의 주력군이 동부전선 제 땅을 수습하느라 서부전선을 돌아볼 겨를이 없는 틈을 이용하여 자신의 세력범위를 급속히 넓혀갔다. 이리하여 그는 오늘날의 섬서, 사천을 중심으로 하남 서부, 산서 남부, 영하와 감숙 동부를 포괄하는 광범위한 지역을 확보하게 되었다.

뒤이어 하남왕(河南王), 은왕(殷王), 서위왕(西魏王) 등을 추가로 복속시켜 유방은 항우가 봉한 제후 중 도합 일곱 명을 멸하거나 투항시켜 그들의 봉지를 자신의 근거지로 삼았다. 원래 항우는 도합 열여덟 명의 제후를 봉했었는데, 이때 항우가 믿고 의지할 수 있는 것은 오직 영포(英布)와 장도(臧荼) 두 사람의 제후뿐이었다.

정세는 항우에게 불리한 방향으로 급속하게 기울었다. 만일 항우가 이런 판세를 정확히 읽고 영포와 장도를 다독거려, 세를 확장하고 있는 유방에게 함께 대응할 방안을 마련했더라면 그의 성장을 어느 정도 저지할 수 있었을 것이다. 그러나 그는 자신의 권세와 용맹을 과신하여, 제후들을 단결시키고 민심이반을 막는 일련의 정치공작을 소홀히 함으로써 스스로를 고립무원의 처지로 만들고 말았다. 그 결과, 유방은 더욱 그 세를 불릴 수 있었고 항우가 지극히 신임한 장도마저 유방의 진영에 가담하는 지경에 이르렀다.

기원전 205년 4월, 유방은 먼저 관중 지역의 통치를 어느 정도 안정시킨 다음 새왕·적왕·하남왕·위왕·은왕 등 다섯 명의 제후와 그들의 인마를 징발하여 도합 56만의 대군을 이끌고 호탕하게 항우를 토벌하기 위해 동진했다. 대군이 외황(外黃)을 지날 무렵 다시 3만의 지역군이 참가해 군사는 60만에 육박했다.

이때 항우는 주력군을 이끌고 동쪽의 제군을 제압하기 위해 전투를 벌이느라 도읍인 팽성을 거의 비워둔 것이나 다름없이 방치하고 있었다. 유방이 대군을 이끌고 동진하고 있다는 소식을 듣고도 그는 이를 대수롭지 않게 여겼다. 그리고 유방이 한동안은 팽성을 함락시키지 못할 것이라 보고, 먼저 제 지역을 신속히 평정한 다음 회군하여 유방을 상대하면 될 것이라 생각했다. 그러나 그가 제 지역에서 시행한 폭정에 대해 지역 백성들이 완강히 저항하는 바람에 그곳을 장악하는 데 예상보다 많은 시간을 허비하게 되었다. 이런 상황 아래 유방은 손쉽게 팽성을 점령해 버렸다.

팽성을 점령한 후, 유방은 스스로 거둔 승리에 크게 도취되었다. 그는 팽성을 점령했지만 아직 항우의 주력군이 고스란히 남아 있음을 심각하게 의식하지 않았다. 이에 그는 제 땅에 주둔하고 있는 항우의 군사에 대해 전혀 경계심을 지니지 않았다.

각 제후들은 팽성을 점령한 뒤 재물과 여자를 약탈하기에 여념이 없었고, 장병들은 온종일 술자리를 벌여 승리를 자축했다. 그들은 확보한 승리에 도취되어 팽성을 점령한 것으로 항우를 이미 제압한 것이나 다름없다고 생각했다. 제에 남아 있는 항우를 아예 적수로 여기지도 않았던 것이다.

그러나 항우의 역량이 결코 약화되지 않았음을 이들은 곧 깨닫게 된다. 동쪽 최전선에 나가 있던 항우는 유방이 팽성을 점령했다는 이야기를 듣고 친히 3만 정병을 인솔하여 노현, 호릉, 숙현 등을 돌아 유방의 퇴로를 먼저 차단했다. 그런 다음 유방의 군대가 경계를 풀고 있는 틈을 타 기습을 감행하니, 유방의 군대는 추풍낙엽처럼 무너지기 시작했다.

유방의 군대는 혼란 중에 팽성에서 철수하게 되었다. 그런데 와중에 군호가 서로 어긋나 마치 앞다투어 도망가듯 팽성을 벗어났다. 이들이 팽성 부근의 곡수(谷水)와 사수(泗水)를 건널 때 항우의 군대가 공격을 감행하니, 유방의 군사는 사상자 수를 헤아리기 힘들 지경이었다. 유방의 군대는 다시 팽성 남쪽의 산악지역으로 길을 잡아 도망갔다. 이에 항우의 군사가 계속 그들을 뒤쫓아 영벽(靈壁)에까지 이르렀다. 그리고 그들이 휴수(睢水)에 이르러 서로 앞다투어 강을 건너고 있을 때 항우의 군대가 다시 공격을 감행하니, 유방의 군사는 크게 혼란에 빠져 물속에서 서로 밀고 밟아 죽는 사람이 부지기수였다.

마침내 항우의 군대는 이 휴수 물가에서 유방 일행을 포위하게 되었다. 포위된 유방의 잔여병력은 지치고 사기가 바닥에 떨어져 싸울 기력마저 없었다. 그저 각자 자기 목숨을 구해 달아나기 바빴다. 유방은 위험하기 짝이 없는 상황에 처했다. 이때 돌연 광풍이 일어 모래와 돌이 날고 큰 나무가 뽑혀 쓰러지며 천지는 순식간에 암흑천지가 되었다. 눈앞에 펴든 손가락마저 잘 보이지 않을 지경이었다. 유방을 포위한 항우의 군사들은 일시 혼란에 휩싸였다. 이 기회를 빌려 유방은 겨우 수십 기의 병력을 거느리고 포위망을 뚫어 자신의 고향인 패현으로 달아났다.

유방은 피신하던 중에 길에서 고향을 도망쳐 나온 아들 유영(劉
盈)과 딸 노원(魯元)을 만나게 된다. 유방은 이 뜻밖의 조우에 크게
반가워하며 그들을 자신의 마차에 함께 오르게 했다.

이때 항우의 기병들이 유방의 종적을 발견하고 집요하게 그 뒤
를 쫓았다. 유방이 탄 마차를 끄는 말들은 이미 많이 지쳐 있었다.
게다가 추격해 오는 항우의 병사들이 점점 가까워오자 마음이 크게
조급해진 유방은 마차의 무게를 줄이기 위해 태웠던 아들과 딸을 내
리게 했다. 다행스럽게도 하후영이 마중을 나와 이들을 구한 덕분에
마침내 유방과 두 자녀는 모두 추격을 벗어나 목숨을 보전할 수 있
게 되었다.

유방이 팽성 전투에서 대패한 이후, 그가 임시로 조직했던 반항
우 연맹은 급속하게 와해되었다. 유방에게 투항하거나 귀순했던 제
후들은 모두 유방을 배반하고 다시 항우의 편이 되었다. 그 결과, 이
번에는 유방이 고립무원의 처지에 빠지게 되었다.

팽성 전투를 전술적인 측면에서 보자면 쌍방 모두가 적을 너무
경시한 측면이 있다. 그래서 유방이 팽성을 공략하기도 쉬웠고, 항
우가 일단 빼앗겼던 성을 다시 수복하기도 어렵지 않았다. 팽성은
항우의 도성이자 근거지가 되는 곳이었다. 그럼에도 그가 제를 병탄
하러 가면서 적당 수의 군사를 남겨 도성을 수비하지 않은 것은 병
법의 기본원칙에 벗어난 일이었다. 결과적으로 유방은 텅텅 빈 것이
나 다름없는 팽성을 순식간에 점령해 버린 것이다.

유방도 팽성을 점령한 이후, 상식에서 벗어난 행동을 취했다. 승

전 분위기에 크게 도취되어 항우에 대한 최소한의 경계조치도 취하지 않았던 것이다. 그 결과, 유방의 수십만 대군은 항우의 소수병력에 철저히 유린되고 유방은 거의 포로나 다름없는 신세가 되었다.

팽성 전투는 유방과 항우가 처음으로 대규모 군사적 대결을 벌인 전쟁으로, 항우는 먼저 패했으나 뒤에 승리했고 유방은 먼저 승리를 거두었다가 뒤이어 패배의 쓴맛을 봤다. 이 전투로 말미암아 이들 두 사람은 서로 상대의 역량을 분명히 파악하게 되었고, 천하를 두고 생사의 한판 투쟁을 피할 수 없는 적수임을 뼛속 깊이 인식하게 되었다. 그리고 각자 터득한 실패의 교훈은 이후 이들로 하여금 전술 측면에서 상대를 대하는 데 더욱 신중하게 만들었고, 그에 따라 전개된 전투는 한층 길어지고 격렬해졌다.

팽성대전 후, 위왕 표(豹)는 유방을 따라 형양(滎陽)까지 퇴각했다. 그는 패전한 유방의 초라해진 몰골을 보고 그가 다시 재기하기 어려울 것이라 판단했다. 그런데 그는 감시의 눈을 벗어나기 어려워 궁리하다가, 고향으로 돌아가 가족친지를 본 다음 봉지로 돌아가겠다고 구실을 댄 다음 유방의 진영을 벗어났다. 그러나 그는 일단 황하를 건너자마자 강에 방어시설을 구축하고 유방을 배반한 뒤 항우에게 투항했다.

유방은 위왕의 배신에 격노했다. 왜냐하면 위왕의 관할 지역이 바로 형양 전선의 측후방에 위치하고 있어서, 만일 항우가 위왕과 연합하여 전후방에서 유방을 협공한다면 유방의 패배는 자명한 것이었기 때문이다.

그래서 유방은 먼저 사람을 파견해 위왕에게 항복을 권유했으나 듣지 않자, 대장 한신을 파견해 위왕을 치게 했다. 이에 한신은 몰래 황하를 건너 안읍(安邑)을 기습 공격하니, 아무런 방비 없이 한신의 군대를 맞은 위왕은 크게 놀라 허겁지겁 응전했으나 결국 패하고 자신은 포로가 되고 말았다. 한신은 위국을 멸한 뒤, 유방의 뜻에 따라 그 지역에 세 개 군을 설치했다.

이때 한신은 유방에게 건의하기를, 자신에게 3만 병력을 뽑아주면 북쪽으로 조와 연, 동쪽으로 제를 정벌하여 항우의 군량 병참선을 끊어놓고, 측면에서 항우를 협공하여 그 역량을 분산시킴으로써 형양 전선의 부담을 덜도록 하겠다고 했다. 유방은 그의 건의를 받아들였다. 이에 장이(張耳)를 파견하여 한신의 수하 부장으로 삼도록 하고, 3만 군사를 주어 출병하도록 했다.

얼마 뒤, 한신은 북진하여 단기간에 조(趙)를 점령했다. 이 승리는 유방 진영에 전략적으로 큰 도움이 되는 것이었다. 조를 장악함으로써 유방 진영의 형양, 성고(成皋) 전선을 측면에서 지원하여 방어선을 강화할 수 있음과 동시에 항우 진영의 후방을 측면에서 위협할 수 있었기 때문이다. 항우에게는 전세가 크게 불리해지는 일이었다. 그래서 한신이 조를 점령한 후, 항우는 수차례 병력을 파견하여 교란작전을 펼쳤지만 할애할 수 있는 병력이 많지 않았고, 또한 황하를 건너기가 만만치 않아 한신에게 그다지 위협적인 상황을 만들지는 못했다. 이에 한신은 얼마 지나지 않아 조 지역의 통치를 안정시킬 수 있었다.

원래 유방이 한신에게 위와 조를 치게 한 것은 단지 형양, 성고의 방어선이 측면에서 위협당할까 염려한 때문이었을 뿐, 항우와 새로운 전선을 형성하며 그를 측면에서 위협하고 공략하는 상황에까지 이를 줄은 미처 생각지 못했었다. 그러나 한신이 조를 장악한 사실이 항우와 전국의 제후들에게 끼친 심리적 영향은 실로 큰 것이었다. 역시 이런 정치적 효과도 유방이 처음에 생각지 못한 것이었다. 유방은 이런 유리한 전세를 충분히 이용하고 그 효과를 극대화하기 위해, 한신에게 충분한 지원을 해주며 그로 하여금 본격적으로 항우와 새로운 전선을 형성하도록 주문했다.

초한이 천하를 양분하다

한신이 조를 점령한 후, 양면에서 적을 맞게 된 항우는 큰 곤란을 겪고 있었다. 그는 위기상황에서 하루속히 벗어나기 위해 여러 차례 군사를 파견하여, 황하를 건너 유방의 진영을 공격하게 했다. 얼마 뒤, 마침내 항우의 군사가 형양을 점령했고 유방은 공현(鞏縣), 낙양 일대로 물러나게 되었다. 유방은 항우의 군사력이 여전히 강성한 것을 보고 형양을 수복할 생각을 접은 뒤 공현, 낙양 방어선을 고수했다.

이때 유방 진영의 막료인 여기식은 이렇게 전선을 방어하면서 싸우지 않는 유방의 전술이 장기적으로 항우를 관중으로 진격하게 할 위험이 있다고 보고 간언했다.

"전쟁이 여러 해 계속되면서, 군량이 큰 문젯거리로 떠오르고 있습니다. 군량이 부족하면 항우를 이길 수 없습니다. 오창(敖倉)에는 아직 적지 않은 식량이 보관되어 있습니다. 항우는 형양을 점령한 후, 오창을 그다지 중시하지 않고 있습니다. 하루속히 병력을 파견해 오창을 수복하여, 양식이 고스란히 항우의 수중에 들어가는 상황을 막아야 할 것입니다."

이에 유방은 그의 말대로 오창에 군사를 파견해 그곳을 점령했다. 다시 얼마 후, 유방은 한 유생(儒生)이 항우의 병력을 분산시키는 전략을 구사하여 방어선을 공고히 하라고 건의하자 이를 수용했다. 이에 그는 친히 군사를 이끌고 무관을 나서 완현(宛縣)을 공격했다.

유방의 대군이 완현에 이른 것을 안 항우는 군사를 이끌고 남하하여 완현에서 유방과 또 한 차례 결전을 벌이려고 했다. 그러나 유방은 항우가 쫓아온 것을 알고, 항우의 병력을 분산시키려는 원래 계획대로 성을 지키며 싸우지 않았다. 이렇게 항우의 병력을 붙잡고 있음으로 해서 공현과 낙양 전선의 부담이 훨씬 줄어들게 되었다.

쌍방이 이렇게 한동안 대치하는 중에 양측 군사는 형양, 성고 일대에서 다시 한 번 격전을 벌였으나 유방의 군사가 또다시 패하고 말았다. 이즈음 유방 진영에 귀순해 온 장수 팽월(彭月)은 항우의 후방이 허술한 틈을 타 병참선을 집요하게 교란함으로써 전방으로의 군량보급을 차단했다. 이것은 항우 진영의 안전을 크게 위협하는 일이었다.

이에 항우는 배후에서 준동하는 팽월을 속히 제거하지 않으면 유방을 상대하는 데 군사력을 집중하기 어렵겠다고 생각했다. 그래서 그는 막 점령한 성고에 일부 병력을 남겨 지키도록 조치한 다음, 자신이 친히 병력을 이끌고 동진하여 팽월을 제압하기로 결심했다.

유방은 항우의 주력군이 팽월을 제압하기 위해 빠져나간 뒤, 성고의 방어가 소홀한 것을 간파하고 군사를 이끌고 완현에서 북상하여 성고를 공격해 점령해 버렸다.

항우는 팽월을 패퇴시킨 후, 유방이 성고를 수복했다는 소식을 접했다. 그래서 그는 팽월을 더 이상 추격하지 못하고 군사를 되돌려 다시 성고를 포위했다.

항우의 맹렬한 포위 공격에 유방은 더 견디지 못하고 하후영만 거느린 채 마차를 타고 성고 북문을 뚫고 달아나, 한신과 장이의 군영으로 피신했다. 그리고 그곳 군사를 보내 성고를 지원하게 하려고 했다.

이때 그의 근위병 한 명이 교전하지 말고 진지를 굳게 지키되, 별도로 기병부대를 편성해 항우의 후방 깊숙이 들여보내 그곳의 팽월과 연합하여 후방 교란작전을 펼치도록 건의했다. 유방은 곰곰이 생각해 보니, 한신과 장이의 군대를 성고로 보내 항우의 군대를 공격하더라도 반드시 승리하리란 보장이 없는 바에야 후방을 교란하는 것도 좋은 전략이라 여겨 이 건의를 수락했다.

이에 그는 군사를 하내(河內)에 주둔시켜 승기를 잡을 때까지 굳게 지키며 항우에게 응전하지 말도록 명했다. 그리고 얼마 뒤, 유방은 기병을 위주로 수만 병력을 편성하여 백마진(白馬津)에서 황하를 건너 항우의 후방 깊숙이 들어가게 했다. 이들은 팽월의 군사와 연합하여 항우의 군량창고를 불태우고 병참선을 단절시켜, 전방에 있는 항우의 군사는 크게 곤경에 처했다. 그들은 이에 그치지 않고 연현(燕縣) 서쪽 근교에서 항우의 군사를 크게 무찔러 인근의 10여 개

성을 점령했다.

팽월이 후방에서 계속해서 교란작전을 펼치자 견디다 못한 항우는 마침내 전방의 주력군 일부를 빼내 친히 거느리고 동진하여 후방의 안전과 질서를 회복하기로 결심했다. 떠나기에 앞서, 항우는 자신이 없는 사이에 유방이 다시 반격해 올 것을 걱정하여 조구(曹咎)에게 성고를 굳게 지키고 절대 출전하지 말 것을 신신당부했다.

이때 하내에 주둔하고 있던 유방은 항우가 주력군을 인솔하여 회군한 것을 알고, 즉시 군사를 끌고 황하를 건너 성고를 포위했다. 그러나 항우의 엄한 군령을 받은 조구가 성을 굳게 지키며 일체 응전하지 않자 유방도 달리 방도가 없었다. 유방은 조구를 출전하도록 유인하기 위해 사람을 적진 가까이 보내 며칠간 계속해서 조구를 욕해 댔다. 이에 격노한 조구는 마침내 군사를 끌고 출전했으나 유방의 군대에 패하고 자신은 자결하고 말았다. 결국 성고는 다시 유방의 수중에 들어오게 되었다.

성고는 항우가 전방에 확보한 중요한 전략거점이었다. 그래서 약탈한 대량의 금은보화를 여기에 집결시켜 놓은 채 아직 팽성으로 운반해 가지 못한 상태였다. 이것들도 고스란히 유방의 차지가 되었다.

유방이 조구를 공략하고 있을 때, 항우는 휴양(睢陽) 일대에서 팽월과 전투를 벌이고 있었다. 그런데 갑자기 성고가 유방에게 함락되었다는 소식을 듣자 그는 계속 팽월을 상대할 마음이 싹 가셔버렸다. 이에 그는 다시 군사를 급히 돌려 전방으로 향하게 했다. 이때 성고를 함락시킨 유방은 승기를 놓치지 않고 곧장 형양을 지키고 있는 항우의 장수 종리매(鍾離昧)를 포위 공격하고 있었다. 그러다 항우가 군사를 돌려 돌아오고 있다는 소식을 듣자 겁을 먹은 유방은 급히 군사를 물려 험준한 지역에 진지를 구축하고 굳게 지켰다. 항우는 싸움 한번 하지 않고, 포위당한 종리매를 구한 셈이었다.

유방은 재차 성고를 점령한 후, 오창의 군량을 장악하기 위해 오창 서쪽이면서 황하를 끼고 있는 광무(廣武)에 주둔하게 되었다. 군사를 되돌려온 항우도 형양 서쪽에 주둔하게 되어, 양군은 서로 마주보며 대치하는 형국이 되었다.

항우는 팽월에 의해 병참선이 차단당한 상황이어서 군량이 떨어져 유방과 계속 대치하기가 날이 갈수록 힘들었다. 이에 항우는 전쟁을 속히 종결하기 위해, 팽성 전투에서 사로잡은 유방의 부친과 아내를 이용하여 그의 항복을 받아낼 생각을 하게 되었다. 그래서 항우는 유방의 부친을 진지 앞쪽에 마련한 높은 육안(肉案: 고기를 나누고 다지는 탁자) 위에 올려놓고 사람을 보내 유방을 위협했다.

"만일 투항하지 않는다면 너의 부친을 당장 죽일 것이다."

비록 유방이 어려서부터 부친과 사이가 좋은 편이 아니었지만 그래도 부자지간의 정이 없을 리 만무했다. 항우가 이렇게 혈육의 정을 이용해 위협해 오자 그는 전혀 개의치 않는 것처럼 가장하며 회답을 보냈다.

"나와 그대는 초부왕의 명을 받아 진을 공격하기에 앞서 서로 형제를 결연한 바 있소. 그러므로 나의 부친은 곧 그대의 부친이오. 그러나 그대가 진정 자기 부친의 고기를 먹기를 원한다면, 잘 요리해서 내게도 한 그릇 보내주구려!"

항우는 자기 부친에 대해 조금도 정의가 없는 듯한 유방의 회신을 받고 크게 분노했다. 이에 그는 유방의 부친을 살해하여 분풀이하려고 했다. 이때 항백이 나서 서로 불필요하게 원한을 깊게 만들 필요가 없다며 항우를 달래어 겨우 사태를 수습하게 되었다.

자신의 술수가 먹혀들지 않자 항우는 또 다른 계책을 생각해 냈다. 그는 유방에게 개인적인 결투를 벌여 쌍방의 승패를 결정하자는 제안을 할 심산이었다. 이에 항우는 사람을 보내 유방에게 도전장을 냈다. 그러나 유방이 천하무적의 괴력을 지닌 항우와 개인적인 결투를 허락할 리 없었다. 이에 유방은 교묘한 회신을 항우에게 보냈다.

"내 그대와 지혜를 겨루어 볼 생각은 있으나, 힘을 겨루고 싶지는 않소."

항우는 유방이 감히 자신과 결투를 벌일 생각이 없음을 알고, 부하를 유방의 진영 가까이 보내 조롱을 퍼붓게 했다. 이에 유방이 영을 내려 다가온 자를 활로 쏘아 죽이니, 마침내 항우는 분을 이기지 못하고 갑옷에 완전무장을 하고 나와 다시 유방에게 결투를 신청했다. 이에 유방도 진지 앞으로 나가 그와 대면했다.

이리하여 유방과 항우, 천하의 두 호적수는 광무의 전장터에서 서로 역사적 대화를 나누었다. 유방은 항우를 면전에 두고 열 가지 죄상을 열거하며 그를 질책했다.

1. 나와 그대는 모두 초부왕의 명을 받아 잔학무도한 진을 멸하기 위해 출병했다. 그리고 출병에 앞서 먼저 관중에 들어가는

자가 지역의 왕이 되기로 약조한 바가 있었다. 그런데 그대는 어찌하여 맹약을 어기고 나를 관중왕이 아닌 촉한왕이 되게 했는가?

2. 그대는 어찌하여 초부왕의 명을 빙자하여 송의를 죽이고 그의 자리를 대신했는가?

3. 그대는 조(趙)를 구한 다음, 이미 초부왕이 부여한 임무를 완성했으므로 그에게 보고하여 다음 행보를 지시받아야 마땅함에도 어찌하여 독단적으로 제후의 군사들을 모아 관중으로 진입했는가?

4. 반진 봉기군이 관중에 들어가면 약탈과 폭력을 자제하고 지역 백성들의 지지를 얻을 수 있도록 처신하라는 초부왕의 명이 있었거늘, 그대는 어찌하여 진의 궁궐을 약탈하고 불태웠으며 또한 진시황의 능묘를 도굴하여 얻은 많은 보물들을 자신의 것으로 만들었는가?

5. 진왕 자영이 이미 투항했거늘 그대는 무엇 때문에 그를 살해했는가?

6. 그대는 어찌하여 신안에서 기만적인 방법으로 진의 투항한 병사 20만을 생매장했는가? 그리고 봉기군에 대항하여 많은 피해를 입힌 진의 장수들을 자기 사람으로 만들어 그들을 모두 제후에 봉한 것은 무엇 때문인가?

7. 그대는 자신의 측근들을 모두 좋은 지역에다 제후로 봉하면서 원래의 제후들은 풍수가 나쁜 지역으로 몰아내 서로 다투게 만들었으니, 이것은 천하를 크게 혼란하게 만드는 일이 아

니었던가?

8. 그대는 의제를 팽성에서 몰아내고 그곳을 자신의 도읍으로 삼았으며 이어 한(韓), 양(梁), 초(楚) 등지를 빼앗아 자신의 땅으로 합병했다. 무엇 때문에 이렇게 많은 지역을 혼자 가졌는가?

9. 의제는 우리 모두가 함께 옹립한 사람이거늘, 그대는 어찌 몰래 사람을 파견하여 강남에서 그를 살해했는가?

10. 그대는 의제의 신하 된 신분으로 그를 죽였으니 주군을 살해한 셈이다. 또 그대는 이미 항복한 적을 무참히 죽였다. 또 각 수령들과 맺은 맹약을 서슴없이 파기하고 신의를 지키지 않았다. 그대는 패주의 자리에 오르고 싶어 하는 듯하나, 하는 일마다 이렇게 부당하니 이미 천하의 인심을 잃은 것이 아니더냐?

유방이 이렇게 항우를 향해 도도하게 그의 과실을 질책하자 항우는 크게 분해하며 어쩔 줄을 몰랐다. 이때 항우가 미리 매복시켜 둔 궁수가 유방이 방심한 틈을 타 활을 쏘니, 유방은 가슴을 맞고 말았다.

유방은 중상을 입었다. 그러나 그는 군심을 안정시키기 위해 억지로 일어나 각 군영을 순회하며 태연하게 군사들을 위문했다. 이 바람에 상처가 더욱 깊어진 유방은 마침내 전선에서 물러나 성고로 가 치료를 받게 되었다.

유방은 상처가 어느 정도 치유되자 다시 전선으로 복귀했다. 마침 이때 북맥(北貊: 만주 지역에 거주하던 소수민족)과 연(燕)이 지원군을 보내와 유방의 군사력은 한층 증강되었다. 그리고 이때 팽월도 다시 항우의 후방에서 병참선을 습격하였고, 한신도 제(齊)에서 항우의 후방으로 진격해 들어가니 전선에 있는 항우의 군사들은 지치고 군량이 떨어져 이루 말할 수 없는 곤란을 겪어야 했다.

유방은 이 기회를 빌려 항우에게 대대적인 정치공세를 펼쳤다. 그는 먼저 사신을 항우의 진영으로 보내, 자신의 부친과 아내를 석방하도록 요청하면서 그의 의중을 떠보았다. 항우는 수락하지 않았다. 그러나 사신은 항우 진영의 허점과 분위기, 항우 개인의 심경을 샅샅이 파악할 수 있었다. 사신이 돌아와 상황을 보고하자, 유방은 다시 언변이 탁월한 유생을 한 명 선발해 항우의 진영으로 보내 그에게 화의를 권유했다.

항우는 원래 죽는 한이 있어도 타협하거나 양보하지 않을 성격이었다. 그러나 당시의 위급한 전세는 그로 하여금 유방과의 일시적 화의를 받아들이게 했다.

유방은 홍구(鴻溝)를 경계로 동쪽은 항우에게, 서쪽은 자기에게 속하는 것으로 천하를 양분하는 방안을 제시했다. 불리한 상황에 처한 항우는 도리없이 유방의 제안을 받아들였다.

항우는 유방의 부친과 아내를 풀어주었다. 이들이 유방의 진영에 도착하자 모두 크게 기뻐했다. 막료와 군사들은 크게 흥분하여 만세를 환호하며 유방 일가의 재결합을 축하했다.

항우는 유방의 부친과 처를 풀어준 뒤, 군사를 이끌고 동쪽으로 돌아갔다. 그러자 유방도 철군해서 서쪽 관중으로 돌아가 휴양하고

자 했다. 이때, 장량이 유방에게 진언했다.

"지금 우리는 천하의 반을 이미 얻었습니다. 그리고 각지의 제후들이 모두 우리를 지지하고 있습니다. 그러나 항우는 지치고 군량이 떨어진데다 고립무원의 처지에 놓여 있습니다. 바로 지금이 항우를 멸할 절호의 기회입니다. 만일 지금 그를 방치했다가 그 역량을 회복한 다음 다시 치려고 한다면 마치 범을 놓아주어 후환을 만드는 격이 될 것입니다."

유방은 이 건의가 매우 일리가 있다고 생각했다. 이에 그는 홍구를 경계로 삼은 화의를 스스로 파기하고, 군사를 몰아 항우를 추격하기 시작했다. 이리하여 유방과 항우는 새로운 전장에서 다시 한 번 생사를 건 천하 쟁탈전을 벌이게 된다.

생사를 건 천하 쟁탈전

기원전 202년 10월, 화의 약속을 깬 유방은 항우를 뒤쫓아 공격했다. 그러나 유방의 군대는 양하(陽夏) 남쪽에 이르러 더 전진하지 않고, 한신과 팽월의 군대와 그곳에서 합류하여 함께 항우를 치기 위해 기다렸다. 항우는 유방의 군대가 더 따라오지 않자 군사를 돌려 유방에게 반격을 가했다. 양군은 고릉(固陵)에서 일전을 벌였으며 결과는 유방의 패배였다. 이리하여 유방은 원군을 기다리며 진지를 굳게 지키고 더 이상 싸우지 않았다.

유방은 당장 자기 군사만으로는 항우을 제압할 수 없었고, 원군도 언제 올지 모르는 상황에서 다시 한 번 곤경에 처했다. 이에 그는 장량에게 어찌하면 좋을지 물었다. 이에 장량이 간했다.

"그간 한신과 팽월이 많은 전공을 세워 항우는 곧 패망할 상황에 처했습니다. 그러나 두 사람은 아직 한 뼘의 봉지도 얻지 못했으니, 선뜻 원군을 보내려 하지 않을 것입니다. 만일 주군께서 천하를 나누어 그들에게 봉지를 떼어 준다면 아마 그들은 즉각 군사를 이끌고 달려올 것입니다. 만일 그렇게 하지 않으시면 그들이 언제 올지 단언하기 어렵습니다."

그러면 어떻게 봉지를 나누면 좋을지 장량에게 다시 물었다.

"한신의 고향은 원래 초나라입니다. 그는 애향심이 특별해서 아마 그곳을 봉지로 얻고 싶어 할 것입니다. 그러므로 주군께서 진현(陳縣)에서 동쪽으로 바다에 이르는 땅을 한신의 봉지로 정하고, 회양에서 북쪽으로 곡성(谷城)에 이르는 땅을 팽월의 봉지로 삼아 그들로 하여금 각자 자기 봉지를 빼앗기 위해 항우와 싸우도록 유도한다면 항우를 멸하는 일이 크게 수월해질 것입니다."

유방은 장량을 말을 듣고 크게 깨달은 바가 있었다. 그는 즉시 한신과 팽월에게 사람을 보내 장량의 의견대로 그들에게 봉지를 부여하고 그 지역 제후에 봉하자, 과연 그들은 즉각 기병하여 항우를 공략하겠노라 호응했다. 이에 한신은 제에서, 팽월은 양에서 군사를 이끌고 신속하게 달려와 고릉의 유방 진영에 합류하니, 유방의 군사력은 크게 증강되었다.

이때, 유방이 항우의 후방을 교란하도록 파견했던 군대도 회하를 건너 남쪽으로 수춘(壽春)을 공략하고, 성부(城父)를 점령했다. 이즈음 유방은 항우의 대사마(大司馬: 병부를 관장하는 대신) 주은(周殷)이 항우에게 크게 불만을 품고 있다고 듣고, 사람을 파견해 그를 투항하도록 유도했다. 주은은 항우를 배반한 후, 서현(舒縣)에 있던 병력을 이용해 육현(六縣)을 점령하고, 후방 교란작전을 펴던 유방의 군대가 구강(九江)을 공략하도록 도왔다. 이에 구강왕 영포가 투항했고, 그가 차지하고 있던 봉지는 유방의 군사들이 접수했다. 이어서 이들은 함께 북상하여, 유방의 주력군을 도와 측면에서 항우의 진영을 위협했다.

비록 유방은 최전선에서 여전히 항우에게 군사적 우위를 빼앗긴 상태였지만, 항우의 후방 깊숙이 군사를 들여보내 후방과 측면에서 항우를 공략하게 했다. 이에 항우의 측근들을 하나둘 투항하게 하고, 항우를 서서히 고립무원의 지경에 빠지게 만들었다. 이렇게 항우의 후방 방어선이 무너져 가는 것을 본 각지 제후들은 대세의 흐름을 읽고 유방에게 귀순하는 사람이 차츰 늘어났다.

그러나 당시 유방과 그 지지자들의 동맹관계는 그리 공고한 편이 아니었다. 한신과 팽월이 적기에 유방에게 원군을 보내지 않은 것이 이런 사실을 반증한다. 만일 이때 항우가 유방에 앞서 한신과 팽월을 제후에 봉하고 그들에게 더 높은 작위와 권익을 보장했더라면, 최소한 그들을 돌아서게는 못하더라도 한신을 망설이게 하여 자신이 권토중래할 시간을 벌 수는 있었을 것이다. 팽월의 경우는 더 말할 나위가 없는 일이다.

그러나 이때 항우는 한신과 팽월을 자기 진영으로 끌어들이기 위해 어떤 조치도 취하지 않았다. 이것은 아마 그의 복수심이 지나치게 강했고, 자신의 용맹과 무공을 과신한 점에서 비롯된 일일 것이다. 그는 자신의 측근 장수들을 차례대로 무너뜨린 한신과 자신의 후방을 집요하게 교란해 온 팽월에 대해 뼈에 사무친 원한을 품고 있었다. 그래서 그들과 새로운 관계를 수립할 생각을 하지 못하고 기회만 되면 그들을 군사적으로 패퇴시켜 복수할 생각에만 골몰하고 있었던 것이다. 안타깝게도 그의 이런 편협한 보복 심리가 그로 하여금 정치적으로 응당 취해야 할 조치들을 제때에 취하지 못하게 하고, 그를 더욱 고립무원의 경지로 몰고 간 것이다.

유방은 한신, 팽월, 영포 등이 원군을 이끌고 고릉에 도착한 후, 항우에 대한 공세를 본격적으로 개시했다. 이에 항우의 군대는 해하(垓下)로 물러나 유방의 군대에 의해 포위당하게 되었다. 항우의 군사는 군량이 이미 고갈된데다 어디서도 지원을 받지 못하는 곤경에 처했다.

이때 항우의 군사는 채 10만이 되지 않았으며, 유방 진영은 한신이 거느린 군사만 해도 30만에 이르렀다. 유방은 한신으로 선봉을 삼고, 한신의 부장들로 각각 좌우익을 맡게 했다. 그리고 자신은 진중에 자리잡고 주발(周勃)로 하여금 후군을 맡게 했다. 일체의 안배를 마친 다음, 먼저 한신이 항우의 진영을 공격했다. 그러나 전세가 일시적으로 불리해 일단 물러났다. 이때 좌우익에서 항우 진영을 공격하여 전세를 매우 유리하게 이끌었다. 이에 한신이 재차 항우를 공격하니 마침내 항우는 패퇴하여 해하성으로 들어갔다.

유방은 항우 진영의 군심을 동요시키기 위해 초가(楚歌)를 부를 줄 아는 병사들을 선발하여 밤에 군영에서 큰 소리로 초가를 부르게 했다. 항우는 사방에서 들려오는 초가를 듣고 크게 놀라며 의아스러워했다.

"설마 유방이 벌써 초 땅을 모두 점령해 버린 것은 아니겠지? 그러나 어찌 초가를 부르는 병사가 저리도 많단 말인가!"

유방의 진영에서 들려오는 초가의 그 비장하고 무거운 곡조는 부지불식간에 항우의 마음속을 파고들어 그로 하여금 무한한 감개를 느끼게 했다. 그는 잠을 이루지 못하고 군막에서 술을 들이켰다. 항우는 사방에서 들려오는 구슬픈 초가 소리 속에, 자신이 사랑하는 미인 우희(虞姬)와 명마 오추(烏騅)를 바라보며 비통한 심정을 이길 수 없었다. 이에 그는 스스로 비분강개의 울분을 담은 초가를 한 곡 지어 불렀다.

힘은 산을 뽑아내고 큰 기상은 세상을 덮었건만,
때를 만나지 못함에 오추마저 나아가지 않네.
오추가 나아가지 않음을 난들 어찌할거나,
우(虞)여, 우여, 너를 또 어찌할거나!

항우가 이 노래를 반복해서 부르자, 곁에 있던 우희도 눈물을 머금고 답가를 했다.

한군이 이미 초 땅에 밀려들어,
사방에 그들의 초가가 가득한데.
대왕의 높은 뜻은 이미 때가 다했거늘,

이 여인이 어찌 살아남길 바랄까!

노래를 마친 우희는 항우의 허리춤에서 칼을 뽑아 자결했다. 항우는 우희의 시신을 어루만지며 애통해 마지않았다. 좌우의 시종들도 이 비통한 장면을 목격하고 흐느꼈다. 그들은 크게 비통해하는 항우를 차마 마주할 수 없었다.

항우가 비록 절망적인 상황에 처했지만, 그는 결코 패배를 인정하고 사로잡히기를 기다리는 졸장부가 아니었다. 그는 끝까지 자신의 운명을 걸고 싸울 생각이었다. 항우는 애마 오추에 올라, 자신을 따라 결전을 벌일 각오가 선 8백여 명의 기병들을 거느리고 밤에 가만히 남쪽으로 포위망을 뚫고 빠져나갔다. 유방의 군사들은 날이 밝은 다음에야 비로소 항우가 탈출했음을 발견했다. 이에 유방은 관영(灌嬰)으로 하여금 5천 기병을 거느리고 항우를 뒤쫓게 했다.

항우가 포위를 뚫고 나가 회하를 건너고 나니, 겨우 1백여 기의 기병이 자기를 따르고 있었다. 그런데 음릉(陰陵)에 이르러 항우는 그만 길을 잃고 말았다. 그래서 한 농부에게 길을 묻게 되었다. 이 농부는 평소 항우의 잔학함에 크게 불만을 지니고 있던 사람이었다. 그는 항우 일행에게 일부러 왼쪽 길로 가라고 일러주어 그들을 습지로 들어가게 했다. 이에 행동이 크게 느려진 항우는 관영과의 거리가 더욱 좁혀지게 되었다.

습지를 빠져나간 항우는 동쪽을 향해 달려 동성(東城)에 이르렀다. 이때 남은 병사는 스물여덟 명의 기병에 불과했고, 관영은 계속해서 바짝 뒤쫓아오고 있었다. 항우는 추격병을 따돌리기가 여간해서 쉽지 않다고 생각하고, 잠시 행군을 멈춘 뒤 스물여덟 명의 군사들에게 말했다.

"나는 지금까지 기병한 지 7년에 70여 차례의 전투를 치렀다. 내 앞을 가로막은 자를 꺾지 못한 적이 없었고, 내가 점령하고자 한 곳을 얻지 못한 적이 없었다. 나는 한 번도 전투에 패한 적이 없고, 그리하여 천하의 패왕이 될 수 있었다. 그러나 지금 우리가 여기서 이렇게 곤경을 겪고 있는 것은 하늘이 날 버린 탓이지, 내가 전투를 잘못 지휘한 결과는 결코 아니다. 이제 우리에게는 목숨을 걸고 정면 돌파하는 길밖에 다른 활로가 없다. 우리 다시 한 번 적과 결전을 벌여 이 포위망을 돌파하도록 하자."

당부를 마친 항우는 스물여덟 명의 기병을 네 개 지대로 나누어 사각 진영을 갖추고, 항우의 신호에 따라 사방으로 흩어지며 달려 나가 산기슭 동쪽에서 세 곳에 분산하여 집결하기로 약속했다. 항우의 일성 고함에 관영의 군사들은 놀라 너나없이 뒤로 꼬리를 뺐다. 이에 항우는 적장 한 명을 죽이고 동쪽을 향하여 달아났다.

항우의 기병은 산기슭 동쪽에서 세 곳에 나누어 집결했다. 관영의 군사들은 그중 어디에 항우가 있는지 알 수 없어, 세 곳 모두를 포위하기 시작했다. 이에 항우는 다시 한 번 포위망을 뚫고 나가면서 관영의 부장 한 명과 수십 명의 병사를 죽였다.

항우는 세 곳으로 분산시켰던 병사들을 한 곳에 모으니, 또 두 명이 희생을 당해 이제 스물여섯 기가 남아 있었다. 항우는 겨우 26명의 병사가 자신을 따르고 있었지만 스스로의 용맹을 무기로 다시 동성의 포위망을 뚫고 동남쪽으로 달려, 장강 강변의 오강(烏江)

에 이르렀다. 그는 이곳에서 장강을 건너 유방의 추격을 따돌리고 강동지역을 거점으로 재기를 도모할 생각이었다.

오강을 지키던 정장(亭長: 향촌 하급관리)은 항우가 패했다는 이야기를 듣고, 그가 아마 이곳에서 장강을 건너리라 짐작하고 배를 한 척 준비하여 그를 기다렸다. 과연 그의 추측대로 항우가 오강에 도착하자 그는 배를 항우에게 가까이 대며 말했다.

"강동이 비록 크지는 않으나, 그래도 옥답이 천리에 뻗어 있고 인구가 수십만에 이르니 왕을 칭하기에 충분합니다. 이곳에는 오직 이 배 한 척밖에 없으니, 대왕께서 속히 이 배를 타고 강을 건너시면 유방의 군사들은 배가 없어 강을 건너 따라오지 못할 것입니다."

이때, 비통과 참회에 가득 찬 항우는 돌연 강을 건널 생각을 버리게 된다. 그는 처연하게 웃으며 향관에게 말했다.

"하늘이 날 멸하려 하는데 내 강을 건너 도망간들 어쩌겠느냐! 내 일찍이 8천 명에 이르는 강동의 자제들을 거느리고 강을 건너 서진하여 반진 투쟁에 참여했었는데, 지금 누구도 나와 함께 살아 돌아온 사람이 없거늘 내 무슨 낯으로 강을 건너 그들의 가속들을 대한단 말인가? 강동의 원로와 부형들이 이 항우를 가련히 여겨 왕으로 추대하고 내 체면을 생각해 허물을 들추지 않는다고 하더라도, 내가 어찌 스스로 부끄러움을 모르겠는가!"

항우는 계속해서 이 정장에게 말했다.

"당신은 연배도 높아 보이는데, 나에게 호의를 베풀어주니 고맙게 생각하오. 이 말은 나를 따라다닌 지 5년이나 되는 명마요. 하루에 능히 천리를 달리고, 죽기를 무릅쓰고 나와 함께 전장을 누비며 한 번도 패한 적이 없었소. 내 차마 이 말을 어찌할 수 없어 당신에게 주고자 하니 잘 보살펴주기 바라오."

정장은 항우의 결심이 굳은 것을 보고 더 이상 권해야 소용이 없음을 알았다. 이에 그는 말을 태우고 배를 저어 강을 건너갔다. 항우는 자신의 애마 오추를 이렇게 처리한 다음, 칼을 들고 추격해 오는 적군을 상대했다. 그는 연이어 수백 명의 적군을 베고 자신도 여러 곳에 상처를 입었다. 이때, 항우는 예전에 자신의 부하였다가 배반하고 유방에게 투항한 여마동(呂馬童)을 추격병 중에서 발견했다. 이에 그는 여마동을 가리키며 말했다.

"이 사람아, 자네 여마동이 아닌가?"

여마동은 예전에 자신에게 잘 대해주던 항우를 대면하자 참회의 빛을 가득 띠며 감히 그를 정면으로 바라보지 못했다. 이에 그는 얼굴을 옆으로 돌린 채 있다가 곁에 있던 왕예(王翳)에게 나직이 말했다.

"이 사람이 바로 항우요!"

항우는 이미 탈진하여 최후의 저항을 할 힘도 남아 있지 않았다. 그렇다고 그는 결코 포로가 되고 싶지는 않았다. 이에 그는 추격해 온 병사들에게 말했다.

"유방이 천금을 걸고 내 목을 구한다고 들었다. 게다가 나를 죽인 공을 세우면 만호의 제후에 봉한다고도 들었다. 내 지금 나의 목을 너희들에게 줄 테니, 가져가서 너희들의 소원을 이루도록 하거라!"

말이 떨어지기가 무섭게 항우는 칼을 뽑아 스스로 목을 벴다.

이때, 항우에게서 가장 가까이 있던 왕예는 항우가 자결하는 것을 보고 즉시 다가가 그의 목을 잘라 가졌다. 뒤미처 온 병사들도 항우가 죽은 것을 보고, 공을 증명하기 위해 그의 시체에 달려들어 그것을 나누어 가졌다. 가련하게도 오강에서 자결한 일대 패왕 항우의 시체는 무명의 병사들에 의해 네 조각으로 나누어져, 그들이 상을 받기 위한 수단이 되고 말았다.

항우는 스물네 살에 숙부를 따라 반진 기병에 참여한 이래, 절세의 무용을 자랑하며 수많은 전공을 세운 끝에 마침내 서초패왕의 지위에 이르렀다. 뒤이어 유방과 천하를 다투는 대결에서 질풍노도처럼 천하를 호령했던 이 일대 영웅은, 결국 전세가 악화되고 측근들이 등을 돌리는 와중에 스스로 목숨을 끊어 생을 마감하니 이때 그의 나이 31세였다.

항우가 죽은 뒤, 초한전쟁의 승리자가 된 유방은 드디어 천하통일의 대업을 이루게 된다.

기원전 202년 2월, 유방은 정도(定陶)에서 즉위했다. 그는 국호를 한(漢)이라 하고 낙양에 도읍을 정했다가 후에 장안으로 옮겼다.

제위에 오른 뒤, 유방은 백성들을 안돈하기 위한 여러 가지 조치들을 취해 오랜 기간 전란으로 피폐해진 사회경제를 회복하고 봉건질서를 회복했다.

그리고 유방은 한신, 영포, 팽월 등을 제후에 왕으로 봉했으나, 후에 모반했다는 빌미로 한신을 필두로 공신들을 차례로 제거하여 마지막에는 세력이 가장 약한 오왕(吳王)만을 남겨두었다.

기원전 201년, 유방은 친히 군사를 거느리고 흉노를 정벌하고자 했으나 전세가 불리하여 부득이 그들과 화친을 맺었다. 그리고 변방에 관시(關市)를 열어줌으로써 흉노와 서로 안정적인 관계를 유지했다.

기원전 195년 10월, 유방은 영포의 반란을 토벌하다가 화살에 맞아 중상을 입은 다음 병상에 누워 다시는 일어나지 못했다.

기원전 194년 2월, 유방이 장락궁(長樂宮)에서 병사하니 이때 그의 나이 62세였다.

유방은 죽은 뒤, 한 태조(漢太祖)로 받들어졌으며 존호는 고황제(高皇帝)였다. 역사는 그를 한 고조(漢高祖)로 기록했다.

성패의 거울

    유방과 항우가 천하를 두고 쟁탈전을 시작하던 초기, 항우는 군사적으로나 개인적 명망 면에서 유방과 비교가 안 될 정도로 우세한 위치에 있었다. 절대적 열세에 있던 유방은 전쟁 초기 패전을 거듭하며 목숨이 경각에 달린 위기상황에 처한 적이 여러 번이었다. 그러나 그는 그때마다 곤경을 탈출해 단계적으로 세력을 키워, 종국에는 항우를 제압하고 천하를 얻는 최후의 승리자가 된다.

    이 역사상의 대반전은 오랜 세월 정치학자, 군사학자 그리고 역사학자들이 부단히 연구하고 토론해 온 중요한 주제 가운데 하나다. 그리고 그들이 유방이 승리한 원인에 대해 도출해 낸 두 가지 공통된 인식이 있다.

    첫째, 유방이 용인에 매우 탁월했다는 점이다. 유방은 자신이 항우를 이긴 원인에 대해 다음과 같이 술회한 바 있다.

    "군막에 앉아 천리 밖 전장터의 전략을 수립하고 적을 제압하는 능력에 있어서는 내가 장량을 따를 수 없다. 병참을 계획하고 치국안민을 이루는 능력에 있어서는 내가 소하를 따라갈 수가 없다. 전선에 나아가 대군을 지휘하여 적을 무너뜨리는 능력에 있어서는 내가 한신을 따를 수 없다. 이들 세 사람은 모두 쉽게 찾기 어려운 인재들이자 당대의 호걸들이다. 비록 나는 그들보다 능력이 못하지만, 그들을 중용하여 그들의 능력을 최대한 발휘할 수 있도록 만들어주었다. 이것이 바로 내가 항우에게 승리를 거두고 천하를 얻게 된 배경이다."

그렇다. 유방은 이 걸출한 인재들을 하나로 조직하여 각자의 능력과 장점을 최대한 살릴 수 있는 방면에서 자기를 위해 봉사하도록 유도했다. 이것이 바로 그가 절대적인 열세의 국면을 전환하여 우세를 만들어내고 종국에는 항우를 물리쳐 천하를 얻을 수 있었던 원인인 것이다.

'인재를 얻으면 천하를 얻는다'라는 말이 있다. 수천 년 중국 역사를 돌아보면, 국가 영도자의 성패는 그가 어떤 인재를 얻었는지, 어떻게 용인을 했는지에 의해 좌우되는 경우를 허다하게 발견할 수 있다. 과거의 원한을 묻지 않고 관중(管仲)을 기용하여 패업을 이룬 제 환공(齊 桓公), 인재를 갈구하다 마침내 건숙(蹇叔)과 백리해(百里奚)를 기용하여 패업을 이룬 진 목공(秦 穆公), 악의(樂毅)를 중용하여 제나라에 당한 패전의 치욕을 되갚은 연 소왕(燕 昭王)…… 이처럼 인재의 등용이 대업의 성패에 관건이 된 사례는 많고도 많다.

한 조직의 경영자는 구성원들을 적재적소에 활용하여 그 능력을 최대한 발휘하게끔 함으로써 조직의 성과와 효율을 극대화할 수 있다. 그렇다면 조직 경영자는 어떤 원칙에 따라 용인을 해야 하는 것일까?

　이에 관해 오랜 세월 전해져 내려오는 명언이 있다. '외부에서 사람을 기용함에 원수라도 피하지 않고, 내부에서 사람을 고른다면 친지라도 가리지 않는다.' 즉, 의사결정권자의 친분에 구애받지 않고 오직 대상자의 인품과 능력에 근거하여 용인을 한다는 말이다. 이것은 중국의 역대 봉건통치자들이 일관되게 표방해 온 용인의 기본원칙이다. 유방의 품성이나 사고력의 수준은 결코 높이 평가할 만하지가 않다. 그러나 그는 소하, 장량과 같은 현사를 기용했고, 그들이 수하에 있음으로 해서 유방은 황제의 자리에 오를 수 있었다.

　이런 용인 원칙은 오늘날의 조직경영에 있어서도 견지해야 할 철칙 중의 하나다. 그것이 조직의 단결과 성과 창출의 중요한 전제가 되기 때문이다. 정실과 친분에 근거한 용인은 조직 내에 크나큰 폐해와 재난을 불러온다. 혈연과 정실이 용인의 원칙에 무절제하게 개입하면 조직은 응집력을 잃고 방향성을 상실하게 된다. 정감이란 왕왕 비이성적 방임을 수반하고 효율을 도외시하기 십상이기 때문이다.

　그리고 '천 명의 군사는 쉽게 얻을 수 있으되, 한 명의 장수를 얻기란 어렵다'라는 말이 있다. 사람의 단점을 보지 않고 그 장점을 살려 기용하는 것 역시 역대 통치자들이 견지해 온 용인 원칙의 하나다. 맹상군(孟嘗君)이 개 흉내를 잘 내고 닭 울음소리를 내는 재주를 가진 문객들의 도움을 받아 진(秦)을 무사히 탈출해 객사를 면한 것은 바로 이러한 용인술의 위력을 증명하는 대표적인 사례다. 그리고 유방이 홍문 연회에서 목숨을 보전할 수 있었던 것도 고기나 팔던 번쾌의 용맹을 높이 사 그를 장수로 삼은 덕에 가능한 일이었다.

조직의 지도자는 먼저 구성원들의 장단점을 충분히 파악한 뒤, 그 단점을 피하고 장점을 최대한 살릴 수 있도록 적재적소를 이루어야 한다. 또한 조직 발전의 단계별로 그때그때 필요한 인재를 충분히 확보 공급하여, 조직이 활력과 유연성을 잃지 않도록 노력해야 한다.

만일 유방이 소하를 장수로 삼고, 한신에게 내정을 맡기고, 장량에게 갑옷을 입혀 전선에 배치했더라면 그는 황제에 오르는 것은 고사하고 항우와의 대결 중에 자신의 목숨마저 보전하기가 어려웠을 것이다.

둘째, 유방이 항우에게 승리를 거둘 수 있게 해준 그의 남다른 장점은 그가 남의 의견을 경청할 줄 알고, 신하들의 건의를 잘 받아들였다는 것이다.

유방은 처음 향촌의 말단관리에 불과했지만, 도량과 포부가 크고 스스로의 능력을 잘 알고 있는 현명한 사람이었다. 그는 항우에 비해 기병도 늦었고, 세력도 보잘것없었지만 대신 그의 막하에는 현사와 맹장들이 운집했다. 더구나 그는 수하에 운집한 영웅호걸들의 탁견을 경청하고 실행에 옮길 줄 알았으니, 어찌 승리자가 되지 못했으랴!

유방은 진승이 기병하던 시기, 소하의 의견을 받아들여 패현 현령을 죽이고 기병에 참가했다. 한신이 탈영해 도망갔을 때, 또한 소하의 건의를 들어 그를 대장에 봉했다. 함양을 함락시킨 뒤, 궁에 안주하며 향락에 빠져 있던 유방은 장량의 진언을 받아들여 궁을 떠나 백성들에게 약법 3장을 공표하고 그들로부터 지지를 얻었다. 또 위기상황에 처해 있을 때, 한신과 팽월이 출병을 망설이자 그들을 제후에 봉하라는 장량의 책략을 받아들여 마침내 항우를 철저히 제압할 수 있었다.

역사적으로 신하들의 타당한 건의를 받아들이지 않아 나라를 잃고 패가망신한 군왕들이 수도 없다. 상(商) 주왕(紂王)은 애첩 달기를 지나치게 총애하여, 군신들의 건의를 듣지 않고 국정을 소홀히 하다가 결국 상 왕조를 멸망하게 했다. 주(周) 유왕(幽王)은 포사(褒姒)를 한번 웃게 하려고 대신들의 반대를 무릅쓰고 봉화를 올려 제후들을 희롱했다가 결국 서주가 와해되는 결과를 초래했다. 오왕 부차는 오자서의 간언을 듣지 않고 월왕 구천을 풀어주었다가 종국에는 나라를 잃고 자결하는 신세가 되고 만다.

사람은 누구나 완벽할 수 없으며, 이는 성인들도 예외가 아니다. 어떤 계획이나 책략도 크고 작은 결점이 없을 수 없다. 그러므로 지도자는 정확한 의사결정을 하기 위해 많은 의견과 건의를 수용하고 그것을 조정해 내는 능력을 갖추어야 한다. 모든 의사결정을 지도자 한 사람에게만 의존할 수 없는 일이며, 구성원 다수가 참여하는 공동의 의사결정만이 독단의 병폐와 부작용을 최소한으로 줄여준다. 더구나 오늘날처럼 과학기술의 진보가 눈부시고 정보가 홍수처럼 넘쳐나는 시대에 이는 더 말할 나위가 없는 일일 것이다.

이어서 패배자 항우를 돌아보자. 그는 어찌하여 초기에 유지했던 절대적 우세를 단계적으로 상실하게 되었는가? 그는 어찌하여 일세의 영웅이자 시대의 패왕에서 단기필마의 외로운 신세로 전락하여 비극적 최후를 맞게 되었는가? 이 문제 역시 줄곧 세인의 관심을 끌어온 역사상의 화젯거리다.

첫째, 항우는 타인의 능력과 지혜를 무시하고 질투하는 성격의 소유자였다.

그는 부하가 용맹을 과시하며 공을 세우는 것을 그리 반기지 않았으며, 현명한 막료의 건의에 자주 의구심을 표했다. 그리하여 전투에 승리해도 논공행상을 잘 하지 않았고, 적지를 빼앗은 부하에게 봉지를 내리는 일이 드물었다. 그의 이런 처신은 수하들의 인심을 잃게 했고, 결국은 패망의 씨앗이 되었다.

질투와 시기는 사악의 근원이며 저속한 천성이다. 그것은 사람의 도덕심과 정감을 마비시키고, 스스로의 총명과 지혜를 나쁜 방향으로 사용하게 유도한다. 그것은 지도자의 정상적인 사고를 혼란시키고, 그로 하여금 부정과 배척의 태도를 견지하게 한다.

우리는 주변에 부하들에게 매우 가혹하고 엄격한 태도를 취하는 지도자를 종종 발견한다. 이들은 대개 마음의 저 밑바탕에 이런 시기심을 숨기고 있기 십상이다. 그는 부하들의 장점과 공로를 들추어 칭찬하기보다 항상 그들의 실수와 허물을 찾아내기에 바쁘다. 그리고 기회가 포착되면 기필코 이를 놓치지 않고 반드시 부하들을 질책한다. 그는 이렇게 함으로써 자신의 능력을 검증하고 스스로의 권위가 더욱 높아진다고 생각한다.

이런 지도자에게서 부하들이 매력을 발견하기는 어렵다. 결국 이런 상황이 오랜 시간 지속되면 유능한 사람들은 대개 그 조직을 떠나게 된다. 지도자의 각박하고 편협한 심성을 통해 그의 진면목을 보게 된 것이다. 결국 조직에는 더 좋은 일터를 찾을 능력이 없는 사람들만 남게 될 것이다. 이런 조직이 정상적인 발전을 추구할 수 있을까?

항우는 초군의 영도자로서 병사의 종창에서 고름을 빨아줄 정도로 헌신적인 리더십을 가진 사람이었다. 그러나 그는 현사들을 기용하지 않았고, 걸출한 재상인 범증의 말에도 귀 기울이지 않아 결국은 패망의 길로 접어들었다. 이 점을 오늘의 경영자들은 반드시 교훈으로 삼아야 한다. 그리하여 시기심을 경계하고, 항상 자신과 외부세계 사이에 객관적인 태도를 견지하도록 노력해야 할 것이다.

'대범함은 시기심을 버릴 때 생겨나고, 시기심은 남을 이기지 못함에 생겨나는 것이다. 이것은 모두 감정에서 우러나는 것이다.' 지도자는 비록 스스로 실패의 좌절 속에 빠지더라도 남의 성공을 질투하지 말아야 한다. 또한 부하의 우월함 때문에 스스로 체면을 손상당했다고 생각해 시기심을 지니지 말아야 한다. 비록 지도자도 사람이어서 완벽할 수는 없으되, 타인의 장점을 흡수하고 부하가 우월한 점을 발휘하도록 도와줌으로써 전체 조직의 구성원들이 서로 상부상조하는 조화로운 기풍을 만들어나가야 한다.

둘째, 항우는 남의 의견이나 건의를 받아들일 줄 모르는 고집불통의 외골수였다.

항우는 확실히 비길 데 없는 용맹과 기상을 지닌 일세의 영웅이었다. 그러나 전쟁이란 쌍방의 종합적 역량을 겨루는 조직 간의 게임이다. 용맹도 필요하지만, 지혜를 더욱 필요로 한다. 항우는 죽음을 눈앞에 두고도 수하들 앞에서 용맹을 과시하는 일을 잊지 않은 사람이다. 이런 그의 성격으로 인해 그는 한신에게 동맹을 청하지도 못했고, 주변 현사들의 간언도 듣지 않았다. 그 결과 측근들에게 배반당하고 사방에서 적을 불러, 결국 오강에서 스스로 목숨을 끊고 말았으니 이 일세의 영웅은 그 종말이 얼마나 비극적인가! 또한 홍문에서 유방을 잡을 기회를 놓친 일도 그로서는 천추의 한이 아닐 수 없다.

고집이 강한 사람은 대개 화를 잘 내고, 자부심이 지나쳐 자기의 능력과 지혜를 과신하는 경향이 있다. 오직 자신만이 옳다고 여겨 남의 의견을 쉽게 받아들이지 않는 오만함을 보인다. 만일 조직의 지도자가 이런 품성의 소유자라면 참으로 불행한 일이 아닐 수 없다. 그는 모든 구성원이 자신의 지휘와 구호에 따라 일사분란하게 움직이기를 요구하며, 누군가 명령의 불합리한 점을 지적하더라도 그것을 수정하지 않고 오직 자신의 방식만을 재삼 강조할 뿐이다. 이런 조직의 장래가 어떠할지는 구태여 설명할 필요가 없을 것이다.

조직의 지도자는 항상 공정하고 객관적인 입장에 서서 다른 사람의 의견을 경청하고, 설사 자신과 상반된 견해를 가진 사람의 말이라도 수용할 줄 알아야 한다. 지도자의 고집과 독선은 작게는 한 개인의 발전을 가로막고, 크게는 국가를 패망의 길로 들어서게 할 수도 있다. 사람은 누구나 어떤 시기에 어느 정도의 고집을 부릴 수 있다. 이런 심리적인 고정관념을 극복하고 성공적인 삶을 개척하기 위해서는 먼저 스스로 인생의 올바른 가치관을 수립하고, 다른 이의 의견을 폭넓게 수용하려는 노력을 장기간 게을리 하지 말아야 한다.

항우가 비록 최종적인 패배자이기는 하지만 후세 사람들은 그에게 비교적 좋은 평가를 내리고 있다. 그는 줄곧 역사 속의 대표적 영웅의 한 사람으로 받들어지고, 서초패왕의 아름다운 이미지를 후세에 전승해 오고 있다. 그는 확실히 누구도 부인할 수 없는 일대 영웅이자 탁월한 군사 전략가였다. 사병의 신분으로 출발하여 수많은 전장터를 누비며 전공을 쌓은 그는 마침내 진 왕조를 무너뜨린 대표적 장수의 한 사람이 되었다.

유방과 항우의 천하를 건 대결을 총괄해서 보면, 한 사람은 말단 향리에서 새로운 왕조를 연 개국 황제가 되었고, 한 사람은 명문가의 자제로 태어났으나 결국 패망하여 머리와 몸이 갈래갈래 나누어지는 비참한 최후를 맞았으니, 역사를 읽는 사람들로 하여금 형용하기 어려운 무한한 감개가 피어오르게 한다.

역사는 공정한 것이다. 누구에게도 결코 편향적이지 않다. 유방이 승리한 것은 그가 탁월한 정치적 자질을 지니고 있었기 때문이다. 항우가 실패한 것은 그가 걸출한 군사 전략가에 불과했기 때문이다. 천하가 요동하는 대전란의 시대는 유능한 군사 전략가를 매우 필요로 했지만, 더욱 필요로 한 것은 탁월한 정치가였다.

항우는 진왕 자영을 죽였고, 진의 궁실을 불태웠으며, 항복한 군사를 생매장하고, 의제를 죽였으며, 봉기군 사이의 맹약을 파기했고, 약법 3장이 정치적으로 무엇을 의미하는지 몰랐으며, 제후들의 연맹을 유도할 줄 몰랐고, 범증의 계책을 받아들이지 않아 결국은 용호상박의 대결에서 패배자의 멍에를 지고 말았다. 천하의 대세가 이미 기울었거늘, 설사 그가 장강을 건너 강동으로 갔었던들 무엇이

달라질 수 있었을까?

　'도도한 장강의 물길은 동으로 굽이굽이 흘러가느니, 그 물결 속에 무수한 영웅들을 모두 실어 가버렸네.' 비록 호걸들은 가고 없으나, 후세 사람들은 비장한 영웅의 말로에 대한 동정과 일대 제왕의 족적에 대한 그리움을 오래도록 버리지 못하고 있다.

5. 숙명의 라이벌을 만나
최고의 지략을 펼치다

제갈량諸葛亮 vs 사마의司馬懿

제갈량(諸葛亮, 181~234)과 사마의(司馬懿, 179~251)는 모두 중국 역사상의 걸출한 정치가요, 군사전략가다. 이들은 둘 다 봉건관료 가정에서 태어났으며, 어려서부터 포부가 원대하고 지략이 뛰어난 면모를 보였다.

동한 말기에 천하대란이 일어나 각지의 군웅들이 할거하는 와중에, 제갈량은 유비의 삼고초려를 받고 세상에 나와 그를 보좌하며 한실(漢室)을 부흥시키기 위해 진충보국했다. 그리고 마침내 '천고의 현상(賢相)'이라는 아름다운 이름을 세상에 남겼다. 사마의는 강제적 으로 조조의 막료가 되었으나 2대에 걸쳐 위주(魏主)를 충심으로 섬 겼으며, 나아가 위를 대체한 진(晉)의 기초를 닦은 절세의 효웅(梟雄) 이었다.

삼국이 정립된 후, 각국이 자기 영역을 확대하기 위해 합병과 병 탄을 일삼는 전란 속에 이들은 각자 자기 주군을 위해 견마지로(犬 馬之勞)를 다했다. 제갈량은 공격을 수비의 방책으로 삼아 수차례에 걸쳐 위를 제압하고자 북벌을 단행했으며, 사마의는 이런 위기상황을 맞아 위주의 명을 받고 전장에 나아감으로써 두 사람 사이에 생사를 건 대결이 시작됐다.

　이들의 대결과 승패는 개인의 영욕, 나아가서는 국가의 존망과 직접적으로 연관되는 일이었다. 이런 이유로 초연이 자욱한 전장에서 이 두 충신은 각자 자신이 지닌 모든 재능과 지모를 총동원하는 대결을 벌이지 않을 수 없었다. 이들의 지략은 서로 막상막하였고, 각기 자신의 전략적 장점을 지닌 천하의 호적수였다. 이리하여 이들의 대결은 위기일발의 상황이 끊임없이 이어지며 독자들로 하여금 경탄을 금치 못하게 한다.

천고의 명상과 절세의 효웅

제갈량은 자(字)가 공명(孔明)으로 서기 181년, 산동 낭아 양도현에서 태어났다. 그의 조상인 제갈풍은 서한 원제(元帝) 때 사례교위(司隷校尉)를 지냈으며, 부친 제갈규는 동한 말기 태산 군승(郡丞)을 역임한 바 있다. 그가 태어난 시기는 바로 동한 말기의 역사적 암흑기였다. 봉건통치자들의 핍박과 약탈 속에 백성들은 짐승보다 못한 생활을 영위하고 있었다.

제갈량이 네 살이던 184년, 황건의 봉기가 마치 화산처럼 폭발적으로 일어났다. 황건 봉기군은 민중들로부터 폭넓은 지지를 얻었다. 그들은 탐관오리들을 벌하고 관아를 불태우며 봉건통치자들에게 큰 타격을 입혔다. 그러나 통치계급의 강력하고 잔혹한 진압 속에 그들은 결국 패배하고 말았다.

189년, 영제(靈帝)가 죽고 소제(少帝) 유변이 즉위하자 그의 외척

인 하진(何進)이 조정을 장악했다. 얼마 뒤 하진이 환관들에게 살해당하자 그의 신임을 받고 있던 원소, 원술이 군사를 동원하여 궁내의 환관들을 체포해 죽였다. 이때 양주(凉州) 군벌 동탁이 군사를 이끌고 낙양에 난입하여 소제를 폐하고 정권을 농락했다. 그러자 각지의 관료, 군벌들이 들고일어나 서로 혼전을 벌이는 대변란이 시작되었다.

이 전란 중에 제갈량의 고향도 군벌들의 전장으로 돌변하여 살육이 무수히 자행되고, 백성들은 도탄에 빠져 허덕이게 되었다. 194년경 제갈량이 열네 살이 되던 해, 그의 숙부 제갈현이 양주(揚州) 군벌인 원술에 의해 예장(豫章) 군수에 임명되자 제갈량은 그의 임지로 따라가게 된다. 그 후 제갈현은 일이 여의치 않아 관직을 잃고, 부득이 형주(荊州) 자사 유표에게 몸을 의탁해 그의 식객이 된다. 그러나 그는 얼마 지나지 않아 그만 울분을 이기지 못하고 세상을 떠나고 말았다. 숙부를 잃은 어린 제갈량은 아무 곳도 의지할 데 없는 외로운 신세가 되고 말았다.

197년, 유표는 제갈량을 양양(襄陽) 서쪽의 융중(隆中)이라고 하는 곳에 전답을 마련하여 정주하도록 도와주었다. 이리하여 제갈량은 그에게 제2의 고향이 된 융중에서 은둔생활을 시작하게 된다. 그러나 제갈량은 결코 전원 속의 은둔생활에 만족하지 않았다. 그는 시시각각 변해가는 세상사에 관심을 기울이며, 한편으로 덕망 있는 스승을 찾아 배움을 구했다. 그리고 언젠가 기회가 되면 반드시 세상으로 나가 웅지를 펼쳐보려는 포부를 지니게 되었다.

이 기간에 제갈량은 경사(經史)를 학습하고 제자백가 사상에 심

취했다. 그는 그중에 특히 선진(先秦)시대 법가의 학설을 깊이 흡수하여 그것을 자신의 사상적 관점으로 삼았다. 아울러 제갈량은 당시 정치와 군사적 판도의 변화상을 주의깊게 관찰하며, 그 속에서 자신의 정치적 관점과 포부를 확립해 나갔다.

동시에 제갈량은 형주 인근의 지도자적 인물이나 덕망이 높은 명사들과 교분을 쌓는 일도 게을리 하지 않았다. 그들과의 관계를 통해 제갈량은 때로 배움을 청하여 자신의 식견을 넓히고, 다른 한편으로 자신의 존재를 알려 스스로의 정치적 영향력을 확대하고자 했다.

제갈량이 융중에 은거했던 기간은 천하의 정치적 형국이 급변한 시기이자, 동시에 무수했던 군벌들의 승부가 어느 정도 결정되고 정리되어 가는 시기였다.

중원에서는 조조의 세력이 가장 강성했다. 196년, 그는 한 헌제(獻帝)를 앞세워 허창으로 천도를 단행했다. 그리하여 그는 천자를 협박하여 제후들을 장악하는 유리한 지위를 점하게 되었다. 207년, 장강 이북의 광대한 지역이 대부분 조조의 수중에 장악되었고, 조조는 당시 군벌들 중에서 가장 세력이 강한 집단으로 부상했다.

강동에서는 손권이 줄곧 세력을 넓히고 있었다. 200년, 손책이 죽자 그의 동생 손권이 지위를 계승하여 장소, 주유의 보좌 아래 내부의 동요를 안정시켰다. 203년, 손권은 형주를 점령하기 위해 먼저 유표의 관할 영역인 강하(江夏)를 공략했다. 그리고 208년에 이르러 마침내 강하를 점령하여 형주의 유표에게 큰 타격을 입혔다.

이 시기에 유비는 아직 자신의 근거지를 갖지 못하고 여러 군벌들을 찾아다니며 몸을 의탁하는 신세였다. 각 방면의 군벌들이 동탁을 토벌할 때, 유비도 이 대열에 참가했다. 그러나 전투에 패한 뒤 그는 공손찬의 막하에 들어갔다. 196년, 회남 지역에 할거하고 있던 원술은 여포와 결탁하여 유비를 공격했다. 이들과의 전투에서 패한 유비는 다시 조조에게 몸을 맡겼다. 이에 조조가 그에게 다시 여포를 공략하게 했으나, 여전히 패퇴하고 말았다.

조조가 친히 여포를 토벌한 후, 유비는 조조를 따라 허도(許都)로 들어갔다. 이에 조조는 그를 좌장군에 봉하고 예우했다. 그러나 유비는 조조가 황권을 농락하며 찬탈의 기도를 보이자 이에 불만을 품고 헌제의 장인인 차기장군 동승(董承) 등과 은밀히 조조를 제거하고 한실을 부흥시킬 거사를 모의하게 된다. 그러나 이를 의심하고 있던 조조에게 사전에 발각되었고, 유비는 몸을 피해 허도를 빠져나가게 된다. 그리고 서주 자사 차주(車胄)를 살해하고 공개적으로 조조에게 반기를 들었다.

200년, 동승은 거사계획이 탄로나 살해당하고, 조조는 군사를 이끌고 유비를 공격하게 된다. 이에 크게 패한 유비는 북쪽으로 원소를 찾아가 의탁하게 된다. 201년, 유비는 조조의 위협 속에 다시 형주의 유표에게 몸을 기탁했다.

유비는 10여 년에 걸쳐 동분서주했지만 여전히 자기 기반을 갖지 못하고 세력이 큰 군벌에 의지하는 신세를 면치 못했다. 그는 한실의 부흥은 고사하고 스스로의 생명조차 제대로 부지하기 어려운 처지가 못내 부끄러웠다. 그는 자신이 처한 곤경이 자신을 옆에서 보좌할 유능한 책사가 없는 데 주된 원인이 있다고 생각하고, 지모가 탁월한 현사를 찾아 나섰다. 그리고 마침내 양양 명사(名士)의 추천으로 제갈량을 찾아가, 출산(出山)하여 함께 대업을 도모할 것을 권하게 된다.

207년, 유비의 삼고초려 속에 드디어 제갈량은 그를 대면했다. 두 사람이 서로 진지한 대화를 나누는 과정에 제갈량은 유비의 겸허하고 정성어린 태도에 크게 감동했다. 이에 그는 자신이 융중에서 10년을 은거하며 관찰하고 분석한 천하대세의 흐름과 한실을 부흥시키고 천하를 다시 통일시킬 책략을 거침없이 설파했다.

그러자 제갈량에 대한 신뢰감이 더욱 커진 유비는 자신을 도와 이 책략을 실행할 것을 간곡히 요청했다. 제갈량은 유비의 간절한 부름에 흔연히 화답하여, 마침내 10년의 은둔생활을 접고 정식으로 정치무대에 등장하게 된다.

제갈량은 세상에 나온 후, 유비를 도와 군사를 확충하고 인재들을 발탁하며 정치, 군사 방면에서 자신의 재능을 유감없이 발휘했다. 나아가 유비와 수어지교(水魚之交)의 관계를 맺으면서 천고의 충신으로 역사에 남은 그의 인생역정을 전개해 나갔다.

이즈음 형주에는 통치 집단 내부의 갈등이 심화되어, 유표의 두 아들은 그의 지위를 계승하기 위해 서로 격렬한 투쟁을 벌였다.

208년 7월, 조조는 이런 약점을 기회로 삼아 형주를 공략하기 시작했다. 조조가 군사를 거느리고 남하한 지 얼마 지나지 않아 유표가 병으로 죽었다. 그의 지위를 계승하여 형주목(荊州牧)이 된 유종은 조조의 위세에 겁을 먹고 제대로 싸워보지도 않은 채 항복해 버렸다.

유비가 형주의 유종이 조조에게 항복했다는 소식을 들었을 때, 조조의 대군은 이미 유비의 군사가 주둔하고 있는 완성(宛城) 가까이 육박하고 있었다. 유비와 제갈량은 자신들의 역량으로 도저히 조조의 대군을 대적할 수 없음을 알고, 황망히 군사를 철군시켜 강릉(江陵) 방면으로 물러났다.

조조가 사방으로 위세를 떨치고 있는 상황에서 손권과 유비는 서로 연맹을 맺고 함께 조조를 대적하기로 다짐한다. 그리하여 208년 11월, 두 사람의 연합군은 적벽에서 화공을 펼쳐 조조의 대군을 크게 궤멸시켰다.

적벽대전 후, 유비는 형주 남부의 무릉, 장사, 계양, 영릉 등 4개 군으로 세력을 넓혀 마침내 이곳을 자신의 근거지로 삼게 된다. 유비는 제갈량을 군사(軍師) 중랑장에 임명하고 영릉, 계양, 장사 3군을 다스리게 했다. 이리하여 제갈량은 장사 남부의 임중에 군사를 주둔시키고 3군의 사회질서를 안정시켜 갔다. 아울러 이 지역 백성들로부터 거두어들인 세금과 부역으로 군비를 마련해 유비를 뒷받침했다.

이어서 유비는 제갈량, 장비, 조운 등과 함께 성도를 공략했다. 얼마 후, 유장이 투항하자 유비와 제갈량은 익주를 점령하고 자신들의 근거지를 크게 확장했다. 이후 유비는 스스로 익주목(益州牧)을 칭하고, 제갈량을 군사 겸 익주 태수로 삼아 군무를 도맡게 했다.`유비가 익주에서 어느 정도 기반을 다지고 나자, 제갈량은 그를 도와 다시 한중을 도모하려 했다.

215년, 조조가 서북 지역의 마초, 한수의 군대를 무너뜨리고 친히 대군을 인솔하여 한중으로 들어가자 장노가 투항했다. 조조가 한중에 주둔하고 있을 당시, 조조를 따라 출정했던 사마의는 유비가 아직 서촉에서 인심을 얻지 못했을 때 먼저 멀리 떨어진 강릉을 공략함으로써 한중과 익주 일대를 동요하게 하여 유비를 멸하자는 계책을 건의했다.

사마의는 서기 179년, 하내군 습현[현재의 하남성 초작(焦作)]에서 권문세가의 자손으로 출생했다. 그는 어려서부터 유달리 총명했고 학문을 폭넓게 수학했으며, 특히 유교의 가르침에 순종했다. 동한 말기의 천하대란을 몸으로 직접 겪고 민생의 참상을 목도하며, 그는 천하의 분열과 혼란을 걱정하는 마음에 언젠가 스스로 대업을 도모할 포부를 지니게 되었다.

사마의는 청년이 된 후 기지와 다재다능으로 널리 소문이 나, 하내 군수는 그를 회계관에 임명한다. 근면과 성실로 자기 소임을 완수한 그의 명성은 더욱 널리 퍼져나가 마침내 조조의 귀에까지 들리게 되었다. 이에 조조가 그를 임용하고자 하였으나, 조조를 하찮게 여긴 사마의는 병을 핑계로 그의 부름에 응하지 않았다. 조조가 다시 사람을 보내 그를 청하였으나 여전히 그가 마음을 바꾸지 않자 조조는 강제적 수단을 동원하여 그를 승상부 관직에 앉혔다. 일단 임용된 후, 사마의는 직무에 충실히 봉직하여 시랑, 의랑, 주부 등의 자리를 거쳤다.

원래 그는 조조의 서북 정벌을 수행하며 적기에 묘책을 제시하여 자신의 능력을 인정받고 공을 세우려는 생각이 간절했었다. 그러나 조조는 그의 건의를 받아들이지 않고 한중에 한동안 주둔하다가 대장 하후연과 장합(張郃)에게 한중을 지키도록 안배한 후, 군사를 회군해 돌아가 버렸다.

219년, 유비가 한중을 빼앗고 한중왕을 칭했다. 이즈음 관우는 형주 북부에서 조조의 통치가 안정적이지 않음을 간파하고 출병하여 번성과 양양을 공략했다. 이 과정에 관우는 조조의 맹장 우금을 사로잡았다. 이에 조조는 크게 놀라 수도를 하북으로 옮기려는 생각을 비쳤다.

사마의는 천도 계획의 불가함을 상주하며, 조조에게 손권과 연합하여 관우의 후방을 공격함으로써 번성의 포위를 풀게 할 것을 건의했다. 조조는 이 계책을 받아들였다. 얼마 후, 손권은 형주를 공격하여 관우를 죽였다. 자연히 번성의 포위는 풀리고 위기를 벗어났다. 이로써 손권과 유비의 연맹은 해체되었다.

이즈음 조조가 죽고 그의 아들 조비가 승상 지위를 계승했다. 얼마 뒤, 조비는 한 헌제를 폐하고 스스로 황제를 칭하며 새로 위(魏)를 건국했다. 사마의는 상서, 제군, 어사 등으로 벼슬이 높아졌으며 다시 안향후(安鄕侯)에 봉해졌다. 조비가 황제를 칭한 다음 해, 유비는 한실의 정통을 계승하기 위해 성도에서 제위에 오르니 비로소 촉한 정권이 탄생했다. 유비는 제갈량을 승상에 임명했다.

제위에 오른 유비는 제갈량의 권고를 외면한 채 친히 군사를 거느리고 동오를 공격하다가 233년 백제성에서 세상을 떠났다. 그가 죽고 난 후, 제갈량은 그의 아들 유선을 보좌하여 즉위하게 했다. 역사는 유선을 후주(後主)라 칭했다. 유선은 승상 제갈량을 무향후(武鄕侯)와 익주목(益州牧)에 봉했다. 이때부터 제갈량은 촉한의 통치를 책임지는 중임을 짊어지게 된다.

제갈량은 촉한의 통치를 맡아 법률을 정비하고 민생을 보호하여, 촉한은 정치와 사회 각 방면에 질서를 회복하고 내정은 크게 안정을 다져갔다.

내정이 안정을 회복한 다음, 제갈량은 등예를 동오에 사신으로 보내 다시 화의를 맺고 함께 위에 대항할 것을 요청했다. 2년 후, 제갈량은 친히 대군을 이끌고 남정(南征)을 단행했다. 그는 맹획을 일곱 번이나 사로잡았다 놓아주어 소수민족을 복속시키고 반란을 평정했다. 그리고 화이(和夷)정책을 취하여 남중 지역을 통일함으로써 북벌에 대비한 배후 정지작업을 완료했다. 이어 그는 병마를 조련하며 위를 치기 위해 북벌에 나설 준비를 차곡차곡 진행시켰다.

226년, 위 문제 조비가 병사하고 그의 아들 조예가 즉위했다. 위 명제다. 사마의는 조진, 진군 등과 함께 보정(輔政) 대신이 되었다.

같은 해 12월, 사마의는 무양후(武陽侯)에 봉해졌다. 이즈음 마침 동오가 위를 침범하자 사마의가 군사를 이끌고 나가 대승을 거두었다. 이에 사마의는 다시 철기대장군에 봉해지고, 직접 부중(府中)을 개설해 정무를 볼 수 있게 되었다. 자신의 정무기구와 직속 병마를 보유하자 사마의는 서서히 자신의 역량을 키워가기 시작했다. 이리하여 낙양 일대에서 그의 명성과 위세는 나날이 치솟았다. 큰 야심을 품고 실권을 장악한 사마의는 제갈량에게 피할 수 없는 대결 상대로 부상했다. 그리고 마침내 제갈량이 북벌을 단행하자 두 사람의 문무 양면에 걸친 대결이 본격적으로 시작되기에 이른다.

울면서 마속을 베다

226년, 위 명제 조예가 즉위한 후, 사마의는 옹주(雍州)와 양주(涼州)의 수비 병력이 부족하므로 이를 보강할 것을 위주에게 상주했다. 이에 위주는 그를 이 지역의 병마제독으로 임명했다.

제갈량은 위의 정세에 대해 듣고 난 뒤, 위에 새로운 주인이 즉위한 초기에 군사를 일으켜 북벌을 단행하는 것이 좋겠다고 생각했다. 그러나 병법에 밝고 전략적 기회를 기민하게 포착해 내는 사마의가 보정대신을 제수받고 옹주, 양주의 병마를 장악하게 되자 촉한에게는 큰 우환거리였다. 이에 제갈량은 어떻게든 방법을 찾아 우선 그를 제거하고자 했다.

당시 사마의의 위세가 욱일승천하자 위주 조예는 그를 의심하기 시작했고, 같은 보정대신이자 권력을 독점하려는 야욕을 지닌 조진도 그를 시기하기 시작했다. 이에 제갈량은 은밀히 사람을 낙양과 업군 일대에 보내 사마의가 역모를 꾀하고 있다는 유언비어를 퍼뜨리고, 사마의가 세상에 고하는 것처럼 위조한 방문(榜文)을 성문 등에 게시하게 했다. 이것은 조예의 의심을 더욱 깊게 만들어 그의 손을 빌려 사마의를 살해하려는 제갈량의 이간책이었다.

업군 성문을 지키던 병사는 사마의의 명의로 된 반정 거사의 기병을 알리는 게시문이 나붙은 것을 발견하고 황망히 그것을 조예에게 올려 보고했다. 조예는 그것을 보고 난 후, 대경실색하며 대신들을 모아놓고 처리방안을 물었다. 대신들은 하나같이 사마의가 큰 야심을 품고 있으므로 그를 일찍 제거하지 않으면 나중에 반드시 큰 화근이 될 것이라는 견해를 피력했다.

이때 조진이 한 가지 계책을 내놓았다. 즉, 위주 조예가 안읍으로 행차하여 사마의가 영접하는 모양새를 보면 정말 그가 모반의 저의가 있는지 알 수 있다는 것이었다. 사마의는 조예가 안읍으로 행차한다는 소식을 듣고 그에게 자신의 위엄을 한번 과시하고 싶었다. 그래서 그는 병마를 정돈한 뒤 병사 수만을 이끌고 나와 웅장한 기세로 조예를 영접했다. 이런 광경을 본 조예는 사마의에게 정말 모반의 마음이 있다고 여겼다. 이에 그는 태위 화흠의 건의대로 그를 삭탈관직하여 고향으로 돌아가게 했다. 그리고 조휴로 하여금 그를 대신해 옹주, 양주의 병마를 관장하게 했다.

이 소식을 들은 제갈량은 뛸 듯이 기뻐했다. 이리하여 228년 봄, 제갈량은 마침내 북벌을 단행한다. 출정에 앞서 먼저 그는 막료들과 진군 노선에 대해 상의했다. 이때 형주는 이미 동오의 수중에 넘어간 뒤였다. 그래서 제갈량이 일찍이 융중에서 구상한 대로 형주와 익주의 두 길로 북벌을 단행하는 방안은 이미 실행이 불가능했다. 이때 대장 위연(魏延)이 건의했다.

"장안을 지키고 있는 하후무는 겁이 많고 지략이 부족한 사람입니다. 저에게 5천 군사를 주시면 포중을 출발하여 진령을 동으로 돌아 자오곡에서 북상하는 지름길로 열흘 안에 장안에 다다라 공격을 시작할 수 있습니다. 하후무는 우리가 이렇게 빠르게 행군하여 돌연 기습을 개시하면 분명 도망할 것이고, 장안을 쉽게 함락할 수 있습니다. 위가 대군을 보내 반격을 하더라도 그때쯤이면 승상께서 본진을 끌고 사곡을 통하여 장안에 당도할 시간이니, 장안 서쪽 땅은 이미 우리 것이 되어 있을 것입니다."

그러나 제갈량은 용병이 매우 신중하고 현실적인 편이었다. 그리고 병력의 실전능력을 특별히 중시했다. 당시 쌍방의 역량을 비교하건대, 현실적으로 위가 촉에 비해 강하다는 전제 아래 용병을 할 수밖에 없었다. 그가 보기에 위연이 건의한 방안은 상당한 모험을 수반하고, 여차하면 불리한 상황으로 빠져들 가능성을 다분히 안고 있었다. 이에 그는 안전하게 큰길로 나아가 먼저 농우(隴右: 감숙성 동남부)를 취하고 다시 관중으로 향하는 것이 옳다고 생각해, 가까운 길로 먼저 장안을 습격하자는 위연의 건의를 채택하지 않았다.

제갈량은 실리 위주의 전술로 먼저 농우를 공략하기로 방침을 정하고 출정준비에 박차를 가했다. 이때 촉한의 명장들은 이미 모두 세상을 떠나고 오직 조운(趙雲)만이 살아 있었다. 제갈량은 위군의 눈을 속이기 위해 성동격서의 전술을 사용했다. 그는 사곡을 통하여 출병하는 것처럼 소문을 내며 먼저 조운을 파견해 미성을 치게 하고, 다른 한편으로 등예에게 일부 군사를 주어 사곡 남쪽의 기곡으로 진군해 주둔하게 했다. 그런 연후에 정작 자신은 주력군을 이끌고 서북 방향의 기산(祁山)을 향해 진군했다.

이때, 사마의는 집에서 한가롭게 지내고 있었다. 조예는 촉군이 공격해 온다는 소식을 듣고 급히 제독 조진을 파견해 전군을 지휘하여 미성을 구원하게 했다. 그리고 자신이 친히 출정해 장안에 본영을 설치하고 전황을 지휘했다. 농우의 위군은 사전에 충분한 방어 태세를 갖추지 못한 상태여서 촉군의 갑작스런 공격에 급격히 궤멸되었다. 여기다 제갈량의 주도면밀한 작전에 힘입어 기산 이북의 천

수, 남안, 안정 등의 지방관들이 속속 위를 배반하고 촉에 투항했다. 원래 위의 장수였던 강유(姜維)는 바로 이때 촉에 귀순했다.

촉군이 연전연승을 거두며 크게 위세를 떨치자 인근의 많은 주군(州郡)들이 대세를 따라 차례대로 촉으로 귀순해 왔다. 제갈량은 병마를 정돈한 다음, 기산을 나서 위수(渭水) 서변에까지 진군했다. 이에 조예는 곽회를 부제독, 왕랑을 군사로 삼아 조진을 지원하게 했다. 그 결과, 제갈량이 세치 혀를 가볍게 놀려 왕랑을 조리 있게 꾸짖자 그는 화를 못 이겨 그만 말에서 떨어져 죽어버렸다. 아울러 조진도 몇 차례에 걸친 전투에서 크게 패하고 물러났다. 크게 놀란 조예는 막료들에게 적군을 물리칠 방책을 물었다.

이때 태부 종요가 사마의를 다시 기용할 것을 건의했다. 그는 제갈량이 북벌을 단행하려는 욕심을 일찍부터 지녔으나 사마의가 두려워 결행을 못하고 있다가, 고의로 그를 모함하는 유언비어를 퍼뜨려 그가 의심을 받아 파면당하게 한 후 이렇게 파죽지세로 진격해 오게 되었다고 간했다. 그리고 만일 지금 사마의를 다시 기용한다면 제갈량은 저절로 물러가게 될 것이라고 말했다. 이에 조예는 조서를 내려 사마의의 관직을 원래대로 복직시키고, 그에게 속히 장안으로 나와 제갈량을 격퇴할 대책을 함께 상의할 것을 명했다.

이때, 원래 촉에서 위로 투항했던 맹달이 여전히 신성 태수로 있었다. 맹달은 위 문제의 두터운 신임을 받았으나 그가 죽고 명제가 즉위하자 마음이 불안했다. 제갈량은 위나라에서 맹달의 처지가 그리 여의치 않다는 이야기를 듣고, 그에게 다시 돌아오라는 뜻을 전했다. 이에 맹달은 제갈량에게 서신을 보내 다시 촉으로 귀순하겠다는 뜻을 밝혔다. 그런데 맹달은 위의 위흥 태수 신의와 사이가 좋지 않았다. 신의는 맹달이 위를 배반하고 촉에 투항하려 한다는 말을 듣고 은밀히 상소를 올려 이를 고발했다. 위 명제는 이 일을 사마의에게 처리하도록 분부했다.

사마의는 먼저 맹달에게 서신을 보내 그를 안심시키는 한편, 다른 한편으로 급히 파병하여 하루에 이틀의 거리를 행군하는 속도로 8일 만에 신성 가까운 곳까지 이르게 했다. 이에 맹달은 한중에 주둔하고 있는 제갈량에게 사정의 위급함을 알려 구원을 청하고, 다른 한편으로 동오에도 구원을 요청했다. 촉군과 오군이 지원을 위해 달려왔지만 사마의가 이를 중도에 가로막았다. 얼마 후, 사마의의 군사가 신성 성문 아래 도착하자 맹달의 부장이 성문을 열고 투항했다. 사마의는 맹달을 주살했다. 제갈량은 하는 수 없이 지원군을 되돌아오게 했다.

사마의는 이렇게 맹달을 제압한 뒤, 군사를 이끌고 장안 성 밖에 이르러 주둔했다. 조예는 사마의에게 즉시 촉군을 격파할 것을 명하고, 한편으로 장합에게 선봉이 되어 함께 촉군을 공략하도록 영을 내렸다.

영을 받은 사마의는 장합과 함께 적군을 격퇴할 계책을 상의했다. 사마의는 제갈량이 용병에 매우 신중하고 모험을 기피하는 성향임을 잘 알고 있었다. 그는 제갈량이 분명히 사곡으로 출병하여 미성을 취할 것이라고 보았다. 그리고 미성을 취한 다음에는 필시 기곡을 노릴 것이었다. 이에 그는 미성의 수비를 든든히 하도록 영을 내린 다음, 신탐과 신의 두 사람으로 하여금 기곡으로 가는 길목을 지켜 적군의 공격에 대비하도록 했다. 동시에 사마의는 '한중의 목'이라고도 불리는 가정(街亭)을 점령해 제갈량의 군량 수송로를 끊어놓는다면, 농서 일대를 수비하기 어려워질 것이고 자연히 제갈량이 한중으로 철군할 수밖에 없을 것이라고 생각했다. 이때 철군하는 길목에 군사를 매복시켰다가 공격하면 확실히 대승을 거둘 수 있을 터였다. 그러나 만일 제갈량이 철군하지 않을 경우에는, 촉군의 병참을 단절시키고 시간을 끌면 군량이 고갈된 촉군은 자중지란에 빠질 것이고 그리되면 제갈량은 자신의 손아귀에 제압당하게 될 것이라 확신했다.

제갈량은 사마의가 출정했다는 이야기를 듣고 크게 놀랐다. 그는 사마의가 필시 가정을 공략하여 촉군의 병참선을 노릴 것이라고 예측했다. 이에 그는 가정에 군사를 추가로 보내 방어를 강화하고자 했다. 제갈량은 수하의 장수들에게 누가 그곳으로 가기를 원하는지 물었다. 참군(參軍) 마속(馬謖)이 자원했다. 마속은 어려서부터 병서를 열독하여 병법에 상당히 해박한 장수였다. 제갈량은 가정이 비록 작은 곳이지만 전략적으로 매우 중요한 요충이어서 이곳을 잃으면 전군이 위험에 빠지게 되니 특별히 방어에 유의하라고 재삼 당부했다. 그러나 상대가 사마의라는 걸출한 전략가에 맹장 장합임을 감안하여, 제갈량은 상장(上將) 왕평(王平)을 마속과 함께 파견하여 두 사람이 서로 상의하여 가정을 잘 지키되 절대 경거망동하지 말 것을 다시 한 번 당부했다.

제갈량은 마속과 왕평을 가정으로 파견한 후, 아무래도 그들이 실수할까 마음이 놓이지 않았다. 이에 그는 장수 고상(高翔)에게 명하여 군사를 이끌고 가정 동북쪽의 열류성에 주둔하다가 만일 가정이 위험한 지경에 빠지면 지원하도록 명했다. 그러나 다시 생각하니 고상도 장합의 적수가 되지 못했다. 이에 그는 다시 위연으로 하여금 군사를 이끌고 가정 오른쪽에 주둔하며 가정을 지원하도록 명했다. 이렇게 일련의 안배를 마친 다음, 그는 강유를 선봉으로 삼아 사곡으로 출병했다.

마속과 왕평은 가정에 도착하여 먼저 그곳의 지세를 살폈다. 그런 후 마속은 험준한 산 위에 군영을 설치하기로 결정했다. 그는 산을 둘러싼 지세가 매우 편벽하여 위군이 함부로 접근하지 못할 것이며, 설사 공격해 오더라도 적군을 내려다보며 상대할 수 있어 자신에게 크게 유리할 것이라고 생각했다. 그러나 왕평은 마속이 적군을 지나치게 경시함을 걱정스러워하며 산 아래에 군영을 설치할 것을 강력히 권유했다. 그는 비록 이곳이 공격하기가 어렵고 방어가 쉬운 곳이긴 하지만 외부와 단절된 곳인데다, 만일 산 위에 군영을 설치했다가 위군이 취수로를 단절시키기라도 하면 큰 곤경에 빠질 수 있다고 주장했다. 그러나 마속은 왕평의 말을 듣지 않고 기어코 산 위에다 군영을 설치했다.

이때, 사마의는 제갈량이 이미 가정에 군사를 파견해 방어를 강화했다는 소식을 듣고 탄식하며 말했다.

"제갈량은 하늘이 내린 사람이로다. 내 그를 감당하기 어렵겠구나!"

이에 그의 아들 사마소가 가정을 쉽게 취할 수 있게 되었다며, 제갈량이 파견한 촉군이 산 위에 군영을 설치한 사실을 알렸다. 그러자 사마의는 크게 기뻐하며 미복으로 갈아입은 뒤, 친히 백여 명의 기병을 거느리고 나아가 가정의 지형을 살펴보았다. 그는 자기 눈으로 직접 촉군이 산 위에 군영을 설치한 것을 보고 무릎을 치며 기뻐했다.

"이것은 하늘이 나를 도와주는 것이로다!"

사마의는 가정을 지키는 촉장이 마속이라는 것을 알고, 제갈량이 잠시 정신이 나가 그런 용렬한 사람을 이 요지에 파견했다고 비웃었다. 이어 그는 장합으로 하여금 산 아래 주둔하고 있는 왕평의 진격로를 가로막도록 명한 뒤, 마속 진영의 취수로를 끊고 포위해 기다리다가 그들이 곤경에 빠지면 공격을 개시하기로 결정했다.

다음날 이른 아침, 장합은 왕평의 진영을 향해 진격해 가고 사마의는 산상의 촉군을 여러 겹으로 포위했다. 도처에 위군의 깃발이 펄럭이고 그 대오가 엄정한 것을 보자 촉군은 겁이 나 함부로 나서지 못했다. 마속이 공격을 알리는 홍기를 흔들게 했음에도 장병들이 서로 등을 밀며 앞으로 나아가지 않자 크게 노한 마속은 부장을 한 명 참수했다. 이에 군사들이 억지로 위군을 공격했으나 위군이 대오를 정연히 유지한 채 응전하지 않자 촉군은 다시 산상으로 물러났다. 상황이 여의치 않음을 간파한 마속은 군사들에게 산채를 굳게 지키도록 명한 뒤, 지원군을 기다리기로 했다.

이때, 원군으로 달려오던 왕평은 장합과 마주쳐 수차례 전투를 벌였으나 힘이 부쳐 다시 퇴군하고 말았다. 위군의 포위망은 아침부터 오후 늦게까지 계속 유지되었다. 촉군 진영은 물이 없어 밥을 지을 수 없게 되자 큰 혼란에 빠졌다. 마속으로서도 어찌할 방도가 없었다. 한밤이 되자 산채를 내려가 위군에 투항하는 군사가 속출했다. 이때 사마의는 산 둘레에 불을 질러 화공을 개시했다. 산 위의 촉군 진영은 대혼란에 빠졌다. 마속은 더 이상 방어하기 어려움을 깨닫고 잔여병을 이끌고 남쪽으로 도망쳐 달아났다. 이리하여 가정은 위군에게 함락되고 말았다.

마속이 산 아래로 도망쳐 내려오자 사마의는 큰길을 열어 그를 지나가게 했다. 마속의 뒤를 장합이 쫓아갔다. 30여 리를 추격했을 때, 전방에 홀연 북과 나팔소리가 들리더니 위연이 원군을 이끌고 장합을 가로막았다. 두 사람이 무공을 겨루었으나 얼마 지나지 않아 장합이 패해 달아났다. 이리하여 위연의 촉군은 다시 가정을 되찾았다.

가정을 수복한 위연은 장합의 뒤를 쫓아갔다. 그런데 50여 리를 추격했을 때, 길 양쪽에서 복병이 뛰어나왔다. 사마의와 사마소가 위연의 촉군을 에워쌌다. 장합도 다시 군사를 돌려 공격했다. 이리하여 양군은 혼전을 벌이게 되었다. 위연이 좌충우돌하며 분전했으나 군사의 반을 잃고 어려운 지경에 처했을 무렵, 마침 왕평이 군사를 이끌고 도착했다. 양군이 다시 한동안 혼전을 벌인 끝에 드디어 위군이 패해 물러났다. 그러나 촉군의 산채와 군영은 이미 위군이 모두 점령한 뒤여서 촉군은 하는 수 없이 모두 고상이 주둔하고 있는 열류성을 찾아갈 수밖에 없었다. 결국 가정을 다시 위군에게 빼앗기고 만 것이다.

열류성으로 들어간 위연, 왕평은 고상과 함께 셋이서 대책을 상의했다. 그 결과, 이들은 한밤에 위군의 군영을 급습하여 가정을 다시 되찾기로 뜻을 모았다. 이에 날이 어두워진 후, 이들은 세 길로 나누어 가정으로 진군했다. 그런데 위연이 군사를 인솔해 가정에 도착해 보니 위군이 한 사람도 보이지 않았다. 크게 의아해진 위연이 감히 진격해 들어가지 못하고 길 입구에 엎드려 대기하고 있는데, 뒤이어 고상의 군사도 도착했다. 이들이 모두 위군의 소재를 몰라 어리둥절해 있는데, 돌연 포성이 들리더니 위군이 일제히 돌진해 왔다. 두 사람이 위군의 포위망에 걸려 고전하고 있을 무렵, 왕평의 군사가 때마침 도착하여 겨우 위험을 벗어날 수 있었다. 세 장수는 잔여 군사를 이끌고 다시 열류성으로 돌아갔으나, 열류성마저 이미 위군에게 점령당한 뒤였다. 위연은 혹시 양평관마저 빼앗길까 겁이 나 왕평, 고상과 함께 황망히 양평관으로 달려가 그곳을 지켰다.

사마의는 가정과 열류성을 점령한 후, 위연 등이 양평관을 사수하리라 예상하고 있었다. 만일 자신이 그곳을 치면 필시 제갈량이 뒤쫓아오며 공격할 것이었다. 이에 사마의는 먼저 장합에게 촉군을 가로막아 저지하도록 명한 다음, 자신은 사곡을 취한 뒤 서성(西城)을 향해 진군했다. 서성은 비록 벽지고 작은 현이지만 촉군이 군량을 저장하는 곳인데다 남안, 천수, 안정으로 통하는 길목이었다. 이곳을 점령한다면 세 군이 필시 위나라로 복귀할 것이었다.

당시 서성에 주둔하고 있던 제갈량은 가정과 열류성을 모두 위군에 빼앗겼다는 소식을 듣고 발을 구르며 크게 안타까워했다. 그는 급히 관흥, 장포를 불러 위군의 눈을 속이기 위해 무공산에 난 작은 길로 행군하도록 명한 다음, 다른 한편으로 장익에게 군사를 거느리고 검각도로 가 철군할 길을 든든하게 수리하도록 명했다. 이어 그는 전군에게 암암리에 행장을 꾸려 철군을 준비하도록 명했다. 마지막으로 마대와 강유에게 산 계곡에 매복하고 있다가 본진이 완전히 철수를 마친 다음 군사를 수습하여 뒤따라오도록 명했다.

제갈량은 이렇게 회군을 위한 일체의 준비를 마친 다음, 군사를 보내 양초(糧草)를 운반하게 했다. 바로 이때 사마의가 거느린 대군이 서성으로 진격해 왔다. 당시 제갈량의 신변에는 무장이 하나도 없었고, 한 무리의 문관들만 수행하고 있었다. 군사는 5천에 가까웠으나 그 반수를 양초를 운반하도록 보내버려, 성중에는 단지 2천 5백의 군사만 남아 있었다. 이런 상황에 위군이 진격해 온다는 소리가 들리자 수하의 막료들은 크게 두려워했다.

제갈량은 먼저 군기를 모두 숨기게 하고, 군사들에게 성문을 굳게 지키되 허락 없이 함부로 출입하는 자나 큰 소리로 떠드는 자는 모두 참수형으로 다스리겠다고 엄명을 내렸다. 그런 후, 성문 네 개를 모두 활짝 열어젖히고 각 성문마다 20명의 병사에게 민간 복장을 하고 비로 길을 쓸고 있도록 명했다. 그리고 만일 위군이 오더라도 놀라지 말고 태연히 응대할 것을 주문했다. 이렇게 안배를 마친 제갈량은 두 명의 동자를 데리고 성 위 높은 곳에 앉아 향을 피우고 거문고를 뜯었다.

사마의의 대군이 성문 앞에 도착하니 멀리 제갈량이 성루 높은 곳에 앉아 만면에 웃음을 띠며 거문고를 뜯고 있는 모습이 보였다. 그리고 성문 안팎으로는 20여 명의 백성들이 묵묵히 고개를 숙인 채 바닥을 쓸고 있었다. 그들은 마치 아무도 보이지 않는 듯한 태도였다. 사마의는 크게 의아스러웠다. 제갈량이 분명히 군사들을 매복시켰을 것이라 추측했다. 이에 사마의는 군사를 돌려 후군을 전군으로, 전군을 후군으로 삼아 퇴각하라는 영을 내렸다. 그의 아들 사마소가 퇴각하는 이유를 물었다. 사마의는 제갈량이 용병이 매우 조심스럽고 결코 모험을 하지 않는 사람인데 저렇게 성문을 활짝 열어젖히고 있는 것은 필시 군사들을 매복시킨 것이라며, 만일 성안으로 진입하면 그의 계략에 말려드는 것이라고 대답했다.

사마의가 물러간 뒤, 막료들이 제갈량에게 사마의가 15만이나 되는 대군을 끌고 와서 어찌 승상을 보자마자 저렇게 군사를 물리는지 물었다. 제갈량은 웃음을 띠며 대답했다.

"사마의는 내가 평소 소심하게 용병하는 것을 알고 내가 절대 모험을 할 리 없다고 생각했겠지. 그는 내가 군사를 매복시키고 일부러 여유를 피우는 줄 알고 철군한 것이라네. 나도 모험을 하고 싶지는 않았지만, 이번에는 정말 달리 어쩔 도리가 없었다네!"

이에 제갈량은 안전하게 한중으로 회군했고, 그의 1차 북벌은 이렇게 실패하고 말았다.

사마의는 퇴로에 관흥, 장포의 습격을 받아 무거운 전투 장비들을 포기하고 가정으로 물러났다. 조진은 제갈량이 철병했다는 소식을 듣고 즉각 그 뒤를 쫓아가 천수, 안정, 남정 세 개 군을 수복했다.

촉군이 회군한 뒤, 사마의는 다시 서성으로 진격했다. 그는 남아 있는 주민들에게 제갈량이 벌였던 일의 실상을 듣고 후회스럽기 이를 데 없었다. 그는 하늘을 우러러 길게 탄식하며 말했다. "내 정말 제갈량을 당할 수가 없구나!" 이어 그는 관민을 안무한 뒤 군사를 이끌고 장안으로 돌아갔다.

한중으로 철군한 제갈량은 군령을 어기고 큰 패배를 자초한 마속을 옥에 가두고, 마침내 비통한 마음으로 그를 참했다. 그리고 눈물을 흘리며 손수 그를 위해 제사를 지내주었다. 이어 마속의 가속들을 안돈하고 그 후 그의 아들을 자신의 아들인 양 대했다.

가정 전투에서 마속의 실수를 수차례 곁에서 제지하고, 패퇴하면서도 자신이 거느린 군사와 마속의 패잔병들까지 잘 수습하여 침착하게 귀환한 왕평은 제갈량으로부터 크게 포상을 받았다.

가정의 패전은 통수권자로서 자신이 사람을 잘못 쓴 데 원인이 있으므로 자기도 책임을 면할 수 없다고 여긴 제갈량은 후주 유선에게 상소를 올려 스스로를 탄핵했다. 이에 후주는 제갈량의 직책을 우장군과 행사승상으로 낮추었다.

첫 번째 북벌이 비록 실패로 끝났지만 위를 정벌하려는 제갈량의 의지를 꺾어놓지는 못했다. 그는 공이 있는 사람들을 빠짐없이 포상하고 전투에서 죽거나 다친 사람들과 그 가속들을 안무하는 동시에, 군사를 재정비하며 다시 한 번 북벌의 기회를 기다렸다.

228년, 위군 대장 조휴가 석정에서 동오 육손의 군사와 전투를 벌여 크게 패하고 말았다. 그리하여 서부 지역의 군사를 다수 동부로 이동시킴에 따라 관중의 위군이 대폭 줄어들게 되었다. 이에 제갈량은 다시 한 번 군사를 이끌고 북진하여 산관을 뚫고 나가 진창을 포위했다.

진창은 예로부터 군사요충이었다. 사마의는 일찍부터 그곳에 자신의 심복 학소(郝昭)를 보내 지키게 했다. 이때 사마의는 동오와 전투를 치르느라 여념이 없었다. 그는 제갈량이 필시 진창으로 치고 나올 것이라 짐작하고 있었다. 이에 그는 학소에게 성을 굳게 지키되 결코 응전하지 말라는 엄명을 내려두었다. 제갈량은 이번에도 위연을 전군총독으로 삼아 수만 병력을 이끌고 와 진창을 포위했다. 그러나 진창성은 산세의 지형을 이용하여 성벽을 구축한 곳이어서 일반적인 무기로 공략해서는 아무런 효과도 거둘 수 없었다. 그래서 위연이 수차례 공격을 감행했으나 매번 맥없이 물러나고 말았다.

오랜 시간이 지나도록 공성(攻城)에 아무런 진전이 없자, 제갈량은 학소와 동향이자 절친한 벗인 근상을 보내 학소에게 투항을 권했으나 일언지하에 거절당하고 말았다.

그러자 제갈량은 사다리차를 이용해 성벽에 기어오르는 방법으로 맹공을 퍼부었다. 학소는 사다리차가 칼이나 활로 공격해야 아무 소용이 없지만, 그것이 기름에 담근 나무로 만든 것이어서 불에 특히 약하다는 것을 알고 있었다. 이에 그는 부하들에게 대량의 불화살과 불구슬을 성 아래의 촉군에게 퍼붓게 했다. 사다리차는 순식간에 화염에 휩싸였다. 학소는 이에 더하여 돌절구를 밧줄로 엮어 던지게 하니, 사다리차는 완전히 박살이 나고 말았다.

진창성은 성밖의 평지보다 상당히 높은 산지에 자리잡고 있었다. 그래서 화살을 쏴도 성 위에 닿기가 힘들었다. 이에 제갈량은 백척 높이의 난간을 설계하여, 군사들이 그 위에서 성 위의 적군을 화살로 공격할 수 있게 만들었다. 그러자 학소는 군사들에게 엄폐물 뒤에 숨어 적군이 성벽 가까이 접근하지 않으면 그들과 상대하지 말라고 명했다. 그 결과, 제갈량의 군사는 수만 개의 화살을 낭비했지만 아무런 전과도 거두지 못했다.

제갈량은 사마의의 부장 한 명을 이렇게 상대하기 버거울 줄 미처 예상치 못했었다. 제갈량은 갖가지 전술이 먹혀들지 않자 이번에는 성밖에서 땅굴을 파 들어가도록 지시했다. 이에 학소도 성안에서 대응하는 도랑을 파서 촉군의 땅굴이 성안으로 들어오지 못하게 만들었다. 이리하여 수만 병력을 동원한 땅굴 공사도 아무런 효과를 거둘 수 없었다.

이런 공방전이 스무 날을 끌었지만, 학소는 이미 충분한 준비를 갖추고 기다리던 터여서 제갈량의 지략과 위연의 용맹도 아무런 소용이 없었다. 이에 반해 촉군은 한중의 본영에서 바로 산관으로 나와 진창을 공격하게 된 상황이어서 가지고 온 군량이나 각종 병참이 턱없이 부족했다.

이때, 사마의가 왕쌍을 추가로 보내 학소를 지원하게 했다. 뿐만 아니라 조예는 대장 장합을 투입하여 제갈량을 공격하게 했다. 이에 제갈량은 일단 회군하여 성도로 돌아가기로 결정했다.

그런데 위장 왕쌍이 군사를 이끌고 막 진창성 밖에 도착했을 때, 그는 제갈량이 바로 얼마 전 철군했다는 것을 알게 되었다. 이에 그는 스스로의 용맹을 믿고 학소의 거듭된 만류에도 기어이 촉군의 뒤를 쫓아갔다. 제갈량은 일찌감치 위연을 산관 부근에 매복시켜 두었던 터였다. 이를 알아차리지 못한 왕쌍의 군대는 매복 지역 깊숙이 들어갔다. 결과적으로 왕쌍의 군대는 대패하고, 그 자신도 위연의 칼에 불귀의 객이 되고 말았다. 그나마 왕쌍을 주살한 것은 제갈량이 2차 북벌에서 거둔 유일한 전과였다.

일진일퇴의 무도 공방전

229년 봄, 제갈량은 기산으로 출병하여 제3차 북벌을 개시했다. 지난 경험에 비추어, 이제 제갈량은 더욱 사마의를 가벼이 볼 수 없었다. 제갈량은 자기가 옹주(雍州)와 미주(眉州)를 공략할 것을 사마의가 예상하고 이미 그 지역에 병력을 증강했을 것이라 믿었다. 그래서 그는 이번 진군의 목표를 기산 남쪽의 무도(武都)와 양평으로 잡았다. 이 국경 지역을 차지하면 바로 위의 경내로 치고 들어갈 수 있는 요충지였다. 이에 제갈량은 강유, 왕평, 진식 등을 파견해 무도와 양평을 치게 했다.

사마의는 제갈량이 다시 기산으로 출병했다는 소식을 들었다. 농서 각 지역에서 모두 급보를 보내왔으나 오직 무도와 양평 두 곳에서만 아무런 보고가 없었다. 이에 사마의는 장합을 선봉으로 삼고 대릉을 부장으로 삼아, 일단 기산 부근 위수(渭水) 남쪽에 군영을 설치하도록 했다. 이어서 무도, 양평을 구하기 위해 곽회와 손예에게 작은 길로 촉군의 배후를 기습하도록 명했다. 한편으로 그는 제갈량의 눈을 속이기 위해 군사들에게 전면에서 촉군과 밤낮없이 교전을 벌이도록 하명했다. 이렇게 일체의 안배를 마친 사마의는 진중에서 승전보가 날아오기만을 기다렸다.

그러나 제갈량은 그보다 한 수 위였다. 곽회와 손예가 군사를 이끌고 무도 부근에 접근했을 때, 촉군의 매복 공격을 만났다. 제갈량은 냉소를 띠며 두 위장에게 말했다.

"사마의가 매일 군사를 보내 진영 앞에서 결전을 부추기면서 뒤로 너희들을 보내 기습하리라는 것을 내가 모를 줄 알았더냐? 이미 무도와 양평은 촉의 땅이 된 지 오래다. 이런 하찮은 술책으로 내 눈을 속이려고 하다니, 돌아가 사마의에게 병서를 몇 년 더 읽고 다시 나오도록 일러라!"

말을 마친 제갈량이 군사들에게 위군을 협공하게 하니 곽회, 손예는 말을 버리고 산을 기어오르며 줄행랑쳤다.

사마의는 두 장수가 참패를 당하고 돌아오자, 그들에게 군사를 이끌고 옹주, 미주로 가 그곳을 굳게 지키도록 명했다. 그런 후, 촉군 진영의 상황을 가만히 생각하니 지금 무도, 양평을 차지한 뒤 백성들을 안무하고 다니느라 제갈량이 분명 군영에 없을 것이라 판단했다. 이에 사마의는 장합과 대릉에게 군사를 끌고 촉군 진영의 배후를 기습하도록 명하고, 자신은 촉군 진영의 전면에 포진했다. 촉군이 뒤로 기습을 받아 자중지란에 빠지면 자신도 공격을 개시하여 전후에서 적을 유린함으로써 촉군을 궤멸시킬 심산이었다.

이리하여 그날 한밤중에 장합과 대릉이 군사를 거느리고 촉군 진영을 향해 나아갔다. 그런데 중도에 그만 촉군 복병을 만나 크게 패하고 말았다. 촉군 진영에 동요가 일어나기만을 기다리고 있던 사마의는 적군의 배후를 기습하도록 보낸 두 장수가 낭패를 당하고 돌아오자 크게 놀랐다. 그는 스스로의 능력이 제갈량에 비길 수 없음을 또 한번 탄식하며, 군사를 물려 본영으로 돌아가 굳게 지키고 나오지 않았다.

위군에게 대승을 거둔 후, 제갈량은 위연에게 매일 위군 진영 앞으로 가 결전을 촉구하며 그들을 자극하도록 명했다. 그러나 한 달하고도 반이 지나도록 위군은 꿈쩍도 하지 않았다. 사마의가 군영을 굳게 지키며 응전하지 않는 것을 본 제갈량은 다시 한 가지 계략을 꾸몄다. 그는 먼저 군사들에게 군영을 해체하여 일정 거리를 철군하도록 지시했다. 사마의는 제갈량이 철군한다는 이야기를 듣고 이것이 필시 유인책일 것이라 의심하며, 뒤를 추격하지 않았다. 다음날 제갈량은 다시 30리를 물러나 군영을 설치했다. 사흘째, 나흘째도 마찬가지였다. 사마의는 이것이 군사를 지치게 하지 않고 서서히 시간을 벌며 한중으로 철군하려는 제갈량의 술책이라고 생각했다. 이에 그는 먼저 장합에게 군사를 거느리고 촉군을 추격하도록 명했다. 그러나 조급하게 추격하여 군사를 지치게 하지 말고 일정 거리를 행군한 뒤에는 반드시 휴식하고 다음날 다시 추격전에 임하도록 당부했다. 그런 후, 자신은 본진을 이끌고 그 뒤를 따라갔다. 사마의는 제갈량이 기묘한 술수를 잘 부리는 사람이라 그의 술책에 말려들어 또다시 군사들의 사기를 꺾이게 할까 두려웠다. 이에 그는 각 부대들이 전황에 대해 부단히 보고하도록 엄명을 내렸다.

다음날, 장합과 대릉이 군사를 이끌고 용맹한 기세로 전진했다. 그들은 사마의의 분부대로 중도에 군영을 설치하고 머물렀다. 사마의도 소수의 군사를 남겨 본영을 지키게 한 뒤, 군사를 이끌고 그 뒤를 따라 나아갔다. 제갈량은 위군의 상황을 듣고 크게 기뻐했다. 그는 장익과 왕평에게 계곡에 매복하고 기다리다가 위군이 그 안에 완전히 걸려들면 일제히 공격하도록 영을 내렸다. 그리고 만일 사마의의 군사들이 바로 뒤이어 다가오면 한 사람이 그들을 저지하며 공격하고 다른 한 사람이 앞선 위군을 공략하도록 지시했다. 이어 제갈량은 강유와 요화에게 금낭을 하나 줘어주며, 전면의 산속에 매복하고 있다가 만일 위군이 왕평과 장익의 군사를 포위하여 크게 위험한 지경에 이르렀을 때 금낭을 열어보고 그 지시대로 행동하도록 분부했다. 또 오반, 마충 두 장수에게는 군사를 이끌고 위군을 습격하여 그들이 응전해 오면 싸우는 척 퇴각하다가 관홍의 군사가 보이면 다시 군사를 돌려 위군에게 맹공을 퍼붓도록 명했다.

장합과 대릉의 군사가 마침내 촉군을 따라잡자, 오반과 마충의 군사가 먼저 그들과 전투를 치르는 척하다가 바로 퇴각해 물러나기 시작했다. 장합의 군사는 50리를 쉬지 않고 그들을 뒤쫓아 숨이 턱에까지 차올랐다. 이때 제갈량이 높은 산 위에서 홍기를 흔들자 관홍이 군사를 이끌고 위군에게 돌진했다. 이에 오반과 마충도 군사를 돌려 위군을 공격했다. 또 왕평과 장익의 군사도 위군의 뒤를 끊으며 맹렬한 기세로 공격을 개시했다. 위군은 사방에서 적을 만나 분전했으나 힘이 부쳤다. 그러나 때마침 사마의가 군사를 거느리고 따라왔다. 위군은 순식간에 왕평과 장익을 에워쌌다. 전황이 촉군에게 점점 불리하게 돌아갈 때, 강유와 요화가 멀리 산 위에서 이 광경을 지켜보다가 제갈량이 준 금낭을 열어 그 안의 계책을 읽어보았다. 그것은 사마의의 군사가 다가오면 군사를 이끌고 위군의 본영을 급습하라는 것이었다. 이리되면 사마의는 황급히 퇴각할 것이고, 그들이 혼란에 빠진 틈을 타 재차 공세를 펴라고 적혀 있었다. 이에 두 장수는 군사를 이끌고 제갈량의 계책대로 사마의의 본영으로 향했다.

사마의는 왕평과 장익의 군사를 공격하면서 촉군 전체가 크게 밀리는 것을 보고 크게 기뻐했다. 그런데 돌연 촉군이 후방의 본영을 급습하러 가고 있다는 급보가 날아들었다. 사마의는 대경실색하며, 제갈량의 지략이 확실히 자신보다 한 수 위임을 뼈저리게 느꼈다. 이에 그는 싸울 기력을 잃고 군사를 물려 급히 본영으로 돌아갔다. 이때 위군은 이미 크게 동요하며 혼란에 빠져들었다. 이에 장익과 관흥이 군사를 끌고 위군 진영을 유린하니, 위군은 대패하고 말았다. 대승을 거둔 제갈량이 군영으로 돌아오자 성도로부터 전투 중에 부상을 입어 후송된 장포(張苞)가 세상을 떠났다는 소식이 날아들었다. 제갈량은 애통해 마지않다가 마침내 혼절해 쓰러졌다. 그리고 중병을 얻어 일어나지 못했다. 상황이 이리되자 제갈량은 대군을 한중에 주둔시키고 자신은 휴양을 위해 성도로 돌아갔다.

제갈량은 이번 북벌에서 무도, 양평 두 군을 촉한의 영역으로 정식 편입하는 전공을 세웠다. 이에 후주 유선은 제갈량의 공을 치하하며 그의 승상직을 원래대로 회복시켰다.

이해 여름, 손권이 건업에서 스스로 황제를 칭하며 제위에 올랐다. 그는 부친인 손견을 무열황제, 장형인 손책을 장환왕, 아들을 황태자에 봉하고 국호를 그대로 오(吳)로 정했다.

손권이 성도로 보낸 사신이 후주 유선을 알현했다. 그리고 이후 양국이 같은 황제로서 동등하게 교섭할 것을 요청했다. 그러자 촉한의 문무백관들이 발끈하며 들고일어났다. 그들은 손권이 황제를 칭한 것은 한실의 정통을 계승한 촉한의 지위를 인정하지 않는 것으로, 이를 결코 받아들일 수 없으며 오와의 관계를 단절해야 한다고 말했다. 나아가 일부 대신들은 당장 출병하여 오를 정벌해야 한다고 주장하기까지 했다. 그러나 실리파인 장완(蔣琬) 등의 대신들은 그런 극단적인 수단을 취해서는 안 된다며 반대했다. 오와의 반목은 비단 위를 정벌할 역량을 약화시킬 뿐 아니라, 양쪽으로 적을 상대하다가 자칫 촉한의 안정까지 해칠 수 있다는 뜻이었다.

동오의 손권이 황제를 칭한 사실은 병상의 제갈량에게도 큰 충격이었다. 그러나 제갈량은 대국적인 견지에서 오와 화의를 유지하는 데 동의했다. 이에 그는 반대의견을 가진 일부 대신들을 설복시켜 내부적 갈등을 없앤 다음, 손권에게 우의를 표시하기 위해 진진(陳震)을 동오에 사신으로 보내 손권의 즉위를 축하했다. 그리고 쌍방은 일련의 협상을 통해 맹약을 맺고, 향후 서로 침범하지 않고 합심 협력하여 위를 토벌하되 그 서쪽 땅은 촉이, 그 동쪽 땅은 오가 공평하게 나누어 갖기로 합의했다. 이리하여 오와 촉의 연맹관계는 진일보 발전하게 되었다.

서기 230년 6월, 도독 조진이 위주 조예에게 서촉을 정벌할 것을 건의했다. 이에 위주는 조진을 대사마 겸 서정대도독으로 삼고, 사마의를 대장군 겸 서정부도독으로 삼아 군사를 거느리고 서촉을 공략하도록 명했다. 이에 사마의는 검각을 거쳐 한중을 취하기 위해 호탕하게 나아갔다.

이때 제갈량은 이미 병이 완쾌되어 매일 군사를 조련하고 진법을 연구하며, 다시 중원으로 북벌을 단행할 구상을 하고 있었다. 와중에 돌연 위가 기병했다는 소식을 듣고, 그는 먼저 왕평에게 1천 군사를 거느리고 나아가 진창 고도(古道)를 지키도록 명했다. 그리고 자신은 대군을 이끌고 그 뒤를 따라갔다. 제갈량은 천문지리에 매우 밝았다. 그래서 이달에 분명 큰비가 내릴 것이므로, 비록 위군이 수적으로 크게 우세하지만 산세가 험준한 촉 땅으로 깊숙이 진군하지는 못할 것이라 예측했다. 그래서 그는 왕평에게 진창 고도를 수비하게 하고, 자신은 장거리 행군에 지친 위군이 비를 만나 퇴각하면 기회를 보아 그들을 습격할 심산이었다.

조진과 사마의가 군사를 거느리고 진창성으로 들어가니 성내의 가옥들이 이미 모두 소각된 뒤였다. 조진은 바로 진창 고도로 진격할 생각이었다. 그러나 제갈량과 마찬가지로 천문지리에 통달한 사마의가 조진을 제지하며 말했다.

"제가 천문을 보니, 이달 안에 반드시 큰비가 내릴 것입니다. 전진 깊숙이 들어가면 필시 제갈량의 계략에 말려들 것입니다. 여기 군영을 설치하고 비를 피한 뒤 진군하는 것이 상책일까 합니다."

이에 조진은 사마의의 건의를 받아들였다. 과연 며칠 후 큰비가 내리기 시작했다. 이리하여 조진과 사마의는 진창에 한동안 머물게 되었다.

이때, 위의 조정에서는 대신들이 앞다투어 금번 출병의 문제점을 거론하며 속히 회군을 명할 것을 위주에게 간했다. 대신들은 계절의 부적당함, 병참과 군량의 문제, 지세의 험준을 들어 위군이 크게 불리하다는 주장이었다. 더구나 큰비마저 위군의 진격을 장기간 가로막자, 위주 조예는 숙고 끝에 조진과 사마의에게 장안으로 회군하도록 영을 내렸다.

사마의는 철군에 앞서, 혹시 제갈량의 추격병이 있을까 염려하여 옹주와 미주에 주둔하고 있던 곽회와 손예에게 무도와 양평을 공략하도록 명했다. 그렇게 함으로써 촉군을 묶어두자는 생각이었다. 이에 두 장수는 사마의의 지시대로 무도와 양평을 공격했다.

제갈량은 조진과 사마의가 철군한다는 것을 알고, 즉각 위연과 오의에게 명하여 군사를 거느리고 서강으로 들어가 곽회와 손예의 후방 병참선을 차단하게 했다. 이에 곽회와 손예는 부득이 회군하여 이들을 상대하게 되었다. 양군이 양해곡 일대에서 맞붙었다. 그 결과, 위연은 곽회의 위군을 크게 무찔렀다. 그러나 대군을 이끌고 농서 깊숙이 들어간 위연의 촉군은 방어와 보급에 크게 곤란을 느꼈다. 이에 촉군은 전열을 수습한 다음, 오래 머무르지 않고 다시 회군하여 무도 남쪽으로 물러났다.

제갈량은 후주에게 상주하여, 전공을 세운 위연과 오의의 봉록을 높이고 크게 치하했다. 이리하여 사마의와 제갈량의 대결은 일단락을 맺었고, 이후 두 사람은 각자 역량을 비축하며 다가올 더욱 격렬한 전투를 대비하게 된다.

최고의 지략대결, 끝나지 않는 승부

231년 2월, 제갈량은 다시 기산으로 출병해 4차 북벌에 나섰다. 제갈량이 설계했다는 전설적인 '목우(木牛)'가 전방의 군량 수송에 동원되었다. 이때 도독 조진이 중병으로 드러누워 있어 위주 조예는 사마의에게 전군을 지휘하여 촉군의 진격을 저지하도록 명했다. 이에 사마의는 즉시 장합, 비요, 대릉, 곽회 등의 장수들을 대동하고 제갈량의 북벌군을 상대하기 위해 나아갔다.

몇 달 후, 조진이 병으로 죽자 사마의는 제갈량의 북벌군을 섬멸하기 위한 대응군 조직에 착수했다. 사마의는 약 20만의 대군으로 군단을 편성했다. 위주 조예도 낙양에서 별도로 군단을 조직하여, 전황에 따라 적절히 전방을 지원하도록 대비했다.

사마의는 먼저 비요와 대릉에게 정병 4천을 주어 양주에 속한 군사 요충인 상규(上邽)를 수비하도록 명했다. 사마의는 이곳을 굳게 지킴으로써 한편으로 제갈량이 다시 농서 3군을 넘보려는 기도를 사전에 차단하고, 다른 한편으로 전방에서 기산을 방어하고 있는 위군과 후방인 옹주 사이의 병참선을 확보 유지하려는 의도였다.

장합은 군사를 끌고 미현과 옹현 부근에서 포사도를 돌아 남하하여 제갈량의 한중 보급기지를 공격하면 촉군의 전투력이 크게 꺾일 것이라고 사마의에게 건의했다. 사마의는 줄곧 제갈량을 한번 꺾어보고 싶은 생각이 간절했으나, 지난 몇 차례의 대결에서 그의 계략에 걸려들고 난 뒤로 제갈량을 어느 정도 기피하는 심리가 생겼다. 더구나 자신의 전투경험이 제갈량에 미치지 못함을 절감하고 있던 사마의는 장합이 그나마 자신의 그런 결점을 보완할 수 있다고 생각했다.

이때, 제갈량은 군사를 인솔하여 무도에서 직접 기산 아래의 위군 방어요새를 공격했다. 그는 공격을 받은 사마의가 분명 농산 남쪽 산록에서 위수를 건넌 다음, 가정을 거쳐 목문으로 남하하여 기산의 위군을 지원하러 올 것이라고 짐작했다. 이에 제갈량은 왕평으로 하여금 소수민족으로 구성된 부대를 지휘하여 기산을 계속 공격하도록 명한 뒤, 자신은 친히 위연, 고상, 오반 등의 부대를 거느리고 북상하여 사마의의 주력군을 상대하고자 했다. 그러나 촉군이 목문 부근에 다다랐을 때, 제갈량은 돌연 행군 노선을 변경했다. 그는 이번에 사마의가 자못 기세등등한 것을 보고 일단 그 예봉을 피하는 것이 좋겠다고 판단하여, 진군 방향을 서쪽으로 돌려 먼저 비요가 지키고 있는 양주의 요충지 상규를 향해 나아갔다.

그런데 사마의는 원래 상규가 천연의 요새여서 수비군이 그다지 많이 필요하지 않을 것이라 생각했다. 그런데 예상치 않게도 제갈량이 친히 방대한 군사를 거느리고 상규를 포위하자 사마의는 크게 놀라 황망히 곽회의 부대를 먼저 보낸 뒤, 자신도 본진을 거느리고 뒤따라갔다.

비요는 곽회의 지원군이 도착하자 함께 상규를 지켜낼 방책을 상의했다. 그들은 제갈량의 주력군이 도착하기 전에 먼저 성밖에 주둔하고 있는 촉군의 선봉 위연의 진영을 야간 기습하기로 뜻을 모았다.

그러나 위연은 용맹하고 전투경험이 많은 노련한 장수였다. 그는 위군 진영에 곽회의 지원군이 도착한바, 위군이 필시 적극적인 공세를 펼 것이라 예상하고 밤낮없이 진지 수비에 만전을 기했다. 그 결과, 야간 기습에 나선 위군이 도리어 곤경에 빠져 고전을 면치 못하게 되었다. 상규에 남아 성을 지키고 있던 대릉은 위군이 곤란을 겪고 있는 것을 보고 지원군을 보내 그들의 탈출구를 열어줌으로써 비로소 곽회와 비요의 패잔병들이 성으로 귀환하게 되었다.

그러는 동안, 고상과 오반이 이끄는 촉군도 상규에 도착했다. 그들은 상규성 주변의 위군 방어진지를 공략하여 위군들을 모조리 성안으로 도망해 들어가게 만들었다. 때마침 상규성 밖의 잘 익은 곡식들을 죄다 촉군들이 수확했다. 사마의가 대군을 거느리고 위수를 건너보니 이미 상규성 주변의 진지가 모조리 제갈량의 수중에 떨어진 뒤였다.

양주의 군사 요충인 상규가 위협받자 상황이 매우 심각했다. 이곳을 반드시 지켜야 하는 사마의는 군사들을 상규성 밖에 포진시켰다. 제갈량이 촉군 진영 앞에서 손에 우선(羽扇)을 든 채 사륜차 위에 단정히 앉아 있는 모습이 보였다. 이에 사마의가 제갈량에게 소리쳤다.

"위주께서 요(堯)가 순(舜)에게 양위한 선례를 본받아 즉위한 이래 이미 2대를 내렸다. 위주는 관대하고 인자한 마음에 혹시 백성들을 다치게 할까 걱정하여 그 동안 촉, 오를 용납하였다. 그런데 너는 남양 땅에서 농사나 짓던 필부가 하늘이 정한 운명을 깨닫지 못하고 이미 수차례 국경을 침범한 죄를 지었으니, 도리를 따지자면 응징해 죽임이 마땅하다. 그러나 만일 네가 지난 잘못을 뉘우치고 군사를 물려 돌아간다면 너의 목숨만은 보전토록 허락하리라."

이에 제갈량이 크게 웃으며 대답했다. "우리 선주께서 나에게 중임을 맡기셨거늘, 내 어찌 제위를 찬탈한 도적의 무리들을 토벌하는 일에 조금이라도 소홀하겠느냐? 조씨는 머잖아 촉한에게 멸망당할 것이다. 너의 집안은 대대로 대한(大漢)의 녹을 먹은 신하들이건만 너는 그 은혜에 조금이라도 보답하지 않고 도리어 도적의 편을 들어 역모를 돕다니, 스스로 부끄럽지 않으냐?"

이 말에 사마의는 얼굴에 부끄러운 기색을 가득히 띠며 말했다.

"긴말할 것 없이 어서 자웅을 겨루어보자!"

제갈량이 다시 조소하듯 말했다. "장수로 겨루겠느냐, 병사들로 겨루겠느냐, 아니면 진법으로 겨루겠느냐?"

사마의는 먼저 진법을 겨루어보자면서, 말이 끝나자마자 진법을 하나 펼쳐 보이며 제갈량에게 이것을 아는지 모르는지 물었다.

이에 제갈량이 그것은 혼원일기진(混元一氣陣)이 아니냐며 그것은 촉군의 말단 장수도 다 아는 진법이라고 조소했다. 그리고 이어서 자신이 진법을 하나 펼쳐 보였다.

사마의가 보아하니 그것이 얼핏 팔괘진(八卦陣)을 닮았는데 또 아닌 것 같기도 하였다. 제갈량이 그에게 자신의 진법을 한번 공략해 보라고 하자 사마의는 본영으로 돌아와 세 장수에게 군사를 이끌고 공격하도록 명했다. 제갈량이 펼친 진법은 휴(休)·생(生)·상(傷)·두(杜)·누(累)·사(死)·경(驚)·개(開)의 팔문이 있었다. 세 장수는 사마의가 시킨 대로 '생' 문을 통해 진중으로 돌격해 들어갔다. 그러나 일단 이들이 안으로 들어서자 마치 성곽이 첩첩이 이어지듯 앞을 가로막고 곳곳에 문이 있는데, 동서남북이 분간되지 않아 도무지 어디로 빠져나가야 할지 갈피를 잡을 수 없었다. 이들은 서로 좌충우돌하며 출구를 찾다가 결국은 모두 포로의 신세가 되고 말았다.

사로잡힌 세 위장을 앞에 두고 제갈량이 웃으며 말했다. "내 너희를 살려 보낼 테니, 사마의에게 병서를 좀더 읽고 진법도 좀더 연구한 다음에 다시 나오라고 타이르도록 하라."

그러고는 군사를 시켜 이들의 옷을 벗기고 얼굴에 먹칠을 한 다음 걸어서 돌아가게 했다. 일부러 사마의에게 보여주려는 책동이었다. 과연 이들이 돌아오는 몰골을 보고 사마의는 격분했다. 이에 그는 전군을 지휘하여 촉군에게 총공격을 감행하게 했다. 자신도 친히 칼을 뽑아 들고 1백여 명의 장수들과 함께 제갈량을 향해 돌진해 나아갔다. 이때 어디선가 관흥이 군사를 이끌고 위군을 막아섰고, 강유도 마찬가지로 군사를 끌고 위군을 기습했다. 이어 제갈량도 군사들에게 반격을 명하여 촉군은 세 길로 위군을 공격해 들어갔다. 사마의는 크게 놀라며, 그제야 또 한번 제갈량의 계략에 빠져든 줄 알아차렸다. 그가 황급히 위군에게 퇴각할 것을 명했지만, 이미 죽고 다친 병사가 반이 넘은 뒤였다.

사마의는 군사를 위수 가까이까지 물린 다음, 방어 진지를 구축하게 하고 굳게 지켰다. 막강한 촉군과 지략이 출중한 제갈량을 맞이하여 그 자신도 어쩔 도리가 없었다. 그저 촉군의 군량이 동나기만을 기다리며, 그들이 어떤 식으로 도발해도 사마의는 일체 응대하지 않았다. 상황이 이렇게 되자 천하의 제갈량도 어찌해 볼 방도가 없었다.

이에 제갈량은 군사를 잠시 규산 동북쪽 50리에 있는 노성으로 물리기로 결정했다. 그곳은 사마의의 주력군과 상규를 지키고 있는 위군을 동시에 감시하기에 안성맞춤인 곳이었다. 만일 사마의가 언제라도 상규의 포위를 풀기 위해 공세를 취한다면, 제갈량이 위연의 군사와 안팎에서 위군을 협공하기에도 편리한 곳이었다. 동시에 가정에서 위군과 결전을 벌일 기회를 만들어 지난날 마속이 참패한 원한을 되갚을 수도 있었다.

수차례 제갈량의 계략에 빠져 좌절을 맛본 사마의는 이제 그의 성향을 어느 정도 이해할 수 있을 것 같았다. 그리고 이즈음 제갈량이 실시한 군사이동이 의도하는 바도 짐작할 수 있었다. 이에 사마의는 위군도 촉군을 따라 이동하게 했다. 그러나 사마의는 규성을 위협하는 촉군을 공격하지도 않았고, 그저 그들을 미행하듯 뒤따르게만 했다. 그렇다고 촉군의 뒤를 기습하는 것도 아니고, 마치 감시하듯 그들의 행동을 주시하며 가깝지도 멀지도 않게 일정한 거리를 두고 따라다녔다.

제갈량은 조급한 마음에 속히 위군과 결전을 벌이고 싶었지만, 사마의가 촉군의 예봉을 피하며 응전하지 않을 것임을 잘 알고 있었다. 사마의는 촉군이 나아가면 위군도 따르게 하고, 촉군이 멈추어 쉬면 위군도 따라 멈추어 진지를 구축하도록 했다. 그러다 촉군이 달려와 공세를 취할라치면 위군은 진지를 굳게 지키며 일체 응전하지 않았다. 이리하여 제갈량의 작전은 아무런 효과를 거두지 못했고, 사마의의 위군도 그저 방어에 급급하며 아무런 전과가 없기는 마찬가지였다.

이런 상황이 지속되자 제갈량보다 더 견디기 힘든 것은 위군 장병들이었다. 이들은 하나같이 자신들이 너무 체면을 구긴다고 생각했다. 일찍이 이 지역에서 촉군을 상대하여 화려한 전공을 세운 바 있는 장합은 사마의가 도대체 무슨 생각을 하고 있는지 이해가 되지 않았다. 그래서 그는 결연하게 사마의에게 건의했다.

"촉한의 대군이 우리를 공격해 온 마당에, 일단 그들의 예봉을 비켜가기 위해 교전을 자제하여 그들의 사기를 떨어뜨리고 군량을 소모하도록 유도하는 전술은 저도 동의합니다. 그런데 지금 기산을 지키는 위군 병사들은 우리가 대군을 이끌고 남하한 것을 알고 크게 고무되어 자신감을 가지고 전선을 방어하고 있습니다. 그러므로 이때 일군의 군사를 내어 적진을 뒤로 돌아 그들의 후방을 공략함으로써 기산의 방어력을 증강하고 아울러 촉군에게 충격을 가할 필요가 있습니다."

그러나 사마의는 아직 시기가 성숙하지 않았다며 장합의 의견을 받아들이지 않았다. 이에 그는 여전히 위군으로 하여금 촉군을 뒤따르되 교전은 피하는 자세를 유지하도록 했다.

후군을 지휘하며 따라오던 가허와 위평도 더 이상 참기가 어려웠다. 그래서 함께 사마의를 비웃으며 말했다. "사마공은 제갈량을 마치 한 마리 범처럼 겁내고 있소. 이건 참으로 수치가 아닐 수 없소. 사마공은 세상 사람들의 웃음거리가 되는 것이 두렵지도 않단 말인가?"

이런 이야기들이 사마의의 귀에도 들렸다. 그도 속으로 견디기 어려웠지만, 마치 아무것도 듣지 못한 듯이 태연한 자세를 유지했다. 이때 위군 진중 곳곳에서 불만이 계속 터져 나왔다. "촉군이 가장 두려워하는 것은 장합 장군이지, 사마의 같은 겁쟁이는 아예 거들떠보지도 않는다니까!"

줄곧 냉정을 유지하던 사마의도 끊임없이 들려오는 험담에 마침내 마음이 흔들리기 시작했다. 사마의는 부득이 장합의 건의대로 그에게 일군의 군사를 거느리고 기산 남쪽에서 왕평의 군사를 공격하게 했다. 그리고 자신은 위평과 가허의 부대를 거느리고 다시 한 번 제갈량에게 정면으로 도전했다.

장합의 군사는 약 6천에 달했고, 왕평이 거느린 병사는 3천이 채 되지 않았다. 그래서 장합은 위의 증원군이 다가오는 것을 보면 왕평이 즉각 철군할 것이라고 짐작했다. 그리되면 기산의 포위망은 저절로 풀리고, 자신은 기산 방어군과 함께 남북으로 제갈량의 대군을 협공하여 가정의 승리를 다시 한 번 재현할 수 있을 것이라고 확신했다.

　그러나 왕평의 군사는 수적으로 열세였지만 하나같이 용맹하고 죽음을 두려워하지 않았다. 장합의 원군이 온다는 소식을 들은 왕평은 철군하기는커녕, 오히려 매일 최전선에 머물며 병사들을 독려하고 아울러 지형을 이용해 기산 외곽에 견고한 방어벽 공사를 마무리했다. 이에 장합의 군사는 맹렬한 공격을 지속적으로 퍼부었지만 한 걸음도 앞으로 나아가지 못했다. 더욱이 안쪽에서 방어하는 위군과 연락하여 촉군을 협공한다는 것은 꿈도 꿀 수 없었다. 왕평은 전장에서 잔뼈가 굵은 장수였다. 그는 풍부한 실전 경험을 지니고 있었고, 더구나 장합에 대해 잘 알고 있었다. 이에 장합은 10일이 넘게 왕평과 대치했지만 아무런 전과도 거둘 수 없었고, 도리어 위군의 군량보급이 애로를 겪기 시작했다.

　사마의의 주력군도 애로를 겪기는 마찬가지였다. 본래 사마의는 위평과 가허에게 만여 명의 군사를 거느리고 노성 동북쪽 산속에 매복하게 했다가, 자신이 친히 주력군을 이끌고 제갈량과 교전하다가 전투가 교착상태에 빠지면 그들로 하여금 측면에서 촉군을 기습하게 하려고 생각했다. 사마의는 위군이 수적으로 절대 우세하므로 이런 전술로 충분히 제갈량을 제압할 수 있으리라고 확신했다. 이에 그는 두 아들 사마사와 사마소에게 정면으로 촉군을 공략하게 함으로써 그들의 주의를 끌어 위평과 가허가 수월하게 행동하도록 도와주었다.

그러나 불행하게도 제갈량이 이미 매복을 감지하고 있었다. 그는 위연에게 산속의 위군을 수색하여 궤멸시키도록 명했다. 위군은 비록 수적으로 우세했지만 산속이라 기동이 불편한데다 맹장 위연의 손에 걸려 여지없이 무너지기 시작했다. 위평의 군사들이 패해 흩어지는 것을 본 사마의는 제갈량과 결전을 벌일 생각을 포기하고 다시 본영으로 물러나고 말았다.

기산 외곽에서 교착상태에 빠져 있던 장합도 사마의가 패했다는 소식을 듣고 황급히 군사를 물려 본영으로 되돌아갔다. 이리하여 촉군이 어떤 도발을 해와도 위군은 감히 응대할 생각을 하지 못하고 그저 굳게 군영을 지켰다.

이렇게 전황이 촉군에게 비교적 유리하게 돌아가고 있던 와중에, 한중에서 제갈량에게 철군하라는 후주의 명령이 전해졌다. 이것은 이평(李平)이 양초를 제대로 공급할 수 없게 되자, 자신의 실책을 덮기 위해 거짓 성지를 보낸 것이었다. 그러나 제갈량은 때마침 양초도 떨어져가고, 조정에 무슨 큰일이 있으리라 걱정되어 군사를 이끌고 회군하게 된다.

제갈량이 돌연 철군하자 사마의는 촉군의 군량이 바닥났다고 짐작했다. 이에 촉군이 심리적으로 크게 동요하고 있을 것이라 판단한 사마의는 이 기회에 추격전을 벌이면 그들을 크게 궤멸시킬 수 있으리라 확신했다. 이에 그는 장합에게 기병으로 추격대를 편성하여 급히 제갈량을 뒤쫓아가게 했다.

왕평이 기산에서 절대적인 우세를 유지하고 있어서, 제갈량은 퇴로에 어떤 위험이 있을 것으로 생각지는 않았다. 이에 그는 규성을 포위하고 있던 고상의 부대를 먼저 퇴각하게 했다. 곽회와 비요는 비록 포위가 풀리더라도 위군 주력부대와 오래 연락을 주고받지 못해서 자의적으로 행동하기는 어려울 것이었다. 이리하여 노성의 촉군 주력부대는 별다른 어려움 없이 신속하고 질서정연하게 퇴각을 완료했다. 그러나 제갈량은 분명 사마의의 추격군이 있을 것이라 짐작했다. 이에 그는 목문 산 위에 다수의 궁수와 석궁 부대를 배치했다. 거기에는 자신이 최근 개량에 성공한 연발식 석궁도 포함되어 있었다.

이번 공방전에서 가장 마음이 불편했던 위군 장수는 바로 장합이었다. 그는 이 지역에서 상당히 명성이 드높은 명장이었다. 그런데 사마의에게 억눌려 자기 생각을 제대로 펼쳐보지도 못하고 가슴속에 응어리가 맺혀 있던 와중에, 다시 사마의로부터 퇴각하는 적군을 추격하라고 강제적인 명령을 받은 그는 자신이 처할 위험에 특별히 주의를 기울이지 않고 앞을 향해 충동적으로 진격했다. 그러다 계곡 속으로 무심하게 들어가, 기다리던 촉군에게 습격을 당하고 말았다.

촉군은 위군을 향해 일제히 활과 석궁을 발사했다. 위군은 큰 혼란에 빠졌고, 와중에 장합도 촉군의 화살을 맞아 그만 전사하고 만다. 이리하여 제갈량을 지독히 괴롭혔던 일대 명장 장합은 저세상 사람이 되고 말았다. 그리고 장합이 거느렸던 기병들도 거의 전멸했다. 이 대결에서 사마의는 다시 한 번 제갈량의 계략에 빠져 철저히 패배하고 말았다.

한편, 한중으로 회군한 제갈량은 이평이 자신의 과실을 숨기기 위해 성지를 위조한 사실을 적발해 내고, 후주 유선에게 상소를 올려 그의 무책임과 기만성을 탄핵했다. 이에 이평은 모든 직책과 권한을 박탈당하고 평민으로 강등됐다. 제갈량은 그의 아들 이풍을 중랑장으로 승진시켜 성도로 돌아가게 했다. 그리하여 조정이 안정을 되찾자, 제갈량은 차근차근 힘을 축적하며 사마의와의 다음 대결을 준비했다.

대세의 흐름을 읽고 기회를 노리다

232년, 군량 수송문제를 진일보 개선하기 위해 제갈량은 자신이 설계 개발한 수송수단인 목우(木牛), 유마(流馬)의 기능을 더욱 개선했다. 아울러 그는 군량과 군사의 확충을 위해 각 방면의 관리감독을 더욱 강화했다. 그리고 황사에 대대적인 개간사업을 벌여 식량증산을 도모하고, 사곡도에 대규모의 창고를 건설하여 식량을 비축했다. 약 2년 동안, 제갈량은 대부분의 시간을 한중에 머물며 농업증산과 병마의 조련에 진력했다.

이렇게 장기간의 준비과정을 거쳐 234년 봄, 제갈량은 10만 대군을 이끌고 출동했다. 그는 먼저 선봉장 위연을 사곡으로 나가게 함으로써 대대적인 북벌작전을 개시했다.

제갈량은 이번 출병에서 진격노선을 예전과 달리했다. 앞선 두 차례의 북벌에서 길을 돌아 양주를 공격했었지만 병참선이 길어진 관계로 애로를 겪어 결국 성공하지 못했던 경험을 감안한 결정이었다. 더구나 그 지역은 앞선 몇 차례의 대치로 위군의 방어가 상당히 강화되어 있어 더욱 기피 대상이었다. 그리고 자오도에서 장안으로 진격하는 길은 가장 단거리 노선이었지만, 길이 험해 행군이 매우 어렵고 병참도 문제가 되는 곳이었다. 그래서 제갈량은 포사도에서 사곡으로 나가 관중 서남 지역의 군사 요충인 미현을 공략하는 노선을 택했다. 아울러 위군의 역량을 분산시키기 위해, 제갈량은 특별히 동오에 사절을 파견하여 손권에게 동시에 출병할 것을 권유하여 그 동의를 얻었다.

　　제갈량은 출병 후, 선봉에게 사곡을 나가 곧바로 미현을 공략하도록 명하고, 자신은 주력군을 거느리고 오장원에 군영을 설치했다.

　　제갈량의 또 한 차례 북벌을 맞이하여 사마의는 20만 대군을 거느리고 위수 남안에 포진했다. 위군은 물을 등지고 방어진지를 구축하여, 촉군과 장기적으로 대치할 준비를 갖추었다. 당시, 누군가 사마의에게 위수 북안에 주둔하라고 건의했었지만 그렇게 될 경우 촉군을 미현 동쪽으로 끌어들이게 되기 쉽고, 그러면 장안을 보호하기 위해 양군이 대대적 결전을 벌일 수밖에 없었다. 비록 위군이 수적으로 유리하긴 하지만, 장합이 죽은 이후 촉군의 맹장 위연을 대적할 만한 장수가 없어 결전을 벌이는 것이 결코 유리하지 않다고 사마의는 판단했다. 이에 그는 위수 남안에서 제갈량의 군사를 막아서기로 한 것이었다.

제갈량도 이번 북벌에 나서며 사마의가 지구전을 펼칠 것을 예상하고, 아예 속전속결 전략은 포기한 바였다. 다만 위군의 군량이 떨어지는 시기를 기다려 공세를 취하려고 생각했다. 이에 그는 주력부대를 거느리고 먼저 오장원에 군영을 설치한 다음, 태백산 아래 구릉지대에 둔전(屯田: 주둔병이 토지를 경작하는 일)을 실시하여 장기적인 식량자급을 도모했다.

아울러 제갈량은 우장군 고상의 부대에 명하여, 목우와 유마를 가동해 검각과 오장원 본영을 오가며 양초를 수송하게 했다. 사마의는 제갈량이 목우와 유마를 이용해 양초를 운송함으로써 군사들을 피로하게 하지 않게 하고, 또한 유마는 사료를 먹지 않아도 된다는 이야기를 듣고 크게 놀랐다. 자신이 진지를 굳게 지키며 지구전을 펴는 속셈은 촉군이 양초가 떨어져 스스로 물러나기를 기다리는 것인데, 제갈량이 이렇게 기묘한 방법으로 장기적으로 버티면 머잖아 도리어 위군의 양초가 먼저 고갈될 텐데 이 사태를 어찌할 것인가? 이에 그는 장수 장호에게 명하여, 촉군의 목우와 유마 몇 필을 빼앗아 오게 했다. 그리고 그것을 똑같이 모방한 수송기기를 만들어 위군의 양초 수송에 사용하도록 했다.

그런데 이 일도 제갈량이 미리 헤아리고 있던 일이었다. 그는 목우와 유마 몇 필을 사마의가 강탈해 가도록 내버려 뒀다가 위장 잠위가 그것으로 양초를 가득 싣고 운반하고 있을 때, 촉군을 매복시켰다가 급습했다. 위군들은 갑작스런 일에 어쩔 줄 몰라 당황해하다가 반수 이상이 죽고 와중에 잠위마저 목숨을 잃었다. 소식을 듣고 사마의가 급히 구원하러 왔으나, 그도 중도에 장익, 요화의 군사를 맞닥트려 습격을 당했다. 험준한 계곡에서 촉군이 함성을 지르며 쏟아져 나오자 사마의는 혼비백산하여 하마터면 낙마할 뻔했다. 이에 그는 갑옷과 투구를 벗어던지고 단기필마로 달아나 본영으로 돌아갔다.

이후 사마의는 더욱 제갈량을 두려워하여 감히 함부로 출병하지 못했다. 이제 방어전만이 그에게 유일한 대응수단이었다. 제갈량이 어떤 방법으로 꼬드기고, 욕하고, 도전해 와도 그는 아예 거들떠보지도 않았다. 촉군이 정면으로 공격해 오면 그저 진지에서 활을 쏘아대며 대응할 뿐, 병사들을 진지에서 한 발자국도 벗어나지 못하게 했다. 이에 제갈량도 속수무책이었다.

촉과 위가 서부 전선에서 이렇게 교착상태에 빠져 있을 때, 위와 오의 동부전선이 서서히 달아오르기 시작했다.

이해 5월, 제갈량과의 약속대로 손권은 친히 10만 대군을 거느리고 위의 동부지역 최전방 군사기지인 합비를 공격했다. 동시에 제갈근과 육손도 군사를 이끌고 강하로 들어가, 면구를 거쳐 양양을 공격하고자 했다. 아울러 손소, 장승 등도 소수의 군사를 거느리고 광릉, 회양 일대에 포진했다.

촉과 오가 동시에 북벌을 단행하자, 위는 전에 없는 위기상황을 맞게 되었다. 사마의는 이때 오장원의 제갈량을 상대하는 일에 몰두하고 있어, 위주 조예는 실전경험이 풍부하고 문무를 겸비한 노장 만총으로 하여금 위군을 지휘하여 오군을 상대하게 했다. 7월, 만총은 결사대를 구성하여 손권의 대본영을 습격하게 했다. 전투 중에 손권의 조카인 손태가 순직하고 오군은 큰 피해를 입게 되었다. 더구나 날씨마저 더워져 오군 진영에 전염병이 돌았다. 이때 위주 조예가 친히 30만 대군을 거느리고 위군을 지원하기 위해 다가오자 손권은 사태가 유리하지 않다고 판단하여 철군을 명했다. 이에 회양에 있던 손소의 군사와 형주에 있던 육손의 부대도 모두 손권을 따라 회군했다.

동오의 대군이 철수한 뒤, 적지 않은 대신들이 위주에게 이 기회에 친히 제갈량과 맞서 고전하고 있는 사마의를 지원하라고 건의했다. 그러나 위주는 그저 웃으며, 그쪽은 사마의로 족하다고만 대답했다. 사실 조예는 자신이 회군하고 난 뒤, 동오가 다시 북진할 것을 걱정했다. 비록 사마의가 어렵긴 하지만, 먼저 공세를 취하지 않고 진지를 굳게 방어한다면 천하의 제갈량이라도 달리 도리가 없을 것이었다. 그래서 자신은 동쪽에서 동오를 막고 있는 것이 대국적으로 유리하다고 판단한 것이다.

제갈량의 수차례 북벌이 원래부터 동오와 연계한 것이 아니어서, 비록 동오가 철군했지만 그것이 제갈량의 전략에 그다지 영향을 미치지는 않았다. 다만 제갈량을 가장 머리 아프게 한 것은 사마의가 줄곧 전투를 회피하고 있는 점이었다. 제갈량은 4월에 오장원으로 들어온 뒤, 1백여 일 동안 갖가지 수단을 동원해 위군과의 전투를 촉발시키려고 노력했지만 사마의는 미동도 하지 않았다. 7월, 제갈량은 사마의가 출전하도록 유인하기 위해 흰 나무로 만든 수레에 앉아 동자들의 시위를 받으며 최전선에 나타났다. 그는 흰색 도포를 입고, 손에는 흰 우모선(羽毛扇)을 들었으나 전혀 무장을 하지 않은 채였다. 마치 10만 위군을 있으나 마나 한 듯이 고의로 무시하여 그들을 격분하도록 자극하려는 속셈이었다. 그러나 이런 상황에도 사마의는 장병들을 안돈하며 조금도 동요되지 않았다.

위군이 미동도 하지 않자 제갈량은 다른 계책을 동원했다. 그는 고상에게 명하여, 목우와 유마를 동원하여 상방곡을 오가며 마치 군량을 수송하는 듯이 가장하게 했다. 그런데 이들 대오를 위장 하후혜가 부단히 습격하여 연전연승을 거두었다. 촉군이 연이어 패퇴하는 것을 본 사마의는 크게 기뻐했다. 그는 포로로 잡은 촉군 병사에게 제갈량의 소재에 대해 물었다. 병사는 제갈량이 오장원을 벗어나 상방곡 부근에 군영을 설치하고 매일 군량을 수송하여 그곳에 저장하고 있다고 대답했다. 이에 사마의는 크게 웃으며, 이번에야말로 제갈량이 자기 손아귀를 벗어나기 어렵게 되었다고 생각했다. 만일 위군이 오장원 본영을 공격하면 촉군의 각 군영에서 구원하러 달려올 것이 분명했다. 이때 자신과 두 아들이 군사를 거느리고 상방곡을 습격하여, 제갈량이 모아놓은 양초를 불태우고 다른 부대와의 연락을 차단하면 촉군은 틀림없이 대패하게 될 것이었다.

제갈량이 높은 산 위에서 관망하며 위군이 움직이기를 초조하게 기다리고 있는데, 마침내 위군이 몇 천 명씩 대오를 지어 앞서거니 뒤서거니 어디론가 행군하는 것이 보였다. 이것은 분명 오장원 본영을 치러 가는 군사들일 터였다. 제갈량은 만일 사마의가 습격해 오면 즉시 위남의 위군 본영을 빼앗도록 일찌감치 군사들에게 밀령을 내려둔 바였다.

위군이 오장원을 공격해 들어가니 촉군들이 고함을 지르며 사방으로 흩어졌다. 그리고 다른 군영에서 모두 오장원을 지원하기 위해 달려오는 듯한 모양새를 취했다. 이를 지켜본 사마의는 드디어 군사를 이끌고 상방곡으로 나아갔다. 위군이 진격해 오는 것을 본 위연은 마치 패해 달아나는 것처럼 추격해 오는 위군을 이끌고 계곡 속으로 들어갔다. 사마의가 계곡 속으로 따라 들어가니 위연의 군사는 이미 보이지 않았다. 그런데 그곳에 초방(草房)들이 있고 마른 장작이 가득 쌓여 있었다. 사마의는 크게 놀라며 또 제갈량의 계략에 말려든 것이 아닌가 싶은 의구심이 덜컥 들었다. 아나나 다를까, 이때 촉군 병사들이 산 위에서 불화살을 비 오듯 쏘아 계곡 입구를 차단했다. 이어서 위군들을 향해 불화살을 쏘아대니, 묻어둔 지뢰가 작열하고 초방에 쌓아둔 장작에 불길이 옮겨 붙어 계곡 속은 순식간에 불바다가 되었다. 놀란 사마의가 살아날 방도가 없어 망연자실하고 있는데, 다행스럽게도 소낙비가 내려 불길을 멎게 했다. 이에 사마의는 겨우 목숨을 보전하여 계곡을 탈출할 수 있었다.

오장원의 촉군 본영을 공격하던 위군들은 사마의가 대패했다는 소식을 듣자 군심이 흐트러졌다. 이에 이들은 황망히 퇴각하다가 촉군에 의해 크게 사상자를 내고, 위수 북쪽으로 달아났다. 사마의도 위수 북쪽으로 건너가, 군사들에게 출전하지 말고 새 진지를 굳게 지키도록 엄명을 내렸다. 만일 다시 출전을 주장하는 자는 참수형으로 다스리겠노라 다짐했다.

제갈량은 대승을 거둔 뒤 오장원으로 돌아왔다. 그리고 이후에도 사마의를 출병하도록 만들기 위해 갖가지 방법을 동원했으나 아무 소용이 없었다. 마음이 조급해진 제갈량은 사람을 보내 사마의에게 부인복 한 벌을 선사했다. 그의 담력이 여인과 같음을 조롱하는 행동이었다. 사마의는 속으로 크게 노했으나, 겉으로는 태연히 웃는 모습을 가장하며 오히려 사신을 융숭히 대접했다. 나아가 그는 사신에게 제갈량의 근황을 물었다.

사마의는 사신의 말을 통해, 제갈량이 매일 많은 업무량에 시달리며 늦게 잠자리에 들어 일찍 일어나는 생활을 반복하고 있음을 알게 되었다. 더구나 식욕이 나날이 떨어져 때로는 며칠을 연이어 식사를 거른다는 것이었다. 사마의는 과로에 시달리며 식사를 제대로 하지 않는 제갈량이 오래 버티기 어려울 것이라 확신했다. 이에 그는 자신의 방어전략에 더욱 자신감을 가지고, 각 군영에 적군이 부득이 퇴각할 때까지 절대 교전하지 말고 진지를 굳게 지키라고 다시 한 번 엄명을 내렸다.

그러나 위군 장수들은 계속되는 촉군의 도발에 참지 못하고 출병할 것을 끊임없이 사마의에게 건의했다. 이에 사마의는 장수들의 기분을 달래기 위해 말했다.

"황상께서 성지를 내려 진지를 굳게 지키도록 명하셨는데, 제장들은 교전하는 것이 옳다고 주장하니 우리 즉각 황상께 상주하여 재가를 얻도록 해보세!"

이에 사마의는 제갈량의 치욕적인 도발을 보다 못한 장병들이 의분을 못 이겨 모두 결전을 감행하길 원하는바 삼가 교전을 허락하길 바란다는 내용의 상주문을 위주 조예에게 보냈다. 조급해하던 위군 장수들도 일단 위주의 지시를 기다리는 수밖에 없었다.

사마의가 보낸 상주문을 받아든 위주는 그의 속마음을 간파했다. 그래서 그는 즉각 신비를 군사참모관으로 전선에 파견해 장병들을 위로하게 했다. 위주가 신비를 전선에 파견해 전황을 파악하고 개전 여부를 결정할 것이라는 정보가 촉군 척후병에게도 탐지되었다.

촉군의 참모 강유가 제갈량에게 말했다. "신비가 온 것을 보니 사마의가 정말 교전할 의사가 없는 것 같습니다!"

제갈량이 한숨을 내쉬며 대꾸했다. "그러하네. 응전을 보채는 부하 장수들을 달래기 위해 벌이는 수작일 뿐이지. 병서에도 장수가 전장에 임해서는 군명을 받지 않을 수 있다고 했네. 그것은 천리 밖 전장에서 군사적 기회를 놓치지 않도록 그리 정한 것이거늘, 사마의가 정말 나와 한번 자웅을 겨뤄볼 의향이 있다면 위주에게 상주할 필요까지 있겠는가!"

233년 8월, 과연 사마의가 예측한 대로 과로가 누적된 제갈량이 병으로 쓰러졌다. 그리고 그 병세가 나날이 위중해졌다. 후주 유선이 소식을 듣고 즉시 상서 이복(李福)을 오장원으로 보내 제갈량을 위문하는 한편, 전황에 대해 자세히 물었다. 이복은 제갈량과 오랜 시간 밀담을 나눈 다음 돌아갔다. 그러나 며칠 지나지 않아 그는 다시 제갈량을 찾아 돌아왔다. 제갈량은 그가 자신의 뒤를 이을 후계자를 묻고 싶어하는 줄 알아차렸다.

"우리가 오래 이야기를 나누었으나 아직 미진한 부분이 있는 것 같소. 내 공이 다시 돌아온 뜻을 알겠소. 내 뒤를 이을 사람으로 장공염[蔣公琰: 장완(蔣琬)을 말함]이 적당하오."

이복은 다시 장공염의 후계로는 누가 좋을지 물었다. 제갈량이 이에 대답했다.

"비문위(費文偉)가 그의 뒤를 이을 만합니다."

이에 이복이 다시 그 다음 후계자를 물었다. 그러나 제갈량은 더이상 대답이 없었다.

233년 9월, 제갈량은 마침내 오장원에서 가슴 가득히 한을 품은 채 세상을 떠나고 말았다. 이때 그의 나이 54세였다.

제갈량이 세상을 떠난 후, 양의와 강유 등은 그가 임종 시 지시한 대로 일체의 사실을 비밀에 부치고 군사를 정돈하여 한중으로 철군했다. 사마의는 촉군이 철군한다는 소식을 듣고, 군사를 이끌고 그 뒤를 쫓았다. 그러자 양의가 군사를 돌려 북을 두드리며 위군에게 돌격해 오려는 듯한 자세를 취했다. 사마의는 또다시 제갈량의 함정에 걸려들까 두려운 생각이 들어, 감히 더 이상 촉군을 추격하지 못했다. 이에 촉군은 태연하게 철군을 계속하여 사곡에 들어선 후에야 비로소 제갈량이 세상을 떠났음을 알리는 부고를 냈다. 이 일을 백성들은 '죽은 제갈공명이 산 사마중달을 이겼다'며 사마의를 조소하는 이야깃거리로 삼았다. 이 말을 전해 들은 사마의는 화를 내기는커녕 도리어 웃으며 말했다.

"내 그가 살아 있는 줄로만 알았지, 이미 죽었으리라고는 꿈에도 생각지 못했었네!"

이리하여 제갈량의 북벌전쟁은 막을 내렸다. 아울러 제갈량과 사마의 간의 대결도 종말을 고했다. 제갈량은 임종 시 자신의 사후에 어떻게 사마의를 상대할지 안배를 해둔 외에, 위연의 모반을 어찌 진압할지에 대해서도 방비를 해두었다. 과연 제갈량이 간 뒤, 얼마지나지 않아 위연은 반란을 일으켰고 촉장 마대의 손에 주살당했다.

제갈량이 떠난 뒤, 촉한은 방어전략으로 일관하다가 정치상황
이 차츰 부패해져 마침내 236년 위에 의해 멸망당했다.

　　사마의는 수동적 방어전략으로 일관하며 제갈량이 죽기를 기다
려 마침내 촉한 전쟁의 승리자가 되었다. 그는 이 전공으로 태위의
자리에 올랐다. 이후 그는 자신의 정적들을 차례로 제거하며 상국에
올라, 사마씨의 진(晉)이 탄생하는 기반을 닦았다.

　　251년 8월, 그는 78세를 일기로 병사했다. 후에 진 무제 사마염
이 즉위해 그를 선제(宣帝)로 추증했다.

성패의 거울

제갈량은 걸출한 정치가이자 군사가요, 외교가다. 그의 일생은 충성, 근면, 개명(開明), 지혜라는 상징어로 요약된다. 그는 비단 봉건통치자들의 숭모와 찬양을 받을 뿐 아니라, 광범한 민중들로부터도 존경과 우러름을 받는다.

통치자들이 그를 숭배하는 이유는 그가 유비 부자를 위하여 죽을 때까지 진충보국하여 역사에 '충신의 전범'으로 남아 있기 때문이다. 역대 통치자들은 자신의 신하들이 제갈량을 하나의 모범으로 삼아 왕조에 충성을 다하기를 바랐다. 제갈량의 충군사상에 대한 그들의 찬미와 포장은 청대에 이르기까지 그치지 않았다. 청조의 영명한 군주인 강희제는 "신하 된 자로 진충보국한 일을 따지자면 오직 제갈량이 있을 따름이다"라고까지 말했다.

민중들이 그를 받드는 이유는, 그가 잔혹한 통치자가 아니라 일생을 지혜와 청렴으로 일관하며 백성들의 생활에 많은 편리를 가져다준 개명한 현상(賢相)이었기 때문이다. 그가 간 뒤, 서남 지역 소수민족들은 모두가 그를 그리워하며 제사를 올렸고, 촉의 백성들 사이에는 그를 기리는 분위기가 수십 년이 지나도록 사라지지 않았다고 한다. 이에 후세의 통치자들은 이 충신을 기리기 위해 성도 남쪽 교외에 무후사(武侯祠)를 건립했다. 무후사는 왕조가 바뀌어갈수록 더욱 증축되었고, 수많은 명사와 묵객들이 이곳에 제갈량의 업적을 기리는 내용의 필적을 남겼다.

먼저, 그의 정치적 행적을 보자. 그는 정치무대에 등장하자마자 자신이 융중에서 오랫동안 구상했던 탁견을 펼쳐 보였다. 손권과 연맹하여 조조에 대항하는 전략으로 그는 적벽대전의 승리를 만들어냈고, 보잘것없는 유비 일행의 세력을 점차 확대시켜 마침내 촉한 정권을 탄생시키기에 이른다. 서촉을 통치함에 있어서는, 엄정한 법치를 시행하여 상벌을 분명히 하고 인재를 폭넓게 등용하였으며 농업생산을 증대시키고 소수민족들과 화의정책을 취하여 단기간에 촉한 정권의 역량을 크게 증강시켰다. 이 일련의 업적은 제갈량의 원숙한 정치적 안목과 능력을 입증하는 것이었다.

촉한이 성립하자마자 제갈량은 강력한 군대를 양성하는 일을 중시하고 그에 매달렸다. 그 결과, 촉한의 군사역량을 단기간에 조조와 손권에게 대항할 만한 수준에 이르게 했다. 군무를 관장함에 제갈량은 군기를 엄정히 하고 군사의 조련에 특별한 노력을 기울여 촉군의 전투력과 용맹성을 크게 제고시켰다. 그는 촉한의 인력과 물력이 위와 오에 비길 수 없음을 통감하고 한정된 자원을 귀하게 사용했다. 또한 전쟁을 수행하는 과정에 촉군이 지닌 단점들을 극복하기 위해 적극 노력함으로써 수적으로 우세한 위군과 장기간 효과적인 공방전을 펼칠 수 있었다.

제갈량은 탁월한 군사 지휘 능력을 지니고 있었다. 그는 병법에 정통하였으며, 독창적인 진법을 개발하고 응용하는 비범한 수완을 발휘했다. 제갈량은 전투를 지휘함에 고인들이 남긴 병법의 원칙을 거울삼아 전략전술과 용병원칙을 매우 중시했다. 또 전투에 앞서 지피지기의 규율을 견지했으며, 오직 전쟁만을 정치적 목적을 달성하는 유일한 수단으로 삼지는 않았다. 그리고 그가 개량하고 설계한 무기인 연노(連弩)나 수송기구인 목우(木牛), 유마(流馬)는 제갈량이 군사과학 방면에서 이룩한 남다른 업적이라 할 수 있다.

제갈량은 외교 방면에서도 노련한 수완을 발휘했다. 한실의 중흥을 위해 그가 채택한 연손항조(聯孫抗曹)의 전략은 당시의 정세 아래 실행 가능한 대안 중 최상의 것이라 할 만했다. 조조의 강성한 세력이 천하를 독식하는 일을 막기 위해서는 똑같이 약자의 입장에 처한 유비와 손권은 힘을 합칠 수밖에 없었다. 이런 이해관계를 이용하여 손권을 설복하고 연맹관계를 수립한 제갈량은 적벽에서 조조에게 대승을 거두고, 마침내 위로 하여금 적극적 공세에서 수세적 방어태세로 전략을 수정하게 만들었다.

이후에도 제갈량은 동오와 한때 단절된 연맹관계를 회복하기 위해 형주를 되찾는 일을 포기했으며, 특히 이릉(夷陵) 전투 이후 조비와 손권의 사이가 벌어지자 등예를 사신으로 보내 손권으로 하여금 위에 대한 군신관계를 청산하고 촉과 다시 연맹관계를 회복하도록 설복시켰다. 이런 바탕 위에 비로소 제갈량은 남만의 반란을 순조롭게 평정하고, 위를 상대로 한 북벌전쟁을 시작할 수 있었다.

손권이 황제를 칭했을 때, 또다시 동오와의 관계가 위기를 맞았으나 대국적인 견지에서 동오와 연맹을 유지하는 것이 타당하다고 판단한 제갈량은 내부의 갈등을 극복하고 동오로 사신을 보내 손권의 즉위를 축하하는 외교적 결단력을 보였다. 이렇게 함으로써 촉은 순조롭게 북벌전쟁을 계속 진행할 수 있었고, 위에 대한 외교적 입지를 한층 강화할 수 있었다.

　　이렇게 지모와 전략이 출중하고 유씨의 촉한을 위해 진충보국한 제갈량은 사마의와 수차례에 걸친 대결에서 최후의 승리를 쟁취하지 못하고 결국 병으로 쓰러져 진중에서 순국하게 된다. '출사하여 승리를 거두지 못한 채 몸이 먼저 가게 되니, 오래도록 영웅들의 눈물이 옷소매를 적시네.' 제갈량의 순조롭지 못한 최후는 참으로 독자들의 마음을 시리게 한다. 비록 제갈량이 뜻을 이루지 못한 것은 수많은 상황적 요인들에 의해 제약받은 측면도 있지만, 그래도 주된 요인은 그 자신에게 있음을 부인하기 어렵다.

　　그가 출정하여 최후의 승리를 거두지 못하고 몸이 먼저 가게 된 것은, 무엇보다 그가 사안의 대소와 경중을 가리지 못하고 모든 일을 몸소 처리하려고 한 그 집정자세에 문제가 있었기 때문이다.

　　유비가 가고 난 뒤, 우둔하고 나약한 후주 유선을 대신하여 제갈량은 국정의 모든 부담을 홀로 짊어졌다. 그야말로 그는 유씨의 강산을 위해 충성을 다하느라 자기 몸을 돌보지 않았다. 각 방면의 국정을 챙기기에 조금도 소홀함이 없었던 그에게 편안한 휴식이라고는 없었다. 제갈량은 전국적인 군정사무를 책임진 외에도, 친히 수리(水利)·교량·도로·역참 등의 공정을 관장하였으며, 나아가 양

잠·제직·제염·야철·주전(鑄錢) 등에 깊이 관여하였고, 이에 더하여 목우·유마·연노 등의 기계나 병기의 설계 제작에 손수 참여했다. 당시 그의 집정자세에 대해 누군가 '친히 출납 장부를 관리하느라 온종일 땀을 흘리며 여념이 없었다'라고 묘사한 바 있다.

그러나 이런 격무의 와중에 있으면서도 제갈량은 일신의 피로와 질병 등에 대해 그리 대수롭지 않게 생각했다. 그가 남만을 정벌하기 위해 친히 출정하려 할 때, 많은 대신들이 전염병이 많은 불모지로 직접 출정하는 것이 위험하니 재고하도록 간했다. 그러나 재상의 안위는 국가적으로도 중요한 일이라는 이들의 건의를 물리치고 제갈량은 기어코 출정을 강행했다. 장기간 북벌을 진행하는 기간에도 그는 매일 갖가지 일에 노심초사하며 손수 챙기기를 마다하지 않았다. 그는 심지어 군악기의 품질에 대해서조차 세세하게 관심을 가질 정도였다. 이런 과로가 누적되어 병이 되었고, 마침내 병세가 급격히 악화되어 그는 진중에서 세상을 떠나고 말았다. 임종을 앞두고도 그는 자기를 대신할 후계자를 고려했고, 자신의 사후 어떻게 철군할지에 대해 안배하는 일을 잊지 않았다. 참으로 순국하는 순간까지 촉한을 위해 진충보국한 천고의 충신이었다.

그러나 제갈량의 이런 진충보국은 상당히 비과학적이고 무모한 측면이 있음을 지적하지 않을 수 없다. 첫째, 일의 대소와 경중을 구분하지 않고 함께 묶다 보면 사소한 일에 휩싸여 중요한 일을 그르치게 되기 쉽고, 특히 시간을 다투는 긴요한 일을 제때 처리하기 어렵게 된다. 둘째, 사람의 체력과 능력은 유한한 것이다. 모든 일을 손수 처리하려 하다 보면 일에 착오와 실수가 생길 뿐 아니라, 건강을 해쳐 필연적으로 질병을 유발하게 된다. 셋째, 국가나 조직의 발전 동력은 구성원 다수의 역량과 지혜를 결집시키는 유기적 시스템에서 생겨나는 것이다. 조직의 모든 구성원은 각자의 지위와 책임, 그리고 스스로의 특장을 지니고 있다. 조직이 특정한 인재에게 지나치게 의존하는 상황에 처하면 여타 조직원의 의존심리를 조장하게 되고, 다른 인재들의 발탁과 양성을 가로막는 현상이 생긴다. 이 것이 바로 제갈량이 떠난 후 촉한에 그에 필적하는 후계자가 없었던 원인이며, 진취성을 잃어버리고 혼미해진 촉한이 마침내 종말을 맞게 되는 이유이기도 하다.

제갈량이 북벌에 실패한 또 다른 원인은 그의 용병술이 지나치게 신중했다는 점에 있다.

제갈량의 군사지휘 능력이 탁월하고 전략수립에 매우 용의주도했다는 점은 누구도 부인할 수 없다. 그러나 그가 수차례의 북벌에도 불구하고 특별한 전과 없이 물러난 것은 그가 모험을 감수하기를 원치 않았고 용병에 그다지 특출한 전술이 없었다는 데 그 주된 원인이 있다. 또한 천하의 제갈량도 용인에 실패할 경우가 있어서, 마속을 가정 방어에 잘못 기용하기도 했었다.

그러나 당시 촉한은 인적, 물적 자원이 모두 위에 비해 명확한 열세에 처해 있었다. 여기에 사마의와 같이 만만히 상대하기 어려운 적수를 만난 제갈량이 자신이 처한 한계상황을 극복하고 단기간에 위를 멸망시킨다는 것은 불가능에 가까운 일이었다. 이런 이유로 제갈량은 이루지 못한 대업을 가슴속에 한으로 묻은 채 영면에 들어갈 수밖에 없었던 것이다.

제갈량과의 대결에서 최후의 승리를 거둔 사마의 역시 제갈량과 마찬가지로 중국 역사상 드물게 빼어난 정치가요, 군사가이자 모략의 달인이었다.

그러나 송대 이후 사마의에 대한 역사적 평가와 지위가 몰락하기 시작했다. 그리고 명·청을 거쳐 지금에 이르기까지 가가호호 모르는 사람이 없는 『삼국연의(三國演義)』와 이에서 파생한 각종 공연극, 소설, 구비문학 속에서 사마의는 매우 무능한 악인으로 둔갑했다. 이렇게 사마의에 대한 묘사의 각도가 돌변한 것은, 촉한을 정통으로 삼고 제갈량을 신격화한 일과 병행해서 이루어졌다.

사실 사마의가 촉과의 전쟁 중에 몇 차례 좌절을 당한 적이 있긴 했다. 그러나 줄곧 제갈량의 숙적으로서 지모의 대결이든, 정면 군사대결이든 매번 제갈량을 속수무책의 지경에 빠트려 그로 하여금 별다른 전과 없이 빈손으로 돌아가게 만들었다.

송대 이전까지만 해도 사마의는 지극히 높은 역사상의 지위를 유지했었다. 사서들은 일관되게 그가 어린 시절부터 총명과 기지가 넘쳤으며, 인품과 학식이 비범했고, 기개와 우국충정으로 가득했다고 적고 있다. 더구나 그와 동시대를 살았던 정치가와 군사가들도 모두 그에게 극도로 높은 평가를 내리고 있다. 그러므로 비록 후대 사람들이 그에게 커다란 편견을 가지게 되었다 하더라도, 역사 속의 그의 지위 및 그에 대한 평가를 변경하거나 훼손할 수는 없는 일이다.

그가 이 대결에서 최종적인 승리를 거둔 가장 중요한 원인은 기회를 노리며 은인자중할 줄 알았던 인내심에 있다고 할 것이다.

지략이 신출귀몰한 제갈량을 상대함에 정면승부나 강공은 결국 실패할 수밖에 없다고 사마의는 판단했다. 촉군은 적진 깊숙이 들어와 병참선이 길어지고 군량보급에 어려움을 겪고 있어서 지구전에는 결국 불리할 수밖에 없는 처지였다. 이에 그는 몇 차례 패배의 교훈을 거울삼아, 진지를 튼튼히 구축하고 방어전을 펴며 제갈량의 갖은 유인에도 넘어가지 않음으로써 속전속결이 절실한 제갈량을 달리 어쩔 도리가 없는 상황에 이르게 했다.

　　외유내강의 자세로 대세의 흐름을 읽고 그에 순응할 줄 안 것이 그가 성공적인 일생을 마친 또 하나의 이유일 것이다.

　　조조가 집권한 시기부터 3대의 황제를 보좌한 그는 때로 모반의 의심을 받아가며 한 단계씩 상승하여 마침내 왕조의 신하로서 권력의 최고봉에 이르고, 나아가 새로운 왕조의 기틀을 다지게 된다. 한때 그는 같이 보정대신에 임명된 조상(曹爽)의 견제를 받아 권력을 잃는 위기에 처하기도 했다. 이때 사마의는 정적의 서슬 푸른 예봉을 피하기 위해 병을 가장하여 칩거하며 재기의 기회를 기다렸다. 그리고 그의 눈을 속이기 위해 병이 매우 위중한 것처럼 가장하여 그의 경계심을 누그러뜨린 뒤, 그가 낙양성을 벗어난 틈을 타 정변을 일으켜 그 일당을 제거한다. 이리하여 다시 조정의 대권을 장악한 사마의는 이후 삼국의 분립을 종식시키고, 진(晉) 왕조의 초석을 다진 탁월한 정치가로 역사에 기록되었다. 그의 성공은 외유내강과 역사의 흐름에 순응한 처세가 이룩한 결실이라 할 수 있다.

6. 개혁과 보수가 맞서 변화를 이루다

사마광司馬光 vs 왕안석王安石

사마광(司馬光, 1019~86)과 왕안석(王安石, 1021~86)은 북송(北宋) 시대의 저명한 정치가요, 사상가들이다. 당시 백성들이 과중한 조세와 부역에 시달리고 서하(西夏), 요(遼) 등 북방 이민족과의 갈등이 나날이 고조되어 가던 시기에, 우국우민의 자세로 세상을 평안하게 하기 위해 벼슬길에 나아간 이들은 같은 왕조를 섬긴 동료이자 학문상의 좋은 친구였다. 그러나 사상적 차이와 정견의 상이함이 이들 사이를 벌려놓는다. 쇠잔해 가는 국운을 일신하고 봉건통치를 공고히 하기 위한 '개혁'을 둘러싸고 이들은 격렬히 대치하며 한바탕 대결을 벌이게 된다.

이 대결은 봉건통치 집단 내부의 갈등으로서, 비록 번뜩이는 칼날이 난무하고 성을 뺏고 빼앗기는 구경거리는 없지만 설봉(舌鋒)이

날카롭게 대립하는 지성의 대결이었다. 그 결과, 득의양양하게 중용된 편이 있었던가 하면 세력을 잃고 곤경에 빠지는 편이 생겼다. 그리고 이들의 '얼음과 숯불덩이' 같은 불공대천의 대립은, 역사 속에 농후한 색채의 한 폭 그림처럼 그 족적을 남기고 있다.

같은 조정에서 관직을 받다

사마광은 1019년, 북송 섬주 하현에서 태어났다. 그의 조부인 사마현(司馬玹)은 진사 출신으로 현령을 지냈다. 부친 사마지(司馬池)는 보원(寶元), 경력(慶曆) 연간의 명신으로, 30년간의 관직생활을 줄곧 충직과 청렴으로 일관하여 세상의 칭송을 받았다.[보원, 경력은 모두 북송 인종(仁宗)의 연호로 송대 황제들은 복수 연호를 사용했다] 부친의 이러한 명망은 사마광의 사상과 품성을 형성하는 데 지대한 영향을 끼쳤으며, 그 후 사마광이 벼슬길에 나아가 취한 처세나 시정(施政)의 자세에도 하나의 전범이 되었다.

사마광은 어려서부터 부친의 임지를 따라 도처를 돌아다니며 성장했다. 그는 세 살 무렵, 부친을 따라 수주(遂州) 소계현에서 살았다. 이 기간, 사마지는 임지의 백성들을 위해 많은 업적을 남겨 그들의 우러름을 받았다. 어린 사마광이 곁에서 목격한 부친의 청렴과

애민, 우국충정의 자세는 그에게 평생 기억에 남을 깊은 인상을 남겼다.

소계현에서 임기를 마친 사마지는 낙양으로 전임했다. 사마광도 낙양으로 옮긴 다음부터 체계적이고 엄격한 가정교육을 받게 된다. 집안의 부형이 그의 스승이었다. 타고난 총명으로 배움에 정진한 사마광은 이미 15세 무렵에 상당한 학식을 갖추었다. 유가의 경전을 두루 섭렵하여 통달하지 못한 것이 없었고, 그가 써낸 빼어난 문장은 사람들로부터 송대 대문호 소식(蘇軾)의 문장처럼 '순박하고 깊이가 있으며, 한대(漢代) 고문의 풍격이 있다'라는 평을 들을 정도였다.

보원 원년(1038년), 20세의 사마광은 진사시험 갑과에 합격했다. 이해, 그는 화주(華州) 판관을 제수받았다. 다음해, 사마광은 항주로 전임되었으나 그는 이 승진의 기회를 사양하고 양친을 가까이 모시기 위해 소주로 임지를 바꾸어줄 것을 조정에 상주하게 된다. 얼마 뒤, 이 요청이 조정의 재가를 얻어 사마광은 소주의 절도판관으로 부임하게 된다.

사마광이 막 시작한 관직생활에서 자신의 재능을 십분 발휘하기 시작한 무렵, 그의 모친 섭(聶)씨가 불행하게도 병으로 세상을 떠났다. 사마광은 봉건시대의 예법대로 관직을 사직하고 모친의 영구를 호위하여 고향으로 돌아갔다. 그러나 불행은 연달아 찾아왔다. 모친의 상기를 다 마치기도 전에 이번에는 부친이 경력 원년(1041년), 임지인 진주(晉州)에서 병을 얻어 세상을 등졌다. 사마광은 양친을 고향의 선산에 안장하고 상기를 지켰다.

경력 3년 11월, 부모의 상기를 마친 사마광은 부친의 절친한 친구인 방적(龐籍)을 찾아가 몸을 의탁했다. 그리고 얼마 뒤, 그는 판관직을 제수받는다. 경력 5년 6월, 사마광은 다시 대리평사(大理評事)에 임명된다. 이해 겨울, 그는 임지가 경성(京城)인 개봉으로 바뀌어 마침내 지방 관료생활을 접고 전국의 정치중심이자 최고의 정치무대에서 자신의 재능을 발휘할 기회를 맞게 된다.

그러나 현실 생활은 결코 그의 뜻대로 돌아가지 않았다. 대리평사의 업무라는 것이 전국 각지에서 올라온 비밀 문건들을 대조확인하고 재심사하는 것이어서 그는 매일 무의미하고 번잡한 문서업무에 휩싸여 지내야 했기 때문이다. 다행스럽게도 얼마 후, 그는 국자직강(國子直講)으로 전임되었다. 이 자리는 독서를 좋아하는 사마광에게 자신의 학문적 시야를 넓힐 수 있는 다시없는 좋은 기회였다.

경력 8년, 방적이 참지정사(參知政事: 부재상)로 승진하였다. 사마광은 그의 권유로 학사원 시험을 거쳐 관각교감에 임명된다. 이 직책을 맡은 지 1년여 동안 사마광은 연이어 많은 저작을 완성함으로써 세상의 주목을 받았다. 경성에서 몇 년을 생활하며 그는 많은 벗들을 새로 사귀고 그들과 함께 학문과 정견을 논함으로써 꽤 충실한 시간을 보낼 수 있었다. 아울러 이 기간은 사마광이 정치적으로나 학문적으로 한 단계 성숙해지고 명망을 얻은 시기로, 그의 일생에서 매우 중요한 의미를 지니는 단계였다.

가우(嘉祐: 인종의 연호) 2년(1057년) 여름, 사마광은 이부(吏部) 남조(南曹)에 관직을 받았다. 이곳은 하위직 문관들을 이동시킬 때 그들의 업적과 전력을 심사하고 위임장을 발급하는 기구로 한직에 해당하는 곳이었다. 그러나 그곳에서 채 1년도 되지 않아 그는 개봉부의 퇴관(推官)이 되었다가, 얼마 후 다시 삼사(三司: 재무부에 해당) 도지원으로 승격해 옮겼다.

바로 이때, 사마광은 강남에서 개봉으로 지도판관이 되어 부임한 왕안석을 알게 되었다.

왕안석은 1021년 강서 임천에서 태어났다. 사마광보다 두 살이 적다. 왕안석의 증조부는 원외랑을, 조부는 위위(衛尉)를 역임한 바 있고, 부친 왕익(王益)은 스물두 살에 진사 시험에 합격했으나 고위 관직에 진출하지는 못했다. 왕안석의 모친 오씨도 당시 여성으로서는 비범하게 문사(文史)에 조예가 깊고 사리에 밝은 현모양처였다.

이런 가정환경 속에 자란 왕안석은 자연히 어려서부터 양호한 교육을 받을 수 있었다. 총명한 왕안석은 다섯 살에 이미 시경과 논어의 문장을 암송했고, 열두 살이 되자 혼자 고전을 발췌하여 학습할 줄 알았으며 제법 유려한 문장을 써 보여 주위 사람들의 칭찬을 받곤 했다.

왕안석의 집안은 비록 학문적 분위기가 농후했지만, 사마광의 집안처럼 경제적으로 그리 넉넉하지는 않았다. 그의 집안은 고향 임천에 한 뼘의 전답도 없어, 부친이 각지 지방관에 부임할 때는 모든 가속들이 그를 따라다녀야 했다. 이런 이유로 왕안석은 소년 시절부터 여러 곳을 전전하며 많은 식견을 쌓을 수 있었다.

왕안석은 부친을 따라다니는 동안 외부세계와 거의 담을 쌓고 공부에 열중했다. 이것은 그 후 그의 학문세계와 관직생활의 든든한 기초를 다지는 과정이 되었다. 그러나 동시에 그의 고집스럽고 내성적인 성격을 형성하는 원인이 되기도 했다. 이후 왕안석은 평생 이런 성격을 탈피하지 못했고, 이것은 그의 운명에 적잖은 영향을 끼치게 된다.

그가 각고의 노력을 기울이며 학문에 정진하고 있을 때, 겨우 40대 초반인 그의 부친은 업무상의 과로와 가족부양의 부담을 이기지 못하고 그만 병으로 쓰러져 얼마 후 세상을 떠나게 된다. 왕안석은 부친의 상기를 지키는 동안, 학문과 서법 공부에 몰두하며 예부 시험에 지원할 준비를 했다.

경력 2년 봄, 왕안석은 경성으로 가 진사시험에 특출한 성적으로 합격하고, 회남 절도판관을 제수받는다. 이리하여 왕안석은 긴 세월의 관직생활에 첫발을 내딛게 된다.

그런데 초기 관직생활에서 왕안석은 자신의 역량을 충분히 발휘하지 못하고 매우 의기소침한 나날을 보냈다. 그러나 이 기간에 그는 문우 증공(曾鞏)을 사귀고, 또한 그가 마음속으로 존경해 마지않는 재상 한기(韓琦)를 알게 되었다. 한번은 한기가 왕안석과 긴 대화를 나눈 뒤 그의 학문적 기초가 훌륭하다고 칭찬하며 더욱 정진하도록 당부해 마지않았다.

이로부터 왕안석은 '두 귀로 바깥세상의 소리를 듣지 않고, 한마음으로 성현이 남긴 전적에 몰두'하는 생활을 시작했다.

왕안석은 25세가 되던 해, 개봉으로 전직되어 태평리사(太平理事)에 제수된다. 이즈음 개봉에 있던 친구 증공은 왕안석이 쓴 문장을 구양수(歐陽修)에게 추천해 가져다 보였다.

구양수는 왕안석의 문장을 보고 그것이 스무 살 남짓 된 청년에게서 나온 것이라고 도저히 믿기 어려웠다. 구양수는 수재의 발견을 크게 반기며, 왕안석에게 지방으로 가 관직을 수행할 것을 권했다. 밑바닥 업무를 통해 많은 경험을 쌓는 것이 이후 관직생활의 발전에 크게 도움이 된다는 격려의 뜻이었다.

경력 7년, 왕안석은 은현(鄞縣)의 현령으로 전임된다. 이때 송 왕조는 안팎의 재난에 직면해, 조정은 사분오열되고 백성들은 도탄에 빠져 허덕이고 있었다. 왕안석은 부임 후, 먼저 백성들의 양곡 대여 상황을 파악하고 은현 전체의 모든 수리관개 공정에 대해 엄밀한 조사를 진행했다. 이어서 그는 현지실정을 반영하여 대대적 수리공정을 일으켰다. 그 결과 채 1년이 못 되어 은현의 면모는 몰라보게 달라졌다. 왕안석은 나아가 관리들의 악습을 바로잡고, 오래 방치한 하천을 준설하였으며, 무너진 제방을 새로 쌓았다.

2년 후, 은현 지현의 임기를 마친 왕안석은 잠시 전중승(殿中丞)을 역임하다가 황우(皇祐: 인종의 연호) 3년(1051년), 서주(舒州) 통판(通判)에 임명된다. 그러나 이 직책은 참모직으로 왕안석 스스로 아무것도 결정할 재량권이 없었다. 그래서 이 기간에는 왕안석이 자신의 역량을 제대로 발휘하지 못해 이렇다 할 업적을 쌓지 못했다.

그런데 얼마 후, 재상 문언박(文彦博)이 인종에게 왕안석을 천거했다. 인종도 일찍부터 왕안석의 재능에 대해 들은 바가 있었다. 이에 그는 조서를 내려, 왕안석으로 하여금 속히 개봉으로 와 고관 임용시험에 응하도록 분부했다. 그러나 왕안석은 개봉으로 나가지 않았다. 이런 예상 밖의 행동은 오히려 조정이 더욱 그를 중시하는 계기가 되었다. 문언박, 조집중 등 원로대신들의 거듭된 진언에 따라 인종은 왕안석에게 시험 없이 임용하는 특혜를 베풀었다. 그러나 이런 황공한 은혜에도 불구하고 왕안석은 여전히 조정의 소청(召請)을 완곡하게 거절했다.

드디어 왕안석의 서주 통판의 임기가 만료되자 조정은 다시 그에게 조서를 내려, 다시 사양하지 말고 임용에 응하도록 명했다. 구양수는 이때까지 아직 왕안석과 아무런 면식이 없었지만 매우 유능하고 기개 있는 젊은이라고 생각하며, 그가 속히 개봉으로 와 임용을 수용하기를 희망했다. 이런 구양수의 건의를 전해 들은 왕안석은 드디어 경성으로 들어가 군목판관(群牧判官)을 제수받았다.

가우 2년, 사마광은 개봉으로 전근되고, 왕안석은 이해 5월에 상주(常州) 지부로 전근된다. 상주에 부임한 왕안석은 운하를 건설하고자 추진하였으나 일련의 반대에 부딪혔다. 9개월 후, 왕안석은 다시 강서 요주(饒州)로 전근되었다.

왕안석은 매 부임지마다 백성들에게 도움을 줄 일련의 개혁조치를 강구하여 실시하고자 했다. 그런데 어느 한 곳도 예외 없이 그의 개혁조치는 갖가지 반대와 저항에 직면했다. 그가 요주에 부임했을 때도 조정에 「의차법(議茶法)」을 상주하여 관련 공무집행을 개혁하고자 시도했으나, 지방관들의 강력한 반대에 부딪혀 그 실시가 무산되고 말았다.

이 일로 좌절을 겪은 왕안석은 매우 심각한 고뇌 속에 빠져들었다. 이해 10월, 조정은 왕안석을 다시 경성으로 불러 지도판관에 임명했다. 이때, 왕안석은 이후 자신의 변법에 극력 반대할 사마광을 알게 되었다.

사마광은 오래전부터 왕안석에 대해 흠모의 정을 품고 있었다. 그런 와중에 함께 조정에서 일하게 되어 자연히 두 사람의 정리는 나날이 깊어갔다. 사마광은 왕안석의 도덕적 절개와 문장을 모두 크게 존경했다. 두 사람은 종종 서로 시작(詩作)을 대결하곤 했다.

그런데 왕안석은 몸가짐이나 겉치레에 그다지 구애받지 않는 성격이었다. 그의 생활습관은 비교적 나태한 편이었고, 심지어 몸에 이를 지니고 있기도 했다. 그래서 사마광은 자신의 시 작품에서 왕안석의 이런 불량한 생활습관을 우스개스러운 필치로 완곡하게 놀리기까지 했다. 이처럼 당시 두 사람의 관계는 서로 허물없는 사이였다.

또, 왕안석은 매우 성격이 고집스러운 편이었다. 한번은 원내에 모란꽃이 만발하자 삼사사(三司使) 포증(包拯)이 사마광과 왕안석 두 사람을 청해 함께 꽃구경을 하게 되었다. 그런데 이어진 술좌석에서 포증이 술을 권하자, 사마광은 원래 술을 즐기지 않음에도 상사인 그의 체면을 고려해 몇 잔 들이켰다. 그러나 왕안석은 포증이 아무리 권해도 결국은 한 방울의 술도 입에 대지 않았다.

이에 사마광은 왕안석이 의지가 매우 굳은 사람이라고 생각했다. 아울러 타인이 그의 생각과 주장을 바꾸게 하기는 쉽지 않겠다고 여기게 되었다. 그러나 나중에 개혁문제를 두고 그와 일련의 첨예한 갈등과 대립을 빚게 될 줄 사마광은 꿈에도 생각지 못하고 있었다.

아운 사건을 둘러싼 충돌

가우 6년(1061년) 6월, 사마광은 새로운 직위를 받아 지간원(知諫院)에 부임했다. 이번에는 앞선 몇 차례의 경우처럼 재삼 사양하는 일 없이 그는 매우 유쾌하게 새로운 직무를 받아들였다.

천하를 위해 일신을 아끼지 않겠다는 대장부의 기개를 지닌 사마광은 젊은 시절부터 언젠가 나라를 위해 진충보국하겠다는 우국충정에 가득 찬 인물이었다. 이런 그에게 간직(諫職: 황제의 잘못을 간하고, 백관의 비행을 규탄하는 일을 임무로 하는 관직)은 자신이 평생 공부한 것을 실천하고 펼쳐 보일 수 있는 다시없는 좋은 기회였다.

당시는 인종 재위 후기로 서하(西夏)와의 전쟁, 농지고(儂智高)의 난도 이미 과거사가 된 시기였다. 비교적 안정된 정국을 바탕으로 강정(康定: 인종의 연호) 이래 돌볼 겨를이 없었던 국정의 각종 폐단을 개혁할 수 있는 좋은 기회가 찾아온 것이다. 이에 당시 사대부들은 너나없이 묵은 폐단을 개혁할 것을 주장하고 나섰다. 이런 상황에서 간직을 맡은 사마광은 스스로의 책임이 막중함을 통감하고, 5년의 재임기간 중 무려 1백70여 건의 상주를 올렸다. 그는 알고도 간하지 않은 일이 없었고, 간함에 주저 없는 직언을 서슴지 않았다. 송 왕조의 태평성세를 위해 그야말로 견마지로를 다한 일대 충신이라고 하기에 조금도 부끄럽지 않은 사마광이었다.

사마광이 조정의 간관이 되기 약 2개월 전, 왕안석도 인종 황제에 의해 지제고(知制誥: 황제의 조서를 기초하는 관직)에 임명되었다. 이 직위는 수시로 황제의 신변을 출입할 수 있어 매우 눈에 띄는 혁혁한 관직이었다. 사마광과 왕안석, 이 두 절친하고 정치적 포부가 가득한 동료관원은 이렇게 비슷한 시기에 각자 매우 중요한 직위에 오르게 되었다.

이해, 사마광과 왕안석은 과거시험의 채점관으로 같이 파견된 일이 있었다. 그런데 수험생 평가문제로 서로 의견이 엇갈려 두 사람은 처음으로 갈등을 일으켰다. 이 일은 결국 수습되긴 했지만, 두 사람은 서로 회복하기 어려운 감정의 앙금을 남기게 되었다.

얼마 뒤, 왕안석은 황제에게 올리는 『만언서(萬言書)』를 집필했다. 십여 년간 지방관으로 근무한 경험을 정리한 이 저술에서 그는 백성을 수탈하여 군주의 비위를 맞추는 관료들의 행태를 매우 호되게 비판했다. 아울러 그는 백성들에게 자금을 빌려주고 그들을 착취하는 것이나 다름없는 조정의 오랜 폐습을 바로잡도록 주장했다. 그러나 이 일련의 주장은 일부 조정 대신의 강렬한 저항에 부딪혔다. 이들은 황제의 면전에서 왕안석에 대한 비방과 중상을 거침없이 늘어놓았다.

그러나 재위 말기에 이른 인종은 무기력하기 짝이 없었다. 더구나 문언박과 부필(富弼) 같은 수구대신들도 개혁의 추진에 전혀 관심과 의지가 없었다. 그리하여 『만언서』는 당연히 거두어야 할 성과를 얻지 못하고 사장돼 버렸다. 이에, 왕안석은 격정적인 표현을 동원하여 매우 절실한 내용의 상주문을 다시 한 번 인종에게 올렸다. 자신의 견해를 매운 문장력으로 호소해, 군왕의 관심을 재차 촉구하고 싶었던 것이다. 그러나 왕안석은 결국 인종으로부터 아무런 반응도 얻지 못하고 말았다.

가우 7년, 사마광이 간직에 나아간 이듬해, 인종은 조서를 내려 지제고 왕안석을 삼반원(三班院)으로 보낸다. 그런데 그 자리는 한직으로 왕안석에게 아무런 의의가 없는 직책이었다.

1년 후, 인종이 죽고 뒤이어 영종(英宗)이 즉위했다. 이해 8월, 왕안석의 모친도 별세했다. 왕안석은 조정의 직위를 사직하고 모친의 영구를 호위하여 강녕으로 돌아갔다.

치평(治平: 영종의 연호) 4년(1067년), 내우외환에 시달리고 조정의 각종 폐단에 고심하던 영종이 병사하고, 그의 아들 조쇄(趙頊)가 즉위하니 그가 신종(神宗)이다. 즉위 당시 신종은 나이가 스무 살로 매사에 활달하고 개혁적 의욕이 넘치는 청년이었다.

신종은 당시 내정에 폐단이 첩첩이 쌓여 있고, 갖가지 정무 처리가 느려빠진 상황에 대해 큰 불만을 지니고 있었다. 그리고 선대 황제들이 북방의 요(遼), 서하와의 전쟁에서 연이어 패한 일을 통한스럽게 생각하고, 연운(燕雲)과 영하(靈夏)의 고토를 수복하여 지난날의 패배를 설욕할 계획을 지니고 있었다. 그러나 조정의 문무백관들 중에 자신의 원대한 포부를 보좌하고 실현시킬 중임을 감당할 만한 인물이 없다고 여겼다. 이때, 그는 왕안석이 떠올랐다. 그는 즉위하기 오래전부터 이미 왕안석의 이름을 듣고 있었다. 특히 왕안석이 편술한 『만언서』의 요지가 자신의 이상과 절묘하게 부합하는 점을 중시하고, 그와 서로 마음이 통한다고 생각했다.

그해 3월, 신종은 재임용의 기회를 고대하며 한가한 시간을 보내고 있던 왕안석을 강녕 지부(知府)에 임명했다. 그리고 9월이 되자 신종은 다시 왕안석을 경성인 개봉으로 불러올려 한림학사(翰林學

土)에 임명했다.

이때 왕안석과 함께 한림학사에 오른 사람은 둘이 더 있었으니, 바로 사마광과 여공저(呂公著)다. 한림학사는 황제의 개인비서에 해당하는 직책으로 장군이나 재상과 같은 문무고관의 임면, 내종부의 황태자나 황후의 책봉, 대외 선전포고와 같은 황제의 중요한 칙서를 기초하는 외에, 평소 황제를 곁에서 보좌하며 그의 자문에 응하는 막중한 직책이었다. 이에 사마광은 자신의 부족한 능력으로 국가에 손실을 끼칠까 두렵다며 재삼 임명을 사양했다. 그러나 신종은 이를 허락하지 않았다. 사마광은 20여 일을 버티다가 신종의 면전에 나아가 다시 사양의 뜻을 밝혔다. 그러나 신종은 사마광의 고집에 굴복하지 않고 반강제로 그에게 임명장을 안기니, 사마광도 부득이 이를 받아들이게 되었다.

이들의 임명과 동시에 신종은 한기, 오규, 곽규, 진욱 등 4명의 연로한 중신들을 면직시켰다. 이렇게 함으로써 조정의 수구세력인 한기 일파가 마침내 제거되었다. 사실 신종이 왕안석을 한림학사에 임명하기 3개월 전에 이미 변법(變法)의 서막은 시작된 셈이었다. 신종은 전국의 전운사(轉運使: 지방 민정을 살피는 관직)들에게 조서를 내려 빈부의 격차에 따라 부역에 차이를 두는 방안에 대한 전국적인 논의를 촉발시켜, 새로운 역법(役法)을 만들고자 시도했던 것이다. 사마광도 이 토론에 적극적으로 참여하여 자신의 견해를 문건으로 상주했다. 그는 새로운 역법의 시행으로 지방관들이 관할지역의 빈부 격차를 어느 정도 해소할 수 있겠지만, 재력이나 물력이 가장 여유 있는 고을이나 가문에 과중한 부담이 집중되어 도리어 그들을 곤경에 빠뜨리는 부작용이 있음을 고했다. 그는 각 지역마다 나름의 특수한 이해관계가 있으므로 전국적으로 일률적인 새 역법을 만드는 것은 타당치 않다고 상주했다.

한편, 일관되게 개혁을 주장해 온 왕안석은 신종이 자신을 한림학사에 임명하는 조서를 내리자 이전처럼 사양함이 없이 즉각 이를 수용하고, 신종에게 감사를 표하는 문건을 올렸다. 그는 이번에야말로 자신의 포부를 펼칠 절호의 기회가 왔다고 여긴 것이다. 이리하여 희녕(熙寧: 신종의 연호) 원년 4월, 왕안석은 가속들을 데리고 경성으로 부임했다. 그리고 즉시 신종의 변법을 적극적으로 지지하는 내용의 상주문을 기초해 올렸다.

이리하여 왕안석과 사마광은 신종이 총애하는 조정 중신이 되었다. 두 사람의 식견과 학식은 모두 신종이 크게 신뢰하고 중시하는 바였다. 사마광은 역사에 매우 해박했다. 그는 자신이 주장하는 바의 이론적 근거를 종종 역사 속에서 찾고자 했다. 그는 현실의 문제를 역사 속으로 끌고 들어갔던 것이다. 이에 비해 왕안석은 역사적 경험을 작금의 사회현실을 위해 활용하고자 했다. 그는 역사적 화제를 현실 속으로 끌고 왔던 것이다. 사마광은 정치가였지만 사상가의 면모를 강하게 지니고 있었다고 한다면, 왕안석은 사상가이기도 했지만 더 많은 관심을 현실사회의 정치문제에 쏟아 정치가의 면모가 강한 인물이라고 할 수 있었다. 국가의 정치, 경제 문제에 대해 사마광은 개량과 수정을 주장한 반면, 왕안석은 개조와 변혁을 주장했다. 이렇게 두 사람의 기질과 입장의 차이는 이후 불가피하게 갈등과 충돌을 수반할 수밖에 없었다.

공교롭게도 이해, 등주(登州)에서 아운(阿雲)이라는 한 젊은 여성이 자신의 약혼남을 살해하려다가 불구로 만든 상해사건이 발생했다. 이 사건에 대해 조정에서 토론하게 되었을 때, 사마광과 왕안석은 서로 다른 의견을 발표했다. 이것은 두 사람이 사상과 정치적 견해의 차이로 처음 심각하게 충돌한 사건이었다. 사건의 경과는 다음과 같다.

등주의 아운이라는 여성은 모친의 상중에 위아대라는 남성과 정혼을 하게 되었다. 그런데 그 약혼남의 외모가 너무 흉해 그녀는 억지로 시집가고 싶은 마음이 조금도 없었다. 이에 그가 잠든 사이에 그녀는 칼로 십여 차례 그를 내리쳐 중상을 입게 하고 엄지손가락 하나를 잃게 만들었다. 사건 발생 후, 혐의를 받은 그녀는 고을 관아로 끌려갔다. 그리고 죄를 추궁하는 고문을 받을 것이 두려워 일체의 사실을 순순히 자백하고 죄를 인정했다. 이에 담당관인 지주(知州) 허준(許遵)은 살인 및 상해범이 자수할 경우에는 감형한다는 칙령을 인용하여 그녀의 일등 모살죄를 이등으로 감형했다. 그러나 이 사건은 조정에 보고된 후, 사법기관들에 의해 재심되어 아운을 일등 모살죄로 교수형에 처할 것을 확정했다. 그러자 지주 허준은 이에 불복하고 나섰다. 그는 혐의자가 모든 죄를 즉시 자백한 이상, 정상을 참작하여 죄인(罪因)에 관한 부분을 감형하는 것이 타당하며 이미 마련돼 있는 관련 칙령을 인용하지 않는 사법기관들의 처사는 향후 범인들의 자수를 막는 결과를 초래할 것이라고 주장했다.

신종은 이 사건을 사마광과 왕안석 두 한림학사에게 주어 연구 해결할 것을 명했다. 그런데 이 두 사람의 의견이 일치하지 않았다.

왕안석은 허준의 의견이 옳다고 생각한 반면, 사마광은 사법기관들의 판단이 옳다고 생각했다. 논쟁의 초점은 이런 살인 및 상해사건의 범인이 자수할 경우 죄인(罪因)을 면하여 감형하는 것이 과연 타당할 것인가 하는 것과 만일 감형해 준다면 그것이 미칠 사회적 파급효과가 어떨 것인가 하는 문제에 집중되었다.

사마광의 관점은 '살상을 범하고 범인이 자수할 경우, 그 죄인(罪因)에 관한 부분을 사면하더라도 그가 저지른 살상의 결과는 여전히 법대로 다스려야 한다'는 것이었다. 예를 들어 강도나 약탈범이 원래 살상의 의도가 없었지만 그 범죄의 과정에서 우발적으로 살상을 저지른 경우, 그의 자수로 강도나 약탈행위는 감형할 수 있지만 그 결과로 빚어진 살상에 대해서는 죄를 면할 수 없다는 것이었다. 그러나 모살(謀殺) 행위는 사전에 저의를 축적한 결과로 나타난 범죄행위이므로 감형을 논할 수 없는 경우였다. 사마광은 저의를 지니고도 살인을 저지르지 않으면 범죄가 형성되지 않으므로 '저의'라는 것은 그 범죄의 결과가 있을 때 비로소 논할 수 있는 것이며, 그것을 결과적인 범죄와 구분되는 별도의 범죄행위로 보기 어렵다는 생각이었다. 그러므로 살인을 사전에 모의한 행위와 결과적으로 빚어진 살인을 구분해서 논할 수 없다는 논리였다.

결과적으로, 사마광은 허준의 판단을 받아들인다면 사람들의 범죄행위를 억제하지도 못할 뿐 아니라 범죄행위에 대해 합당한 처벌을 시행할 수 없게 되어, 범죄자가 이를 악용함으로써 무고한 사람이 피해를 당할 소지가 다분하다고 생각한 것이다.

사법기관의 관원들뿐 아니라 조정의 각급 관원들이 대부분 이

논쟁에 빠져들어 어떤 이는 왕안석의 주장에 동의를, 어떤 이는 사마광의 주장을 편들었다. 최종적으로 신종은 왕안석의 손을 들어주었다. 그 결과, 사마광을 지지했던 관원들 중 많은 사람이 직위가 강등되거나 외직으로 추방되는 수난을 겪었다. 사마광은 정견이 다르다는 이유로 반대편에 선 사람을 이렇게 대우하는 왕안석에 대해 크게 분개했다.

왕안석을 지지한 사람들은 자수할 경우 감형을 허락하는 법률은 비단 죄인에게 개과천선의 길을 열어줄 뿐 아니라, 자수하고도 적당한 혜택을 받지 못해 범인이 자신의 잘못을 뉘우치지 않고 결국은 극형으로 다스릴 수밖에 없는 범죄를 다시 저지르는 악순환을 방지하게 해준다고 여겼다. 그러나 이후의 결과가 말해 주듯, 아운 사건에 대한 최종적인 결론은 전체 사회에 매우 좋지 않은 영향을 끼쳤다. 이 사건에 대한 사회의 관심은 매우 민감했으며, 그 결론에 대해 백성들 사이에 비판의견이 한층 우세했다.

제방 수리와 재정관리에 대한 논쟁

사마광과 왕안석은 아운 사건으로 충돌한 지 얼마 지나지 않아, 황하의 제방을 수리하는 문제를 두고 다시 한 번 대립하게 된다. 당 말기부터 황하 중하류 지역의 제방은 군벌과 토호세력들의 할거로 방치상태에 있었다. 더구나 섬서와 하동 사이의 구릉지대 삼림이 대규모로 훼손된 이후, 황토고원의 토사가 유실되는 현상이 더욱 심각해져 황하는 그 유속이 느려지고 하상에 토사가 축적되어 지면보다 높아졌다. 이런 이유로 북송시대에 하남지방에 황하가 자주 범람하는 현상이 빚어졌다.

이런 상황을 개선하고 황하를 준설하는 효과를 얻기 위해 왕안석은 황하 하류의 두 갈래 흐름인 북류와 동류를 하나로 합쳐야 한다고 주장했다. 즉, 북류의 물길을 막고 동류로 합치도록 해야 한다는 것이었다.

그러나 사마광은 왕안석의 주장에 극력 반대했다. 그는 일시적인 임시방편을 취하는 것보다 근본적인 원인을 해소하는 대응책을 강구해야 한다고 주장했다. 북류를 막아 동류로 합치면 하수와 토사가 한쪽으로 집중되어 결국은 동류가 범람하는 결과를 빚게 될 것이라는 것이 그의 판단이었다.

그러나 신종의 지지 아래, 왕안석과 변법파 일당은 자신들의 주장을 극구 실천에 옮겼다. 그 결과, 북류를 막은 지 14일 만에 동류의 제방이 터져 인근 광범위한 지역이 수몰되고 많은 가옥과 전답이 훼손되는 참사가 발생하고 말았다. 이 사안에 관해 결국 사마광의 주장이 옳았음이 증명되었다. 이것은 사마광의 신중하고 주도면밀함을, 왕안석의 조급하고 경솔함을 드러내는 일이기도 했다. 얼마 뒤, 두 중신은 조정의 재정문제를 두고 더욱 길고 격렬한 대립을 또다시 전개하게 된다.

국가의 재정부족 문제는 북송의 대신들이 오랜 기간 너나없이 함께 고민해 온 두통거리였다. 그러나 이 문제를 어떻게 해결할 것인가 하는 점에 있어서는 각자 의견과 대책이 제각각이었다.

희녕 원년 6월 하순, 신종은 국가 재정지출 절감을 전담해서 관리할 기구를 설치하고자 했다. 그리고 그 기구를 사마광으로 하여금 이끌도록 하려고 생각했다. 그러나 사마광은 이 직책을 받아들이지 않았다. 재정지출을 절감하는 문제에 대해 사마광은 이미 스스로 명확한 견해가 서 있었다. 그가 보는 국가재정 고갈의 원인은 각종 사치, 포상의 남발, 종실 인원의 증가, 관직의 무절제한 증가, 군비의 낭비 등에 있었다. 이런 폐단과 낭비요인을 제거하기 위해서 군왕과 대소 관원들이 경각심을 가지고 장기간 노력한다면 반드시 좋은 결과가 나타날 수 있는 일이었다. 새로운 기구의 설치는 불필요한 일이었으며, 그런 방법으로 하루아침에 어떤 효과를 거둘 수도 없는 일이었다. 이에 신종은 사마광의 의견을 받아들여 경비절감 전담기구 설치 구상을 접었다.

희녕 원년은 남교에서 황제가 하늘에 제를 올리는 해였다. 그런데 이 행사에 황제를 수행하는 대신에게는 황제가 상금을 내리는 관례가 있었다. 재상 증공량(曾公亮)은 이해 황하 하류가 범람하여 하북 지방에 수재가 심각한바, 재정지출을 줄이기 위해 이 상금을 중단할 것을 상주했다. 대신들의 봉록이 적지 않고 상을 내리는 기회가 많은바, 제례 수행에 따른 상금은 불필요하다는 의견이었다. 신종은 증공량의 상주를 한림원으로 넘겨 처리의견을 내도록 명했다.

왕안석은 상금의 액수가 많지 않고, 설사 이를 절약하더라도 국고에 그리 여유가 생기는 일도 아닌 만큼 구태여 대신들에 대한 대우를 박하게 하여 나라의 체면을 손상할 필요는 없다고 주장했다. 그러나 사마광의 의견은 달랐다. 신하가 나라에 큰 공을 세워 토지나 식읍을 내리는 것은 합당한 일이지만, 제례에 수행하는 일로 많은 상금을 받는 것은 합당치 않다고 주장했다. 이런 비용은 대신들이 사양하지 않더라도 삭감하는 것이 당연한 일이건만, 하물며 당사자들이 줄일 것을 상주하고 나선바 더 주저할 이유가 없다는 것이었다.

사실 사마광은 전임 황제 때부터 불합리하게 하사하는 상을 중지하고 그것을 국고로 환수하도록 일관되게 상주해 왔으나 재가를 얻지 못했다. 이에 그는 자신이 재직하는 간원(諫院)으로 내려진 상금을 모두 업무비용으로 전용하여 사용한 바 있었다.

며칠 후, 신종의 면전에서 이 격렬한 논쟁은 계속되었다. 이날 사마광은 경사 강독을 마친 다음 한림학사인 왕규(王圭), 왕안석과 함께 신종에게 증공량의 상주에 대한 논의결과를 보고했다.

사마광은 지금 국고가 궁핍하고 재난 구호자금을 마련하기 위해 불필요한 지출을 줄여야 할 상황인바, 이런 노력은 응당 조정의 대신들부터 솔선수범하는 것이 마땅하므로 증공량의 상주를 수용하는 것이 타당하다고 간했다.

사실 왕안석도 평소 경비절감을 주장해 온 바였다. 그러나 조정에서 내리는 대신의 상금을 줄여야 그다지 절감효과가 있는 일도 아니요, 나라의 체면만 손상하는 일이라는 생각이었다. 이에 왕안석은 신종이 자신을 지지하리라는 확신을 가지고, 작금 국고의 궁핍은 재원 자체가 부족한 것이 아니라 재정을 제대로 관리하는 인재가 없기 때문이라고 주장했다. 신종도 일찍이 왕안석에게 재정부족이 국정의 두통거리라고 언급한 적이 있건만, 이 시점에서 왕안석이 난데없는 인재론을 들고 나온 것은 사마광을 자극하여 그와 직접 대화하는 국면을 만들려는 속셈이 있었기 때문이었다.

이 말에 평소 냉정함을 잘 유지하던 사마광도 화를 내고 말았다. 그는 자리를 박차고 일어나며 왕안석의 말을 되받았다.

"공이 이야기하는, 재정을 제대로 관리하는 인재란 어떤 사람을 지칭하는지 잘 알겠소. 결국은 말단 관원들로 하여금 백성들로부터 과중한 부역을 착취하게 만드는 사람을 말하는 것 아니겠소? 그러나 그리되면 백성들이 빈곤하게 되고, 나아가 사방에 도적이 날뛰게 만드는 일이니 어찌 나라에 불리하지 않겠소? 이것은 고금을 통해 이미 무수히 증명된 도리이거늘 설마 공이 모르지는 않을 것이오!"

사마광의 말에 왕안석도 화가 치밀었다.

"재정을 제대로 관리하는 사람은 백성들의 부담을 늘리지 않고도 국가 재정 수입을 증대시킬 수 있는 법이오!"

사마광이 다시 반격했다.

"한대 상홍양(桑弘羊)이 한 무제를 미혹시킨 언사를 오늘 다시 듣게 되는구려. 태사공 사마천도 일찍이 상홍양의 착오와 한 무제의 우둔함을 언급한 적이 있소. 천지의 산물은 그 수량이 고정된 것으로 민간에 있건 관부에 있건 그 분포가 고르지 않을 뿐, 그 총수에는 변화가 있을 수 없는 법이오. 여름에 비가 지나치게 많이 내리면 가을에 반드시 가뭄이 찾아오는 것과 같은 도리지요. 부역을 증가하지 않고 재정수입을 늘린다는 것은 결국 온갖 수단을 동원해 백성들을 암암리에 수탈하는 것에 지나지 않지요. 그러나 그것은 차라리 부역을 늘리는 것보다 더욱 위험한 결과를 초래하고 맙니다. 상홍양이 국가 재정수입을 증대시킨 것이 민간의 재물을 착취한 것이 아니라면 어디서 나온 것이란 말이오? 이런 이유로 한 무제 말기에 도적들이 도처에 준동하여, 관아의 핵심인원들까지 사방을 뛰어다니며 도적 잡는 일에 동원되어야 했소. 만일 백성들이 편안히 생계를 꾸릴 수 있다면 어찌 그들이 도적으로 돌변한단 말이오? 백성들의 부역을 늘리지 않고 재정수입을 늘린다는 것이 과연 사리에 부합하는 말이라고 생각하시오?"

사마광은 왕안석이 숨 돌릴 틈조차 주지 않고 연이어 그를 추궁하며 질문을 쏟아냈다. 그러나 왕안석도 전혀 밀리지 않고 쟁론을 이어갔다.

"본조의 태조 시절에 재상을 역임한 조보 등이 받은 녹봉이 만 냥에 달했거늘, 오늘날 조정 대신들은 겨우 2, 3천 냥을 받고 있는데 이것이 많다는 말이오?"

쟁론은 지루하게 이어졌고, 사마광은 이 과정에서 왕안석이 국가재정을 인식하는 태도를 준엄한 어조로 비판했다. 그는 왕안석의 재정관이 지닌 문제점을 예민하게 감지했다. 그것은 바로 국가재정을 충족시키는 동시에 백성들에 대한 수탈을 강화하는 정책이었던 것이다.

희녕 2년, 왕안석의 국가재정관은 신종의 지지를 얻어 그는 참지정사에 임명되었다.

참지정사에 오른 왕안석은 즉시 제치삼사조례사(制置三司條例司)를 설치하고 자신이 그 책임을 맡았다. 아울러 삼사(三司)의 일부 권한을 이 새로운 기구로 귀속시켰다. 뿐만 아니라 사법기관들이 형사

사건을 심의하는 데 합의에 도달하지 못하면 자신이 부재상의 신분으로 의견을 개진해 영향력을 행사하기도 했다.

이런 일련의 사태에 대해 사마광은 적극 반대하고 나섰다. 그는 국가 재정을 개선하는 데는 상설기구 외에 새로운 기구를 설치하는 것이 불필요하다는 입장을 일관되게 견지했다. 그는 자신의 견해를 문안으로 자세히 진술하여 상주했다.

사실, 재정문제에 관한 두 사람의 견해는 서로 상통하는 측면도 많았다. 관료의 자제를 임용하는 것을 제한한 일이라든지, 종실 급여를 줄이고, 군대를 통폐합하는 등의 일련의 개혁조치에 대해 사마광도 반대하지 않았다. 그러나 왕안석이 별도의 기구를 새로 만들어 개혁을 추진하는 데는 적극 반대했다. 사마광은 개혁이란 일상의 행정 사무를 통해 작은 일에서부터 묵은 폐단을 없애기 시작하여 이런 노력을 항구적으로 견지할 때 비로소 효과를 거둘 수 있다고 주장했다. 이것은 고금을 통해 변혁을 성공적으로 완수한 정권의 공통적인 경험이자 결론이라는 것이었다.

아울러 사마광은 관원의 장기복무 필요성을 적극 주장했다. 특히 재정부문이나 지방 관료의 장기 재임은 부국부민을 위해 필요불가결한 일이라는 것이 그의 생각이었다. 또한 그는 국가가 사회경제에 불필요하게 간섭하는 일을 반대했다. 그는 국가 경제정책이란 '백성들의 상업활동이 방해받지 않고 스스로 부를 일구도록 길을 내주고 질서를 유지하도록 만들어야 한다'는 생각이었다. 그렇게 해서 생성된 부가 있어야 비로소 국가가 조세로 취할 바가 있게 된다는 것이었다.

어쨌거나 재정문제에 관한 대립은 결국 신종의 지지를 얻은 왕안석이 우세한 지위를 점하게 되었지만, 이들 두 사람은 뒤이어 청묘법의 반포와 실시를 두고 또다시 첨예한 갈등을 빚게 된다.

청묘법을 둘러싼 대결

청묘법(青苗法)은 이전의 상평창법(常平倉法)을 개조한 신법이다. 북송은 개국과 더불어 전 왕조의 것을 모방하여 각 지방 현성(縣城) 안에 상평창을 개설했다.

상평창(常平倉)은 정부의 양식 저장창고로 풍년이 들었을 때 관에서 대량의 양식을 구매 저장하여 가격폭락을 사전에 방지함으로써 농민들을 보호하고, 흉년이 들었을 때는 이재민들에게 시장가격 이하로 양식을 방출하는 역할을 하는 곳이었다. 그러나 현장 관원들은 자신들의 임무를 제대로 수행하지 않았다. 어떤 곳은 양식구매용 예산을 전용하여 사적으로 유용했고, 어떤 곳은 작황에 따라 구매와 구휼의 수급조절을 적절히 유지하지 못했고, 어떤 곳은 상인이나 매점매석을 일삼는 투기꾼과 결탁하여 공익기능을 이용해 도리어 자신들의 사리를 도모하기도 했다. 이리하여 북송 중기에 이르러, 상평창은 이미 원래의 기능을 상실한 채 유명무실한 존재로 남아 있었다.

상평창이 제 기능을 수행하지 못하자 지방관들은 다른 방법을 이용해 흉년이나 춘궁기에 백성들을 구휼했다. 왕안석은 일찍이 은현 현령으로 재임할 때 백성들에게 곡식을 빌려주고 일정한 이자와 함께 환수하는 방법을 실시한 적이 있었다. 역시 현령을 지낸 적이 있는 이참(李參)이란 사람은 기황이 찾아오면 부자들에게 곡식을 방출하여 팔게 하고, 이마저 살 수 없는 이들에게는 따로 거친 곡식으로 만든 먹을거리를 나누어주어 수만의 백성을 구휼했다. 이 이참이 섬서 전운사를 역임할 때는, 관할지가 군사 주둔지여서 식량이 부족하자 백성들에게 돈을 빌려주어 스스로 자족할 방안을 찾게 하고 나중에 곡식을 수확하면 빚을 갚도록 했다. 이 대출금을 청묘전(靑苗錢)이라고 했다. 이렇게 몇 년을 시행하자 비로소 식량수급이 여유를 찾게 되었다.

희녕 3년(1070년), 왕안석과 역시 변법파인 여혜경(呂惠卿) 등은 왕안석이 은현에서 경험한 일과 이참이 섬서에서 시행한 방안 등을 참고하여 마침내 청묘법을 제정 반포했다. 그 내용은 입법취지를 설명한 부분 외에 크게 대출과 환수의 두 부분으로 나누어져 있었다.

청묘법을 시행하자 조정 대신들의 반대가 극심했다. 시행 2개월이 되었을 즈음, 사마광도 신종에게 청묘법에 대한 자신의 견해를 상주했다. 그는 봉건체제의 탐욕적 본성에 대해 너무도 잘 알고 있었다. 청묘법이 전국적으로 시행에 들어간 초기부터 그는 발생할 부작용에 대해 미리 예견하고 있었다. 예를 들어, 한 지역은 구휼의 혜택을 받고 있는데 다른 곳에서는 청묘법을 시행한다든지, 관에서 억지로 청묘전을 민간에 배당한다든지 하는 폐단을 말함이었다.

사마광과 같은 시기에, 3대에 걸쳐 재상을 역임한 바 있는 하북 안무사(安撫使) 한기(韓琦)도 관할지역에서 청묘법을 시행하는 과정에서 발생한 부작용의 심각성을 폭로하는 상소를 올렸다. 이 상소는 신종의 주목을 받았으며, 그는 친히 상소문을 재상부로 보내 돌려 보게 했다. 아울러 그는 대신들에게 백성을 편안케 하고자 시행한 법률이 도리어 백성을 어렵게 만들고 있다니 그 실정을 자세히 조사하라며 크게 한탄했다. 신종의 심적 동요는 왕안석에게 큰 타격을 가져다주었다.

다음날, 왕안석은 병을 핑계로 조정에 나오지 않았다. 그러자 신종은 재상부에 즉시 청묘법을 철폐할 것을 지시했다. 이에 재상 중 공량과 진승지 등이 즉각 집행하려고 했으나, 부재상이자 참지정사인 조변이 왕안석이 나오면 그가 직접 철폐하도록 하는 것이 좋겠다고 주장해 이후 며칠간 서로 언쟁이 끊이지 않았다.

청묘법을 철폐한다는 소식을 들은 왕안석은 크게 분개하며 신종에게 사직을 청원하는 상소를 올렸다. 그러나 신종은 왕안석을 파면하려는 의도는 전혀 없었다. 이에 그는 사마광을 시켜 답신을 쓰게 해 왕안석의 사직을 만류했다.

이 기회를 빌려 사마광은 온갖 글재주를 다 부려 왕안석을 한번 호되게 질책했다. 왕안석은 사마광이 대신 쓴 신종의 조서를 받고 크게 불쾌해하며, 즉각 그에 대응하는 상소를 다시 올렸다. 이즈음, 신종이 청묘법의 시행 경과를 조사하도록 파견한 두 명의 환관이 돌아왔다. 그들은 신종에게 백성들에게 청묘전을 억지로 배분하는 일은 없으며, 백성들은 청묘전을 매우 필요로 하고 있다고 보고했다. 이 말을 쉽게 믿은 신종은 다시 변법파를 지지하는 입장으로 돌아섰다. 이에 그는 변법파 인물인 한강, 여혜강 등에게 자신이 직접 기초한 조서를 들고 왕안석을 찾아가 사과의 뜻을 전하고, 다시 나와 정무에 임할 것을 권고하도록 명했다.

이 소식을 전해 들은 사마광은 다시 신법의 폐단을 지적하는 상소를 신종에게 올렸다. 그는 청묘법이 가가호호에 억지로 부담을 떠안기고 있는바, 만일 흉년이 들면 가난한 집안은 이자는 고사하고 본전도 상환하지 못하게 될 것이라고 지적했다. 봄철에 진 빚을 채 갚기도 전에 또 가을이 찾아오고, 이런 흉년이 몇 년 계속되면 여유가 있던 집안도 점차 가난의 구렁텅이에 빠지지 않을 수 없을 것이라고 간했다. 그는 이런 와중에 전란이라도 발생하면 군비를 어디서 걷어 쓸 수 있겠느냐고 신법의 철폐를 설득했다. 사마광은 상평창이 사회의 안정을 유지하는 최선의 방안이라고 주장하며, 변법 시행을 위해 왕안석이 설치했던 조례사(條例司)를 폐지하고 조정의 기구와 관직을 원래대로 복귀시킬 것을 진언했다.

그러나 신종은 사마광의 주장에 전혀 귀 기울이지 않고, 도리어 다음날 왕안석을 다시 정무에 복귀하도록 불러냈다. 그리고 안무사 한기의 상소문을 조례사로 보내 그에 대한 반박문을 기초하게 한 뒤, 그것을 전국에 공포했다. 한기는 자신의 건의가 받아들여지지 않자 사직의 상소를 올렸다. 왕안석은 그에게 타격을 주기 위해 즉시 사직을 비준하도록 조치했다. 이리되자 사마광과 재상 증공량, 진승지 등의 대신들이 모두 병을 칭하며 사직의 뜻을 밝혔다.

비록 사마광 등이 청묘법의 시행을 저지하지는 못했지만, 상평창법은 그들의 노력으로 여전히 존속했다. 이에 이 두 법률은 병존하며 시행되는 형식을 띠었지만, 관이란 원래 대세에 편승하는 속성을 지니고 있다. 그래서 상평창법은 효과적으로 집행되지 못하고 유명무실하기가 마찬가지였다.

청묘법을 필두로 각종 신법이 연이어 반포되거나 준비되고 있을 때, 사마광은 신종에게 『자치통감(資治通鑑)』을 강독하는 기회를 빌려 '선대 황제들이 세운 법을 바꿀 수 있는가'라는 민감한 화제를 제기했다. 사마광과 신종의 대화 내용을 왕안석의 부하인 여혜경이 알게 되었다. 당시 여혜경 역시 신종의 강독관이었다. 그는『상서(尚書)』를 강독했다. 얼마 뒤, 그는 사마광과 같은 시간에 신종에게 강독하는 기회를 빌려 사마광이 제기한 문제에 대해 반박을 가했다.

사마광도 대응했다. 그는 비록 변법을 실시할 시기가 성숙되고 조건이 구비되었다 할지라도 원래 개혁이란 점진적으로 시행하여 백성들이 그에 적응하도록 해야 소기의 성과를 거둘 수 있는 것이므로 결코 조급하게 서둘 일이 아님을 지적했다. 나아가 사마광은 지금 송 왕조의 국정이 그렇게 최악의 상황에 처한 것은 아닌바, 왕안석의 방식대로 모든 것을 철폐하고 새로 만드는 식의 신법 개혁에 대해 강력한 반대의 입장을 표명했다. 그는 가장 중요한 것은 인재이며 법은 그 다음에 자리하는 것으로, 작금 중요한 것은 법을 충실히 집행하고 근정애민(謹政愛民)하는 인재들을 등용하여 발탁하는 일이지 법령제도를 바꾸는 것이 아님을 강조했다.

그러나 사마광의 송 왕조에 대한 평가와는 상반되게, 왕안석은 왕조의 법령제도와 당시의 관료집단에 대해 기본적으로 부정적인 입장을 지니고 있었다. 그는 풍속을 변하게 하기 위해서는 새로운 법도를 수립하는 것이 급선무라고 생각했다. 이리하여 왕안석은 집정 초기부터 자신을 문무백관들과 대립하는 위치에 서게 함으로써 그들의 질책과 반대를 피해갈 수 없었다. 이와 더불어 그는 신종 면전에서 '재난은 하늘이 내린 운명인바, 인력으로 어찌할 수 없는 일이다'라는 말을 한 적이 있었다. 그런데 사대부들 사이에 왕안석이 황상의 면전에서 '천명은 두려워할 바가 아니요, 열조(列朝)의 묵은 법은 본받을 바가 아니며, 세속의 일을 다 구제할 것은 아니다'라고 언급했다는 이야기가 넓게 퍼져나갔다.

변법의 시행을 저지하기 위해 사마광은 이런 상황을 의도적으로 이용하여 왕안석에게 공세를 취했다. 그는 한림원의 시험문제를 출제하는 기회를 빌려 왕안석의 언급을 출제대상으로 삼았다. 이것은 응시자들로 하여금 왕안석의 태도에 비판을 가하게 하려는 의도였다. 유가의 기본적인 도리는 천명을 중시하는 것인바, 천명을 두려워하지 않는 태도에 대해서는 비판을 가할 수밖에 없는 일이었다. 그러나 이 유별나게 눈에 띄는 시험문제는 사전보고 과정에서 신종에 의해 발견되었다.

이튿날, 신종이 왕안석에게 정말 그런 언급을 한 적이 있는지 물었다. 왕안석은 부정했다. 이에 신종은 사안의 전말을 왕안석에게 알려주며 다시 그 경위를 물었다. 그러자 왕안석은 비록 자신이 그런 언급을 한 적은 없지만, 전례와 사리로 보아 묵은 법률은 새로 고칠 수 있는 일이요 세속의 일에 다 간여할 수 없다는 말은 일리가 있으되, 천명은 거스를 수 없는 것이라는 태도를 표명했다. 그 결과, 사마광이 의도적으로 왕안석을 함정에 빠트리려는 시도는 신종의 저지로 무산되었다. 그리고 시험문제는 다시 출제하는 것으로 정리되었다.

변법이 시행된 이래, 비록 사마광과 왕안석은 서로 여러 차례 의견이 엇갈렸지만 왕안석에 대한 사마광의 기본적인 평가는 그리 나쁜 편이 아니었으며 악감정을 품고 있지도 않았다. 사마광은 왕안석이 확실히 현자(賢者)임이 분명하나 다만 그 성정이 사리를 거스르고 아집이 강한 것이 결점이라고 평했다. 더구나 두 사람은 이미 십여 년을 사귄 친구 사이였다. 이에 사마광은 오랜 친구의 입장에서 왕안석에게 진술한 충고를 담은 장문의 편지를 썼다. 서신에서 사마광은 왕안석과 신법에 대한 자신의 생각을 술회했다.

"공은 천하의 대명을 자임한 지 30여 년이 되는 대현(大賢)이요, 집정한 지 1년이 되는 조정의 중신이오. 그러나 작금 천하태평의 대업을 이루지 못하고 도리어 도처에서 비방이 일고 있는 것은 그 마음 씀씀이가 지나치고 과도한 자신감에 휩싸여 있기 때문이오. 자고이래로 올바른 치국의 도리란 백관을 적재적소에 배치하여 위임받은 책무를 충실히 수행하게 하는 것일 뿐이요, 농민들을 편안하게 안돈하는 길은 부역을 줄여 그 부담을 가벼이 하는 것에 지나지 않는 일이오. 그러나 공은 이 일체를 썩어빠진 담론으로 치부하며 거들떠보지 않고, 도리어 기발한 구상에 집착하여 조례사를 설치하고 신법들을 만들어 시행하는 일에만 매달리고 있소.

비록 성현이라도 과실을 범하지 않을 수 없는 일이요, 세상의 충직한 간언에 귀 기울여야 함은 오직 군주만의 책무는 아니오. 자고로 새로운 정책을 시행하여 공을 세운 사람치고 주변 사람의 충언과 의견을 무시한 사람이 없었소. 더구나 공은 젊은 시절 맹자와 노자의 도를 특별히 즐겨 탐구했다고 들었소. 맹자와 노자의 도란 바로 인의(仁義)와 무위(無爲)가 그 핵심이오. 그런데 공이 시행하는 신법이 대개 국가의 명의로 재물을 굴려 그 이윤을 취하고 상인들의 영리를 빼앗는 형국이니, 이것은 맹자와 노자의 도에 위배되는 일이 아니겠소.

충언과 올바른 비평을 하는 사람들이 비록 공의 앞길을 가로막고 서로 쟁론을 벌이더라도 그들은 나중에 공이 세력을 잃은 후라도 공에게 도움을 손길을 뻗칠 것이오. 그러나 당장 공의 눈앞에서 아첨의 말을 늘어놓는 무리들은 비록 공이 추진하는 일을 한층 빠르게 돕기는 하겠지만, 일단 공이 어려운 지경에 빠지면 필시 등을 돌리게 될 것이오."

정말 사마광의 말대로 나중에 여혜경이 왕안석의 지위를 대신 차지하기 위해 왕안석과 크게 투쟁을 벌여 결국 변법파가 분열되는 결과를 빚고 만다. 왕안석은 만년에 이 일에 대해 매우 통한스럽게 생각했다.

한 달 후, 왕안석은 사마광에게 답신을 보냈다. 왕안석은 자신의 신법이 맹자의 도에 위배되는 것이 아니라며 스스로를 변호했다.

이에 사마광은 다시 회신을 보내, 왕안석의 관점에 대해 부드러우면서도 매우 신랄한 비판을 가했다. 사마광은 신법의 폐단은 당장 눈에 보이지 않지만 몇 년 후 반드시 나타날 것이라고 예단했다. 상평법이 무너져 재정이 고갈되고 민생도 궁핍하게 된 후, 만일 수재나 가뭄이 찾아오면 비로소 문제가 불거지고 사회적 모순과 갈등은 걷잡을 수 없게 될 것이라고 단언했다. 그는 왕안석에게 그 지경이 되었을 때, 모든 책임을 자연재해로 돌리지 말라고 경고했다.

왕안석은 사마광의 회신을 받은 후, 다시 짧은 서신을 보내 사마광의 비판적 의견을 결연하게 거절했다. 이에 사마광은 다시 답신을 보내, 왕안석의 아집과 독단에 분석과 해석을 가하며 비판했다. 사마광은 왕안석과 이렇게 서신으로 공방을 벌이는 과정에서, 그가 전혀 물러서지 않고 신법을 밀어붙일 것이라는 강경한 입장을 다시 한 번 확인하고 이후 왕안석에 대해 아무런 미련이나 환상도 품지 않았다.

마침내 승부는 갈리고

희녕 3년, 경성에는 심상찮은 사건들이 연달아 발생해 정치 풍파가 끊이지 않았다. 이해 8월, 어사중승 여공저가 파직당하는 일이 발생했다. 그는 신종의 면전에서 천하의 민심을 잃은 조치라며 청묘법을 비판하고, 나아가 한기의 상소를 반박하여 널리 공포한 일은 크게 잘못된 처사라고 진언한 일이 화근이 되었다.

원래 여공저는 왕안석의 천거로 어사중승의 자리에 올랐고, 둘 사이의 친분도 매우 돈독한 편이었다. 이에 왕안석은 그가 신법의 추진에 힘을 보탤 것을 기대했건만, 도리어 신법을 반대하고 나서자 크게 서운해하며 배신감을 느꼈다. 이에 왕안석은 여공저를 위해 적극적인 변호를 하지 않은 채 그의 파직을 방관했다.

얼마 후, 신종은 이정(李定)을 감찰어사에 임명했다. 그는 왕안석의 제자이자, 변법의 적극적인 옹호자였다. 왕안석은 원래 지방의 군사판관에 불과했던 그를 경성으로 불러올려 지간원에 보직을 주고자 했으나, 재상 증공량과 천승지 등이 자격미달을 이유로 극력 반대하자 하는 수 없이 임시로 감찰어사 자리에 앉혔던 것이다. 그러나 지제고 송민구는 이정에게 감찰어사 자리도 과분하다는 이유로 그의 발령장을 기초하기를 거부했다. 그러자 화가 난 왕안석은 증공량의 반대를 무릅쓰고 송민구를 파면해 버렸다. 송민구가 파면된 뒤, 지제고 이대임과 소송 등도 같은 이유로 파직당했다. 이 세 명의 지제고는 그들의 강직한 지조로 북송 역사에 이름을 남겼다.

왕안석이 이렇게 무리한 인사를 강행한 것은 변법 추진에 장애물을 없애기 위해 조정에 자신의 사람을 심어 언로를 장악하려는 저의가 있었기 때문이었다. 이후 수개월 동안 왕안석은 간직에 머물고 있는 구당 인물들을 대거 축출하고 자기 사람들로 그 자리를 대신하게 했다. 이리하여 조정의 여론과 간직을 장악한 왕안석은 지속적으로 개혁 입법을 쏟아내며 자신의 목표를 단계적으로 실천에 옮겼다.

대세를 이미 돌이킬 수 없음을 느낀 사마광은 마침내 신종에게 지방으로 보내줄 것을 요청하는 상소를 올렸다. 그러나 자신의 뜻이 관철되지 않자 그는 뜻을 굽히지 않고 재차 상소를 올려 재가를 얻은 뒤 이해 9월, 14년간 머물렀던 개봉을 떠나 영흥으로 향했다.

사마광은 비록 그곳에 머문 기간이 수개월에 불과했지만 신법 시행이 노출한 심각한 부작용을 직접 목격할 수 있었다. 지방관들은 대여한 곡식과 돈에 대해 과중한 이자를 물리는 방법으로 농민들을 수탈했다. 이에 농민들은 풍년이 들건 흉년이 들건 굶주리기는 마찬가지였고, 청묘전을 뿌리는 일은 그들에게 큰 해악이었다. 사마광은 청묘전을 빌린 농민들의 이자를 면제하거나 최소한 줄여주기라도 할 것을 상주했다. 아울러, 몇 해를 이어 재해를 입은 지역의 농민들은 청묘전의 상환을 몇 차례 유예해 줄 것을 함께 상주했다. 그리고 그는 관할 지역에 명하여, 청묘전의 상환을 가혹하게 독촉하지 말 것을 지시했다. 그러나 조정은 그의 상주를 어느 것 하나 받아들이지 않았다.

거듭된 좌절에 사마광은 자신의 뜻이 근본적으로 조정에 받아들여지지 않을 것임을 절감했다. 아울러 실현될 수 없는 일로 신법파들과 서로 끝없는 평행선을 달릴 필요는 없다고 생각했다. 이에 그는 관직을 사퇴하고 서경에 은거할 것을 결심한다.

그러나 비록 사마광이 신법에 반대했지만 신종은 그에 대한 총애를 버리지 않았다. 신종은 그에게 다른 지방 관직을 권하며 그를 잡으려고 애썼지만, 사마광은 뜻을 굽히지 않았다. 이리하여 무려 70일을 버틴 끝에 마침내 그는 신종으로부터 사퇴에 대한 재가를 얻었다.

낙양에 정착한 사마광은 비록 관직을 떠나 세상과 담을 쌓고 청림에 파묻혀 지냈지만, 가슴속 가득한 울분은 어쩔 수 없었다. 그러나 이후 15년의 세월 동안, 그는 모든 정력을 쏟아 학문의 세계에 몰입하며 그의 인생에서 가장 왕성한 창작활동을 했다. 이리하여『자치통감』을 비롯한 수십 종의 탁월한 저술을 남겨 그는 중국 학술사상 매우 숭고한 지위를 차지하게 되었다. 그의 일생을 통해 그리 불운한 기간은 아니었다.

사마광이 물러간 뒤, 왕안석은 재상에 임명되어 더욱 적극적인 개혁 작업에 돌입했다. 그러나 변법은 대지주, 관료계급의 이익을 침범함으로써 태후와 황제의 종실 인척, 보수 관료들이 연합하여 변법을 반대하고 나섰다. 이리하여 왕안석은 희녕 7년 한 차례 실각한다. 얼마 뒤, 그는 신종에 의해 다시 재상에 복직하지만, 이때는 이미 신종과도 변법의 추진에 관해 서로 의견이 갈리기 시작해 이전처럼 적극적인 지지와 후원을 받지 못했다. 이리되자 개혁의 추진은 이미 그 동력이 크게 줄어드는 결과를 빚고 말았다.

이후 변법파 내부에 분열이 생기고, 아들인 왕설이 병을 얻자 왕안석은 희녕 9년(1076년) 10월, 재상직을 사직하고 강녕으로 내려가 은거했다.

왕안석은 강녕에 정착한 후 10년의 세월 동안 사상적으로 갈등에 휩싸여 지냈다. 그는 신법의 추진에 지속적으로 관심을 기울이며, 신법의 성과를 찬양하는 많은 시편들을 창작했다. 그것이 비록 내용상 과장되게 신법을 찬미하는 측면이 있긴 했지만, 그 본래 목적은 신종으로 하여금 신법을 지속적으로 추진하게 하려는 그의 강렬한 열망을 표현한 것이었다. 그러나 신종이 날이 갈수록 신법에 더욱 회의적인 모습을 보이자 그의 내면적 갈등도 한층 심화되어 갔다. 결국 그는 불도(佛道)에 의지하여 자신의 정신적 고민을 해탈하려고 시도했다. 이리하여 그가 말년에 남긴 많은 시편들은 속세와 무관한 신비적 표현들로 채워졌다. 그러나 그가 이 시기에 남긴 전원시 중에는 후세 사람들이 즐겨 암송하는 걸작들이 적지 않다.

원풍(元豊: 신종의 연호) 8년(1085년) 5월, 사마광은 태후와 보수파들의 지지를 얻어 다시 집정하게 되었다.

사마광은 복직한 후, 병약한 노구를 이끌고 정국의 혼란을 수습하고 국정을 원래의 궤도로 되돌렸다. 아울러 서하와의 관계를 회복함으로써 국가와 백성들의 큰 우환거리를 없앴다. 그리고 그는 태황태후 고씨의 비호 아래, 농민들에게 큰 부담을 안겨주었던 청묘법, 면역법, 보갑법, 보마법 등을 철폐하고 공상업 발전에 장애가 되었던 시장역법, 차와 소금에 대한 전매제도 등을 모두 철폐했다.

정국이 돌변하자 이 일은 왕안석에게 심리적으로 큰 타격을 주었다. 신법들이 철폐되었다는 소식을 들은 그는 울분을 참지 못하며 "마침내 이 지경에 이르고야 말았구나!"라고 탄식했다.

왕안석은 1086년 봄, 울분과 고독 속에 세상을 떠났다. 그의 나이 65세였다.

왕안석이 세상을 떠나자 당시 병석에 누워 있던 사마광은 예전의 동료 여공저에게 서신을 띄워, 함께 왕안석을 추모했다. 그는 서신에서 왕안석에 대해 개인적 사감에 빠지지 않고 공평하고 타당한 평가를 내렸다. 대정치가의 큰 도량을 보여주는 일이라 하지 않을 수 없다.

사마광은 생명의 마지막 순간까지 병든 노구를 끌고 공직을 수행했다. 그리고 원우[元祐: 신종을 이은 철종(哲宗)의 연호] 원년(1086년) 9월, 마침내 세상을 떠나니 이때 그의 나이 67세였다.

성패의 거울

　이 대결에서 승리자로 자리매김한 사마광에 대해, 먼저 해박한 학식을 지닌 그의 학자적 면모를 이야기하지 않을 수 없다. 그는 사학·경학·제자학(諸子學) 등 각종 학문의 영역에 모두 깊은 조예를 지니고 있었다. 특히 그의 저술『자치통감』은 사학 방면에서 그가 이룩한 찬란한 업적이다. 또 그는 철학사상의 영역에서 주돈이(周敦頤) 등과 더불어 북송 6대 도학자로 꼽힌다. 그는 일생을 통해 방대한 저술을 남겼으며, 이것들은 중국의 문화유산으로 오늘에까지 전승되고 있다.

　그는 학자임과 동시에 걸출한 정치가였다. 그는 청년 시절부터 국가대사에 남다른 관심을 가지고, 한 몸을 국가의 융성을 위해 바치겠다는 큰 뜻을 세웠다. 관직에 나아간 그는 과연 일대 충신이라는 이름이 부끄럽지 않게 일신을 살피지 않고 평생 진충보국하는 자세로 일관했다. 왕안석의 신법이 실시되자, 그는 모든 것을 부정하는 급격한 개혁의 추진보다 현실에 바탕을 두고 개량과 수정을 채

택할 것을 주장했다. 그럼에도 신법이 무리하게 추진되자 그는 이에 타협하지 않고 결국 관직을 물러나 은인자중하며 때를 기다렸다. 그리고 마침내 다시 집정하게 되어 신법의 폐단을 철폐하고, 변법파와의 투쟁에서 최종적인 승리자가 되었다.

사마광의 성공을 분석하면, 온건하고 신중한 처세와 충직함으로 일관한 그의 집정자세에 그 근본이 있음을 어렵지 않게 발견할 수 있다.

사마광은 매사에 신중하고 냉정함을 잃지 않았다. 그는 역사의 교훈을 담은 전적을 폭넓게 탐독하여 고금의 역사에 폭넓은 지식을 지니고 있었다. 그리고 모든 일을 처리함에 지나간 역사 속에서 그 이론적 근거를 찾아내는 일을 매우 즐겼다. 역사 속의 지혜를 빌려 현실 문제에 대응하고 해결하는 수단으로 삼은 것이다.

역사에 대한 폭넓은 이해는 그를 명석하고 지혜롭게 만들었다. 이런 이유로 민족 간의 갈등이 복잡하게 얽혀 첨예하게 대립하고 북송의 국력이 나날이 쇠락해 가던 당시에, 그는 현실을 냉정하게 분석하고 역사적 교훈과 지혜를 바탕으로 일련의 정확하고 타당한 정책적 결단을 내릴 수 있었다. 이런 그의 자세는 급격한 개혁을 추진하며 조급하게 성과를 기대했던 왕안석의 집정자세와 확연히 구별되며, 또한 이것이 그의 고귀하고 비범한 측면이라고 할 수 있다. 왕안석의 변법은 과감하고도 신속하게 송 왕조가 처한 곤궁하고 나약한 처지를 탈피하려고 시도했었지만, 그 추진 방법이 신중하고 온건하지 못했던 이유로 결국 실패하고 만 것이다.

아울러 사마광의 일관된 충직함은 정견상의 차이에도 불구하고 봉건통치자의 총애를 얻게 했으며, 결국 그를 최종적인 승리자로 만든 요인이 되었다.

사마광은 간직에 임명되어 당시 사대부들이 이구동성으로 개혁과 묵은 폐단을 철폐할 것을 주장하는 와중에, 5년의 재임기간 중 거침없는 직언을 담은 상주를 무려 170여 건이나 올렸다. 또 왕안석이 변법을 실시하는 기간에는 일관되게 자신의 정치적 입장을 견지하며, 변법에 대한 반대의사를 표명했다. 그는 자신이 하위직에 있던 시절에도 자기가 옳다고 여기는 일에 대해 뜻을 굽힌 적이 없었고, 고위직에 올라서도 자만하거나 미혹됨이 없었다. 송 왕조를 위해 견마지로를 다하며 일관되게 충직과 지조를 잃지 않은 그의 대의정신은 마침내 신종의 찬양과 총애를 얻었고, 사대부들로부터 우러름을 받았다.

그는 관직에서 물러나 낙양에 은거한 15년의 기간에도 전혀 의기소침하지 않고 수많은 저작을 완성하여, 중국 학술사의 숭고한 지위에 올랐다. 아울러 정국의 변화를 예의주시하며 시기를 기다리다가 마침내 재집정의 기회를 얻어 신구 투쟁의 최종적 승리자가 된 것이다.

이외에 사마광이 정무에 임하여 항상 직능부문의 의견과 건의를 존중한 일도 그의 성공을 가능하게 한 원인의 하나였다.

그는 관원을 선발하거나 심사하는 일은 이부(吏部)와 상의해 처리했으며, 재정과 관련한 일은 호부(戶部)와 상의했다. 이렇게 결정되고 집행되는 일에 착오가 있을 수 없었다.

또 사마광은 배움에 매우 겸허한 사람이었다. 집안에 손님이 들면 그의 나이나 학식과 무관하게 자신이 배울 만한 점이 있으면 가르침을 구하기에 주저하지 않았다. 그리고 신변에는 항상 지필묵을 준비하여, 대화 중에 취할 만한 내용이 있으면 즉석에서 그것을 조금도 빠트림 없이 기록해 두었다.

사마광의 일상생활은 근검하기 이를 데 없었다. '밥상에 고기가 오르는 일이 드물었고, 비단옷을 입기를 주저했다.' 이런 그의 생활 자세는 그가 은거하거나 부임했던 섬서와 낙양 일대 주민들의 일상 생활에도 깊은 영향을 미쳐, 지역 민풍이 소박하고 검소한 배경이 되었다. 그는 당시의 일반적인 관리들처럼 따로 경상을 도모하여 사익을 추구하지 않았으며, 그가 낙양에 은거할 때 기거했던 가옥은 그저 바람을 막고 비를 피할 정도였다고 한다. 그리고 사유재산으로 가진 3경(頃)의 밭을 부인의 장례를 치르기 위해 저당잡혀야 할 정도로 그의 사생활은 청빈했다.

그리고 사마광이 취한 화이(華夷)공존의 외교정책은 참혹한 전란을 막았을 뿐 아니라, 요와 서하 등의 북방 이민족 국가에 그의 이름을 크게 떨치게 하는 계기가 되었다. 그래서 이들이 파견한 사신들이 송의 개봉에 오거나, 송에서 이들 나라로 파견되는 사신들은 모두 사마광을 찾아 인사를 하고 자문을 구했다. 그리고 그가 재상의 자리에 오르자 북방 국가의 변방 장병들이 이구동성으로 "사마광이 송의 재상이 되었으니, 이제 우리가 전쟁을 면하게 되었도다!"라며 반겼다고 한다.

그러나 사마광이 왕안석의 변법에 대해 철저하게 부정적인 태도를 취하고, '개혁이란 점진적으로 시행하여 백성들이 그에 적응하고 따르도록 해야 한다'면서 변법파의 조급함을 질타한 이면에는 역시 자신의 정치적 이익을 숨기고 있음을 부인하기 어렵다. 이것은 그가 재집권한 뒤, 시행되던 신법 중 일부 취할 장점이 있음에도 이를 살피지 않고 전면적인 철폐를 단행한 그의 조치를 통해 짐작할 수 있다.

이제 왕안석을 보자. 쇠잔해 가는 송 왕조의 면모를 일신하기 위해 대대적인 수술을 시도한 개혁가이자, 천고에 남은 빼어난 시편들을 남긴 문학가의 면모를 동시에 지닌 이 역사의 풍운아는 자신이 심혈을 기울여 추진한 신법이 철폐당하는 운명을 맞자 가슴 가득 울분을 품은 채 세상을 떠났다. 하지만 그가 스스로의 포부를 향해 보여주었던 강렬한 열정과 원대한 기상은 도도한 역사의 물결 속에 여전히 빛을 발하고 있다.

왕안석은 어려서부터 지방관을 역임한 부친을 따라 여러 곳을 전전하며 사회적 빈곤과 백성들의 고난을 직접 목격하고 우국우민의 심정을 지니게 되었다. 이런 성장과정은 그가 성년이 되면서 사직을 안정시키고 백성들의 생활을 풍요롭게 하는 일을 자신의 이상으로 삼는 배경이 되었다.

왕안석은 진사에 급제한 후 오랜 기간 지방관을 역임한 경험을 통해, 송 왕조가 처한 빈약함의 근본적 원인이 토지 제도와 북방 이민족과의 대치에서 비롯되는 군사비 부담 때문이라고 생각했다. 이에 그는 인종에게 『만언서』를 올려 국정의 전반적인 개혁을 건의했다. 비록 이때 왕안석은 인종의 호응을 얻지 못했지만, 뒤이어 즉위한 신종으로부터 자신의 개혁방안에 대한 전폭적인 지지와 지원을 얻어낸다.

이후 왕안석은 재상의 지위에 올라 신종의 강력한 후원 아래, 청묘법, 모역법, 보갑법, 시역법 등의 개혁입법을 통해 국정의 대대적인 혁신을 추진한다. 농촌과 도시, 농업과 수공업, 상업을 포괄하는 광범위한 사회개혁을 추진함과 동시에 왕안석은 군사제도 개혁에도 착수해 군대의 자질과 전투력을 크게 제고시켰다. 또한 그는 인재양성을 위해 과거제도, 교육제도의 개혁도 실시했다. 이렇게 일련의 신법을 시행함으로써 송 왕조의 국력이 어느 정도 증강되는 효과를 발휘하기도 했으나, 왕안석이 추진한 개혁은 대지주, 관료, 황제의 친인척 등 보수파 대연합의 반대와 저항에 부딪혀 마침내 실패하고 만다. 왕안석의 신법이 좌초하고 만 것은 여러 가지 객관적 상황요인이 있기도 하지만, 다음의 몇 가지로 그 핵심적 원인을 정리할 수 있다.

먼저, 왕안석의 독단과 아집을 그의 신법이 각종 저항을 받아 종국에는 실패하고 만 가장 중요한 원인으로 꼽을 수 있다.

왕안석에 대한 사마광의 평가 속에서도 발견할 수 있듯이, 그는 사리를 거스르고 고집을 부리는 일이 잦았다. 이런 그의 성격으로 인해 그는 종종 자신을 변호하기 위해 상소를 거듭하고 반대파들과 끊임없는 쟁론을 벌였다. 이러한 그의 처세는 마침내 많은 대신들의 배척과 반대를 유발했고, 결국 신법 추진의 장애물을 만드는 결과를 빚었다.

둘째, 왕안석은 선황제들이 수립한 통치제도와 규범을 훼손하는 행위를 서슴지 않았다. 이것은 봉건사회에서 금기에 해당하는 일이었다.

비록 그것을 변혁하지 않을 수 없는 계제에 이르렀다 할지라도, 이것은 신중하고 조용하게 진행해야 마땅한 일이었다. 그러나 그는 과거의 법률을 근본적으로 부정하고 전면적인 개혁을 추진했다. 이런 조처는 과거의 법률이 지녔던 나름의 장점조차 배제하는 부작용을 낳았고, 지난 법률을 충실히 준수하고 있던 사람들을 혼란에 빠트려, 필연적으로 보수파들의 반대와 공격을 불러일으킬 수밖에 없었다.

개혁과 변화는 보수적인 사고를 지닌 조정 중신들을 불안하게 할 것이 자명한 일이었다. 그럼에도 왕안석은 그들과의 갈등을 추스르고 대의를 위해 대화합을 이루려는 노력을 전혀 하지 않았다. 이렇게 인화 문제를 도외시한 채, 오직 과감하고 신속하게 신법을 추진하는 일에만 몰두한 그의 처신은 결국 보수파들이 연합하여 자신을 공격하는 상황을 자초하고 말았던 것이다.

셋째, 조급함과 모험을 무릅쓰는 무모함이 왕안석의 신법을 실패하게 만든 또 하나의 원인이다.

만일 왕안석이 변법을 시행하면서 그 추진방안이나 책략에 대해 깊이 있는 연구를 병행했더라면 그의 개혁은 훨씬 큰 성과를 거둘 수 있었을 것이다. 개혁은 시기와 조건이 성숙되어야 비로소 소기의 성과를 얻을 수 있다. 그리고 이런 여건이 모두 갖추어졌다 하더라도, 그 추진과정이 규율과 질서를 유지하는 가운데 점진적으로 이루어져야 한다. 그렇게 함으로써 백성들이 변화의 과정에 쉽게 적응할 수 있는 것이다.

그러나 왕안석은 구법을 백해무익한 것으로 치부하여 백성들의 생활에 큰 혼란을 야기했고, 신구당이 장기간 격렬한 당파싸움을 벌이게 만들었으며, 와중에 소인배들이 권력에 빌붙어 사리를 도모하는 부작용까지 생기게 했다. 개혁을 둘러싼 대립이 이렇게 신구 양당의 권력투쟁으로 변질되어 버린 일은 왕안석도 사전에 예상치 못한 것이었다.

7. 왕조의 수호자와 농민봉기의
지도자가 맞서다

증국번曾國藩 VS 홍수전洪秀全

중국번(曾國藩, 1811~72)과 홍수전(洪秀全, 1814~64)은 중국 근대사에서 매우 중요한 역할을 했던 인물들이다.

　　중국번은 '청말 제일 명신', 또 '천고(千古)에 다시없는 완벽한 사람', '공직자의 전범'이라고 일컬어지는 인물이다. 그리고 홍수전은 부패한 청조를 위기에 몰아넣고 전 세계를 뒤흔들었던 태평천국 운동의 지도자이자, 농민혁명의 영웅으로 받들어지는 인물이다.

　　이 두 사람이 살았던 시대는 중국이 원래의 전통적 봉건체제에서 반식민 봉건사회로 변화하는 시기였다. 대변란이 요동치던 시대에 태어난 이들은 봉건사회가 배출한 유생의 신분으로, 과거를 통해 벼슬길에 올라 조상과 가문의 이름을 빛내고 출세가도를 달리려는 욕망을 품고 있었다.

　　중국번은 젊은 나이에 과거에 급제하여 매우 순탄한 벼슬길을 걸었다. 그는 중국 전통문화의 계승자로서 통치계급의 일원으로 진입했다. 그리고 청 말기에 왕조를 부흥시킨 명신의 반열에 올랐다.

이에 비해 홍수전은 과거에 도전했다가 연달아 실패한 다음, 부패한 사회에 대한 통한과 불만을 키워갔다. 그 후 홍수전은 과거에 대한 미련을 접고 마침내 청조에 반기를 들고 농민봉기를 주도했다. 이리하여 청조 통치의 수호자와 반청 농민봉기의 지도자는 생사를 건 한 판의 혈투를 시작하게 된다.

이들의 대결은 각자가 속한 계층 간의 충돌이었다. 증국번은 봉건통치를 옹호하는 관료지주 계층을 대신하고 있었고, 홍수전은 생존의 권리를 쟁취하려는 농민봉기군을 대표하고 있었다. 이런 이유로 이들의 충돌은 한층 격렬하고 잔혹한 것이 될 수밖에 없었다.

청조의 명신과 농민봉기의 영수

증국번은 1811년 호남(湖南) 상향성(湘鄉城) 남쪽의 외진 산촌에서 태어났다. 그의 집안은 대대로 농업에 종사했는데, 조부 증옥병(曾玉屛)과 부친 증린서(曾麟書)의 근검과 노력에 힘입어 집안의 농사는 규모가 상당히 큰 수준으로 발전했다.

증국번은 어려서부터 봉건 전통문화의 교육을 받으며 자랐다. 그는 조부와 모친으로부터 강인한 의지를, 부친으로부터 소박하고 효순한 성품을 물려받아 전통적인 유생들이 지녔던 '수신제가치국평천하'의 신념을 더욱 굳게 다졌다.

1833년, 스물세 살의 증국번은 수재를 뽑는 시험에 합격하여 호남의 대도시 장사(長沙)의 악록서원(岳麓書院)에 들어가 공부하게 된다. 1년을 서원에서 학습한 증국번은 호남 향시(鄉試)에 합격하고, 4년 후 다시 북경으로 가 과거에 응시했다. 그는 먼저 회시(會試)에 합격하고 이어 궁내에서 행하는 전시(殿試)에도 합격하여 1840년, 마침내 한림원의 종7품 관직에 제수되어 12년에 걸친 북경에서의 관직생활을 시작하게 된다.[청대 과거시험은 향시, 회시, 전시의 3단계로 이루어졌다. 향시에 합격하면 거인(擧人)의 자격을 수여하고, 이들을 모아 북경에서 회시를 실시했다. 회시에는 1만 명 중에서 2, 3백 명이 합격하였으며, 다시 이들을 대상으로 궁중에서 전시를 실시했다. 전시에 합격하면 진사(進士)의 호칭을 부여하고 고급 관직에 임용될 자격을 주었다.]

증국번은 북경에서 10여 년 벼슬살이를 하는 동안 전통적인 학문과 문장의 속박에서 벗어나 진정한 학문의 세계를 파고들었다. 그는 먼저 기존 학문의 장점을 폭넓게 흡수한 다음, 새로운 학문인 이학(理學)의 핵심을 깊이 탐구함으로써 이후 그가 일생 동안 이룬 많은 업적의 이론적 기반을 다지게 된다.

증국번은 학문을 닦는 한편, 덕망 있는 선비를 스승으로 삼고 비범한 인물들을 벗으로 삼는 일을 게을리 하지 않았다. 그의 스승인 당감(唐鑒)과 위인(倭仁)은 평생에 걸쳐 그의 학문과 사상에 깊은 영향을 끼쳤다. 그리고 증국번은 북경에서 이름 있는 많은 선비들과 교우관계를 맺었다. 이것은 증국번 자신의 시야를 넓혀주는 동시에 그의 개인적 명망도 크게 높이는 효과가 있었다.

증국번은 38세 되던 해, 대신 목장아(穆彰阿)의 눈에 들어 그의 추천으로 내각대학사(內閣大學士: 내각의 행정자문역) 겸 예부 관직에 파격적으로 발탁된다. 다시 그는 1849년 예부우시랑으로 승진한다. 이후 약 4년 동안 그는 병부·공부·형부·이부의 시랑(侍郎: 차관급에 해당하는 관직)을 두루 역임하며 승승장구했다. 이런 파격적인 인사는 당시 흔치 않은 일로 그의 비범함을 반증하는 일이라 하겠다.

증국번이 이렇게 북경에서 출세가도를 달리고 있을 때, 이미 아편전쟁을 거친 청조는 봉건체제의 부패상이 극에 달해 나날이 쇠망의 기운이 짙어가고 있었다. 살아갈 방도가 막막한 민중들은 백련교 조직을 통해 부단히 반청 투쟁을 전개했고, 전국적으로 혁명의 기운이 서서히 무르익었다. 얼마 뒤, 광서(廣西) 금전촌(金田村)에서 태평천국 봉기가 시작되어 전국적인 반봉건 혁명은 새로운 단계로 접어들었다. 이것은 청조가 맞이할 정국의 속성이 이전과는 크게 달라짐을 의미했다.

금전촌에서 일어난 농민봉기는 홍수전의 주도하에 계획적으로 감행된 것이었다. 홍수전은 증국번보다 세 살이 적으며, 1814년 광동(廣東) 화현(花縣)에서 태어났다. 그의 부친인 홍경양(洪鏡揚)은 비록 농민이었지만 기지와 수완이 뛰어나서 마을과 문중 일에 헌신적으로 앞장서고 매사를 공평하게 처리하여 주위의 존경과 신망을 얻었다.

홍수전이 세 살 때, 그의 부친은 생계를 위해 가속을 데리고 황량한 관록촌(官祿村)으로 이주했다. 그들은 그곳에서 황무지를 개간하며 생활했다. 이 관록촌은 광주(廣州)에서 멀지 않은 곳이어서, 홍수전은 당시 아편전쟁을 전후한 반영(反英) 투쟁의 영향을 받으며 자랐다. 이것은 그가 강렬한 애국사상을 품게 되는 배경이 되었다.

1819년, 여섯 살의 홍수전은 관록촌 서당에서 공부를 시작했다. 그는 배움에 부지런하고 남달리 총명하여 선생의 특별한 총애를 받았다. 9년 후, 그간 각고의 노력으로 학업을 쌓은 홍수전은 현고(縣

考: 현에서 시행하는 시험)에 응시하여 우수한 성적으로 합격했다. 이어 그는 처음으로 광주에 가 부시(府試: 부에서 시행하는 시험)에 참가했으나 그만 낙방하고 말았다.

1836년, 스물세 살의 홍수전은 굳은 신념을 가지고 광주로 가 다시 시험에 응시했으나 재차 낙방하고 말았다. 3년 후, 홍수전은 다시 한 번 용기를 내 광주로 가 응시했으나 또 실패하고 말았다. 연이은 실패의 좌절은 그만 그를 몸져눕게 만들었다. 그는 40여 일을 병상에서 일어나지 못했다.

1843년 봄, 증국번이 조정에서 승승장구하고 있을 때, 이미 세 차례나 낙방한 홍수전은 또다시 광주로 가 부시에 응시했으나 결과는 여전히 낙방이었다. 반복해서 뼈아픈 좌절을 겪고 깨달은 바가 있었던 홍수전은 드디어 끓어오르는 울분을 삭이며, 과거와 철저히 결별을 선언했다.

이때는 이미 아편전쟁이 발발한 지 3년이 지난 시기로, 청은 내부적 모순이 이미 그 전례를 찾을 수 없을 정도로 심화되어 있었다. 백성들은 내부의 수탈과 외적과의 전쟁으로 이중고를 겪었고 와중에, 1841년부터 1844년까지 여러 차례 황하가 범람하여 설상가상의 고통을 감수해야 했다.

농민의 아들로 태어난 홍수전은 개인적으로 겪은 좌절의 아픔에 더하여 백성들이 처한 고통의 질곡을 목격하고 한층 더 청조 통치자의 무능과 아둔함에 통한을 느끼게 되었다. 그는 이런 절망 속에서 각성과 함께 새로운 결심을 다져갔다. 개인의 운명과 국가의 장래를 함께 걱정하던 그는 세상이 자신에게 지운 임무를 받아들이

기로 한 것이다. 그것은 바로 청 정부를 전복하고 새로운 정권을 수립하는 일이었다.

1843년 여름, 홍수전은 기독교 포교서적인『권세양언(勸世良言)』을 통독한 다음 그중에서 흡수한 일부 이론을 자신의 사상적 무기로 삼아 농민 혁명단체인 배상제회(拜上帝會)를 창립했다. 그리고 최초의 회원인 풍운산(馮雲山) 등을 맞아들여, 드디어 반청 봉기의 결심을 실천에 옮기게 된다.

홍수전은 배상제회를 창립한 후, 『원도성세훈(原道醒世訓)』등의 이론서적을 집필하고 이를 활용하여 민중을 계몽하고 선동했다. 이즈음 풍운산은 계평현 자형산 지역에서 포교활동을 벌여 양수청(楊秀淸), 소조귀(蕭朝貴), 위창휘(韋昌輝), 석달개(石達開), 진일강(秦日綱) 등 이후 반청 군사활동의 핵심 간부 역할을 하는 인물들을 회원으로 포섭하게 된다.

1850년 11월, 홍수전은 마침내 배상제회를 받드는 민중들에게 금전촌에 집결하여 봉기군을 편성하도록 영을 내렸다. 다음해 1월, 배상제회 농민들은 금전촌에 모여 반청 봉기를 정식으로 선포했다. 그들은 새로운 국호를 태평천국(太平天國)으로 정하고, 홍수전을 천왕(天王)으로 받들었다. 이리하여 새로운 농민정권이 정식으로 탄생하게 되었다.

태평천국이 수립되자 청 왕조는 놀라움과 공포 속에 빠졌다. 그들은 이 신생 혁명정권을 조기에 압살하기 위해 대량의 병력과 물자를 징발했다.

홍수전의 2만여 태평천국 장병들은 강구, 동향, 자형산, 금전 지역 등을 전전하며 잔혹한 진압에 맞서 힘겨운 전투를 벌였다. 그 결과 이들은 청군에게 적지 않은 타격을 입히며, 봉기의 불씨를 겨우 유지할 수 있었다.

얼마 뒤, 태평군 북로군은 소조귀, 위창휘, 나대강(羅大綱) 등의 통솔 하에 일거에 영안주(永安州)를 점령해 버렸다. 이에 홍수전은 남로군 장병들과 그 가속을 이끌고 함께 영안으로 옮겨갔다.

일단 영안에서 군사를 정돈하고 기율을 세운 홍수전은 양수청을 동왕(東王), 소조귀를 서왕, 풍운산을 남왕, 위창휘를 북왕, 석달개를 익왕(翼王)에 봉했다. 그리고 각 왕들은 일률적으로 동왕의 지휘 통제를 받도록 규정했다.

태평군이 모두 영안으로 옮겨간 후, 군사가 많고 병참이 넉넉한 청군은 영안성을 포위했다. 그러나 홍수전, 양수청은 성동격서(聲東擊西)의 계책으로 청군을 쳐 여유 있게 포위망을 돌파했다.

영안성의 포위를 벗어난 홍수전은 전세를 분석한 후, 군사를 북쪽으로 이동시켜 광서성의 도읍인 계림(桂林)을 치기로 결정했다. 이때부터 태평군은 새로운 활동단계로 진입했다. 그간의 피동적인 방어전략에서 적극적이고 계획적인 공세전략으로 전환한 것이다.

그러나 태평군은 규모, 병참, 전투 경험 등 모든 면에서 아직 계림과 같은 큰 도시를 공략하기에는 역부족이었다. 태평군은 한 달이 넘게 계림을 공략했으나 청군의 반격을 제압하지 못했다. 더 이상 공세를 유지하지 못하고 물러난 태평군은 영주에서 철수한 뒤 도주, 강화, 영명, 침주 일대를 전전하며 산발적인 전투를 벌였다. 태평군은 약 4개월 만에 재차 피동적인 방어와 배회전략으로 복귀한 셈이었다. 그러나 이 기간에 태평군은 호남 지역에서 천지회(天地會)와 지역 민중들의 폭넓은 지지를 얻어 그 세력을 크게 넓힐 수 있었다.

1852년 5월, 홍수전의 절친한 교우이자 태평천국 창립자의 한 사람인 풍운산이 전주(全州)를 공략하던 중 그만 불운하게도 전사했다. 3개월 후, 태평군이 북상하여 호남성의 도읍인 장사를 공격하던 중 이번에는 소조귀가 전사함으로써 태평군은 큰 손실을 입었다.

한편, 태평군이 영안의 포위를 뚫고 북상하여 계림을 공략하던 1852년 6월, 증국번은 강서(江西) 지역 향시의 감독관으로 파견되었다. 그러나 그는 현지로 내려가던 도중에 모친의 부음을 받고 급히 귀향길에 오르게 된다.

이즈음 장사를 둘러싸고 양군이 격렬한 공방전을 벌이고 있었다. 그런데 장사를 포위 공격하던 태평군을 청군이 다시 포위함으로써 태평군은 안팎으로 적을 맞이하는 형국이 되었다. 태평군은 하는 수 없이 비가 내리는 밤을 이용하여 철군을 단행했다. 그리고 신속하게 북상하여 악주, 한양, 무창(武昌)을 연속해서 공략했다.

1853년 2월 8일, 홍수전은 장중한 의식을 거행한 다음 남경(南京)을 향해 진격할 것을 선포했다. 다음날, 태평군은 수륙 양로로 나뉘어 무창을 출발하여 강서, 안휘, 강소 3성을 경유하며 파죽지세로 나아갔다. 중도의 많은 도시들을 공략한 태평군은 2월 30일, 마침내 가볍게 남경을 점령해 버렸다. 이것은 중국 농민전쟁사의 기적으로 기록될 만한 일이었다.

남경을 차지한 홍수전은 남경을 천경(天京)으로 개명하고 태평천국의 수도로 삼았다. 이리하여 태평천국 운동은 새로운 단계로 진입하게 되었다.

　태평천국군의 세력이 나날이 강성해지자 좌불안석이 된 함풍제는 모친 상중에 있던 증국번에게 호남 순무(巡撫)와 함께 지역 민병을 조직할 것을 명했다. 이와 더불어 청 조정은 군사를 진주시켜 남경 외곽에 강남 대본영을, 양주(揚州) 외곽에 강북 대본영을 설치하고 태평군을 감시 토벌할 것을 명했다.

　순탄하게 남경을 점령한 홍수전은 청조의 통치가 이미 그 운명을 다해 다시 재기하지 못하리라 오판했다. 그는 전국적인 승리의 날이 눈앞에 다가왔다고 안이하게 생각하며, 일부 정예 군사를 북진시켜 청 정부의 통치를 종결시키겠다고 결심했다. 1853년 5월, 홍수전은 부승상 임봉상(林鳳祥) 등에게 군사를 주어 북벌을 단행하게 했다. 아울러 천경 성내의 물자 공급을 원활하게 하고, 청군을 분산시켜 천경의 방호를 좀더 안전하게 하기 위해 승상 호이황(胡以晃) 등에게 군사를 주어 서정(西征)을 개시했다.

　이즈음 증국번은 붓을 놓고 상군[湘軍: 상(湘)은 호남성의 옛 이름으로 증국번이 조직한 호남 지역 민병을 일컬음]을 조직하는 일에 여념이 없었다. 이것은 그의 일생에 하나의 전환점이었다. 이때부터 그는 태평천국 운동을 진압하기 위한 길고 긴 행군을 시작하게 된 것이다. 이리하여 증국번과 홍수전의 피비린내 나는 대결은 그 서막을 올리게 된다.

상군이 태평군을 호남에서 내몰다

　　증국번은 형주(衡州)에서 수륙 양군을 편성하고 있었다. 그는 태평군이 지금까지의 농민봉기군과는 차원이 다른 것이어서 강력한 전투력을 가진 정예부대가 아니면 나날이 세를 확장하는 그들과 싸워야 계란으로 바위 치기나 다름없다고 생각했다. 더구나 태평군이 장강 중하류 지역에서 이미 우세한 이상, 그들을 대적하기 위해서는 선진기술의 함포를 보유한 숙련된 수군이 필요하다고 판단했다. 이에 그는 강한 내구성을 지닌 전함, 선진기술의 양포(洋砲), 잘 훈련된 군사를 갖출 때까지 조급한 출병을 하지 않기로 마음을 다졌다.

　　그러나 태평천국 운동이 맹렬한 기세로 확산되어 가자 조정은 증국번의 계획대로 준비를 갖추도록 가만 내버려 두지 않았다. 태평군이 북벌과 서정을 감행하자 청 조정은 대응할 군사를 조달하느라 사방으로 급명을 내리기에 정신이 없었다. 조정도 금방 조직된 상군이 전투력이 부족함을 명백히 알고 있었다. 그러나 관군의 부족한 군사력을 메우기 위한 특단의 방도가 없었기 때문에 증국번에게, 상군으로 속히 태평군에 대항하라는 황제의 성지가 빗발치듯 쏟아졌다. 그러나 증국번은 두 눈 딱 감고 함포 부족과 병사들의 훈련 부족을 이유로 출정하지 않았다.

　　이렇게 증국번이 출정을 거절하며 버티고 있는 와중에, 태평군이 강녕(江寧: 오늘날의 남경)을 점령하여 천경으로 개명하고 청조와 11년을 대립한 농민정권을 수립한 것이다. 태평군은 혁명의 깃발을 높이 들고 엄한 군기를 유지하여 가는 곳마다 민심을 얻었다. 홍수전은 천경에 도읍을 정한 다음, 정권의 기초를 공고히 하기 위해 정치·경제·군사·문화 등 다방면에 걸쳐 일련의 정책을 반포했다.

'천조전묘제(天朝田畝制)'는 바로 이 시기에 제정된 것이다. 이것은 토지문제를 중심으로 정치·경제·군사·문화·사상 등 여러 방면에 걸친 일종의 강령성 문건이었다. 이것은 고난에 처한 농민들에게 꿈같은 미래상을 제시했다. 그 새로운 세상에서는 누구나 평등하고, 먹고 입는 일을 걱정할 필요가 없을 것임을 약속했다. 비록 그것이 환상적 유토피아에 불과한 것일지라도 수천 년 역사를 통해 토지 소유에 원한이 맺힌 농민들의 여망을 충족시키기에 충분했다. 이 문건이 농민들로부터 열화와 같은 호응을 얻게 되면서, 혁명 열기는 한층 광범위하고 거세게 확산되었다.

그러나 이 시기에 홍수전의 지위도 적잖은 도전에 직면하게 된다. 속세에 강림한 천부(天父)의 명의를 가장하여 양수청이 홍수전을 비난하고 다님에 따라, 두 사람 사이의 갈등이 서서히 고조되는 양상을 보였다.

1853년 6월, 홍수전이 파견한 서정군은 천경을 출발하여 장강을 따라 남하하다가 남창에서 한때 저항을 받기도 했으나 우여곡절 끝에 1854년 2월에 한구, 한양을 점령하고 다시 무창을 향해 진격했다. 그러나 이들은 장기간 무창을 함락시키지 못하자 임소창, 석봉괴 등의 부대를 남겨 무창을 계속 감시하며 기회가 오면 공략하도록 안배한 뒤, 나머지 부대는 둘로 나뉘어 진격을 계속했다. 일대는 증천양(曾天養)이 이끌고 서쪽으로 사천지방을, 나머지 일대는 석정상(石貞祥)이 이끌고 남쪽으로 호남을 향하게 했다.

무한(武漢: 호북성의 도읍으로 무창의 바로 북쪽에 인접하여 함께 묶인 지역)은 천하의 중심에 위치하고 장강의 허리에 자리 잡아 전략적 가치가 극히 높은 도시였다. 그런데 서정에 나선 태평군이 무창의 함락을 기다리지 못하고 이를 돌아 서남으로 진격한 것은 호북 일대를 비게 만드는 형국이 되어 전략적으로 크게 불리한 상황을 자초한 일이었고, 이것은 이후 태평군이 크게 패배하는 원인이 된다.

서진한 증천양의 태평군은 사천을 깊숙이 유린하며, 의창(宜昌)을 점령하여 장강 상류 지역을 확보했다. 석정상의 부대도 호남을 파죽지세로 유린하며, 선봉대가 이미 호남의 도읍인 장사(長沙)를 위협하는 지경에 이르렀다. 이런 긴급한 상황에서 함풍제는 다시 증국번에게 출정할 것을 독촉했다. 이에 증국번도 더 이상 거절할 수가 없었다. 그는 군사를 거느리고 호탕하게 상강(湘江)을 따라 내려가며 태평군의 진격을 가로막았다.

증국번의 상군이 장사에 도착하자, 호남 순무 낙병장(駱秉章)이 휘하의 왕진에게 군사를 주어 상군과 함께 작전을 펴도록 했다. 이어 귀주(貴州)에서도 호림익(胡林翼)이 군사를 이끌고 지원을 왔다. 호림익은 문무를 겸비한 인물로 이후 태평군과의 전투에서 많은 공로를 세우게 된다.

이즈음 호남에 진입한 태평군은 행군이 매우 순조로웠다. 그들은 채 반달이 못 되어 악주, 상음, 정항, 신강 등의 호남 지역 북부 도시들을 공략하고, 이어 중부 지역으로 진입해 영향(寧鄕)을 점령했다. 그러나 장사에 진주한 증국번이 각 방면의 군사를 거느리고 태평군을 상대했다. 증국번은 오래지 않아 태평군을 격퇴하고 호남

전역을 수복했다.

홍수전은 호남 지역에서 태평군이 고전하고 있다는 소식을 듣고, 증원군을 파견해 반격을 가했다. 그는 먼저 동왕 양수청을 파견한 다음, 이어서 부승상 임소창에게도 군사를 주어 지원하게 했다. 증국번은 홍수전이 증원군을 파견하자, 그들을 호북에서 섬멸하기로 계획하고 호림익, 탑제포(塔齊布), 임원은 등의 장수에게 육로로 통성을 공격하게 하고 왕진의 군사로 포탁을 공략하게 한 다음, 자신은 수로로 악주를 향해 나아갔다.

그러나 왕진의 군사는 양루동에 이르러 태평군 대부대와 마주쳐 전투를 벌였으나 크게 패하고 말았다. 왕진은 황급히 악주성으로 들어갔으나, 뒤쫓아온 태평군이 성을 여러 겹으로 포위했다. 이 소식을 들은 증국번은 포선을 보내 악주성 밖에서 포를 쏘며 허장성세(虛張聲勢)를 부렸다. 자기를 지원하는 포성을 들은 왕진은 이를 기회로 악주를 탈출해 피신했다.

얼마 후 태평군이 다시 영향을 통과해 진격하려 한다는 이야기를 들은 호남 순무 낙병장은 영향 지현(知縣) 주손치에게 성을 철저히 방어할 것을 명했다. 증국번도 지원군을 파견해 태평군이 통과하지 못하도록 막아섰다. 그런데 증국번이 보낸 지원군이 문수산 위에 군영을 설치하자마자 태평군은 상군을 앞뒤로 자르며 포위해 들어왔다. 태평군은 신속하게 상담(湘潭)을 점령해 버림으로써 태평군의 진격을 저지하려는 증국번의 계획을 무산시키고 장사를 포위했다. 이리하여 태평군은 전세를 남쪽 상담과 북쪽 악주·정항 양 방면에서 장사를 위협하는 유리한 국면으로 이끌었다.

전세가 불리해지자 증국번은 탑제포의 군사를 제외한 전군을 장사 수비에 투입했다. 그러나 전황이 태평군에게 절대적으로 유리한 것만은 아니었다. 표면적으로 연전연승하는 것처럼 보였지만 태평군은 너무 적진 깊숙이 들어가 있었다. 이에 그들은 병력이 분산되고, 이미 선봉은 고립무원의 지경에서 반격의 위협을 받고 있었다. 증국번은 태평군의 약점을 간파하고, 탑제포에게 영향을 지원하는 대신 상담을 공격하도록 명했다. 또한 팽옥린(彭玉麟)에게도 수군을 이끌고 탑제포를 지원해 함께 상담을 공격하게 했다. 나머지 군사는 자신이 직접 거느리고 그들을 뒤따르기로 했다.

그런데 증국번은 출정 전날 한밤중에, 홍수전의 군대가 이미 정항(靖港)을 포위해 함락시키기 직전이라는 급보를 받았다. 이에 그는 친히 수군을 이끌고 급히 정항을 향해 진군했다. 석상정이 이끄는 정항의 태평군은 비록 그 수가 많지는 않았으나 기세등등하게 진격해 온 상군을 이일대로(以逸待勞: 쉬며 힘을 비축했다가 피로한 적군을 맞아 싸움)의 신중한 전략으로 대응했다. 그 결과, 상군이 대패하고 말았다.

증국번은 진중에서 패전 소식을 듣고, 대기하던 나머지 수군에게 신속히 전선을 지원하도록 명했다. 그러나 이들도 전세를 뒤엎지 못했다. 대패한 증국번의 수군은 물가로 올라와 사방으로 목숨을 구해 달아났다. 먼저 도망가려다 물속에서 서로 짓밟아 익사자가 무수히 속출했다. 증국번은 친히 칼을 들고 전투를 독려했다. 그는 물가에 깃발을 세우고 그 너머로 후퇴하는 병사는 참하겠노라 공포했지만, 후퇴하던 병사들은 깃발을 멀리 돌아 계속해서 도주하기 시작했다. 순식간에 전군이 흔적도 없이 패주해 버렸다.

중국번은 크게 낙담했다. 지휘선으로 돌아온 그는 생각하면 할수록 비통하기 이를 데 없었다. 이에 그는 삶을 포기하려고 마음먹었다. 배가 정항 맞은편 강안에 다다랐을 때, 중국번이 물에 뛰어들어 자살을 시도했지만 부하들이 그를 구해냈다.

정항 전투에서 태평군은 적은 군사로 상군 수륙 양군 2천여 명을 패퇴시켰다. 승전보를 전해 들은 홍수전은 크게 기뻐하며 장병들에게 상을 내렸다. 그러나 무척 의기소침해진 중국번은 이미 대세가 기울었다고 생각하며 극히 비관적인 심정에 빠져 있었다. 장사로 돌아온 그는 옷도 갈아입지 않고, 맨발에 봉두난발을 한 채 식음을 전폐했다. 그러더니 산봉우리에 올라가 유서를 쓴 뒤, 동생 중국보(曾國葆)에게 은밀히 자신의 관을 준비하도록 했다. 다시 한 번 자살을 시도할 생각이었던 것이다.

이때, 예상치도 않았던 승전보가 상담으로부터 날아들었다. 탑제포가 임소창의 태평군을 무찌르고 상담을 점령했다는 것이었다. 그러자 정항의 태평군도 스스로 철군했고, 장사의 포위는 자동적으로 풀렸다. 이리하여 중국번도 자살할 생각을 거두게 되었다.

상담 전투의 승리는 중국번이 처한 위기상황을 일시에 해소시켰고, 그가 상군을 증강하기 위해 모병을 지속하는 일도 함풍제의 지지를 얻게 되었다. 함풍제는 장사에 주둔하며 태평군에게 적극적으로 응전하지 않은 죄를 물어 호남 제독 포기표(鮑起豹)를 삭탈관직하고, 그 자리를 탑제포로 하여금 대신하게 했다. 이로써 중국번의 상군과 호남 관군 사이에 암암리 빚어졌던 갈등은 중국번의 승리로 종지부를 찍었고, 증국번은 호남을 자신의 온전한 근거지로 삼을 수 있게 되었다.

증국번은 장사로 돌아온 후, 악주와 정항 전투에서 얻은 경험을 뼈저린 교훈으로 삼아 상군의 약점을 극복하기 위해 적극 노력했다. 그는 엄격한 군율을 제정하여 상벌 집행을 분명히 하고, 일단 군영을 이탈하거나 보초 서기를 소홀히 한 병사는 다시 쓰지 않고 퇴출시켰다. 그리고 수하 장수들에게 모병을 독려하여, 얼마 뒤 상군은 1만여 명으로 그 수가 증가했다. 이렇게 장사에서 일련의 정군(整軍) 작업을 거친 상군은 그 전투력이 크게 향상되어 태평군의 강력한 적수로 부상했다.

홍수전은 태평군이 상담에서 패한 소식을 접하고 크게 노했다. 이에 그는 상군에 대해 새로이 주목하기 시작했고, 증국번을 자신의 주적으로 간주하기 시작했다. 홍수전은 패전의 경험과 교훈을 분석한 다음, 초미오두(楚尾吳頭)의 책략을 확립했다. 즉, 천경이 있는 오(吳: 전국시대 오나라가 이 지역에 있었음) 지역을 머리로, 호남과 호북의 초(楚: 전국시대 초나라가 이 지역에 있었음) 지역을 꼬리로 삼아 장강 중하류 일대를 자신의 핵심 근거지로 삼으려는 구상이었다. 이미 오두(吳頭)의 핵심인 천경(남경)을 얻었으니, 이제 초미(楚尾)의 핵심 무창을 차지하는 일이 당면 과제였다. 특히 상담은 초 지역을 관할하기 위한 관문이자 거점도시로 포기할 수 없는 곳이었다. 이에 홍수전은 초 지역을 공략하여 새로운 근거지를 확보할 준비에 박차를 가하게 된다.

이때 석상정이 이끄는 서정군은 악주에 주둔하고 있었다. 홍수전은 태평군의 호남 지역 전과를 확대하기 위해 석상정에게 호남 서부 지역으로 진격할 것을 주문했다. 이에 서정군은 두 길로 나누어 호남 깊숙이 공격해 들어갔다. 아울러 사천 지역으로 진군했던 증천양도 의창에서 철수함과 동시에 동쪽으로 이동해 호남 지역 서정군과 합류했다. 이리하여 태평군은 호남에서 크게 위세를 떨치게 되었다.

전황이 이렇게 악화되어 가자, 증국번은 수륙 양군을 거느리고 북상하여 태평군에 대한 2차 대공세를 시작했다. 그러나 전세는 상군에게 불리하게 돌아갔다. 악주 전투에서 상군의 수군은 크게 궤멸되어 많은 병선을 잃었다. 다시 한 번 상군이 패퇴하는 참상을 목도한 증국번은 크게 상심했다.

수전에서 대승을 거둔 태평군은 강안으로 올라가 군영을 구축하려고 했다. 그러나 이때 탑제포가 이끄는 상군이 진격해 와 태평군과 또 한 차례 격전을 벌였다. 와중에 상군을 가벼이 여긴 증천양이 그만 전사하고 만다. 증천양은 태평군의 중추적인 장수였다. 그의 희생은 홍수전에게 큰 타격이었다. 이에 홍수전은 크게 슬퍼하며 상군과 증국번에게 더욱 깊은 원한을 품게 되었다. 증천양이 죽고 난 뒤, 호남의 태평군은 크게 동요하여 사기를 잃고 더 이상 상군과 대결하지 않았다.

기세가 오른 상군은 탑제포를 선봉으로 삼아 단숨에 태평군을 몰아낼 기세로 진격했다. 수세에 몰려 군영을 버리고 퇴각하던 태평군은 성릉기에 이르러 다시 진지를 구축하고 상군과 교전했다. 이들을 뒤쫓은 탑제포는 단기필마로 용맹을 과시하며 적진으로 앞장서 돌진했다. 마침 큰비가 내리니, 태평군의 대포들은 인화가 되지 않아 무용지물이나 다름없었다. 이에 상군과 혼전을 벌이게 된 태평군은 전세가 크게 불리해지자 다시 진지를 포기하고 퇴각했다. 이때 증국번은 수군을 진격시켰다. 그러자 태평군은 예전에 상군으로부터 노획한 병선들을 고의로 침몰시켜 상군의 진격을 막는 장애물로 이용했다. 상군이 잠시 주춤하는 사이, 태평군 수륙 양군은 모두 호북의 무한으로 퇴각해 물러났다.

이리하여 상군은 태평군을 호남에서 완전히 몰아냈다. 상군과의 교전에서 상당히 큰 손실을 입은 태평군은 무한을 수비할 병력조차 충분치 않았다. 호남을 잃었다는 소식을 접한 홍수전은 격노했다. 그러나 당장 전세를 만회할 뾰족한 방도가 없었다. 증국번은 이 전공으로 조정으로부터 포상을 받아 그 품계가 3품에 이르렀다.

1854년 8월, 증국번의 상군은 무한을 공략하던 청군과 합류했다. 당시 홍수전의 서정군은 무창과 숭양 두 곳에 집중되어 있었으며, 그 수는 2만에 달했다. 상군은 수륙 양면으로 공세를 취하기로 했다. 이에 탑제포에게 먼저 숭양을 공략하게 하고, 증국번 자신은 수군을 이끌고 나아갔다.

증국번의 수군은 먼저 금구(金口)를 점령했다. 이곳은 무한 상류 지역의 병목으로 군사적으로 중요한 곳이었다. 무창을 지키던 태평군 장수 석봉괴가 이곳을 다시 빼앗으려고 수륙 양군을 이끌고 와 전투를 벌였으나 패하여 물러났다. 육로의 탑제포도 연전연승을 거두었다. 특히 탑제포 수하의 나택남(羅澤南)은 일개 서생 출신이었으나 이 전투에서 많은 전공을 세웠다. 이들은 먼저 숭양을 함락시킨 다음, 지방(紙坊)에까지 진격하니 이곳은 무한에서 불과 30리 떨어진 곳이었다.

중국번은 금구에서 탑제포, 나택남을 불러 무한을 공격할 전략을 상의했다. 그 결과, 수군으로 강을 따라 무한을 공략하여 한양, 한구와의 연결을 끊어놓고 육군으로는 먼저 무창을 공략한 뒤 다시 한양을 취하기로 뜻을 모았다. 장수 매옥, 양창사 등이 이끄는 청군도 서쪽 방면에서 강을 따라 진격해 왔고, 호광(湖廣: 호남, 호북을 통칭함) 총독의 군사도 한양을 배후에서 공략했다.

1854년 10월, 중국번이 이끄는 상군은 무한을 향해 총공격을 감행했다. 나택남은 동쪽으로 향해 화원을 공격해 들어가 태평군을 무창으로 몰아넣었고, 매옥과 양창사의 군사는 서쪽으로 향해 하마기를 공략한 후 한양으로 진격했다. 수군은 전후 양대로 나누어 태평군을 공략하여, 태평군의 병선 2백여 척을 모두 파괴했다.

홍수전이 무창의 수비 장군으로 임명한 석봉괴는 전투와 병술에 그리 능한 장수가 아니었다. 그는 사방에서 상군과 청군이 기세등등하게 압박해 들어오자 일부 군사를 남겨 성곽 서남방면에 깃발을 내걸고 허장성세를 부리게 한 다음, 자신은 대부분의 병마를 이끌고 동문으로 탈출해 도망갔다. 그러자 상군 수륙 양군이 마침내 무창으로 밀려들어가 성을 함락시켰다. 같은 날, 청군도 한양을 함락시켰다. 이리하여 태평군은 홍수전이 전략적으로 그렇게 소중하게 여기는 초미(楚尾)의 요충지를 너무도 허무하게 적군에게 내주고 말았다.

함풍제는 무창을 빼앗았다는 승전보를 받고 기뻐 어쩔 줄을 몰라했다. 이에 그는 증국번의 관급을 2품으로 높이고, 아울러 그에게 호북 순무를 제수했다. 그러나 이때, 누군가 이견을 간하는 사람이 있었다.

"증국번은 시랑직을 역임했던 필부에 불과합니다. 필부에게 근거지를 마련해 주어 그의 호령 한마디에 수만 병력이 복종하여 따르도록 방치하는 것은 국가의 안위를 위해 바람직한 일이 아닌 줄 압니다."

이에 함풍제는 묵묵히 갖가지 생각에 잠겼다.

'증국번이 혁혁한 전공을 세웠다는 것은 상군의 전투력이 청군을 크게 초월함을 반증하는 일이다. 동시에 증국번이 호남 지역에서 큰 잠재력을 지니고 있음을 뜻한다. 상군은 오직 그의 손에 의해 조직되고 훈련되었다. 여기에 다시 한 성의 관할권을 추가로 그에게 제수하는 것은 태평천국을 진압하는 데는 분명 도움이 되는 일이겠지만, 사직의 안위를 위해 반드시 유리한 것은 아니다. 역사적으로 지방에서 무력으로 일어나 할거하며 중원의 제위를 노린 사례가 적지 않음을 무시할 수 없다.'

함풍제는 생각할수록 가벼이 다룰 일이 아니라 여겼다. 이에 그는 증국번을 포상하기 위해 내렸던 성지를 즉시 거두어들이고, 단지 병부 시랑직만 제수하고 군무를 관장하게 했다.

상군의 혁혁한 전공과 함께 증국번이 전군의 핵심 지휘자로 떠오르자 조정은 그에게 격려와 견제의 양면적인 태도를 보였다. 이리하여 증국번은 상군에 필요한 물자와 재정을 조정과 청조의 지방관에게 의지해야 했고, 병력 증강이나 운용에 있어서도 독자적인 재량권을 제한당했다. 이런 정책은 이후 증국번이 강서에 주둔할 때, 그의 운신에 각종 장애를 만들고 손발을 묶는 요인이 되었다.

무창에서의 승리 이후, 태평군의 약화된 전력을 간파하고 크게 고무된 함풍제는 일관되게 증국번에게 동진하여 태평군의 본거지를 완전히 섬멸할 것을 독촉했다. 이에 증국번은 자신의 원래 계획을 포기하고, 근거지를 벗어나 천릿길 원정을 시작하게 된다. 그리고 이 일은 그 후 수년간 그가 강서 지역에 묶여 진퇴양난의 곤경을 겪는 발단이 된다.

무창을 빼앗긴 뒤, 홍수전은 석봉괴를 비롯한 패장들을 천경으로 불러 그 죄를 엄하게 다스렸다. 그리고 연왕 진일강으로 하여금 전가진(田家鎭)으로 나아가 주둔하며 상군의 동진을 막도록 명했다. 전가진에 도착한 진일강은 상군이 무창에서 휴식을 취하고 있는 틈을 타 전가진과 인근에 대대적인 방어벽을 구축했다.

태평군은 전가진 밖에 강을 따라 토성을 쌓고 포대를 만들었다. 또 전가진과 강을 사이에 둔 반벽산에는 빽빽이 목책을 쌓고 포대와 군영을 설치했다. 또한 좀더 하류로 내려간 부지구에도 군사를 보내 방어용 진지를 구축하게 했다. 그런 다음 전가진과 반벽산 사이에 강을 가로질러 쇠사슬과 대나무 밧줄을 걸쳐 엮었다. 그리고 이 쇠사슬에 연결시켜 강에 작은 병선을 띄운 다음, 그 위에 대포를 설치했다. 이렇게 구축된 태평군의 방어선은 가히 난공불락이라 할 만했다.

그러나 상군의 공격전술은 더욱 교묘하고 의외의 것이었다. 무창에서 20여 일을 휴식한 상군은 증국번의 지휘 아래 세 길로 나누어 태평군을 향해 진격했다. 북로는 섬서 제독 계명이 인솔하고, 중로는 양재복과 팽옥린이 상군 수군을 이끌고 나아갔으며, 남로는 탑제포에게 맡겼다. 그리고 증국번은 이맹군과 함께 중로를 뒤따라 진군했다.

탑제포의 육군이 먼저 전과를 올렸다. 그 휘하의 나택남이 무창을 출발해 홍국, 대치를 공략한 다음 순식간에 반벽산을 위협하기 시작한 것이다. 나택남은 태평군에게 여유를 주지 않고 즉각 공격을 감행해 반벽산으로 밀고 올라갔다. 의외의 공격을 받은 태평군은 뒤로 물러나다 일부 군사가 산 정상에까지 쫓기게 되었다. 절벽에서 밀려 떨어져 죽는 자가 부지기수였다. 남은 군사들은 모두 전가진으로 도망쳤다.

반벽산을 잃어 방어선에 구멍이 생기자, 태평군의 진일강은 이를 되찾고자 군사를 수습하여 대대적인 반격을 시도했다. 쌍방이 격렬한 전투를 전개하고 있는 와중에 탑제포가 군사를 거느리고 기세등등하게 도착했다. 태평군은 도리 없이 다시 전가진으로 패해 물러났다. 반벽산을 상군에게 빼앗기자 태평군이 강에 걸쳐 설치했던 쇠사슬이며 각종 장애물들이 모두 잘려 제거되었다. 얼마 뒤, 상군은 다시 화공으로 전가진을 공략해 점령해 버렸다.

이 전투에서 패함으로써 태평군은 장강 중하류의 요충인 구강(九江) 상류에 한 척의 병선도 보유하지 못하게 되었다. 장강 중류 지역의 군사요충과 거점을 모두 상군에게 빼앗긴 홍수전은 봉기 이래 가장 큰 좌절을 맛보았다. 반대로 증국번의 상군은 혁혁한 전공을 거듭 쌓으며 점점 그 두각을 드러내, 홍수전의 태평천국에 큰 위협을 가했다.

태평군이 강서에서 상군을 옥죄다

전가진의 패전 소식이 천경에 전해졌다. 분개한 홍수전은 태평군의 가장 유능한 장수들인 석달개와 나대강을 파견해 서부 전선을 지휘하게 했다. 이들이 밤낮을 도와 구강에 도착했을 때, 태평군은 이미 황매(黃梅)를 빼앗긴 뒤였다. 나대강은 전선으로 나가 황매에서 퇴각해 오는 대량의 군사를 모아 자신이 새로 데리고 온 군사들과 합쳐 공롱역(孔攏驛)에 방어선을 폈다. 태평군은 추격해 온 상군과 공롱역 일대에서 큰 전투를 벌였다. 그러나 태평군은 다시 패하고, 장강을 건너 남하하여 구강과 호구 두 성을 지켰다.

상군도 승기를 놓치지 않고 강을 도하하여 쫓아와, 구강 대동문 밖에 군영을 세웠다. 이와 동시에 호북에서 수군들도 달려와 구강 부근의 강변에 정박함으로써 상군은 수륙 양면으로 구강을 공략하게 되었다. 아울러 호광 총독 양패(楊霈)가 파견한 장수와 안찰사 호림익도 군사를 인솔하고 참전했다. 각 방면의 군사들은 모두 증국번의 일괄 지휘 하에 움직였다.

이렇게 구강을 둘러싸고 공세를 취한 청조의 각 방면 군사들은 연승으로 사기가 충천했다. 이들은 우세한 전황을 바탕으로 기세등등하게 구강을 넘보고 있었다.

당시 구강을 지키고 있던 장수는 홍수전 휘하의 유명한 맹장 임계영(林啓榮)이었다. 주도면밀한 임계영은 구강을 강력하게 방어하며 때로 상군의 공세에 효과적인 반격을 가했다. 증국번의 상군은 연일 별의별 전술을 다 구사해 보았지만 아무런 전과를 거둘 수 없었다. 이에 증국번은 친히 구강성에 가까운 군영에 나가서 탑제포와 나택남을 만나 대책을 상의했다. 그 결과, 이들은 군사를 매가주(梅家洲)로 진격시켜 호구의 태평군을 견제하는 한편, 구강과 호구 사이의 연락을 단절시켜 놓기로 했다.

이미 구강에 도착해 있던 태평군의 맹장 석달개와 나대강은 상군이 군사를 나누어 매가주와 호구로 나아가는 것을 보고, 이에 상응하게 자신들의 편제를 조정했다. 상군은 임계영이 구강을, 석달개는 호구를, 나대강은 매가주를 각각 맡아 진지를 든든히 구축하고 조급하게 교전하지 않는 태평군의 견고한 방어 전략에 발이 묶였다.

상군의 예봉이 꺾인 것을 본 태평군 장수들은 적을 타파할 계책을 궁리했다. 상군의 우세는 주로 수군에 의지하고 있는바, 상군을 제압하려면 먼저 수군을 무력화시키는 것이 급선무라 생각했다. 그러나 태평군의 수군은 이미 궤멸되어 남은 소수 병력의 수군으로는 적을 상대하기 불가능하므로 별도의 계책이 필요한 상황이었다. 상군의 수군은 대선(大船)과 소선(小船)의 두 부분으로 편성되어 있었다. 크고 장중하지만 느려빠진 큰 배와 기민한 작은 배가 서로 단점을 보완하며 전투를 수행했다. 그래서 만일 이들 두 종의 병선을 서로 분리시켜 놓는다면 그 전투력이 크게 떨어질 것이 틀림없었다. 이런 점에 주목하여 궁리를 거듭하다가 마침내 태평군은 적의 수군을 제압할 묘책을 강구했다.

태평군은 먼저 소수의 병선으로 밤낮없이 상군의 수군을 습격하고 교란시켜 그들이 잠시도 편안히 쉬지 못하게 만들었다. 이어 속전속결로 승부를 보려는 상군의 심리를 이용하여 유인책을 펼쳐,

그들의 경전선(輕戰船)을 모조리 파양호(鄱陽湖)로 끌어들였다. 그런 다음 이들이 다시는 밖으로 빠져나가지 못하게 호수 출입구의 갑문을 굳게 잠그고 다시 열지 못하도록 공사를 한 뒤, 그 위에 포대를 설치했다. 이리하여 상군 수군은 바깥쪽 강과 안쪽 호수로 병선이 양분되어 버렸고, 강에는 느려빠진 큰 병선들만 남아 전투력을 상실했다. 자연히 전황의 주도권은 태평군의 손에 들어오게 되었다.

기회를 놓치지 않고 태평군이 습격을 감행하자 상군 수군은 큰 손실을 입었다. 병선들은 서로 자기 목숨을 구하기 바빠 장수의 지휘명령도 듣지 않았다. 낭패를 당한 증국번은 수군 장수를 교체하고, 호림익과 나택남의 육군을 다시 불러와 병력을 증강함으로써 구강에 대한 공세를 보완하려 했다.

그런데 나택남의 증원군이 구강에 도착하던 날 밤, 태평군은 다시 상군 수군에 대한 대규모 습격을 감행했다. 상군 수군은 일시에 대혼란에 빠져 닻을 올리고 도주하기에 바빴다. 부서진 병선의 수는 이루 다 헤아릴 수 없을 지경이었다. 와중에 증국번은 병선에 앉은 채 태평군에게 포위되었다. 이에 증국번은 또 한 번 강에 몸을 던져 자살을 시도했다. 막료들이 그를 구해 작은 병선에 태워 나택남의 진영으로 보냈다. 증국번은 자신이 피땀으로 조직하고 양성한 수군이 멀리 강 속에서 궤멸되는 것을 바라보며 비통하기 이를 데 없었다. 겨우 도망쳐 온 몇 척의 병선들만 나택남의 진영 가까운 곳에 정박했다.

태평군이 호구, 구강에서 상군 수군을 제압한 일은 비단 홍수전의 농민봉기군을 조기에 궤멸시키겠다는 증국번의 환상을 사라지게 했을 뿐 아니라, 전체 전황을 농민군에게 유리하게 전환하는 작용을 했다. 승전보를 접수한 홍수전은 즉각 석달개에게 호북으로 진격할 것을 명했다. 이에 1855년 2월, 석달개와 진일강은 먼저 한양을 점령한 다음 다시 무창을 향해 나아갔다.

얼마 뒤, 구강에 머물고 있던 상군 수군은 불행하게도 큰 바람과 풍랑을 만나 40여 척의 병선이 침몰하고, 나머지 70여 척도 크게 파손되어 사용할 수 없는 지경이 되었다. 이들은 하는 수 없이 금구로 퇴각하여 배를 수리하지 않을 수 없었다. 이리하여 태평군은 손쉽게 제강권(制江權)을 얻게 되었다. 3월에 이르러 태평군은 세 번째로 무창을 점령하고 호북 일대를 장악하게 된다. 이것은 머지않아 태평천국이 맞이할 전성기의 토대가 되는 일이었다.

증국번의 수군이 상류 지역으로 퇴각한 이후, 강서성 지역에 남은 수군이라고는 파양호에 갇혀버린 1백20여 척의 소선과 2천여 명의 수군들뿐이었다. 그러나 이들 소선들은 파양호에 갇힌 문제 외에도 큰 배의 지원이 없이는 독자적인 생존과 작전이 어려운 한계를 지니고 있었다. 이에 증국번은 남창(南昌: 강서성의 도읍)으로 강서 순무 진계매(陳啓邁)를 찾아가, 파양호에 띄울 대선 30여 척을 건조하도록 청탁했다. 이와 동시에 증국번은 강상(江上)의 수군을 원래대로 복구하기 위해 갖은 노력을 기울였다.

병선을 수리하고 새로 만들어 어느 정도 수군의 전투력을 회복한 상군은 다시 태평군과 격렬한 대치를 계속했다. 이후 전선은 호북과 강서로 양분되는 형세를 띠었다. 강서에서 나택남이 분전했으나, 호북을 어느 정도 장악한 태평군의 원군이 계속 강서로 증강되자 고전을 면치 못하고 있었다. 와중에 호북 전선에서 탑제포가 전사했다는 비보가 날아들었다. 이에 증국번은 나택남을 호북으로 증파하여 그곳의 전황을 어느 정도 호전시킬 수 있었다. 그러나 강서의 전황은 날이 갈수록 악화되기만 했다. 호북에서 강서로 온 석달개는 광동 천지회의 지원군과 연합하여 남창 남쪽의 길안(吉安)을 함락시키고 기세등등하게 남창을 위협했다. 이즈음 강서의 태평군은 그 최고 전성기를 맞고 있었다. 태평군은 강서의 13개 부(府) 중 8개를 장악했고, 증국번의 상군은 남창과 남강의 좁은 지역에 주둔하여 외부와의 교통이 차단되는 곤경에 처해 있었다.

이렇게 증국번이 강서에서 위기에 처해 있을 때, 천경의 홍수전도 위기를 맞게 된다. 북벌군이 크게 패하고 후퇴하여 천경이 위태로워진 것이다. 홍수전이 파견했던 북벌군의 원수 임봉상과 부원수 이개방은 각각 포로가 되어 희생되었고, 청군의 강남 대본영은 천경을 향해 대대적인 공세를 개시했다. 이에 홍수전은 증국번과 대치하고 있던 석달개를 황급히 불러들여 천경을 방어하게 된다. 이리하여 증국번은 겨우 죽음의 구렁텅이에서 빠져나올 수 있었다. 증국번은 패잔병들을 재편성하여 병력을 추스르고 심기일전했다. 그러나 이들 병력은 여전히 전투력이 크게 부족해, 나택남이 어서 호북을 장악하고 강서로 돌아와 전세를 호전시키기를 기다릴 수밖에 없었다.

이때 긴박하게 무창을 공략하고 있던 나택남은 증국번의 구원 요청을 접하고 마음이 더욱 급해졌다. 속히 무창을 탈환하고 강서를 지원하려고 생각했던 그는 그만 전투 중에 중상을 입어 전사하고 만다. 이에 호림익이 그 유지를 받들어, 일부 군사를 전선에 남기고 강서로 지원을 가게 되었다. 호남에서도 관군을 두 길로 나누어 강서로 지원군을 파견했다. 이리하여 증국번이 처한 곤경은 어느 정도 호전될 수 있었다.

이 기간에 홍수전은 석달개, 진일강, 진옥성, 이수성 등의 장수들을 보내 청군의 강남·강북 대본영을 철저히 파괴하고 다시 전세의 주도권을 확보하게 된다. 비록 강서의 전황이 호전되었지만 증국번의 고뇌가 완전히 사라진 것은 아니었다. 그는 청 조정에게 여전히 의심의 대상이었다. 증국번은 수시로 조정 대신들의 견제와 공격을 받았고, 심지어 강서 관부로부터도 배척과 핍박을 당하는 신세였다. 이렇게 증국번이 극도의 번민에 시달리던 시기에, 천경에서 내분이 발생해 태평군 진영에 많은 사상자가 났다는 희소식이 날아들었다.

1856년 하반기, 태평군이 청군의 강남·강북 대본영을 유린하여 천경 주변을 장악하고 서정군도 대승을 거두어 들떠 있을 때, 태평천국의 도성인 천경 안에서는 대변란이 일어났다. 내분의 도화선은 양수청이 홍수전에게 자신을 '만세후(萬歲侯: 만세는 봉건 황제만 칭할 수 있는 것으로 사실상 최고통치권을 의미하는 것임)'에 봉하라고 윽박지른 일에서 비롯되었다. 태평천국의 통치자들은 천경에 도읍을 정한 뒤, 이 작은 천당 안에서 권력을 다투며 도를 넘은 부귀영화를 추구했다. 홍수전은 '생사여탈이 천부에 의해 정해지는바, 제관들이 그 권위를 훼손해서는 안 된다'고 촉구한 반면, 양수청은 '천부를 영원히 나의 아버지로 공경하고, 동왕을 인간 세상에 강림한 왕으로 받들자'고 백성들에게 설파했다. 이렇게 특권, 향락, 봉건화가 결국 권력투쟁의 대참사를 야기한 원인이 되었던 것이다.

양수청에게 무례를 당한 홍수전은 밀지를 내려 그를 주살하게 한다. 위창휘가 그 명을 받아 천경에서 양수청을 살해하고, 이어서 동왕부의 장졸 2만여 명도 도륙해 버렸다. 그런데 위창휘가 양수청을 죽이고 난 뒤 그의 권위를 대신하려고 기도하자 홍수전은 다시 위협을 느꼈다. 두 달 뒤, 홍수전은 무고한 사람들을 죽였다는 명목으로 조서를 내려 위창휘, 진일강을 주살하게 했다. 얼마 뒤, 천왕이 자신마저 의심한다고 느낀 석달개는 천경을 빠져나가 피신했다.

한때 생사고락을 함께하던 전우들이 일순간에 원수로 돌변해 피비린내 가득한 참살극을 빚었다. 이 3개월에 걸친 내분으로 3만에 이르는 태평군은 청군이 아닌 자기 군사의 칼에 희생당하고 말았다. 욱일승천하던 태평천국의 농민정권은 이때부터 서서히 쇠락의 길로 접어들었다.

1856년 12월, 호림익과 이속빈은 태평군이 내분에 휩싸인 틈을 타 먼저 무한을 함락시키고, 군사를 강서로 돌려 다시 한 번 구강을 공략했다. 이때 태평군은 호북에서 대부분의 근거지를 상실했으며, 강서 지역의 전세도 상군에 유리한 상황으로 전환되었다. 그러나 전황이 호전된 일이 증국번에게 아무런 위안이 되지 못했다. 비록 상군이 자신의 손에 의해 창립되었지만 그들에게 주어지는 급료는 호남과 호북성에서 지급되었고, 조정이 파견한 낙병장과 호림익이 상군을 지휘하여 얻은 전공은 모두 그들의 것이 될 뿐 증국번과는 아무런 관련이 없었기 때문이었다.

1857년 3월, 증국번은 서주(瑞州)의 상군 군영에서 부친의 부음을 받는다. 그는 이것이 자신을 곤경에서 벗어나게 하려고 하늘이 내린 기회라고 생각했다. 부친상을 보고하고 후임을 임명해 달라는 내용의 상주를 올렸다. 그리고 그에 대한 재가가 아직 떨어지지 않은 시점에, 증국번은 군무를 위임하고 동생 증국화와 함께 귀향길에 올랐다. 군사를 지휘하는 무관이 사전 재가를 받지 않고 군영을 이탈하는 것은 큰 죄가 되는 일이었다. 호남 순무 낙병장과 호북 순무 호림익이 재삼 사정을 봐달라며 증국번을 비호한 덕분에, 조정은 죄를 묻지 않고 그에게 3개월의 휴가를 허락하는 것으로 상황을 마무리했다. 그러나 허락한 휴가를 마친 뒤 다시 강서로 돌아와 원래 자리에 복직해야 한다는 조건을 달았다.

1857년 6월, 조정이 허락한 휴가가 끝났지만 증국번은 다시 상주를 올려 3년 상을 지키겠노라 재가를 요청했다. 함풍제는 병무를 총괄하는 중임을 맡은바 속히 원래의 자리에 복귀하라며 그의 사직을 허락지 않았다.

자기성찰로 전세의 주도권을 잡다

증국번은 상을 입어 고향에 머무는 동안 과거 수년간의 경험과 교훈을 전면적으로 정리할 수 있었다. 군사를 지휘하는 자리가 주둔 지역의 실권을 가지는 것과는 별개라는 사실을 그는 뼈저리게 깨달았다. 또한 그는 자신의 결점을 깊이 반성하고 수양을 쌓는 데도 나름대로 노력했다. 약 1년 후 그가 다시 전선에 복귀했을 때, 그의 처세방식이나 면모가 이전과 판이하게 달라진 것은 이 기간의 자기 성찰이 그 밑거름이 되었던 것이다.

증국번이 고향에 머문 1년 동안 전국적으로 전황에 큰 변화가 있었다. 그가 강서를 떠날 즈음에는 양군이 아직 서로 구강 등지에서 대치하며 승부를 가리지 못하고 있는 국면이었다. 그러나 홍수전의 의심을 받은 석달개가 20만 군사를 이끌고 빠져나가 버리자 강서 지역 태평군은 병력이 전무하다시피 한 상황이 되어버렸다. 이에 상군은 기회를 놓치지 않고 공격을 감행하여 호북과 강서의 대부분을 장악하고, 동쪽으로 안휘성을 넘보게 되었다.

1858년 4월, 석달개가 절강성으로 난입하자 호림익은 상소를 올려 증국번으로 하여금 군사를 이끌고 절강을 지원하도록 하라고 진언했다. 조정은 이 상주를 재가하고, 증국번에게 다시 나와 군사를 지휘하도록 명했다. 이즈음 낙병장도 역시 같은 내용의 상소를 조정에 올렸다. 성지를 받은 증국번은 즉시 고향을 떠나 출병 준비를 하기 위해 장사로 향했다.

증국번은 이 출병을 위해 먼저 낙병장, 좌종당, 호림익 등과 협의를 거쳐 호남에서 군사를 내고 강서와 호북이 병참과 급료를 대기로 약정했다. 이런 방식으로 증국번은 청조의 지방관들과 원만한 관계를 유지함으로써, 다시는 지난날처럼 곤경에 빠지는 실수를 반복하지 않았다.

1858년 9월, 드디어 증국번이 다시 강서에 복귀했다. 이즈음 석달개는 이미 절강을 벗어나 더욱 남하하여 복건성으로 진격해 갔다. 이에 증국번은 10월에 건창(建昌)에 도착하여 본영을 설치한 뒤

소계강, 장운란에게 군사를 주어 복건을 지원하도록 명하고 자신은 본영을 지켰다. 이 출병에서 중국번은 강병을 만나거나 격전을 치르지도 않아 비교적 순조로운 행군을 계속했다.

석달개가 대군을 이끌고 도망간 뒤, 홍수전은 위기상황을 타개하고 태평천국의 역량을 강화하기 위해 스스로 군사지휘권을 겸직하는 한편 갖가지 관련 조치들을 잇달아 시행했다. 그는 먼저 인심을 잃은 자신의 두 형을 파직하고, 임소장(林紹璋)을 다시 기용하여 몽득은(蒙得恩)과 함께 조정을 관장하도록 명했다. 그리고 진옥성·이수성·이세현·위준위를 각각 전·후·좌·우군의 주장(主將)에 임명하여 내부단결과 통치권 강화를 도모했다. 이리하여 태평천국은 내란 이후 혼란했던 정치상황이 어느 정도 안정을 찾아갔다.

이즈음 청군은 천경의 내란을 기회로 대대적인 공세를 펼쳐 강남·강북 대본영을 다시 중건한 뒤 천경을 위협하고 있었다. 이에 새로 임명된 홍수전의 장수들은 서로 협력하여 공동작전을 펼침으로써 청군의 강북 대본영을 다시 함락시켜 천경의 포위상태를 해소시켰다.

호북 방면의 상군은 구강을 함락시킨 후, 안휘성으로 진격해 들어갔다. 상군의 맹장 이속빈(李續賓)은 천경으로 나아가는 길목인 안경을 공략하기 위해 준비하다가 여주가 함락될 위기에 처했다는 소식을 듣고, 급히 군사를 돌려 구원에 나섰다. 그러나 그는 안휘성을 방어하기 위해 증파된 홍수전의 대군에 밀려 그만 거느렸던 8천 명의 정병이 몰살당하고 자신도 전사하고 만다.

이속빈은 상군의 명장 중의 한 사람이었다. 그의 전사는 중국번에게 큰 타격이었을 뿐 아니라, 안휘성으로 진격했던 전체 상군의 사기를 떨어뜨려 이들이 줄줄이 패퇴하는 원인이 되었다. 반면 이속 빈의 부대를 전멸시킨 태평군의 진옥성(陳玉成)은 개인적으로 크게 위세를 떨쳐, 이후 그의 이름은 상군에게 두려움의 대상이 되었다. 이 전투 이후, 천경을 둘러싼 위기 상황은 대부분 해소되었고, 태평 군은 군사적으로 최악의 상황을 벗어나게 되었다.

전황의 급변에 따라, 증국번과 호림익은 자신들의 전략을 수정 하지 않을 수 없었다. 호림익은 일단 호북으로 돌아가 패전의 충격 을 수습해야 했고, 증국번은 조정의 명을 받아 안휘 전선을 지원하 게 되었다. 증국번이 남창에서 배를 타고 강을 따라 안휘로 출병하 려는 찰나, 강서 순무가 화급히 지원을 요청하는 전령을 보내왔다. 석달개의 휘하를 이탈한 양보청이 경덕진을 점령했는데, 이를 토벌 하려던 관군이 대패하여 원군을 요청해 온 것이었다. 이에 증국번은 소계강을 강서 남부에 주둔시켜 석달개의 동정을 감시하게 하고, 복 건에서 장운란을 불러들여 경덕진을 되찾게 했다. 그러나 그가 경 덕진을 장기간 수복하지 못하자, 증국번도 출병을 보류하고 본영을 건창에 그대로 주둔시키며 기다릴 수밖에 없었다.

1859년 1월 초, 이홍장(李鴻章)이 건창에 도착했다. 처음 그의 지 위는 후보 도원(道員: 지방행정 감찰원)이라는 미관말직에 불과했지만, 이후 그는 탁월한 기지와 능력을 발휘하며 승승장구하여 증국번의 심복 막료로 성장한다.

1859년 1월, 석달개가 복건에서 강서 남부를 거쳐 호남으로 들 어가자 소계강이 군사를 이끌고 그들을 뒤쫓았다. 같은 해 2월, 증국번은 상군의 본영을 무주(撫州)로 옮겼다. 그리고 주품륭을 호남으로 보내 용병을 추가로 모병하여 훈련시킨 뒤, 경덕전을 지원하도록 명했다. 역시 같은 해 7월, 석달개가 보경을 오랫동안 함락시키지 못하자 이를 포기하고 사천으로 군사를 돌리려는 움직임을 보였다. 이를 알아챈 낙병장은 호북 순무 호림익에게 서신으로 사정을 알려주며, 그로 하여금 조정에 증국번을 서둘러 사천으로 보내 그곳을 방어하도록 상주하게 했다. 이리하면 호북의 군비부담을 면할 수 있을 것이기 때문이었다.

1859년 8월, 증국번이 막료와 군사를 거느리고 사천으로 나아가던 중, 전황이 급변하여 호림익은 증국번에게 사천행을 늦추고 자신과 함께 먼저 안휘로 진격할 것을 요청했다. 이에 증국번은 무창에 잠시 머물다가 회군하여 호림익과 안휘 방면의 전략계획을 협의했다.

증국번에게 안휘 방면의 핵심 공략 목표는 태평군이 중점적으로 주둔 방어하고 있는 안경(安慶)이었다. 그는 천경이 오랫동안 안전을 유지하고, 내란의 위기에도 태평천국이 버텨낼 수 있었던 것은 바로 저주, 화현, 안경 등이 외곽 보호막 역할을 하고 있기 때문이라고 판단했다. 여기다 진옥성의 부대가 염군(捻軍: 태평천국과 별도로 일어난 농민반란군)과 연합하여 유격전을 펼치며 상군의 진격을 억제하고 있는 것도 하나의 난관이었다. 그래서 안경을 집중 공략하여 진옥성의 부대를 그곳으로 집결시킨 뒤, 그들을 함께 궤멸시킨다면 천경을 함락시키는 일도 시간문제일 것이었다. 이에 그는 안경 함락을 우선적 목표로 정했다. 그는 이 전투를 청조의 존망과 증씨 집안의 운명을 결정할 관건으로 여겼다.

1859년 11월, 증국번은 다륭아(多隆阿), 포초(鮑超) 등이 거느리고 온 호북 방면 부대들과 합류하여 태평군이 방어하고 있는 태호(太湖)를 향해 진격했다. 태호는 안경으로 나아가는 길목으로 그 전략적 중요성 때문에 쌍방이 모두 얻고자 하는 요충이었다. 태호 전투는 사실상 안경 결전의 서막이기도 했다. 다음해 1월, 진옥성은 대군을 이끌고 태호를 지원하러 왔다. 그는 70여 개의 군영을 설치하고, 태호를 공격하려는 상군을 외곽에서 포위하려고 했다. 호림익이 이런 상황을 파악하고 즉시 증국번에게 서신을 보내, 최소한의 군사를 남겨 태호를 감시하게 하고 대부분의 병력을 진옥성의 원군을 상대하는 데 집중하도록 요청했다.

얼마 뒤, 상군이 진옥성의 부대에 공세를 취해 그들의 군량을 불태우고 패퇴시켰다. 진옥성의 태평군은 태호를 포기하고 종양(樅陽) 일대로 물러났다. 이에 상군은 파죽지세로 밀고 들어가 안경을 거의 포위하기에 이르렀다. 마침 호남에서 이속의, 증국전 등이 원군을 거느리고 왔다. 이에 증국번과 호림익은 편제를 새로 조정하여, 증국전에게 안경을 공략하는 임무를 맡기고, 다륭아는 태평군의 원군을 제지하게 하는 한편, 이속의는 유격전을 펼치며 이들 두 부대와 서로 호응하도록 안배했다. 1860년 6월 초, 양재복, 팽옥린 등이 거느린 상군 수군이 마침내 종양을 함락시켰다. 이리되자 안경의 포위망은 더욱 견고해져, 외부와의 연락이 두절되고 물자공급이 끊긴 태평군은 날이 갈수록 버티기가 어려워졌다.

이때, 생각 밖에도 태평군은 청군의 강남 대본영을 유린하고 기세등등하게 소주(蘇州), 상주(常州) 등지를 점령해 청 조정을 경악하게 했다.

이즈음 홍수전은 정무를 보좌할 사람이 전무한 와중에, 일가 동생으로서 홍콩(香港)에서 우여곡절 끝에 천경으로 건너온 홍인간(洪仁玕)을 간왕(干王)에 봉하고 그로 하여금 조정을 관장하게 했다. 이로 인해 태평천국은 정치력이 크게 회복되었다. 이 밖에도 인심을 얻기 위해 홍수전은 전옥성을 영왕(英王)에, 이수성(李秀成)을 충왕(忠王)에 봉했다.

1860년 11월, 홍수전은 각 군 장수들을 천경에 불러모아 전세를 역전시킬 방안을 함께 상의하게 했다. 이 자리에서 홍인간은 '위위구조(圍魏救趙: 전국시대의 고사에서 비롯된 성어로, 포위군의 근거지를 공략하여 포위당한 우군을 구한다는 뜻)'의 책략을 내놓았다. 즉, 항주를 공격하는 척하면서 실지로는 청군의 강남 대본영을 공략한다는 계책이었다. 이윽고 이수성이 군사를 이끌고 항주 외성을 공략하여 절강 순무 나준전(羅遵殿)을 죽게 했다. 그러자 계책대로 강남 대본영이 쉽게 무너졌고, 승기를 잡은 태평군은 소주, 상주 등의 이름난 고성(古城)들을 차례로 함락시켰다. 이리되자 양강 총독(양강兩江은 강소, 안휘, 강서성을 통칭하며 이 지역을 관장하는 특명대신임)과 강소성 관원들이 앞다투어 도주했고, 강소성 남부의 비옥한 땅이 태평군의 수중에 떨어져 태평천국의 역량을 강화하는 데 크게 기여했다.

강남 대본영이 다시 무너진 후, 청조의 강남 지역 병력은 거의 와해되어 다시는 천경을 에워싸는 포위망을 조직하지 못했으며, 이후 태평군의 진압은 전적으로 증국번의 상군에 의존하게 되었다.

얼마 뒤, 증국번은 양강 총독에 임명되어 기주(祁州)로 나아가 주둔하게 된다. 이때 조정의 천거를 받은 좌종당(左宗棠)이 증국번의 막하에 들어와 군무를 보좌하게 되었다. 그는 이후 증국번의 든든한 조력자로 성장해 간다. 얼마 후 증국번은 절강·강소 순무를 자기 사람으로 대체하고 태평군에 대한 상군의 공세를 더한층 강화하게 된다.

　　이때, 간왕 홍인간은 두 길로 병마를 나누어 무한을 공략함으로써 안경의 포위를 풀자는 계책을 내놓았다. 이 출병은 제2차 서정(西征)으로 명명되었다. 이 계획은 진옥성과 이수성의 동의를 얻었을 뿐 아니라 홍수전의 재가까지 받았다. 이리하여 1860년 4월, 진옥성은 장강의 북안을 따라, 이수성은 장강의 남안을 따라 진격해 나아갔다.

　　서정군 남로 부대는 안휘 남부로 내려가 대규모 군사작전을 개시했다. 그중 양보청이 이끄는 부대는 영국부(寧國府)를 공략하여 호남 제독 주천수(周天受)를 죽였으며, 이세현이 이끄는 부대는 휘주(徽州)를 빼앗은 다음 증국번의 기문(祁門) 본영을 넘보게 되었다. 증국번이 휘주를 빼앗겼다는 급보를 받고 크게 상심하고 있던 와중에, 이번에는 영불 연합군의 공격을 받고 북경을 탈출한 함풍제로부터 급히 원군을 보내 북경을 구하라는 성지가 날아들었다. 증국번은 황제의 구원 요청을 받고 크게 슬퍼하며, 헤어날 수 없는 번민 속에 빠져들었다.

　　이렇게 증국번이 걱정과 번민에 휩싸여 있을 때, 홍수전의 2차 서정군 주력부대가 안휘 남부로 진입했다. 이수성은 대부대를 이끌고 증국번의 기문 본영을 위협했다. 이때 증국번에게는 단지 3천 군사가 있을 뿐이었다. 그는 급히 포초를 불러들여 기문을 방어하게 했다. 전세가 크게 위태로움을 느낀 증국번은 유서까지 써놓고 기다릴 지경이었다. 그러나 이수성은 포초, 장운란 부대와 일전을 겨룬 뒤 패하자 더 이상 공세를 취하지 않고 부대를 남하시켜 절강성 방면으로 빠져나갔다. 이렇게 태평군은 증국번을 궤멸시킬 절호의 기회를 너무도 허무하게 포기해 버렸다.

태평군의 2차 서정이 시작된 이후, 북로군의 진옥성은 호북, 강서, 안휘의 전선을 오가며 분전했으나, 자기 부대를 증강하는 일에만 집착하며 소극적인 태도를 보인 이수성이 그와의 합동작전에 효과적으로 호응하지 않아 안경의 포위상태는 여전히 풀리지 않고 있었다. 1861년 3월, 안경의 전황이 매우 위급하다는 보고를 받은 진옥성은 다시 2만 군사를 거느리고 급히 안휘로 회군해, 집현관(集賢關)에서 상군에게 맹공을 퍼부었다.

집현관에 주둔한 진옥성은 일부 군사를 안경성으로 들여보내 수비를 지원하도록 하는 한편, 작은 배를 이용해 안경성에 식량 등의 물자를 공급하여 위기상황을 해소하는 데 어느 정도 도움을 주었다. 그러나 상군의 포위상태는 조금도 변함없이 유지되고 있었다. 더구나 천경에서 안경으로 향하던 홍인간, 임소장의 지원군도 상군에 가로막혀 진옥성의 부대와 합류하지 못하고 있었다.

1861년 6월, 안경을 포위 공격하고 있던 증국전의 부대는 안경성 밖의 태평군 군영을 수차례 습격하여 8천 명에 이르는 태평군을 몰살시켰다. 이를 구원하려던 진옥성의 대군도 다륭아의 부대에게 제지당하며 패퇴했다. 자신의 영역과 세력을 확장하는 일에만 골몰하던 이수성은 진옥성이 안경성에서 크게 패했다는 소식을 듣고, 호북에서 자신의 병력을 신속하게 철수시켜 항주 방면으로 들어가 버렸다. 이리하여 안경성 포위를 풀게 할 태평군의 마지막 희망이 사라지고 말았다.

1861년 9월, 증국전은 마침내 안경을 함락시켰다. 성을 수비하던 장수 엽운래(葉芸來)를 위시한 1만 6천 명의 병사는 장렬히 전사했다. 이리하여 안경을 둘러싼 상군과 태평군의 2년에 걸친 대치는 드디어 태평군의 참패로 그 막을 내렸다. 안경을 함락시킴으로써 상군은 천경의 외곽 방어벽을 제거할 수 있었고, 이후 전세의 주도권은 상군이 장악하게 되었다.

근검과 절제로 부패를 일신하다

홍수전은 안경 전투에서 패한 죄를 물어 홍인간과 진옥성을 파직했다. 그 대신 홍인발을 신왕(信王)에, 홍인달을 용왕(勇王)에 봉하여 정무를 관장하게 했다. 이로부터 태평천국의 조정은 더욱 문란해지게 되었다. 안경 전투에서 승리를 거둔 증국전은 증국번의 명을 받아, 안경에서 강을 따라 태평천국의 수도 천경을 향해 동진했다.

증국전이 안경을 함락하기 약 반달 전, 즉 1861년 8월 21일, 함풍제는 청조의 여름궁전인 열하(熱河)의 피서산장에서 사망했다. 그는 유지를 통해 여덟 명의 정무대신을 임명하여 어린 황제를 보정

(輔政)하도록 당부했다. 그러나 서태후 나랍씨(那拉氏)가 공친왕 혁흔(奕訢)과 정변을 일으켜 정권을 탈취해 버렸다.

서태후와 공친왕의 등장은 증국번과 그 주변 인물들에게 하나의 복음이었다. 서태후는 한족 관원들을 비교적 신임하는 편이어서 이후 이들을 크게 중용했던 것이다. 얼마 뒤 조정은 증국번으로 하여금 강소·강서·안휘·절강 네 성의 병권을 관할하게 했고, 이 지역에서 순무와 일부 고위직을 제외한 대부분의 관원은 모두 그가 지휘 통솔하게 했다. 그리고 좌종당을 절강 순무에, 이속의는 안휘 순무, 강보정은 강서 순무, 엄수삼은 호북 순무에 각각 임명했다. 이리하여 청조 강산의 반에 가까운 동남 각 성(省)을 증국번을 필두로 한 한족 군벌 정객집단이 장악하게 되었다.

조정의 중시에 고무된 증국번은 태평천국을 향해 더욱 대규모의 공세를 펼쳤다. 그는 먼저 좌종당을 절강으로 파견했다. 그리고 약 두 달 후 다시 자신의 득의양양한 제자 이홍장을 파견해 상해를 구하고 소주, 상주를 공략하도록 했다. 이홍장이 통솔한 군대는 그 자신이 양성한 회군(淮軍: 이홍장이 안휘성 민병으로 조직한 군대)으로 이후 태평군을 공략하는 주요한 병력의 하나가 된다.

1862년 2월, 새로 모병한 군사들을 훈련시켜 보강한 증국전의 상군은 천경을 향한 진격을 재개했다. 청조의 수륙 양군도 모두 천경을 향한 공세를 시작했다. 태평군의 맹장 진옥성은 다름아가 여주를 공략하던 와중에 포로로 잡혀 장렬하게 전사했다. 각지의 태평군은 방어선이 차례로 무너져가자 어찌할 바를 몰랐다. 마침내 5월 초에 증국전은 우화대(雨花臺)에까지 진주했다. 팽옥린이 이끄는 수군도 호성하(護城河) 입구에 이르러 정박했다. 이리하여 청조의 군사들이 다시 한 번 천경을 포위하게 되었다.

이때 이수성은 대군을 이끌고 상해 교외에서 영불 연합군, 양총으로 무장한 청군 부대, 이홍장의 회군 등과 큰 전투를 벌이고 있었다. 그런데 증국전의 상군이 천경의 포위망을 서서히 죄어오자 다급한 홍수전은 이수성에게 먼저 천경을 구할 것을 명했다. 홍수전의 거듭된 독촉에 못 이긴 이수성은 부득이 전선을 포기하고 20만 대군을 철수시켜, 천경의 포위망을 풀기 위해 달려왔다.

이수성은 군사를 세 길로 나누었다. 일대는 포초의 증원군을 저지하게 하고, 다른 일대는 증국전의 병참선을 끊어놓도록 명했다. 그리고 남은 주력군은 이수성이 친히 거느리고 증국전의 우화대 본영을 공격했다. 그런데 상군의 증원군을 막는 데에는 성공했지만, 병참선을 단절시키려던 부대는 상군 수군에게 패해 목적을 달성하지 못했다. 이수성의 주력군도 증국전의 본영을 46일간이나 공략하며 격전을 치렀지만, 상군의 강력한 진지를 무너뜨리지 못하고 물러났다.

홍수전은 우화대 전투에서 패퇴한 이수성에게 지휘책임을 물으며 크게 질책했다. 뒤이어 홍수전은 안휘를 거쳐 멀리 호북의 무한을 공략하는 방법으로 증국전의 군사를 분산시켜 천경의 포위망을 해제하자는 책략을 제시했다. 이에 홍수전의 지시대로, 이수성은 군사를 돌려 서진하다가 상군 수군에게 습격당해 큰 피해를 입었다. 이리하여 홍수전이 계획했던 책략은 실패로 끝나고, 천경을 둘러싼 전황은 태평군에게 더욱 위급하게 돌아갔다.

중국전은 병력 부족 문제를 해결하기 위해 지속적으로 신병을 모집해 전선에 보충했다. 그리고 증국번은 이속의의 부대를 천경 전투에 추가로 투입했다. 이어 상군은 천경을 에워싼 포위망을 더욱 견고히 하기 위해 새로운 공세를 펼쳤다. 증국번은 포초에게 먼저 강포(江浦)를 점령하게 한 다음, 수군과 연합하여 태평군이 굳게 방어하고 있는 구보주(九洑洲)를 공략하게 했다. 이리하여 천경과 장강 하류를 잇는 유일한 통로이자 식량공급선이 단절되고 말았다. 이제 천경은 천보성(天堡城) 밑으로 난 작은 산길을 통하여 겨우 외부세계와 소통하고 있었다.

1863년 11월, 소주가 함락되고 모왕(慕王)은 배반자들에게 살해당했다. 얼마 뒤, 항주도 좌종당의 상군에게 함락당했다. 이제 천경을 둘러싼 대부분의 도시들은 상군과 회군의 수중에 떨어져 천경은 고립된 섬이나 다름없는 상황이 되었다. 그러나 천경의 수비군과 백성들은 홍수전의 지휘하에 상하가 합심 단결하여, 증국번의 상군에게 완강한 저항을 계속하고 있었다. 수개월이 지나도록 전황에 추호의 변화도 없는 공방전이 계속되자 상군도 서서히 지쳐갔다.

1863년 12월, 이수성이 소주 전선에서 천경으로 돌아왔다. 홍수전은 즉각 그를 군사(軍師)에 봉하고, 천경 방어를 지휘하도록 붙잡았다. 이수성은 눈앞의 위급한 전세를 감안하여 천경을 포기하고 몸을 피할 것을 홍수전에게 간했다. 그러나 미신의 속박에 휩싸인 홍수전은 하늘이 자신을 보우하고 있으니 평안 무사할 것이라며, 천경을 떠나라는 건의를 받아들이지 않았다. 이리하여 태평천국은 부활의 마지막 기회를 잃었고, 홍수전은 자신을 죽음의 막다른 골목으로 몰아넣고 말았다.

1864년, 상군이 천보성과 신미문(神微門)을 점령하여 천경의 포위는 한층 강화되었다. 그러나 천경의 군과 민은 여전히 상군의 공세를 하나하나 물리치며 투쟁을 이어갔다. 태평군은 성벽 위의 보초 활동을 강화했을 뿐 아니라, 성내 여러 곳에 구덩이를 파 큰 항아리를 묻고 그 속에 사람이 들어가 적군이 땅굴을 파고 잠입하는 일을 방지하기 위해 소리를 예민하게 감지했다. 만일 땅굴을 파는 것이 발견되면 폭약이나 무거운 쇠추로 그것을 파괴해 적군의 기도를 미리 봉쇄했다.

1864년 5월 말, 천경에 식량이 고갈되었다. 아사자가 속출하자 천왕은 영을 내렸다.

"백성들은 모두 달콤한 이슬을 마시도록 하라."

그리고 천왕 홍수전은 솔선수범하여 '달콤한 이슬'을 마시며 음식을 대신했다. 그리고 얼마 뒤 병으로 쓰러졌다. 그러나 홍수전은 자신의 명이 하늘에 달려 있다며 약을 복용하기를 거절해 그 병세가 나날이 깊어갔다. 1864년 6월 3일, 마침내 홍수전이 병사하여 그 풍운아적 일생을 마감했다. 향년 51세였다.

천왕이 서거한 후, 그의 장자 홍천귀(洪天貴)가 즉위했다. 7월 3일, 상군은 지보성(地堡城)을 함락시켰다. 이리하여 이제 상군은 높은 곳에서 천경을 굽어볼 수 있게 되었다. 천경을 수비하는 태평군은 나날이 전세가 불리해지는 와중에도 죽기를 각오하고, 계속되는 상군의 공세를 좌절시켰다. 상군의 인명 피해도 나날이 늘어갔다. 이수성은 지보성을 되찾기 위해 여러 차례 군사를 끌고 성문을 나가

격전을 벌였으나, 목적을 달성하지 못했다. 상군의 공세가 나날이 강화되자 이수성은 천경을 오래 지키는 일이 이미 불가능하다고 판단하고, 결사대를 구성하여 상군의 본영을 일거에 무너뜨리려는 시도를 감행했으나 여전히 그 뜻을 이루지 못했다.

이즈음 증국전은 제독 이황신의 건의를 받아들여, 1백여 문의 대포로 밤낮없이 천경 성내에 포격을 가했다. 이렇게 계속되는 포화에 성 위의 태평군은 성 아래의 상황을 자세히 감시하기 어려울 것이고, 이렇게 그들의 주의력을 분산시켜 놓은 다음 성 밑에 구멍을 파고 폭약을 터뜨려 성벽 일부를 파괴하자는 계략이었다. 이에 상군 천여 명은 포화가 내뿜는 연기의 엄호 속에 성 밑에서 밤낮없이 구멍을 파기 시작했다. 그리고 그 속에다 대량의 화약을 설치했다. 이것을 알아챈 이수성이 수백 기의 정병을 이끌고 나와 상군의 포대를 습격하려고 했다. 그러나 사방에서 상군들이 이들을 향해 몰려들자 불리함을 느낀 이수성은 목적을 이루지 못하고 다시 성안으로 피신해 들어갔다.

7월 16일 새벽, 이수성은 군사들을 보내 지보성 밑에 상군들이 쌓아놓은 건초더미에 불을 지르게 했다. 조금이라도 상군의 공세를 늦추어보려는 심산이었다.

이날 정오 무렵, 증국전은 성벽 밑에 설치해 놓은 화약을 폭파시킬 것을 명했다. 이에 성벽 약 20장(丈: 1장은 10척으로 약 3.3미터)이 무너져 내렸다. 상군은 세 길로 나누어 무너진 성벽을 뚫고 들어가려 했다. 미리 준비하고 기다리고 있던 태평군은 결사의 저항을 했다. 그들은 불이 붙은 화약 뭉치를 상군의 머리 위로 퍼부었다. 이에 상군은 일단 뒤로 물러났다. 그러나 잠시 후 상군은 다시 벌떼처럼 서로 앞다투어 무너진 성벽 사이를 뚫고 들어갔다. 이때 이곳에 매복하고 있던 태평군 전사들이 몰려나와 상군을 대적했다. 그러나 이들은 이미 지치고 굶주린 지가 오래되어 제대로 힘을 쓰지 못했다. 몇 차례 반격을 시도했으나 상군을 몰아내지 못했다.

양군은 시가지에서 격렬한 백병전을 벌였다. 골목마다 집집마다 죽고 죽이는 혈전이 계속되었다. 이렇게 세 시간이나 계속된 전투에서 중과부적의 태평군은 서서히 상군에게 제압당하고 말았다. 마침내 천경이 함락된 것이었다. 이리하여 태평천국 농민운동도 그종말을 고하고 말았다.

상군은 남경을 점령한 후, 대규모 약탈과 학살을 감행했다. 먼저 천왕부, 충왕부를 비롯한 궁궐과 대저택들이 약탈당하고 불태워졌다. 민간 가옥도 과반이 약탈당하고 훼손되었다. 상군 병사들은 눈에 핏발이 선 채 무참한 약탈과 겁탈, 살인을 자행하고 다녔다. 비명과 곡성이 사방을 덮었다. 이리하여 한때 번화하고 화려했던 태평천국의 수도는 기와 부스러기가 뒹구는 폐허로 변하고 말았다. 며칠 후, 이수성이 사로잡혔다. 증국번은 홍인발, 홍인달과 함께 그를 죽였다.

조정은 증국번을 일등후(一等侯)에 봉했다. 그리고 봉록을 영원히 세습하는 특권으로 부여했다. 이후, 증국번은 여러 차례 양강 총독을 역임하며 농민반란군 잔당을 토벌하고, 양무운동을 주창하여 청조의 부흥을 꾀했다.

1872년 3월 12일, 저택 내 화원을 산보하던 증국번은 갑자기 숨이 가쁘고 다리가 마비되더니, 단정히 앉은 채로 숨을 거두었다. 이리하여 증국번은 우여곡절 속의 휘황한 일생을 마감하니, 그의 나이 62세였다.

성패의 거울

　　홍수전은 14년간 열여덟 개 성을 종횡으로 장악했던 농민혁명 정권인 태평천국을 성립시킨 역사적 인물이다. 1억 명에 가까운 민중과 농민이 그를 추앙하여 이 혁명에 참가했다. 그는 농민들이 처한 곤경을 깊이 동정하며, 그들의 이익을 대변하는 일에 생애를 바쳤다. 유생의 한 명으로서 도리어 반공(反孔)의 기치를 높이 내건 사례는 중국 역사상 다시 찾기 힘든 일이었다.

　　정권을 세운 후, 그는 '천조전묘제(天朝田畝制)'를 반포하여 경제적으로 봉건사유제를 배제하였고, 군사적으로 기율이 엄정한 태평군을 창설하였으며, 남녀평등을 제창하여 부녀자의 권익을 보호하기 위한 많은 조치들을 시행하였고, 금연(여기서는 아편을 흡입하는 일을 뜻함)을 실시하여 외국 자본주의의 침략에 큰 타격을 입혔다.

　　홍수전이 이끈 농민봉기는 수천 년을 이어온 중국 봉건체제의 근간을 흔드는 일이었고, 깊은 잠에 빠져 침묵하던 중국 민중들을 각성하게 만들었으며, 뒤이어 다가올 근대적 민주혁명의 정치·사회·문화적 기반을 다지는 일이기도 했다. 그러나 이 위대한 농민운동이 결국 실패하게 된 원인은 기본적으로 홍수전 개인의 치명적 약점에서 찾지 않을 수 없다.

홍수전은 반봉건주의의 주창자이면서 동시에 황권주의자였다.

홍수전은 봉건 황권제도와 그를 뒷받침하는 각종 학문에 반대하며, 그것이 하늘의 명의를 도용하여 천자(天子)를 허위로 칭했다고 비난하면서도 자신은 스스로를 천인합일(天人合一)의 '진정한 천자'로 상정했다. 그는 어떤 우상숭배도 금지하고 배격하면서도 스스로를 절대적 숭배의 대상으로 만들었다. 전통을 반대하면서도 그 전통의 우리 속에 갇혀 지내는 모순을 범한 것이다.

그는 태평천국 장병들에게 '누구도 사유를 추구해서는 안 되며, 모든 재물은 하늘의 것으로 돌려라'고 말하면서 자신은 하늘을 대신하여 모든 재물에 대한 지배권을 행사했다. 애초에 자신이 권력과 재산이 없는 처지였을 때, 봉건 소유제도의 불평등에 통한을 지니고 농민들에게 평등과 분배를 소리 높여 외쳤던 그였다. 그러나 일단 모든 것을 소유하게 되자 그는 더 많은 재산, 더 높은 권력을 추구하는 자기모순에 빠져들었다.

그는 남경(천경)을 점령한 뒤, 아직 적군의 위협이 채 사라지기도 전에 대량의 물자와 인력을 동원하여 청조의 양강 총독부를 화려한 천왕궁으로 탈바꿈시키는 대규모 건축공사를 벌였다. 그러고는 왕궁 속 깊은 곳에 칩거하며 향락에 빠져들었다. 그는 많은 처첩을 거느렸으며 궁녀가 수천 명에 달했다.

홍수전을 비롯한 태평천국 통치집단의 황권주의 사상이 농후해지면서 그것은 마침내 내란의 비극을 불러일으켰다. 피를 흘리며 전투에 임한 수천, 수만의 태평군 장병들은 농민봉기에 참가한 이래 자신들에게 돌아온 실제적 이익이 아무것도 없음을 깨달았다. 그리고 이것은 곧 민심 이반과 신앙 위기의 원인이 되었다. 이런 와중에도 홍수전은 그 속에서 뼈저린 교훈을 발견하여 조기에 사태를 수습하지 않고, 결국은 태평천국을 멸망의 길로 이끌고 말았다. 태평천국 붕괴의 첫 번째 원인은 바로 통치집단의 황권주의였던 것이다.

홍수전이 실패한 또 다른 원인은 그가 과도하게 미신을 신봉했다는 점이다.

청말의 암울한 상황 속에서 평안한 생활을 영위하기 어려웠던 백성들은 그들의 희망을 새로 나타난 '진정한 천자'에게 걸었다. 홍수전은 이런 시대적 필요성에 부응이라도 하듯, 유가(儒家)의 대동(大同) 사상과 기독교 원시교리 중의 평등사상을 결합시켜 새로운 종교인 배상제교(拜上帝敎)를 탄생시켰다. 초기의 배상제교는 큰 정신적 응집력을 지니고 있었으며, 그 힘은 태평천국 봉기의 중요한 밑거름이 되었다.

그러나 배상제교에는 봉건문화의 잔재가 깊게 남아 있었다. 그들은 계층 구분이 엄격한 정치제도를 만들었고, 교도들의 피땀으로 얻은 경제적 과실은 천왕과 그 종친 그리고 소수의 통치집단이 부귀영화를 누리는 데 소비되었을 뿐, 다수의 민중이 처한 빈곤하고 비천한 처지에는 조금도 변화가 없었다. 이리하여 배상제교는 서서히 민중들의 반감과 냉소의 대상으로 전락해 그 종교적 기능을 상실해 갔다.

이런 상황에도 불구하고 배상제교를 창립한 당사자인 홍수전은 적절한 수정과 개혁적 조치를 취하지 않고 도리어 더욱 종교적 신비주의에 몰입했다. 그는 수많은 장병들의 피땀으로 획득한 전공을 천부(天父)의 보우, 신의 역량으로 치부했다. 그리고 태평천국을 '상제의 천국'으로 명명하고, 왕궁에 칩거하며 종교적 시문이나 신화를 집필 편찬하는 일에 몰두했다. 이렇게 장기간 정무를 소홀히 하면서도 그는 현명한 신하를 기용하지 않고, 도리어 무능하고 탐욕스런 자신의 두 형에게 정권을 농락하게 하여 백성들의 원성이 높아지고 마침내 태평천국은 내리막길을 걷게 되었던 것이다.

친분과 혈연에 근거한 용인은 홍수전을 실패하게 한 또 하나의 원인이다.

천경 내란 이전에는 홍수전도 비교적 능력에 근거한 합리적인 용인을 한 편이었다. 그리하여 수하들의 진심어린 복종을 얻어 농민운동의 급속한 발전을 이룰 수 있었다. 그러나 내란 이후 그 원인을 깊이 분석하여 새로운 발전의 계기로 삼지 않고, 홍수전은 단순히 자신의 권위에 도전하고 지위를 찬탈하려는 음모로만 여겼다. 이에 그는 이성(異姓)을 믿지 않고, 동성의 친족과 심복들로 조정을 채워 자신의 왕권을 보호하는 일에 집착했다. 그러나 동성의 인물들 중 극소수를 제외하고는 대개 용렬한 범재에 불과했다.

홍수전이 자신이 믿을 수 있는 인물들로만 조정을 채운 태평천국 후기는 전기에 보여주었던 강력한 정치력과 군사력을 발휘하지 못했다. 홍수전 스스로 전세를 뒤집을 묘책을 내놓지 못한 바에, 그가 신임하는 주변 인물들도 하나같이 무능하기 짝이 없었다. 이성의 대신들이 내놓은 건의는 자주 묵살되었고, 작은 실책을 범해도 파직되기 일쑤여서 제대로 정무를 수행할 여건이 조성되지 않았다. 반면에 동성의 귀족들은 정무에는 무능한 반면, 법을 어기며 자신들의 배를 불리는 일에는 탁월한 수완을 발휘했다. 이런 상황은 태평천국 내부의 민심을 더욱 이반시키는 원인이 되었다.

내란 이전에 비교적 완벽했던 관직제도가 내란 후 문란해지면서 태평천국의 내정은 더욱 혼란상을 더해갔다. 홍수전은 자신의 친족과 심복들을 대거 임용하여 관직과 봉작은 더욱 계급이 세분되고 자리가 늘어나 재정부담을 가중시켰다. 뿐만 아니라 이들은 서로 통제와 책임전가를 일삼아 행정의 효율은 크게 떨어졌다. 또 홍수전은 많은 왕들을 봉함으로써 그들이 서로 견제하며 자신에게 통제권이 집중되기를 기대했는데, 도리어 그들은 자기 영역을 고수하며 지휘에 복종하지 않는 이기적 이탈주의를 보였다. 용인의 실패는 결국 태평천국 후기의 위기를 불러왔고, 마침내 그 패망의 씨앗이 되었던 것이다.

중국의 근세사에서 증국번은 매우 중요한 지위를 차지하는 인물이다. 그는 태평천국 농민혁명의 강렬한 충격 속에 거의 숨이 넘어가던 청 왕조를 자신이 조직한 상군의 힘으로 살려내 다시 반세기를 버티게 만들었다. 그는 12년에 걸친 지난한 투쟁을 거쳐 농민혁명의 불길을 잠재우고, 홍수전과의 대결에서 승리함으로써 청조의 일등 공신이 되었다.

그는 스스로의 도덕적 수양과 처세에 매우 조신한 인물이었다. 특히 그는 재능있는 인재를 발굴하고 발탁하는 데 탁월한 수완을 보였다. 이리하여 부패하고 암울한 봉건 말기의 사회분위기를 일신하고 청렴한 관직사회를 만듦으로써 그는 청조 중흥의 제일 명신(名臣), 최후의 유가 성현(聖賢)으로 추앙받기도 한다.

다른 한편으로 증국번은 그 평가에 많은 논쟁을 수반하는 역사적 인물이다. 그를 한간(漢奸: 이민족 정권에 봉사하여 입신출세한 한족 관료를 지칭함), 농민운동을 진압한 역사의 이단아, 살육의 원흉 등으로 지칭하는 시각도 있기 때문이다. 그러나 한 개인의 행위는 그가 살아가는 시대와 그 시대가 처한 환경의 한계를 초월할 수 없는 법이다. 그러므로 후세 사람들이 역사 인물을 평가함에 단순한 감정이나 의분, 단편적 시각에 의존해서는 곤란하다.

증국번의 경우도 그러하다. 그가 비록 봉건관료로서 청조 통치를 수호하기 위해 민중의 여망에 배치되는 군사행동을 하고, 살육을 본분으로 하는 군인으로서 적군과 민간에 많은 폭행을 저질렀다고 해서, 그 개인의 비범함과 역사상의 공헌을 송두리째 도외시할 수는 없는 일이다. 그가 홍수전과의 대결에서 승리하고 청조 부흥의 절대적 공로자가 된 것은 그에게 도덕, 학문, 인품 등 여러 방면에서 범인이 흉내낼 수 없는 남다름이 있었기 때문이다.

증국번은 스스로에게 매우 엄격했다. 자신이 뜻을 세워 관철하려고 마음먹은 일은 초인적 인내를 발휘하며 시종일관 그 일을 포기하지 않았다. 그가 평생 일기를 쓴 일이 그 예다. 일기를 쓰는 일이 그리 대단한 일은 아닐지언정 그것을 평생 쉬지 않고 계속한다는 것은 강한 의지가 없이는 결코 불가능하다. 그는 서른한 살이던 1842년부터 시작하여 죽기 하루 전날까지 하루도 일기쓰기를 거르지 않았다고 한다. 또 증국번은 담배를 매우 즐겨 서른 살이 되기 전까지 잠시도 담배를 곁에서 떼놓지 않았었지만, 1842년부터 금연을 시작하여 다시는 입에 대지 않았다.

그는 관직에 나아가며 결코 재물을 모으지 않겠다고 맹세했었다. 그는 이 맹세를 평생 잊지 않고 시종 근검한 생활을 유지했다. 또한 많은 동생과 자녀들의 교육을 자신이 직접 챙기는 수고를 마다하지 않았으며, 스스로 솔선수범하여 가사를 모두 자신과 가족들의 노동력으로 감당하게 했다. 이러한 자세는 그가 최고의 작위와 관직을 하사받고도 마찬가지였다. 증국번의 근검과 자기절제는 오늘을 사는 우리가 참으로 본받아야 할 일이다.

증국번이 견지한 처세의 좌우명은 '경(敬)'과 '서(恕)' 두 글자다. 그는 타인을 상대함에 항상 공경하는 자세를 유지했으며, 결코 학자풍의 거드름이나 꼴사나운 태도를 보이지 않았다. 참으로 경외스러운 점이다. 그는 자신에게는 매우 엄격하고 생활을 절제하는 성격이었지만, 친구나 주위 사람들을 대함에는 매우 도량이 넓고 온화한 사람이었다. 또한 그는 해학이 매우 풍부했던 것으로 전해지는 인물이다.

그의 강인한 천성과 겸허함이 출정 이래 수많은 패전의 좌절과 우여곡절 속에서도 결국은 이를 극복하고 최후의 승리를 거두게 한 밑거름이 되었다. 비록 증국번이 역사상의 완벽한 인물은 아닐지라도 그가 중국 근대 지식인의 전형이자 귀감임은 누구도 부정할 수 없다.

8. 큰 지혜에는
모략이 없다

호설암胡雪巖 vs 성선회盛宣懷

호설암(胡雪巖, 1823~85)과 성선회(盛宣懷, 1844~1916)는 모두 청대 말기에 일세를 풍미한 관상(官商)들이다. 이들은 각각 든든한 정치적 후원자를 배경으로 스스로의 지모와 수완을 발휘하여 일대 거상으로 성장했다. 그 과정에 이들은 연기 없는 전쟁터나 다름없는 상전(商戰)의 무대에서 일진일퇴의 호각지세를 이루었다. 이들의 대립은 사실 이들이 각각 후원자로 의지했던 좌종당(左宗棠)과 이홍장(李鴻章)의 대결이나 다름없었다. 그래서 이들의 일희일비는 결국 이 후원자들의 역량과 정치적 풍운에 좌우되었던 것이다. 자신을 위해서든, 후원자를 위해서든 이들은 상전의 승리를 위해 치열하게 경쟁했으며, 그 다채로운 대결은 지켜보는 이들로 하여금 찬탄을 금치 못하게 한다.

　　중국의 근대 상공업 성장사에서 성선회는 매우 중요한 위치를 차지한다. 그는 오늘날 명문으로 성장한 상해 교통대학, 천진대학의 설립자이며, 수운(水運)·광산·전신·철도·방직 등 다방면에 걸쳐 중국의 근대적 산업발전에 큰 공헌을 했다.

　성선회보다 스무 살 많은 호설암은 조정의 비호를 배경으로 식량 유통·부동산·전당업 등을 주로 경영하였으며, 오늘날 노자호(老字號: 오랜 세월에 걸친 신용과 명성으로 인지도가 높은 전통 상호)의 하나로 꼽히는 유명한 약방인 호경여당(胡慶餘堂)을 창업하기도 했다. 타고난 상재(商才)를 지녔던 그는 관상의 영예로운 호칭인 홍정상인(紅頂商人: 관직을 지닌 상인을 뜻함. 청나라 벼슬아치들의 관모에 붉은 수술이 장식되어 있어 생겨난 명칭)으로 불리기도 한다.

　두 사람은 권모술수와 상재를 겨루는 과정에 각기 자신의 비범한 풍모를 드러낸다. 그러나 이들의 대결에서 누가 이기고 졌든, 그 승부가 우리에게 그리 중요한 것은 아니다. 보다 의미 있는 것은 사람의 혼을 빼놓는 이들의 대결이 우리들에게 남긴 교훈과 각성의 시사점일 뿐이다.

시대를 앞서간 타고난 상재

호설암은 1823년에 태어났으며 본명이 광용(光墉)이요, 호가 설암이다. 그의 원적은 상인의 고장으로 유명한 휘주(徽州)다. 그래서인지 그는 어려서부터 경상(經商)에 큰 흥미를 가졌다고 한다.

호설암이 태어날 즈음 중국 내륙 도처에서는 백련교의 봉기가 일어나, 청은 원래의 패기와 기력을 상실하고 서서히 몰락의 어두운 그림자를 드리우고 있었다. 9년에 걸친 이 농민봉기로 인하여 청 정부는 안팎으로 수많은 모순과 문제점을 노출시키며, 마치 병이 깊어 몸을 제대로 가누지 못하는 거인처럼 불안하게 19세기로 들어서는 문턱을 넘고 있었다. 이때 서방세계는 산업혁명을 거치며 자본주의가 크게 발전하고 있었던 반면, 종말을 고하는 봉건시대의 마지막 신음 속에 뒤척이던 중국은 그런 서방에 비해 이미 한 세기는 낙후되어 있었다.

1816년, 영국의 동인도회사는 중국과의 무역 역조를 보상하기 위해 아편수출을 결정하기에 이른다. 이 사건은 중국과 서방의 무역 충돌이 정치군사적인 충돌로 발전하는 계기가 되었다. 동시에 이 필연적인 역사의 흐름은 중국에 거대한 변화의 물결이 몰려오게 하는 기폭제가 되었다.

1840년 아편전쟁에서 패한 후, 청은 서방 열강들로부터 연이은 불평등 조약을 강요받게 된다. 봉건관료들의 수탈에 고통 받던 백성들은 이제 이에 더하여 제국주의의 압박에 시달려야 했다. 난세는 영웅을 잉태한다고 했던가. 호설암은 사회가 이렇게 복잡하게 얽혀 있던 시기에 경상의 길로 들어섰다.

호설암이 열두 살 되던 해, 가난한 집안 형편으로 인해 그는 부득이 어머니의 슬하를 떠나 항주의 한 전장(錢莊: 봉건시대의 사금융 업소)에 견습생으로 들어가게 된다. 그는 자신이 대부호가 되리라고 생각지는 못했지만, 스스로의 성공을 확신하고 부단히 기회를 찾아 헤매고 있었다. 봉건시대 상인의 사회적 신분 서열은 사농공상이라는 말이 나타내듯이 가장 비천한 것이었다. 상인들의 이런 처지는 자주 그들의 이익을 해치는 위험요인으로 작용했으며, 특히 벼슬아치들로부터 핍박과 수탈의 표적이 되기 일쑤였다.

이런 상황 아래 상인으로서 제대로 기반을 잡고 큰 사업을 벌이려면 반드시 세도 있는 후원자를 필요로 했다. 비록 호설암이 아직 자신의 번듯한 사업이 없던 시기였지만 그는 이런 상인의 처지를 깊이 인식하고 있었다. 큰 이윤이 생기는 사업일수록 더욱 큰 모험을 감수해야 하고, 그러려면 반드시 든든한 후원자를 등에 업어야 한다는 것을 말이다. 이즈음 호설암이 사귀게 되는 왕유령(王有齡)은 호설암의 인생에 최초의 전기를 마련해 준다.

왕유령의 부친은 원래 절강성에서 지방관으로 벼슬살이를 하다 순직하게 된다. 그러나 청렴한 관리였던 그는 죽고 난 후 아무런 재산도 가족들에게 남기지 않았다. 이리하여 그의 아내와 아들은 고향으로 돌아가지 못하고, 그냥 항주에 머물며 가난하게 살아가고 있었다. 이즈음 호설암이 우연하게 왕유령을 알게 되어 그의 범상치 않음을 눈여겨보고 그와 친교를 맺는다. 그리고 왕유령이 북경으로 가 관직의 길을 걷고자 하는 포부를 지니고 있으나 가진 돈이 없어 난처해하는 것을 보고, 호설암은 전장 일을 보다가 어렵게 회수한 미수금 5백 냥을 그에게 입신을 위한 밑천으로 삼으라며 주어버린다. 왕유령은 크게 감읍해하며 이 돈으로 출세의 기반을 마련하게 되지만, 호설암은 도리어 이 일로 전장에서 쫓겨나는 신세가 된다. 그리고 어느 기원(妓院)의 잡역부로 들어간다.

호설암이 비록 어려운 처지의 왕유령을 도와준 일 때문에 자신은 일자리를 잃고 기원의 하인으로 전락하지만, 이것은 호설암에게 장래를 위한 일종의 도박이었으며 그 비범함의 단면을 드러내는 것이기도 했다. 그의 행위는 결코 일시적인 충동에 의해 이루어진 것이 아니라, 자신의 운명을 왕유령에게 한번 걸어보는 지모의 소산이었다.

과연 호설암의 이 도박은 오래지 않아 천만 배의 보답이 되어 돌아왔다. 북경으로 간 왕유령이 어느새 항주 지부(知府)로 부임해 오더니, 뒤이어 절강 순무(巡撫)로 승진했다. 그가 호설암의 은덕을 잊을 리 만무했다. 그는 즉시 호설암으로 하여금 자신을 도와 일하게 했다. 그리고 얼마 뒤, 호설암은 항주에 자신의 은호(銀號: 비교적 규모가 큰 사금융 기관)를 개설하고 공금을 도맡아 관장하게 된다.

이 기간에 호설암은 자신의 타고난 상재를 유감없이 발휘한다. 하는 일마다 대성공을 거두지 않은 것이 없었고, 상계에서 그를 대적할 만한 사람이 없었다. 특히 그는 1860년부터 전장(錢莊)을 개업하여 불과 4, 5년 만에 큰 부를 쌓아, 사람들로부터 '홍정상인'이라는 위풍당당한 호칭으로 불리게 된다.

태평천국의 난은 호설암을 경상과 관운의 양 방면에서 또 한 번 크게 도약하게 만드는 촉매제가 되었다. 홍수전(洪秀全)이 이끄는 태평천국군은 1853년 남경을 점령한 뒤, 천경(天京)이라 개명하고 수도로 삼았다. 이어서 군사를 나누어 사방으로 진격을 개시했다. 이때 호설암은 왕유령의 막하에서 전략을 세우고 병참 보급을 맡아, 왕유령의 오른팔 노릇을 단단히 해냈다.

후에, 왕유령은 그만 태평천국군과의 전투 중에 전사하고 만다. 든든한 후원자를 잃게 된 호설암은 기댈 수 있는 또 다른 '큰 나무'를 찾을 수밖에 없었다. 그리고 그 시간은 그리 오래 걸리지 않았다. 그는 당시 주목받는 정계 인물의 한 사람인 좌종당의 막하에 들어가게 된다. 이리하여 호설암은 또 한 번 변신할 수 있는 기회를 얻어, 정치와 경상의 양 방면에서 그 이름을 널리 떨치게 된다.

1878년, 호설암은 좌종당을 보좌하여 큰 공을 세움으로써 조정으로부터 포상을 받는다. 포정사(布政使: 민정과 재정을 맡아보는 지방장관)에 봉해지는 외에, 관모에 달 영예로운 붉은 수술과 황마괘(黃

馬褂: 황제가 공신에게나 하사하는 황색 마고자)를 하사받고, 궁궐을 출입하면서 말에서 내리지 않을 수 있는 특권을 부여받았다. 이렇게 큰 포상은 흔한 일이 아니었다.

이렇게 호설암이 득의양양하던 시기에, 후일 그와 호적수를 이루는 성선회는 아직 세상에 이름이 알려지지 않은 무명의 학도였다. 정확하게 호설암에 비해 스물한 살이 적은 성선회는 1844년 강소성 무진(武進)에서 태어났다. 그러나 그의 성장환경은 호설암에 비해 매우 양호한 편이었다. 그의 조부는 지방관을 지냈으며, 부친도 진사에 급제한 후 역시 지방관을 지냈다. 그래서 성선회는 어려서부터 비교적 양호한 교육환경 속에서 성장하였다. 비록 봉건적인 사상 교육을 받으며 자라긴 했지만, 성선회는 낡은 규범에 얽매이지 않고 사회의 제반 문제와 모순을 정확한 눈으로 바라볼 줄 알았다.

호설암이 상계에 크게 세력을 확장하며 욱일승천하고 있던 시기에 성선회는 아직 주변상황이 그리 안정적이지 않았다. 1860년, 청조의 강남 대본영이 태평천국군에 의해 무너지자 성선회의 고향도 전란에 휩싸였다. 성선회는 어쩔 수 없이 가족을 따라 피난길에 오르지 않을 수 없었다. 반년에 걸친 피난길은 여러 곳을 전전한 끝에 마침내 호북성에 이르러 끝이 났다. 이 기간은 성선회에게 인생의 수난기이자 스스로를 성숙하게 하는 단련의 세월이기도 했다.

1866년, 성선회는 고향으로 돌아와 과거에 응시했으나 여러 차례 낙방의 고배를 마셨다. 그는 좌절 끝에 과거의 꿈을 접고, 폭넓게 세상 공부를 하기로 마음먹었다. 스스로가 지닌 다방면의 의문과 궁금함을 오랜 시간 사색하고 파헤치다 보면 어느 순간 눈이 확 트

이는 듯 깨달음이 찾아오곤 했다.

운명도 이런 그를 무심하게 내버려 두지는 않았다. 이즈음 이홍
장이 호광(湖廣) 총독의 자격으로 조정의 명을 받아 섬서성 일대의
소수민족 봉기를 진압하기 위해 출정하게 되었다. 이때 이홍장 막하
의 양종렴(楊宗濂)이 성선회를 추천하여, 진중에서 문서관리와 행정
업무를 보도록 주선했다. 원래 성선회의 부친과 이홍장은 교분이 깊
어서 성선회는 처음부터 이홍장의 후한 배려를 받았으며, 차츰 성선
회가 기지와 수완을 발휘하자 이홍장은 더욱 그를 신임하고 총애하
게 되었다.

그런데 이홍장이 지역 봉기를 채 진압하기도 전에, 천진에서 중
국 민중과 열강 거류민들이 충돌하는 사건이 발생했다. 열강은 해
상에 군함을 파견하여 시위하며 청 정부를 위협했다. 아무런 대책이
없는 청 정부는 황급히 이홍장으로 하여금 군사를 회군하여 천진의
사건을 해결하도록 명했다. 이에 성선회도 이홍장을 수행하여 황급
히 천진으로 따라가게 된다.

천진으로 간 지 얼마 지나지 않아, 성선회는 이홍장 막하에서 병
참과 보급을 관장하는 자리를 맡게 된다. 그 직위는 급품은 그리 높
지 않고 일은 무척 고생스러운 자리였다. 그러나 업무상 그는 수시
로 천진, 상해를 돌아다녀야 했다. 그래서 이 직무를 수행하며 성선
회는 신사상을 흡수하고 견문을 넓히며 많은 지인들을 사귈 수 있
었다. 이것이 후일 그로 하여금 서양의 신문물을 도입하여 근대적
사업을 일으키게 하는 기반이 된다. 비록 낮은 지위의 관직이었지만
그는 탁월한 수완을 발휘하며 업적을 쌓아, 불과 2년 만에 지부를

거쳐 2품 관직에 오르게 된다. 이는 누구나 쉽게 해낼 수 있는 일이 아니었다.

이홍장이 성선회에게 맡긴 여러 직무는 모두 성선회의 앞날에 큰 영향을 미쳤다. 이홍장이 사전에 의식한 일은 아니었지만 그것은 부지불식간에 일세를 풍미한 거상을 키워가는 과정이 되었으며, 동시에 이후 성선회가 호설암과 목숨을 걸고 벌이는 결투의 복선이 되는 일이기도 했다.

여기서 이홍장과 좌종당의 관계를 이야기하지 않을 수 없다. 두 사람은 모두 태평천국의 난을 진압하는 과정에서 부상한 인물들이다. 좌종당은 초군(楚軍: 좌종당이 고향 호남성의 의용군을 기반으로 성장시킨 군대. 원래는 증군번이 거느린 상군의 한 지대였음)을, 이홍장은 회군(淮軍: 이홍장이 고향 안휘성의 의용군을 모아 성장시킨 군대)을 거느렸다. 이들 두 군대와 증국번(曾國藩)이 거느린 상군(湘軍: 호남성의 의용군으로 구성됨. 태평천국의 난을 진압한 후, 위협을 느낀 조정이 해산을 명하게 됨)이 태평천국의 난을 진압한 주력군이었다. 그러나 이 진압과정에서 이홍장과 좌종당 사이에는 많은 알력이 있었다. 물론 그 마찰이 드러내 놓고 진행된 것은 아니었지만, 이들 사이에는 암암리에 서로를 끌어내리고 공을 다투는 경쟁이 지속되었다.

태평천국의 난이 진압된 후, 이제 이홍장과 좌종당은 기울어가는 청 조정이 의지하지 않을 수 없는 중신들이 되어 있었으며, 그 세도가 막상막하의 상황이었다. 이들의 부상과 함께 이들에게 의지한 호설암과 성선회도 서서히 자신들의 기반을 공고히 해갔다. 그리고 후원자들의 암투와 더불어 이들 두 사람도 서서히 대립각을 세워가는 형국이었다.

상전의 무대에서 적수를 만나다

비록 태평천국의 난이 실패로 끝났지만 청 정부가 지불한 대가
는 너무나 컸다. 빈사상태의 청 정부는 안팎의 시련에 직면하여 이
제 더 이상 버티기조차 어려운 지경으로 치닫고 있었다. 열강의 핍
박이 나날이 거세지는 가운데 관료들의 부패상이 더욱 극심해져, 백
성들은 도탄에 빠져 허덕이고 있었다. 자연히 농민봉기와 변경 소수
민족의 반란이 도처에서 끊임없이 고개를 들었다.

이홍장이 이끄는 회군과 좌종당의 초군도 쉴 없이 이곳저곳으
로 진압을 위해 출정해야 했다. 성선회가 이홍장의 막부에 발을 들
이게 되는 것은 바로 회군이 섬서 일대로 회족(回族: 이슬람교를 신봉
하는 중국 서북부의 소수민족)들의 반란을 진압하기 위해 출정할 무렵
이었다. 그리고 그가 호설암과 처음 대면하게 되는 것도 바로 이즈
음이었다.

성선회가 처음으로 이홍장에게 인사를 드리기 위해 그의 저택을
찾았을 때다. 문지기에게 자기의 신분을 밝히고 알현을 청하자 잠시
뒤 성선회는 실내로 안내되었다. 문지기를 따라 내실로 들어서자 누
군가 앉아 기다리는 사람이 있었다. 성선회는 이이가 이홍장일 것이
라고 짐작했다.

문지기가 소개말을 했다. "이분은 호광용 대인이십니다."

성선회는 속으로 크게 놀라지 않을 수 없었다. 이 사람이 바로 그 유명한 홍정상인 호설암이라니! 성선회는 얼른 몸을 추스르고 이름자를 밝히며 인사를 올렸다. 그런데 호설암은 조금도 성선회를 하대하지 않고 온화하고 겸손하게 대했다. 성선회로서는 참으로 의외의 일이 아닐 수 없었다. 그렇게 유명한 사람이 좀 거드름을 부릴 만도 하건만 이렇게 소탈하다니! 성선회도 주눅이 들었던 태도를 차츰 풀며 호설암과 이야기꽃을 피우기 시작했다. 그와의 대화를 통해 성선회는 더욱 호설암의 인품에 감탄하지 않을 수 없었다. 그렇게 위세와 명성이 당당한 사람이 이렇게 아랫사람들에게 깍듯이 대하다니, 당시의 벼슬아치들 중에서는 다시 찾기 어려운 비범한 인물이란 생각이 들었다.

잠시 후, 이홍장이 나와 호설암과 성선회를 접견했다. 이때 성선회는 크게 느끼는 바가 있었다. 혹시 이홍장이 자신으로 하여금 호설암이란 큰 인물과 마주치게 하기 위해 일부러 일을 이렇게 만든 것은 아닐까? 성선회는 이후 자신이 호설암과 대립하는 경쟁자가 되리라고는 꿈에도 생각지 못했다. 당시 지위가 하늘을 찌르는 홍정상인과 이제 막 초가집을 나선 애송이 청년의 차이는 하늘과 땅만큼이나 멀고먼 것이었다. 그러나 세상사는 참으로 미리 점치기 어려운 것이다. 그들은 머지않아 서로 치열한 경쟁을 벌이는 적수로 돌변하게 되기 때문이다.

그들의 첫 번째 부딪힘은 바로 서북 지역 회족들의 반란을 진압하는 전장에서 발생한다.

당시, 좌종당은 일찌감치 군사를 거느리고 출정했으나 이미 몇 차례 패배를 당하고 난 뒤였다. 현지 사정이 나날이 위급해지자 그는 어쩔 줄 몰라 조정에 지원을 호소하고 있었다. 조정은 이홍장의 회군으로 하여금 출정하여 좌종당을 지원하도록 결정했으나, 자신의 정적을 지원하라는 명을 받은 이홍장은 차일피일 출정을 미루고만 있었다. 그러다 수차례 조정으로부터 독촉을 받고서야 그는 하는 수 없이 부장(副將) 주성전(周盛傳)을 비롯한 막료들을 소집하여 출정에 대비한 전략을 논의했다.

성격이 불같은 주성전은 공개적으로 지원하지 말자고 주장했다. 좌종당이 평소 제갈량을 자처하며 회군을 업신여겨 왔다며, 이렇게 하찮은 일에 회군을 동원할 수 없는 일이라고 목소리를 높였다.

비록 이홍장이 좌종당과 공을 다투는 정적임은 누구나 다 알고 있는 일이었지만, 그래도 좌종당이 급히 지원을 요청하고 있는 시기에 공개적인 장소에서 개인적인 원한 때문에 대범하지 못한 모습을 보일 수는 없는 노릇이었다. 그래서 이홍장은 말없이 성선회에게 시선을 주었다. 이때 이홍장을 수행하여 곁에 있던 성선회는 이홍장의 심기를 꿰뚫어 보고 있었다. 이에 그는 가능한 한 출병을 지연시키는 것이 좋겠다고 시기적절한 건의를 했다. 이 말에 이홍장도 성선회의 생각을 알아차렸다. 좌종당과 회족군이 승패를 가늠하기 어려운 혼전을 치르고 있는 상황임에 출병을 가능한 한 늦출수록 전비와 군량을 절약할 수 있을 뿐 아니라, 쌍방이 모두 크게 손상을 입은 다음 출정하면 손쉽게 어부지리를 취할 수 있는 일이었다.

3개월이 지나서야 회군은 겨우 섬서에 도착했다. 이홍장은 영을 내려 좌종당 진영 곁에 군영을 설치하도록 했다. 고의로 지원 병력을 늦게 도착시킨 이홍장에 대해 좌종당은 치를 떨며 분해하고 있었다. 그래서 영접을 나가지도 않았다. 막료들의 거듭된 권유에 그는 할 수 없이 부장 한 명을 보내 술과 고기로 지원군의 노고를 위로하게 했다.

그런데 며칠 후, 예기치 않게 성선회가 통솔하는 병참부대가 회족군에게 습격당해 군량을 전부 빼앗기는 사고가 발생한다. 다시 얼마 지나지 않아, 이번에는 조정으로부터 이홍장이 생각지도 못한 성지(聖旨)가 날아들었다. 즉시 철군하여 조정으로 복귀하라는 내용이었다.

태평천국의 난을 평정하는 데 최대의 공을 세운 증국번의 상군이 반역을 두려워한 조정의 명에 못 이겨 억지 해산한 이후, 최대의 군벌로 부상한 회군에 대해 조정은 다시 의심의 눈초리를 보내고 있었다. 철군을 명하는 성지는 아마도 이홍장이 변방에서 더욱 세력을 확장하는 것이 황실의 안위에 그다지 이롭지 못하다는 조정의 판단이 실린 것일 터였다.

이홍장은 성선회를 군영으로 불러 조정의 철군명령을 알려주었다. 성선회는 군량을 강탈당한 일로 좌종당의 웃음거리가 되어 크게 분개하고 있던 차에, 이 이야기를 듣고 체면을 만회하고자 이홍장에게 한 가지 계책을 건의했다. 그것은 철군에 앞서 회족군의 본영인 금적보(金積堡)를 습격하자는 것이었다. 빈손으로 철군하기보다 전공이 있어야 조정에 대한 체면도 살고, 금후 여러 가지로 이홍장과 회군에게 유리할 것이었다.

그날 밤, 성선회는 군사를 이끌고 금적보를 습격하러 갔다. 목적지까지는 불과 한 시간 거리였다. 성선회는 행군 중에 흥분을 가누지 못했다. 그러나 생각지도 않게 좌종당의 초군이 성선회보다 한 발 앞서 금적보를 공격해 점령해 버렸다.

병마를 거느리고 뒤에서 승전보를 기다리던 이홍장은 좌종당이 먼저 금적보를 점령해 버렸다는 전령을 받고 화가 머리꼭지까지 치밀어 올랐다. 자기를 지원하러 온 회군에 대해 좌종당은 조정에 좋은 말을 해서 의심을 풀어주기는커녕 도리어 공을 가로채 빈손으로 돌아가게 만들다니, 이것은 우물에 빠진 사람에게 돌을 던지는 것이나 다름없는 일이라고 이홍장은 생각했다. 성선회도 초군이 하필이면 이때 금적보를 공략한 것에 대해 백번 돌이켜 생각해도 이해할 수 없다며 흥분했다.

회군 진영이 이렇게 낙담하고 있을 때, 멀리서 우렁찬 포성이 울리더니 좌종당이 막료들을 이끌고 이홍장을 영접하러 다가왔다. 당시 좌종당은 이미 나이가 예순에 가까웠지만 기상이 늠름하고 위풍당당했다. 이홍장은 득의양양한 좌종당을 보고 속으로는 노기가 치밀어 올랐지만 자기 속내를 내보일까 두려워 그저 웃는 얼굴로 그의 전공을 축하하는 말을 건넸다.

좌종당은 이런 이홍장의 모습을 보며 입에 발린 장황한 인사말을 한동안 늘어놓더니, 함께 금적보 성중으로 들어가기를 청했다. 금적보의 중앙 전당에는 이미 주연이 마련되어 있었다. 회군 장수들은 술이 몇 잔 들어가자 비로소 활력을 되찾기 시작했다. 성선회는 목표하던 일이 수포로 돌아가 낙담이 컸지만, 겉으로는 평상심을 유지하려고 애썼다. 오직 이홍장만 좌종당에게 공을 빼앗긴데다 영문을 알 수 없는 철군명령을 조정으로부터 받아놓은 터라 그 표정이 매우 어두웠다.

이홍장을 한번 크게 조롱할 수 있는 기회를 잡은 좌종당이 이를 그냥 넘겨버릴 리 없었다. 그는 술을 들이켜며 일부러 자신이 거둔 승리를 큰 소리로 반복해서 자랑했다. 좌중의 초군들도 함께 맞장구치며 분위기를 돋우었다. 홍을 못 이긴 좌종당은 마침내 자리에서 일어나 검무를 추기 시작했다. 입으로는 짙은 고향 사투리로 초사를 읊조리면서 말이다. 초군들은 모두 칼을 빼 탁자를 두드리며 주군의 홍을 북돋웠다.

이홍장은 좌종당이 은근히 자신을 비웃고 있음을 알아챘다. 그가 계속 혼자 난리법석을 떨며 자신을 조롱하도록 내버려 둘 수는 없었다. 그래서 좌종당이 자리로 돌아오자 이홍장은 그를 난처하게 만들기 위해 수수께끼 맞히기를 하자고 제안했다. 그리고 수수께끼를 맞힌 사람만 술을 마실 수 있도록 하자고 놀이 규칙을 좌중에게 큰 소리로 공표했다.

이홍장이 무슨 꿍꿍이를 부리는가 싶어 좌종당은 좀 의아해했다. 그러나 좌종당이 다른 소리를 하지 못하도록 이홍장은 얼른 글자 알아맞히기 수수께끼를 하나 좌중을 향해 출제했다. "사람들이 수수께끼[謎] 풀이를 하는데, 말을 해서는 아니 되고[言], 가버려서도 아니 되고[走], 한동안[且] 그대로 서 있기만 하네. 이것이 무슨 글자인가?"

모두 답을 찾기 위해 고심하고 있을 때, 성선회가 먼저 그 답을 알아차렸다. 그 수수께끼의 해답은 바로 거칠 조(粗) 자였다.[미(謎)

에서 언(言)과 주(辶)를 떼어내고 차(且)를 더하면 조(粗)가 됨]

좌종당은 이 수수께끼를 듣고 이홍장의 기색을 살피다가 문득 깨닫는 바가 있었다. 자신은 거인[擧人: 과거의 첫 관문인 향시(鄕試)에 합격한 사람] 출신이고, 이홍장은 진사[進士: 과거의 최종관문인 전시(殿試)에 합격한 사람] 출신에다 한림원(翰林院: 국사편수, 조칙작성, 황제자문 등의 역할을 담당하던 관아)을 거친 사람이었다. 수수께끼의 해답인 거칠 조자는 자신의 출신이 비천함을 빗대어 말하는 것임이 분명했다.

이에 지지 않고 좌종당은 대응하는 수수께끼를 하나 출제했다. "두 사람[彳]이 함께 수행의 길을 감에 상부상조한다. 십 년[十] 공부는 수련을 거쳐야 하고, 사철[四]의 어느 한 순간도 헛되이 보낼 수 없다. 한결같은 마음[一心]으로 정진하면 결과가 헛되지 않으리니. 이것은 무슨 글자인가?"

당시 민간에는 수수께끼 맞히기가 크게 성행하여, 장병들 중에는 이런 놀이에 귀신처럼 밝은 사람이 허다했다. 적지 않은 사람이 듣자마자 이 수수께끼의 해답이 덕(德) 자임을 알아차리고 답을 말하기 시작했다. 답을 맞혀 말하는 사람이 많을수록 좌종당은 더욱 득의양양했다. 마치 좌중에서 모두 좌종당의 은덕을 기리며 송덕가를 부르는 듯한 상황이 연출되었기 때문이다.

돌아가는 분위기가 점입가경이었다. 더욱 난처해진 이홍장이 다른 수수께끼로 상황을 반전시켜 보려고 하는 찰나, 좌종당이 기회를 주지 않고 다시 글자 수수께끼를 출제하며 좌중에게 한번 맞춰보라고 말했다. "입춘이 되어 봄비가 내리도다. 이것은 무슨 글자인가?"

이홍장은 이미 좌종당의 마음속을 훤히 들여다보고 있었다. 비록 답을 찾아냈지만 이홍장은 그것을 자기 입으로 말하지 않았다. 좌종당의 자화자찬 놀음에 참여하고 싶지 않았기 때문이었다. 아무도 답을 알아내지 못하자 좌종당이 태(泰) 자를 답으로 공개했다. 과연 봄 춘(春)에 해[日]를 빼고 비[水]를 내리게 하니 태(泰) 자였다. 성선회는 이홍장이 고의로 답을 말하지 않았음을 모르고, 답을 알아내지 못했을 것이라 생각했다. 이에 그는 주군 이홍장의 체면을 살려주려고 성어를 알아맞히는 문제를 하나 좌중에게 출제했다. "마음에 들어하다'는 뜻에 해당하는 성어를 하나 찾아보십시오?"[看中은 '마음에 들어하다'라는 뜻이 있으면서 동시에 '가운데를 보다'라는 뜻을 지닌다. 불상상하(不相上下)는 '우열을 가릴 수 없는 막상막하의 상태'를 뜻하는 성어로 동시에 '위도 아래도 보지 않는다'는 뜻으로 읽을 수 있어 문제의 해답이 된다.]

"그 문제의 해답은 불상상하(不相上下)요." 모두가 답을 찾기 위해 고심하고 있던 와중에 누군가 실내로 들어서며 낭랑한 목소리로 해답을 제시했다. "제가 좀 늦었습니다. 저도 문제를 하나 내겠습니다. '원단에 집을 나서 섣달 그믐에 돌아온다.' 이것으로 역시 성어를 하나 만들어보십시오."

이 문제의 해답은 표면적으로는 듣기 좋은 길상스런 말이지만 사실 이홍장이 아무 소득 없이 빈손으로 돌아가게 된 처지를 조소하는 뜻을 담고 있었다.

좌종당은 뒤늦게 들어온 사람이 바로 호설암임을 알아보고 크게 반겼다. 호설암은 먼저 이홍장에게 크게 예를 갖추며 인사를 올렸다. 이홍장은 여러 가지 일로 불쾌한 기색을 드러내며 앉아 있었다. 게다가 좌종당의 막하에서 자신에 불리한 일들을 획책하고 있음이 분명한 호설암을 대하자 더욱 냉담한 표정을 드러냈다. 호설암이 이를 알아채지 못할 리 없었다. 더구나 이번에 금적보 점령의 공을 뺏은 일로 자기가 이홍장에게 크게 밉보였음을 너무나 잘 알고 있었다. 그러나 그는 개의치 않고, 더욱 정중하고 깍듯하게 이홍장에게 인사말을 건넸다. 이런 호설암에게 이홍장도 무슨 꼬투리를 잡을 수 없었다.

성선회도 비록 처음 호설암을 대면했을 때는 그에게 매우 좋은 인상을 받았었고 속으로 그를 매우 존경하고 있었지만, 이 자리에서는 사정이 달랐다. 이번에 금적보의 공을 가로채도록 좌종당을 움직이게 한 것도 다 배후에 그의 모략이 있음을 알고 있었다. 그래서 그는 냉소를 머금고 호설암에게 말을 건넸다.

"호 대인께서 상계만 주무르시는 줄 알았는데, 군영의 전략수립에도 탁월하십니다그려! 이번에 참으로 많은 전공을 거두고 돌아가시게 되었습니다."

성선회의 이 인사말에는 호설암이 낸 문제에 대한 해답이 담겨 있었다. 그러나 그 어투는 좀 비꼬는 듯한 여운을 풍겼다.[호설암이 낸 '원단에 집을 나서 섣달 그믐에 돌아오다'라는 문제의 해답은 만재이귀(滿載而歸)로 '큰 수확을 거두고 돌아오다'라는 뜻이다.]

호설암은 성선회가 이홍장의 막하에서 새로이 주목받는 인물임을 잘 알고 있었다. 그는 이 전도양양한 젊은이와 서로 대립하고 싶지 않았다. 그래서 그의 좀 무례하고 냉소 섞인 말에도 개의치 않고 더욱 침착하고 정중한 태도로 그에게 술을 권했다. 아울러 그에게 앞날을 축복하는 듣기 좋은 말들을 격려차 해주었다. 그러자 좌중은 모두 호설암의 대범함을 칭찬하며, 속으로 성선회의 무례함을 질타했다. 호설암은 불과 몇 마디의 말로 이렇게 성선회를 궁지로 몰아넣어 난처하게 만들고는 속으로 의기양양해했다. 그러나 그도 어린 성선회가 불과 몇 년 후 자신을 퇴로 없는 사지로 몰아넣을 줄은 꿈에도 짐작하지 못했다.

다음날, 이홍장은 군사를 이끌고 무거운 마음으로 북경으로 향했다. 이 먼길을 와서 아무런 전공도 없이, 또한 길흉을 알 수 없는 소환을 받아 돌아가는 길이라 더욱 발걸음이 무거웠다. 더구나 좌종당과의 이번 대면에서 자신이 철저하게 우롱당한 일이 더욱 참담하게 느껴졌다. 성선회는 더욱 우울했다. 군량을 강탈당하고 게다가 주군의 체면을 살리려다 도리어 수모만 당하게 했으니, 스스로의 처신이 참으로 부끄럽기 짝이 없었다.

이즈음 호설암과 성선회는 아직 자신들의 사업에 어떤 근본적인 이익의 충돌이 있는 상황은 아니었다. 그저 주군을 위해 배후에서 암암리에 머리싸움을 하는 상황일 뿐이었다. 성선회는 조만간 호설암과 불가피한 대결을 벌이게 될 것임을 직감하고 있었다. 호설암도 괄목상대할 정도로 성장한 성선회를 의식하며, 장차 그가 자신에게 위협적인 경쟁상대로 부상할 것임을 예감했다. 이리하여 두 사람은 각자 스스로의 역량을 암암리에 비축하며 장래를 대비하게 된다.

초상국을 둘러싼 암투

1860년대 초, 서방국가들의 증기선 운수산업이 크게 발전한 것에 자극받아, 청 정부도 국내의 증기선 운수사업을 시작하려는 의도를 가지고 있었지만 그 염원은 좀체 실현되지 못하고 있었다.

제2차 아편전쟁 후, 중국 연안이나 장강을 통해 내수로를 운항하는 외국 국적의 증기선이 나날이 증가했다. 외국 증기선들은 속도가 빠르고 적재량이 커서, 여객과 화물 외에 조운(漕運)도 실어 나르고 있었다. 조운이란 청 정부의 위탁을 받아 수행하는 관급 식량 운송을 말한다. 국가의 공공운수 기능인 조운은 그 중요성만큼이나 화물량이 많고 이윤이 큰 사업이어서, 당시 중국 상인들에게는 하나의 큰 자극이 되었다. 그래서 애국심을 지닌 일부 뜻있는 상인들은 언젠가 스스로 증기선 수운회사를 설립하여 외국인들의 손에서 이 사업을 되찾아 오고야 말겠다고 벼르고 있었다.

남다른 상재를 지닌 호설암과 성선회도 기회만 있으면 누구보다 앞서 증기선 운송회사를 설립할 생각을 일찍부터 하고 있었다. 이리하여 이 두 사람 사이에는 또 한 번의 충돌이 불가피했다. 증기선 운수사업을 하려면 먼저 증기선사업 초상국(招商局: 투자자와 사업자를 모집하는 관청기구)을 설립해야 했다. 당시 호설암은 좌종당의 막하에서 군량과 군비를 조달하느라 이 초상국 설립을 생각할 겨를이 없었다. 1872년, 일찍부터 이를 준비하고 있던 성선회는 이홍장에게 증기선사업 초상국 설립을 건의하는 기안을 올렸다.

성선회가 올린 계획서를 본 이홍장은 크게 기뻐했다. 그리고 자신이 사람을 잘못 보지 않았다고 속으로 생각하며 성선회를 칭찬했다. 이어 그는 성선회에게 서태후에게 올릴 상주문을 준비하도록 지시했다. 만일 서태후가 이 일을 재가하면, 이것은 태후가 자신을 신임하고 있다는 것을 반증하는 일인 동시에 좌종당과의 경쟁에서 크게 앞서갈 수 있는 절호의 기회이기도 했다. 그러나 이 사업은 큰 모험이 수반되는 것으로 매우 신중히 다루어야 할 일이었다. 그래서 이홍장은 성선회를 불러, 조정에 대한 상주문을 준비하는 것과 동시에 세부 사업계획을 수립하도록 주문했다.

성선회는 이미 이홍장에게 이 일을 품신하기 전에 미리 이 사업과 관련한 제반 상황을 파악해 두고 있었다. 그는 외국인들이 해내는 일을 중국 사람의 손으로 해내지 못할 리 없다는 자신감과 확신을 가지고 있었다. 그는 기본적으로 이 사업의 운영을 상인들의 손에 맡겨야 한다고 생각했다. 이런 기간산업은 조정과 민간의 중간자적 입장에 서서 사업 경제성을 확보할 수 있는 수완을 지닌 상인들이 중심이 되어야 조기에 기반을 다질 수 있다고 본 것이다. 이런 전제조건이 충족된 다음에야 비로소 이 기간산업이 창출해 내게 될 국부나 국익을 따져볼 수 있을 터였다.

성선회의 이런 사고방식은 다분히 자본주의적 색채를 띠고 있었다. 그는 보수적인 사고에 얽매여 있던 호설암보다 시대 조류에 훨씬 부합하는 편이라 할 수 있었다. 이런 차이가 후일 그로 하여금 호설암을 능가하여 자신의 상업제국을 건설하게 하는 밑거름이자 자질이었던 것이다.

마침내 이홍장은 서태후를 찾아 증기선사업 초상국을 설립하는 일을 상주했다. 그러나 호설암이 이를 가만히 두고 보지 않았다. 비록 자신이 아직 이에 마음을 쓸 겨를이 없는 상황이었지만, 이 큰 사업이 경쟁자의 손에 고스란히 떨어지도록 방관하지는 않았다. 그는 암암리에 송진(宋晉), 서동(徐桐), 호륜(呼倫) 등의 대신들에게 손을 써 서태후의 면전에서 한목소리로 이홍장의 상주에 반대의견을 피력하도록 부추겼다.

이홍장의 상주에 대해 서태후는 중신들의 의견을 물었다. 그러자 송진이 먼저 반대하고 나섰다. 이미 강남제조국(江南製造局)과 복주선정국(福州船政局)에서 병선을 제작하고 있어 서로 경쟁이 극렬하고 국고의 소모가 적지 않은 마당에, 서양 열강의 경계심을 증가시킬 일을 더 이상 확대하지 말고 철회함이 마땅하다는 것이 그의 논지였다.

이홍장이 반박했다. "양무(洋務: 청말 서양문물을 도입하여 근대화를 꾀한 운동) 사업을 증진하는 것이야말로 국가 역량을 키우고 민생을 부유하게 만드는 지름길입니다. 열강들이 몇 차례 노략질을 감행하며 우리를 깔보고 있으나, 오직 우리의 함포에 두려움을 느끼고 있습니다. 그러므로 증기선·전기·철로·광산 등의 사업을 모두 착수해야 하며, 우선 증기선을 먼저 도입해야 합니다. 이는 비록 일시적으로 재정을 소모하는 일이나, 장기적으로 국가에 크게 이로운 일입니다."

서태후도 동의를 표시했다. 송진이 맥없이 물러나는 것을 보고 이번에는 서동이 나섰다. "서양의 문물은 독이 든 음식과 다름없습니다. 그것을 배우고 받아들이면 청나라 백성들의 미풍양속을 해치고, 종묘사직을 욕되게 할 것입니다."

이홍장은 다시 반박했다. "양무는 부국강병을 이루고 서양의 침입을 견제하기 위한 것입니다. 국가의 안위를 고려하지 않고 낡은 것에만 집착하는 것이야말로 백성을 도탄에 빠지게 하고 종묘사직을 위태롭게 만드는 일입니다."

이때 호륜도 나섰다. 호륜은 좌종당의 후원에 의지하고 있는 완고한 인물로, 몽고 팔기(八旗: 청 건국의 주역인 군사집단) 출신이었다. 그는 서양인들이 만든 물건은 모두 사악하고 음탕한 것들이라며 목소리를 높였다. 바로 이때 서태후 처소 안에 있는 큰 서양 괘종시계가 아름다운 소리를 내며 시각을 알리고 있었다. 서태후는 호륜에게 냉소를 내비치며, 자기가 바로 그 서양물건을 아끼고 소장하는 사람이라고 말했다. 호륜은 갑자기 놀라 아연실색했다. 얼른 무릎을 꿇고 머리를 조아리며 죄를 청했다. 결국 이 자리는 송진과 서동이 서태후에게 호륜을 용서할 것을 간언하는 발언으로 마무리되었다.

이홍장은 논쟁에서 대승을 거둔 셈이 되었다. 서태후로부터 증기선 초상국 설립에 관한 전권을 위임받은 이홍장은 크게 기뻐했다. 며칠 후, 성선회는 미리 기초해 놓은 「증기선 초상국 설립 장정(章程)」을 이홍장에게 올렸다. 문서를 훑어본 후, 이홍장이 성선회를 불러 말했다.

"자네가 아직 상해의 사정에는 익숙하지 않으니, 초기에는 먼저 주기앙(朱基昂)을 통해 국면을 타개해 나가도록 하게. 그는 수운사업으로 이미 현지에서 거상이 된 사람인데다 조정의 해운위원이기도 하니, 자네에게 큰 도움이 될 것일세."

성선회도 이를 흔쾌히 받아들였다. 그 스스로도 아직 상계에 아무런 기반이 없는 자신의 약점을 잘 인식하고 있었기 때문이었다. 더구나 주기앙과 같은 인물을 활용해야 초상국을 설립하고 상인들의 자본을 유치하기가 한결 수월할 것이었다. 이리하여 성선회는 마침내 상해로 건너가, 초상국 설립 부지 물색에 착수했다.

성선회가 상해에서 일을 마치고 돌아오자, 주기앙과 그의 동생 주기조(朱基詔)는 이미 조정의 공금 20만 냥을 빌려놓고 기다리고 있었다. 이제 남은 것은 상인들의 민자를 유치하는 일이었다. 이것이 사실 증기선 운수회사 설립 과정의 관건에 해당하는 일이었다.

날카로운 창은 도리어 피하기 쉬우나, 숨어서 쏘는 화살은 피하기 어렵다고 했다. 남의 손에 증기선 사업의 주도권을 빼앗기고 우울해하던 호설암은 성선회가 초상국을 설립하고 상인들의 자본을 유치하려는 계획을 아예 초기부터 망쳐놓기 위해 암암리에 계략을 꾸몄다.

이즈음, 호설암은 서동과 약속하여 함께 호류의 거처로 찾아갔다. 호류는 지난번 이홍장의 일을 반대하다 서태후에게 면박을 당한 일로 크게 상심하여 집에서 두문불출하고 있었다. 방문객을 맞자 호류는 양무를 시행하는 일이 늑대를 집으로 들이는 것이나 진배없다고 목청을 높이며, 이홍장과의 지난 일에 대해 아직 분을 삭이지 못하고 있었다.

호설암은 호류의 이런 생각을 더욱 부추기기 위해 의도적으로 맞장구를 치며, 이홍장 일당이 겉으로는 부국강병을 위해 양무사업을 벌인다고 하지만 사실은 다 자기들 배를 불리는 일이라고 힐난했다. 호설암은 나아가 이번 증기선 운수사업은 서양인들이 만든 기선을 들여와 국내 소규모 선주들의 밥그릇을 빼앗는 일이니, 어찌 초상국 설립을 가만히 두고 보겠느냐며 목소리를 높였다. 이에 세 사람은 국내 선주들을 동원하여 초상국이 하는 일을 곤경에 빠트리고, 초상국이 차츰 내홍에 휩싸여 자멸하게 만들기로 모의했다. 그리고 의기투합하여 기쁘게 자리를 파했다.

그러나 며칠 후, 생각지도 않게 호륜은 총리아문(總理衙門: 아문은 관청을 뜻하며, 총리아문은 청말 국정을 총괄하던 기구임)으로 부임해 양무사업을 담당하라는 성지를 받게 된다. 호륜은 이 성지를 받고 하늘이 캄캄해지는 듯하여 하루 종일 울었다. 조상을 욕되게 하는 양무사업을 자신이 주관하게 되다니, 도저히 납득이 되지 않았다. 다음날, 호륜은 관복을 입고 말에 올라 아문으로 향했다. 그러나 아무리 생각해도 가문을 욕되게 한 죄를 씻을 수 없다는 마음에 계속 눈물을 짓다가 하늘을 향해 처량하게 탄식하더니, 그만 혼절하여 앞으로 고꾸라지고 말았다. 말에서 떨어진 호륜은 온 얼굴에 피투성이가 되어 그 자리에서 즉사했다.

호륜이 분을 못 이겨 죽고 난 뒤, 호설암은 손을 놓고 있지 않았다. 그는 선주들을 부추겨 초상국 일을 꼬이게 만들기 시작했다. 주기앙이 상해로 내려와 선주들에게 출자할 것을 권하며 바삐 돌아다녔으나, 호설암이 사태를 한번 휘저어놓자 금방 풍파가 일어났다. 새로운 출자자가 나서기는커녕 기존 출자했던 선주들도 이를 취소해 버렸던 것이다. 예기치 않은 사태에 직면하여 주기앙은 어쩔 줄을 몰랐다. 이런 상황에서는 초상국을 더 이상 꾸려나갈 방도가 없었다. 그러나 성선회는 아직 상해에 내려오지 못하고 있었다.

이때 성선회는 초상국의 운영주체에 관한 문제를 마무리 손질하고 있었다. 그는 운영주체가 상인들이 되어야 한다고 생각했다. 관이 주도하면 비록 조운 화물을 손쉽게 확보하겠지만, 일반 여객과 화물을 효과적으로 유치하기 어려워 서양회사들과 경쟁할 수 없다고 보았다. 더구나 관의 공금을 20만 냥 유치했다고 하더라도 그것만 믿고 선뜻 출자할 투자자들이 있을 리 만무했다. 이에 성선회는 사업의 효율적인 추진을 위해 몇 가지 세부 계획을 마련했다.

1. 초상국을 설립한 다음 상인들이 나서서 주도하고, 관이 배후에서 지원하고 감독하는 운영방식을 채택한다. 초상국에서 명망 있는 거물급 상인을 파견하여 이 사업을 주관하도록 한다. 그리고 그를 조정과 상계를 연결하는 관상으로 삼아, 쌍방의 신임 아래 사업을 단기간에 성공의 궤도에 올려놓도록 독려한다.
2. 정관을 작성하고 서양회사의 방식을 본떠 50만 냥의 자본을 유치한다. 1백 냥을 한 주(株)로 하고, 1년마다 소결산, 3년에 한번 대결산을 하고 지분에 따라 그 이익을 배당한다.
3. 비록 관의 감독을 받더라도 관이 위탁하는 여객이나 화물에 대해 엄격하게 운임을 받아 회사의 영업을 보호한다. 또한 매년 40만 톤에 달하는 양곡의 조운 물량은 전량 독점하도록 만들어 초상국의 경쟁력을 높인다. 그리고 운영 초기에는 선박 임대비를 대폭 경감해 주고 회사는 낮춘 원가로 운임을 가볍

게 하여 외국회사들에 대해 경쟁력을 유지할 수 있도록 노력한다.

4. 기선의 운항 과정에서 선체의 잠김 깊이, 화물의 적재방식, 연료 소모량 등을 주의 깊게 관찰하여 향후 더 효율적인 선박을 건조하는 데 참고자료로 삼고, 원가절감 방안을 수립하는 데도 반영하여 이윤을 극대화하도록 노력한다.

이 일 외에도 성선회가 상해로 내려가지 못한 이유가 하나 더 있었다. 그는 발바닥에 종기가 생겨 제거수술을 받았던 것이다.

주기앙이 예상치 못한 일로 좌절하고 있다는 보고를 받은 이홍장은 누군가 음모를 꾸미고 있다고 여겨 크게 노했다. 성선회는 일찍부터 호설암이 초상국 일을 방해하기 위해 바쁘게 돌아다닌다는 이야기를 들었지만, 아무런 증거도 없고 혹시 근거 없는 풍문일지 모른다고 생각하여 믿지 않고 있었다. 그러나 그도 이제 더 참을 수 없어, 음모에는 음모로 갚아주겠다고 마음먹었다. 그는 이홍장에게 초상국을 둘러싼 방해공작을 발본색원하여 서동과 호설암을 다스릴 대응책을 건의했다.

그러나 이즈음, 서동도 서태후에게 상소를 올려 초상국의 폐단을 거론했다. 초상국이 서양 선박을 도입해 운수사업을 전개해 정부의 조운까지 독점하게 되면, 국내 선주들의 생계를 위협하게 되므로 이들을 보호할 필요가 있다고 상주했다. 서태후도 일찍부터 이와 관련한 소문을 듣고 있었다. 그녀는 서동에게 그 선주들이 어찌 조정의 해운위원인 주기앙에게 함부로 대드는지를 물었다. 서동은 마음속에 찔리는 데가 있어 잠시 말문이 막혔다.

이때를 빌려 이홍장은 서태후에게 간했다. "경망하게 난동을 부리는 자들은 과감하게 다스리지 않으면 제압하기 어렵습니다. 조속히 초상국을 통해 관민 합작의 운수사업을 성공적으로 전개하여, 선주들로 하여금 생존하려면 구습을 버리고 혁신을 도모하여 새로운 문물을 받아들이는 길밖에 없음을 깨닫게 해주어야 할 것입니다."

이어서 이홍장은 서태후에게 각 성의 지방재정과 해관 등에서 추가로 1백만 냥을 모아, 초상국이 기선을 도입해 오는 비용으로 대여할 것을 상주했다. 동시에 사업을 조기에 궤도에 올려놓기 위해 세금을 경감하고, 정부 조운 물량을 지원해 주며, 운영형태는 상인들이 주관하고 관에서 감독하는 방식을 채택하겠다며 재가를 상신했다. 이 모든 내용은 성선회가 기초한 자료에 근거한 것이었다.

서태후는 이홍장의 상주를 받아들였다. 이리하여 서동은 조정에서 크게 위신을 손상당했다. 그러나 가장 낙담한 것은 바로 배후의 호설암이었다. 그는 표면적으로 초상국 설립을 지지하는 것처럼 행동했지만, 돌아서서는 이를 적극적으로 훼방 놓는 행태를 보였다. 그가 두려워한 것은 초상국도 주기앙도 아니라 바로 성선회였던 것이다.

호설암은 자신이 지금 좌종당의 비호하에 상계에서 누구도 함부로 할 수 없는 지위에 있지만, 이홍장을 등에 업은 성선회가 부상한다면 자신의 이익이 근본적인 도전과 위협에 직면하게 될 것임을 예감했다. 이에 그는 온갖 수단을 가리지 않고 암암리에 성선회가 추진하는 초상국 일을 방해하고 다녔던 것이다. 그러나 자신의 이런 노력이 수포로 돌아가고, 성선회가 이제 상해로 내려가 본격적으로 초상국 설립에 착수하려는 계제에 이르자 호설암은 기분이 매우 울적했다. 그러나 그는 성선회를 확실하게 제압할 방도가 없어 더 이상 경거망동하지 못하고 있었다.

성선회는 호설암이 뒤에서 벌이는 온갖 책동을 다 감지하고 있었다. 다만 스스로의 역량이 반격을 개시하기에는 아직 미약하므로 좀더 시기를 기다리자고 생각했다. 섣불리 대응했다가는 도리어 상대의 경계심만 키우게 될 것이기 때문이었다. 그래서 그는 아무것도 모르는 듯 초연한 자세로 자신의 실력을 키우며, 오직 초상국 설립과 관련한 일에만 몰두했다.

광산 개발의 풍운, 피할 수 없는 전쟁

1872년, 마침내 증기선사업 초상국이 상해에 설립되었다. 총명한 성선회는 총책임자 자리를 다른 이에게 양보했다. 스스로의 그릇이 아직 충분히 성숙하지 않았다고 생각했던 것이다. 그러나 후일 상부(商父)라 불리게 되는 성선회는 초상국을 통해 그 이름이 부끄럽지 않은 수완을 발휘한다. 그는 불과 몇 년 사이에 한 미국 기선회사와 연합하여, 두 개의 또 다른 외국 기선회사를 중국 시장에서 도태시켜 버린 것이다.

1882년, 초상국을 자신의 의도대로 장악하여 그 운영을 반석 위에 올려놓은 성선회가 탄핵을 받는 일이 발생한다. 왕선겸(王先謙)을 비롯한 몇몇 조정 대신들은 연명으로 상소를 올려, 초상국 운영에 비리가 저질러졌다고 그 책임자를 고발했다. 상소는 비리의 당사자가 미국 기선회사와 내통하여 수속비 등의 명목으로 공금을 횡령함으로써 초상국의 운영을 더욱 어렵게 만들었다고 적시했다. 더욱 성선회를 놀라게 한 것은 그 탄핵대상의 첫 번째 인물이 바로 자신이라는 사실이었다.

그러나 성선회도 그리 호락호락한 사람이 아니었다. 누군가 초상국 내부에 문제 있는 행동을 한 사람이 있는 것은 사실일 것이되, 이 탄핵이 자신을 대상으로 하고 있는 것은 분명 누군가가 자신을 모함하려는 함정임을 알아차렸다. 그는 이 올가미를 벗어나려고 혼신의 노력을 기울였으나, 복잡한 조사과정을 거치고 난 뒤에도 탄핵의 칼날은 여전히 자신에게 겨누어져 있었다. 여러 사람이 성선회의 결백을 진정했으나 아무 소용이 없었다. 이 탄핵상소는 결국 성선회로 하여금 초상국을 떠나지 않을 수 없게 만들었다. 이후 성선회는 광산개발 사업에 새로 뛰어들게 된다.

사실 1877년 초에, 성선회는 초상국 일을 보는 와중에 이미 호북성 광산개발 사업을 시작한 바 있었다. 증기선 운수사업에 이어 새로운 아궁이에 이미 불을 지펴놓았던 것이다.

청은 건국 초기부터 광산 채굴을 민간이 마음대로 하도록 방임하고 있었다. 단지 조정에 세금은 충실하게 납부한다는 전제하에서 말이다. 광서제(光緖帝) 재위기간(1875~1908)에 중국 연해를 운항하는 기선들이 소비하는 석탄량은 40만 톤에 이르렀다. 여기에 청 정부가 군수공업을 일으키고, 민간기업의 설립이 늘어나면서 석탄소비는 기하급수적으로 늘어났다. 그러나 민간이 노천 채굴하는 석탄은 가격이 비싸고 품질도 나빴다. 결국 해외에서 석탄을 수입함으로써 수요에 부응할 수밖에 없었다.

1867년, 청 정부는 10만 톤의 석탄을 수입하는 데 1백만 냥의 재정을 소비했다. 다음해는 15만 톤을 수입하는 데 1백 50만 냥! 국고의 부담은 날이 갈수록 가중되었다. 더구나 날씨나 전란, 해적 등과 같은 불가항력적인 변수로 해상에 선박의 통항이 봉쇄되어 석탄수입이 애로를 겪는 일이 생기기도 했다. 이에 청 정부는 자체적으로 광산을 개발할 구상을 하게 되었다. 일찍이 이홍장이 호광 총독으로 재임할 때, 상주를 올려 지방관의 감독 아래 서양인들로 하여금 광산을 개발하도록 하자는 상주를 올린 적이 있었다. 그러나 이 일은 당시 대신들의 반대로 성사되지 않았었다.

1877년, 청 정부는 재정이 고갈되어 더 이상 석탄을 수입해 올 수 없었다. 이리되자 광산 개발에 대한 대신들의 반대도 자연히 수그러들었다. 이런 배경하에 이홍장은 성선회를 호북성으로 파견하여 광산개발에 착수하도록 했던 것이다. 이홍장의 형인 이한장(李翰章)은 동생이 광산개발에 착수한다는 이야기를 듣고 적극 지지를 보내면서, 어렵게 서양 광산기사 한 명을 초빙해 와 성선회의 일을 돕도록 보내주었다.

얼마 지나지 않아, 광산개발 총국의 총책임을 맡아 바쁜 나날을 보내고 있던 성선회는 우연히 그 광산기사가 이름을 도용한 가짜라는 이야기를 듣게 된다. 이에 그는 이한장에게 서신을 보내, 그 광산기사의 임용을 사양하는 뜻을 비쳤다. 이 소문을 들은 서양기사는 아무 내색을 않고 있다가, 공금을 보관하는 금고에서 2만 냥짜리 은표(銀票: 수표나 어음에 해당)를 빼내 도주해 버렸다.

　상해로 도망간 서양기사는 호설암을 찾아가, 자기를 대신해 성선회에게 보복해 줄 것을 간청했다. 기대하지도 않은 중요한 정보를 손에 쥐게 된 호설암이 이 기회를 그냥 스쳐버릴 리 없었다. 그는 이한장을 찾아가 대면하고 이 일을 고자질해, 성선회의 사업을 망쳐놓을 음모를 꾸몄다.

　이한장의 호광 총독부 거처로 찾아간 호설암은 먼저 작은 상자 하나를 부중으로 들여보냈다. 이한장이 받아보니 그 속에는 백옥 한 쌍과 1만 냥짜리 은표가 들어 있었다. 이에 그는 기쁨을 감추지 못하며, 어서 호설암을 들일 것을 하인에게 재촉했다.

　인사와 함께 이한장을 치켜세우는 말들을 한참 늘어놓은 다음에 호설암은 성선회에 관한 이야기를 꺼냈다. 성선회가 초상국 일을 처리할 때 능력이 모자라면서 공명심만 앞세워 여러 차례 조정 대신들과 마찰을 빚은 적이 있으며, 이번에 다시 호북 광산개발 총국 일을 처리하면서도 자신이 일을 태만히 하여 생긴 책임을 모두 서양 광산기사에게 뒤집어씌워 결국 그를 쫓아냈다고 비난했다.

　자기가 추천한 서양 광산기사를 임용하지 않겠다고 한 일에 대해서 이미 불쾌하게 생각하고 있던 이한장은 원래 성선회가 그를 핍박해 쫓아낸 것이라는 사실을 알게 되자 크게 노했다.

　불길이 어느 정도 일어난 것을 확인한 호설암은 이제 거기에 기름을 끼얹기 시작했다. 그는 성선회가 광산 일에는 문외한이며, 추진자금도 크게 부족한 상태라고 말하며 문제를 해결할 수 있는 유일한 길은 광산총국을 증기선사업 초상국 관할로 귀속시키는 것이라고 상주했다. 초상국은 자금 운용규모가 크고 여유가 있으므로 그 여유자금을 호북 광산총국에 지원하는 방법이야말로 빈사상태의 광산사업을 살릴 수 있는 적절한 대책이라고 건의했다.

이것은 호설암이 성선회에게 치명적인 일격을 가하는 행위였다. 성선회가 고생하며 일궈놓은 사업을 빼앗아 다른 이의 손에 넘겨주려는 목적이 명백한 이 교묘하고 조리 있는 언사에 이한장의 마음이 움직였다. 호설암이 가고 난 후, 이한장은 동생 이홍장에게 편지를 써서 성선회의 문제점을 거론했다. 그의 능력이 부족하니 다른 임무를 부여하도록 하고, 호북 광산개발총국은 상해 증기선 초상국 소속으로 조직을 변경하라는 내용이었다.

이때 성선회는 아직 사태의 추이를 제대로 알지 못하고 있었다. 그는 광산총국의 운영방식에 대해 한동안 고민한 끝에, 초상국 설립 시의 경험에 비추어 역시 관에서 감독하고 상인들이 경영하는 방식이 가장 타당하다는 결론을 내리고 있던 참이었다. 이런 와중에 조정에서 난데없이 광산총국을 상해 초상국으로 귀속시키라는 명령이 떨어지니, 성선회는 크게 놀라고 마음이 조급해졌다. 그는 이홍장에게 이를 극력 반대하는 내용의 서찰을 보냈다. 서신을 받아본 이홍장도 노발대발했다. 그는 먼저 사태파악에 착수하는 한편, 성선회에게 사람을 보내 이한장과의 관계를 개선하도록 당부했다.

성선회는 상대가 이한장인 이상 화를 속으로 삭일 수밖에 없었다. 그러나 마음속으로는 불만스러움이 가득했다. 이한장이 명백하게 문제가 있는 서양기사를 쓰게 만들어놓고 그 책임을 모두 자기에게 전가하는 상황이었기 때문이다. 이홍장이 보낸 사람이 돌아가는 편에 그는 다시 이홍장에게 이런 불만을 토로하는 내용의 서신을 띄웠다. 그 속에는 다른 광산기사 한 명을 추천하는 이야기도 포함되어 있었다.

이홍장은 은밀히 사람을 호북 광산총국으로 파견해 현지상황을 파악해 본 결과, 이미 그 운영상황이 매우 어려운 지경에 처해 있음을 알게 되었다. 그리하여 이홍장은 영을 내려 호북 광산개발 총국의 업무를 정지시키고, 관련 업무 일체를 관으로 원상 복귀시킨 뒤 이한장으로 하여금 감독하게 했다. 그리고 성선회는 북경으로 불러 올렸다.

일이 이렇게 되자 성선회는 끓어오르는 울분을 참을 수 없었다. 후에 성선회는 누군가로부터 호설암이 호북으로 내려와 암암리에 일을 꾸미고 다녔다는 이야기를 듣게 된다. 이에 그는 호설암에 대해 극도의 악감정을 품기 시작했다.

상해 초상국 일을 망쳐놓은 위에, 다시 이번에 광산총국 일을 휘저어놓아 자신이 피땀으로 이루어놓은 사업들을 모두 수포로 돌아가게 만든 호설암에 대해 그는 치를 떨며 분개했다. 성선회는 호설암과 복수의 일전을 피할 수 없는 상황에 이르렀음을 깨달았다. 그리고 기회가 오면 반드시 그 동안 진 빚을 모두 갚아주겠노라 다짐했다. 그런데 그 기회는 오래지 않아 찾아왔다.

전신사업의 경쟁에서 승리하다

1860년대, 서방에서 전신이 발명되어 폭넓게 사용되기 시작했다. 열강들은 중국을 좀더 확실하게 손아귀에 쥐기 위해 여러 차례 중국 내에서 전신사업을 벌이겠다고 신청했으나 청 정부로부터 모두 거절당한 상태였다. 1870년대가 되자, 나날이 쇠락해 가던 청 정부는 마침내 열강이 전신선을 매설하겠다는 요구를 더 이상 물리치지 못하고 수용한다. 단, 영미 국가들이 전신사업을 자의적으로 장악하기 어렵게 만들기 위해 전신선을 해저에만 매설하고 해안으로는 절대 끌어내지 못한다는 단서를 달았다.

열강의 힘을 빌리지 않고 중국 스스로의 힘으로 전신망을 만드는 일은 이즈음 호설암과 성선회 모두가 간절히 희망하던 사업의 하나였다. 그러나 이때 조정의 역학관계는 호설암에게 매우 불리하게 돌아가고 있었다. 그가 후견인으로 의지하던 좌종당에게 서서히 위기가 닥쳐오고 있었던 것이다.

좌종당은 여러 해를 사면팔방으로 반란을 진압하기 위해 군사작전을 지휘하며 원정하느라 조정에서의 인맥이나 기반이 그리 튼튼한 편이 아니었다. 게다가 말을 앞뒤 분별 없이 함부로 하는 편이어서 여러 사람의 반감과 원망을 사는 일이 잦았다.

그때 황궁에서는 자안태후[慈安太后: 자안태후와 자희태후(慈禧太后)는 청 함풍제의 처첩으로 함풍제 서거 후 태후에 봉해졌으며 정실인 자안태후를 동태후, 측실인 자희태후를 서태후라고 부른다]가 급서하는 사변이 일어난다. 동태후는 서태후가 보낸 음식을 먹고 갑자기 두통과 발작을 일으켜 죽었다는 사실을 좌종당은 내시를 통해 알게 된다. 겸허하고 온화한 동태후의 인품에 호감을 가지고 있던 좌종당은 이에 크게 분해하며, 그 사인을 정확히 밝혀내기를 희망했다. 그러다 성선회는 좌종당이 동태후의 죽음에 대해 매우 불만스런 말을 하고 다닌다는 사실을 알게 되었고, 그는 이 사실을 즉각 이홍장에게 보고했다.

이홍장은 평소 자화자찬을 잘하고 오만에 가득 차 있는 좌종당을 매우 혐오하고 있었다. 더구나 변경에서 그와 공을 다투며 일촉즉발의 지경까지 갔었던 일, 조정에서 그가 많은 사람들의 원망을 사고 있는 점, 자기 사촌형을 탄핵하여 그 직무를 빼앗고 조정에서 얼굴을 들지 못할 정도로 수모를 준 점 등 그와의 사이에 쌓인 원한은 끝이 없었다. 그러나 이제 오랜 세월 암투를 벌여온 이 정적을 제거할 기회가 왔다. 동태후의 일로 좌종당이 서태후에게 불만을 품고 있다니, 이번에야말로 그를 넘어뜨릴 수 있을 것이라 이홍장은 확신했다.

다음날, 이홍장은 서태후를 알현하고 좌종당과 관련한 여러 가지 문제점들을 거론했다. 서태후도 일찍부터 좌종당을 탐탁지 않게 생각하고 있었다. 그러나 그의 수많은 전공과 연로함을 감안하여 그를 양강 총독(兩江總督: 강소, 안회성을 관할하는 전권대신)으로 좌천시킴으로써 상황을 종료하기로 한다. 정적 좌종당이 북경을 떠나고 나자 이홍장은 운신이 한결 홀가분해졌다. 이홍장은 즉시 성선회를 불러 전신사업의 추진방향에 대해 상의했다.

그러나 이때 좌종당과 호설암 측에서도 전신사업에 대해 검토

하고 있었다. 상업경제의 발전이 장차 전신의 수요를 폭발적으로 증가시킬 것임은 불을 보듯 확실했다. 이 점에 대해 이제 양무파의 핵심 인물 중 한 사람이 된 성선회도 민감하게 인식하고 있었다. 그는 차제에 사업의 실현을 앞당기기 위한 실질적 조처를 취해야겠다고 마음먹었다. 천부적 상재를 타고난 호설암도 전신사업이 가져올 막대한 이윤을 예감하며, 이 기회를 빌려 큰 부를 획득해 보려는 꿈을 품게 되었다.

좌종당이 양강 총독에 부임하러 떠날 날이 얼마 남지 않았을 즈음, 호설암이 찾아와 건의했다.

"이홍장이 이미 전신사업 준비에 착수했다고 들었습니다. 이제 양강으로 부임하실 날이 얼마 남지 않았으니, 가시기 전에 선수를 쳐 저들의 기를 한번 꺾어놓는 것이 좋겠습니다." 이어서 호설암은 좌종당에게 전보의 용도에 대해 설명했다.

"기존에 공문을 보내려면 역참과 역참 사이를 사람이 일일이 달려가 전달해야 하니 속도가 느릴 수밖에 없었습니다. 만일 전봇대를 세우고 전신 선로를 가설하면 한쪽 끝에서 보내는 것을 다른 쪽 끝에서 그 즉시 받을 수 있어, 속도가 이루 말할 수 없이 빠릅니다. 이 전신은 전쟁터에서 군사용으로 사용할 수 있을 뿐 아니라, 여러 가지 용도로 응용이 가능해 경제적 가치가 매우 큽니다. 전신선을 가설하면 엄청난 재부를 얻을 수 있습니다."

좌종당은 호설암의 말을 듣고 황급히 상주문을 올려, 전신과 통상에 관한 사업을 일으켜 나라를 부강하게 만들겠다고 재가를 요청했다. 이때 역시 동일한 상주문을 만들어놓고 서태후에게 올릴 기회를 보고 있던 이홍장은 서태후를 보좌하는 환관인 이연영(李蓮英)으로부터 좌종당의 동태를 전해 듣고 노기충천했다.

성선회가 이홍장을 위로하며 말했다. "일련의 왕공 대신과 각지의 순무들이 민심을 어지럽히고 풍속을 해친다며 전신사업에 대해 극력 반대하고 있어 태후께서도 지금 결정을 내리지 못한 채 주저하고 계신다고 합니다. 좌종당 측에서 먼저 상주를 올린 이상, 각종 반대세력들이 모두 그들을 조준하여 창을 겨누게 될 것입니다. 그들이 서로 다투다 지쳐 떨어지는 동안 우리 측에서는 미리 준비작업을 충분히 해두었다가, 기회가 오면 신속하게 태후의 재가를 얻어 가장 빠른 기간 내에 전신선을 가설해 버리면 도리어 일이 쉽게 성사될 것입니다."

얼마 후, 성선회는 전신사업을 함께 추진해 나갈 인재로 증기선 운수회사 총경리로 있는 정관응(鄭觀應)을 이홍장에게 천거했다. 성선회는 이홍장의 동의를 얻고 그로부터 친필 서신을 받아, 상해로 정관응을 영입하기 위해 내려갔다.

아니나 다를까, 전신사업에 관한 좌종당의 상주와 그에 따른 조정 내의 상황은 성선회가 예상한 대로 흘러가고 있었다. 전신사업의 필요성을 극력 주장하는 좌종당과 이에 반대하는 대신들이 끊임없이 대립하자, 서태후는 당장 위급한 일은 일본을 압박해 유구(流球) 군도를 돌려받는 일이라며 전신사업은 천천히 신중하게 논의하자고 결말지어 버렸다. 좌종당도 더 이상 어쩔 도리가 없었다. 허탈하게 빈손으로 양강 총독에 부임하러 내려갔다. 호설암도 전신사업을 잠시 뒤로 미뤄두는 것이 좋겠다고 생각하고, 차(茶)와 비단 매매사업에 집중했다.

상해의 정관응은 성선회를 통해 이홍장의 서신을 받고 크게 감읍해했다. 그리고 성선회의 요청에 따라 그는 증기선 회사를 사직한 뒤, 전신국 설립 준비작업에 돌입했다. 아울러 성선회는 이홍장에게 건의하여, 천진 앞바다 해안포대와 천진을 연결하는 전신선을 시험적으로 가설하게 된다. 이곳은 바로 이홍장이 관할하는 군사방어지역 경내에 있었던 것이다.

천진에 시험적인 전신전 가설이 성공적으로 마무리되자 이홍장은 조정의 세도가와 대신들을 대거 초청하여 친히 전신을 체험해 보도록 유도했다. 과연 그들의 평가가 나쁘지 않았다. 이 기회를 빌려 드디어 이홍장은 미리 준비해 두었던 상주서를 서태후에게 올렸고, 즉시 비준을 얻게 된다.

1881년, 성선회는 청 정부로부터 전신국 총책임자로 정식 임명받아 전신국 업무를 관장하게 된다. 성선회는 증기선 초상국을 설립할 때와 마찬가지로 전신국 운영방식을 철저하게 상업주의에 의존함으로써 열강들의 중국시장 침입기도를 막아내고, 청 정부와 덴마크 전신회사 사이에 발생했던 국제적 분쟁을 성공적으로 마무리했다. 아울러 성선회는 전신선의 해안상륙을 허가하지 않은 청 정부의 관련 조칙에 의거하여, 덴마크 전신회사에게 오송(吳淞: 상해 인근)과 하문(厦門: 복건성 해안도시) 해안에 가설했던 전신선을 모두 철거하도록 강경하게 요구했다.

성선회는 만일 이 안건을 흐지부지해 놓으면 장차 끊임없이 문제가 이어질 것이고 열강들의 손에 국내 전신사업의 이익을 모두 빼

앗기고 마는 결과가 올 것임을 내다보고 있었다. 성선회는 여러 차
례에 걸친 교섭을 통해 덴마크 회사의 전신선 철거 문제를 자기 생
각대로 관철시키고, 영미 회사들과도 담판을 거쳐 청 정부의 원칙과
의지를 다시 강조했다.

이때 차와 비단 거래사업에 몰두하고 있던 호설암은 전신사업
에서 성선회가 욱일승천하는 모습을 보고 가만히 앉아 있을 수가
없었다. 그는 좌종당에게 관할지역의 권한을 이용하여 성선회의 전
신사업 추진계획에 적지 않은 장애물을 만들도록 은밀히 건의했다.

좌종당은 호설암의 건의를 받아들여, 양강 지역에서 성선회의
목을 조이기 시작했다. 천진에 전신국이 설립된 뒤, 성선회는 총책
임자로 부임하여 정관응을 실무책임자로 임명했다. 이어 이들은 전
국 일곱 곳에 분국을 설치하고 사업을 순조롭게 진행시키고 있었는
데, 오직 장강지역 전신선을 가설하는 일만 좌종당에 의해 거절당하
고 말았다.

이와 동시에 호설암은 자기 사람을 성선회가 전신 전문인력을
양성하기 위해 설립한 전보학당에 잠입하게 해서, 몇 가지 사업 비
밀을 빼냄으로써 전신국의 전신선 가설계획 전반을 어느 정도 파악
하게 된다. 이어 호설암은 좌종당을 통해 조정에 상주를 올려, 자기
들이 장강 지역 전신선을 가설하겠다고 나섰다. 노기충천한 성선회
는 이미 전신국이 설립되어 있는 마당에 이럴 수는 없다고 생각했
다. 그는 전선과 부속 기자재를 공급하는 덴마크와 영국의 전신회
사 책임자를 각각 은밀히 접촉하여 기존 구매가격의 3배를 제시하
며, 호설암에게는 관련 자재를 절대 공급하지 말 것을 요청했다. 성

선회는 호설암이 비단의 원료가 되는 생사를 독점하여 외국회사들의 이익을 크게 잠식하고 있으며, 그에게 전신설비를 공급하는 것은 배고픈 호랑이의 입에 먹이를 넣어주는 격이 될 것이라고 그들을 설득했다. 이들 회사의 책임자들도 여러 차례 호설암과 거래한 경험을 통해 그에게 그리 좋지 않은 인상을 가지고 있었다. 더구나 성선회가 기존보다 세 배 높은 가격으로 자재를 구입하겠다고 제의하자, 이들은 그와 동조하여 한번 호설암을 다스려보자고 동의한 것이다.

그러나 호설암도 기지와 수완을 지닌 인물이었다. 그는 부단히 두 외국회사에 사람을 보내 책임자와 교섭하며, 높은 가격에 물건을 사겠다고 제안했다. 이런 상황을 전해 들은 성선회는 마침내 덴마크 회사와 한 가지 모략을 꾸몄다.

순식간에 한 달이 지나갔다. 덴마크 회사는 대량의 전신 설비를 들여와 호설암에게 공급했다. 호설암은 뜻밖의 기쁨에 어쩔 줄 몰라 하며 즉시 가설작업에 돌입했다. 그러나 의외의 문제가 발생했다. 그 설비들은 품질이 극도로 열악한 물건들이었고, 공정은 삼분의 일도 마치지 않은 채 그만 중단되고 말았다. 상황을 전해 들은 성선회는 속으로 쾌재를 부르며, 이 사실을 즉시 이홍장에게 보고했다. 아울러 그를 통해 조정에 호설암을 탄핵했다. 이홍장은 상소문에서 호설암이 일을 소홀히 하여 조정에 막대한 손해를 끼쳤으니 그 직을 면하고 대신 성선회를 파견해 그 직무를 대신토록 할 것을 요청했다.

게다가 많은 조정 대신들도 상소를 올려 호설암을 파직할 것을 간했다. 이에 조정은 영을 내려 장강 전신선 가설을 성선회로 하여금 마무리하도록 결정하자, 좌종당도 별 도리 없이 순순히 일체의 업무를 성선회에게 넘겨주었다. 해임당한 호설암은 의기소침하여 항주로 가버렸다. 전신사업 경쟁에서 철저하게 패배한 호설암은 성선회에게 큰 앙심을 품고 복수의 반격을 모색하기 시작했다. 그러나 그가 복수를 위한 준비를 채 마무리하기도 전에, 한 차례 금융사고의 풍파가 이 걸출한 홍정상인을 다시는 재기하지 못하게 만들어버린다.

홍정상인의 몰락

1880년대로 접어들자 청조는 더욱 쇠락해 갔다. 1883년, 프랑스는 월남에 주둔한 청군을 공격했다. 양국 간의 분쟁은 피할 수 없는 상황으로 치달았다. 이에 이홍장이 나서 청에게 굴욕적인 강화조약을 맺는다. 그러자 이 일은 좌종당을 필두로 한 주전파에 의해 집중적 공격을 받았다. 크게 노한 이홍장은 그만 병으로 드러누웠다.

이 같은 상황 아래, 조정은 좌종당을 불러 다시 군기처(軍機處: 청말기의 최고 정무기관)에 들게 한다. 좌종당은 매번 군사 원정에 후방 병참을 위해 많은 군자금을 사용했다. 또 한 차례 프랑스와의 전투를 위해 군자금을 마련하느라 호설암은 동분서주하며 쩔쩔매지 않을 수 없었다.

이때 전신국을 관장하던 성선회는 이미 그 실력이 크게 성장해 있었고, 호설암과 사업상 자주 마찰을 빚었다. 이에 그는 드디어 호설암에게 치명적인 일격을 준비한다.

호설암은 매년 생사를 싼값에 집중적으로 사재기하여 비싼 값에 되팔았다. 그 거래규모가 해를 거듭하며 계속 커져, 마침내 그는 생사시장을 독점하고 가격을 자유자재로 농단했다. 성선회는 여기서 호설암을 제압할 기회를 엿보았다. 그는 먼저 전보를 이용하여 호설암의 생사매매 상황을 폭넓게 파악했다. 그런 후, 그는 자신이 생사를 사들여 유리한 가격에 호설암의 단골들에게 팔았다. 그리고 다른 한편으로는 각지의 상인, 외국기업에게 연통하여 올해는 호설암의 생사를 사지 말 것을 주문했다. 평소 호설암의 독점과 가격농단에 큰 반감을 가지고 있던 이들은 성선회와 한통속이 되어, 올해는 다른 곳에서 더 비싸게 사더라도 결코 호설암의 생사는 구매하지 않을 것을 결의했다. 이리되자 생사 재고가 늘어난 호설암은 자금난이 말할 수 없이 심각해지기 시작했다.

호설암은 5년 전 회풍(匯豐)은행에서 650만 냥을 빌린 적이 있었다. 그 조건은 7년에 걸쳐 반년마다 55만 냥씩 원금이자 균등분할 방식으로 상환하는 것이었다. 그리고 한 해 전, 그는 다시 회풍은행으로부터 4백만 냥을 빌렸다. 이 자금들은 모두 정부 공금예산을 담보로 빌린 것들이었다. 바로 이때 호설암이 예전에 좌종당을 위한 군자금으로 빌렸던 80만 냥의 상환기한이 다가왔다. 이 자금은 비록 청 정부가 빌린 것이었지만, 호설암의 손을 거친 것이어서 대출했던 외국은행들은 모두 호설암에게 상환을 요구했다. 청 정부는 매년 각지로부터 정부에 바치는 세수가 도착하면 상해 도태(道台: 지방정부의 장관과 행정을 감찰하는 관리)를 거쳐 호설암에게 상환자금을 전달했다. 그런데 이번에는 성선회가 미리 손을 써, 상해 도태 등우렴(邵友濂)에게 이홍장의 뜻임을 알리고 호설암에게 전달하는 정부 공금을 약 20일 지연시킬 것을 요청했다. 등우렴은 이홍장의 사람이었다. 그는 비록 좌종당이 두렵기는 했지만, 20일 정도 자금을 지연시키는 정도는 그리 어려운 일이 아니라고 생각하고 성선회의 요청대로 따랐다.

20일이면 성선회에게 충분한 시간이었다. 그는 이미 외국은행들과 내통하여, 호설암에게 일제히 자금상환을 독촉하도록 약속해 두었기 때문이었다. 당시 좌종당은 멀리 북경에 있었고, 예기치 않게 발생한 위급사항이라 호설암은 자신이 운영하는 부강(阜康)은행의 전국 지점에서 긁어모은 80만 냥으로 우선 급한 상환 요청에 대응했다. 어차피 정부의 공금이 지급되지 않을 리 없고, 다만 20일 정도 늦춰질 뿐이어서 이 일에 대해 그리 중대하게 생각할 이유가 없었다. 그러나 이 방심이 바로 성선회가 노린 치명적인 함정이었다. 성선회는 전보를 이용하여 호설암의 자금이동을 손바닥처럼 훤히 꿰뚫어 보고 있었다. 그리고 그의 자금이 모두 부강은행에서 나온 것임을 알고, 부강은행의 금고가 일시 비어 있는 위급한 상황을 이용하여 예금자들이 일제히 부강은행에서 돈을 빼내도록 교묘히 부추겼다.

자신이 동원할 수 있는 상인이나 친분 있는 명사들을 따져보니 적으면 수천, 많아야 만여 명이었다. 그러나 성선회는 이 정도로는 거부 호설암을 무너뜨릴 수 없음을 잘 알고 있었다. 예금자 모두가 일시에 몰려들어 출금하는 상황이 발생해야 비로소 자기가 목적하는 바를 달성할 수 있을 터였다. 그래서 그는 호설암에게 원한을 품고 있는 사람들을 동원하여, 사방으로 돌아다니며 소문을 퍼트리게 했다. 소문의 내용은 호설암이 생사를 사재기했다가 실패하여 본전을 까먹었으며, 외국은행에서 빌린 80만 냥을 기일이 되었음에도 아직 상환하지 못하고 있고, 기댈 데라고는 부강은행밖에 없어 조만간 부강은행의 도산이 확실하다는 것이었다. 비록 사람들이 호설암의 재력이 얼마나 두터운지 잘 알고 있었지만, 그가 생사를 사재기해서 손해 본 일이나 외국은행에 빚을 지고 있다는 것은 이미 알려진 사실이었다. 또한 부강은행에서 돈을 찾아가는 사람들이 기하급수적으로 늘어나고 있다는 이야기가 널리 퍼지면서, 도산을 믿지 않던 예금자들도 불안한 마음에 너나없이 모두 부강은행으로 돈을 찾으러 달려갔다.

출금사태는 상해에서 시작되었다. 성선회는 상해에 머물면서 배후에서 일체의 상황을 지휘했다. 이때 호설암은 항주로 가는 배위에 있었다. 항주에서 지방관으로 있던 호설암의 절친한 친구는 상해의 부강은행이 도산했다는 이야기를 듣고 항주에서도 동일한 상황이 발생하리라 예상했다. 이에 그는 자기 심복 두 사람을 시켜 관아의 금고에서 2만 냥을 꺼내 밤새 부강은행 항주지점으로 옮겨놓았다. 이리하여 항주는 당분간 버틸 수 있게 되었지만, 상해는 이미 돌이킬 수 없는 지경에 이르고 말았다. 항주에 도착한 호설암은 숨돌릴 새도 없이 다시 황급히 상해로 발걸음을 돌렸다.

상해로 돌아온 그는 긴급히 사람을 등우렴에게 보내, 공금을 속히 지급할 것을 독촉했다. 그러나 등우렴은 하인을 시켜 부재중이라고 둘러대며, 호설암이 보낸 사람을 만나주지 않았다. 다급해진 호설암은 그제야 좌종당이 생각났다. 그는 화급하게 좌종당에게 지원을 호소하는 전보를 보냈다. 그러나 그 전보는 좌종당에게 전달되지 않았다. 성선회가 은밀히 사람을 시켜 그 전보를 묶어두도록 조치했기 때문이었다. 다음날이 되어도 좌종당으로부터 아무 회신이 없자 좌불안석이 된 호설암은 직접 도태 등우렴을 찾아갔다. 그러나 이때 등우렴은 정말 관아를 비우고 현장시찰차 멀리 나가 있었다. 등우렴은 우선 이 암투의 한가운데에 휘말리고 싶지 않았고, 이렇게 절명적인 순간은 일단 회피해야 나중에 좌종당에게 둘러댈 빌미가 생길 것이라 생각했다.

이제 천하의 호설암도 달리 도리가 없었다. 그는 땅 문서며 부동산을 저당 잡히고, 사재기해 둔 생사를 헐값에라도 팔아치워 이 사태를 막아보려고 애썼다. 그러나 상황은 그리 쉽게 진정되지 않았다. 도리어 출금사태는 더욱 거세졌다. 전국 각지의 부강은행 지점에는 출금을 요구하는 사람들로 인산인해를 이루어 문지방이 다 닳아 없어질 지경이었다. 그제야 호설암은 누군가 이 일을 배후에서 꾸미고 있다는 데 생각이 미쳤다. 과연 알아보니 그 배경에는 성선회가 버티고 있었다. 호설암은 자기도 모르게 입에서 탄식이 흘러나왔다. 그리고 이번에는 자신이 철저하게 무너질 것임을 깨달았다.

호설암의 저택에는 말할 수 없이 무거운 분위기가 감돌았다. 수시로 사람들이 달려와 나쁜 소식들을 알렸다. 사색이 된 호설암은 온몸에 기력이 다 빠져나가는 것 같은 무력감을 느꼈다. 쌓아둔 생사는 원래 가격의 십분의 일에도 사려는 사람이 없었다. 상해의 업계에서 모두 호설암의 생사는 사지 않기로 결의했다는 이야기가 들렸다. 부강은행은 이미 넘어졌고, 평생 호설암을 신변에서 보좌하며 신임을 얻었던 고달(高達)은 마지막 남은 1만 냥의 돈을 가지고 도망쳐 버렸다.

호설암은 계속되는 타격에 분을 이기지 못하고 마침내 하늘을 우러러 소리쳤다.

"성선회, 우리의 승부는 아직 끝나지 않았어!"

그리고 그는 선혈을 품으며 기절해 쓰러졌다. 놀란 하인들이 달려와 그를 부축해 일으키려 했지만, 그 순간 일대 거상 호설암은 울분 속에 이미 숨을 거둔 상태였다.

부강은행이 도산한 일은 매우 중대한 사건이었다. 도태 등우렴은 이 일을 긴급하게 조정에 보고했다. 호설암이 죽었다는 소식을 전해 들은 좌종당은 긴급히 북경에서 상해로 내려왔다. 이홍장은 성선회에게 밀신을 보내, 그로 하여금 잠시 사태를 피해 천진으로 가 임시로 해관(海關: 세관) 도태직을 수행하도록 안배했다.

좌종당이 상해 도태의 관아에 도착해 탁자를 치며 노발대발했지만, 호설암은 이미 저세상 사람이 되어버린 뒤였다. 호설암의 죽음으로 가장 유력한 경쟁자를 제거한 성선회는 그 후 사업이 더욱 욱일승천하게 되었다.

1885년, 성선회는 마침내 자신이 그렇게 원하던 상해 증기선 초상국 총책으로 복직했다. 그리고 오래지 않아 증기선 운수사업과 전보사업을 장악하게 된다. 1895년, 성선회는 또 장지동(張之洞)의 요청으로 호북성에서 철광광산을 개발하게 된다.

1901년, 성선회는 상무대신이 되고 다시 우전부(郵傳部) 상서가 되어 정치적으로도 최고의 지위에 오르게 된다. 신해혁명이 발발한 후, 비록 성선회는 관직을 잃게 되지만 여전히 상해 증기선 초상국의 이사회 부회장과 여러 기업 회장직을 수행했다.

1916년 4월 27일, 일대 상부(商父) 성선회는 상해에서 세상을 떠났다. 이때 그의 나이 72세였다.

성패의 거울

　호설암과 성선회는 모두 청 말의 걸출한 양대 관상(官商)이었다. 이들의 대립은 사실 전통상인 집단과 신자본가 집단의 갈등이자, 청 말기 조정 통치집단 중 두 대표적 계파의 대결이기도 했다. 이들의 갈등과 대립의 결과, 호설암은 스스로 분을 못 이겨 목숨을 잃게 되었고, 성선회는 단계적으로 성장하여 사업이나 관운의 양 방면에서 아무나 흉내 내기 어려운 성공을 일궈낸다. 물론 두 사람의 성공과 실패는 당대의 특수한 사회경제적 환경에 종속된 측면도 있지만, 근본적으로는 두 사람이 지닌 개인적 자질과 인간성에 의해 빚어진 결과라고 해야 옳을 것이다.

　호설암의 일생은 매우 복잡하고 특이하다. 열강의 침략과 자본주의의 도래로 전대미문의 대격변이 발생한 시대를 산 그의 인생과 처세는 중국 봉건사회 상인의 전형적인 모습이라고 할 수 있다.

　호설암은 신구 대결의 시대에 스스로의 지모와 능력, 모험정신을 바탕으로 일개 전장의 점원에서 천하제일의 갑부이자, 위세당당한 홍정상인의 지위에 오른다. 자신이 설립한 전장, 전당포로 전국을 연결하여 하나의 거대한 금융집단을 이룩하고, 오늘날까지 그 명성이 전해오는 유명한 약방 호경여당을 설립하기도 했다. 이렇게 혁혁한 성공을 거둔 홍정상인이 성선회와의 대결에서 패배하여 패망의 구렁텅이로 전락하게 되는 것은 무엇 때문일까?

우선 호설암의 경솔과 교만을 이야기하지 않을 수 없다. 이 점은 두 가지로 나누어 이야기해야 하겠다.

첫째, 호설암은 스스로 자만에 빠져 우물 안 개구리가 되어버렸다. 청 말기는 문호를 개방하여 서양의 신문물이 물밀듯이 밀려들고, 외국과의 통상이 크게 증가하여 전반적인 경제상황이 전통사회와는 확연히 다른 양상을 보였다. 호설암은 가난한 가정환경으로 인해 어려서 학업을 일찍 포기하여 인성의 기초가 부족한 편이었다. 와중에 자수성가하여 크게 치부한 그의 경력은 그로 하여금 오만에 가까운 자신감을 지니게 했다. 더구나 조정 중신의 비호와 후원은 그로 하여금 구시대의 벼락부자들에게서 일반적으로 볼 수 있는 지나친 자만심을 지니게 했다. 이런 그의 후천적 기질은 그로 하여금 국제정세와 서양의 문물에 대한 장벽을 만들어 스스로를 우물 안 개구리가 되게 했다.

그 결과, 그는 진취적인 사고를 하지 못하고 사업경영에서 구시대의 상업규범을 답습하는 데 그쳤으며, 의사결정을 자신의 주관적이고 맹목적인 판단에 의존하는 실수를 범하게 된다. 자만에 휩싸여 변화하는 환경에 대한 대비와 적응을 적절히 하지 못한 데서 오는 실패의 교훈은 우리들로 하여금 많은 것을 생각하게 한다.

두 번째, 호설암은 사치와 여색에 탐닉하여 비정상적인 기행을 자주 저질렀다.

호설암은 치부를 한 다음, 상해와 항주 등지에 여러 채의 사치스런 저택을 건축했다. 특히 항주 원보가에 그가 건축한 원림저택은 극도로 화려하고 사치스런 것이었다. 아울러 그는 여색과 가무에 탐닉했다. 한번은 전통극을 관람하는 공연장에서 한 여배우를 두고 또 다른 지방 부호와 격려금 경쟁을 벌인 일이 있었다. 당시 마음에 드는 배우에게는 무대로 돈을 던지며 격려를 하는 것이 하나의 공연장 풍속도였다. 그는 큰 광주리에 천 냥이나 되는 거금을 가져오게 해 마치 비가 내리듯 무대로 던지는 호기를 부렸다. 당시 누구도 이런 거금을 배우에게 격려금으로 던지는 사람은 없었다.

또 호설암은 일상생활 중에 스스로 만든 기이한 양생법을 실천했다. 그는 매일 아침에 일어나면 시종으로 하여금 옥쟁반에 각기 색깔이 선명한 여러 개의 보석들을 담아 오게 한 뒤, 그것을 약 한 시간 가량 응시하고 나서야 비로소 다른 일을 시작했다. 일종의 '양목(養目: 눈을 건강하게 하는 양생법)' 행위였다.

호설암은 극도로 여색에 탐닉했다. 그는 미복을 하고 거리를 돌아다니기를 좋아했는데, 그러다 마음에 드는 여자를 발견하면 사람을 보내 중매를 서게 했다. 일이 여의치 않으면 돈을 얼마든지 들여도 개의치 않았으며, 그 남편이나 가족에게 좋은 일자리를 알선하는 방법으로 일을 성사시켰다. 뿐만 아니라, 그는 풍류생활을 통하여 벼락부자가 부릴 수 있는 온갖 호기를 다 부렸다. 자주 미녀를 사들여서는 며칠 밤을 같이 보낸 다음에 몇 백 냥의 돈을 쥐어주고 다시 다른 이에게 개가시켜 버리기 일쑤였다.

　이런 무절제한 사생활이 그의 기상을 손상하게 하고, 재력의 상당 부분을 소모하게 했음은 물론이다. 그는 사치와 방종이 실패의 함정이 된다는 만고불변의 진리를 알면서도 외면했다. 이리하여 그는 평생의 공든 탑을 헛되게 하였으며, 봉건시대 상인들이 자주 보여준 자만과 사치라는 병폐의 전철을 답습했다. 그의 남다른 일생을 통해 우리는 다시 한 번 확인하게 되는 사실이 있다. 창업이 어려우나 수성은 더욱 어렵고, 가사의 가장 우선하는 도리는 바로 근검절약이라는 점이다.

　호설암이 패망한 또 다른 원인은 그가 자신의 이익을 위해 권모술수를 지나치게 사용했고, 타인의 이익을 도외시하고 손해를 끼치는 행위를 대수롭지 않게 여겼다는 점이다.

　청 말기는 누구나 스스로의 생존을 위해 비범한 사고와 지모를 필요로 한 시대였다. 더구나 지략과 술수로 스스로의 이익을 도모하는 것은 당시 봉건상인의 본성이라고 할 수 있는 일이었다. 타고난 총명과 기지를 지닌 호설암도 자신의 이익을 확대하고 경쟁자를 넘어뜨리기 위해 수단방법을 가리지 않고 온갖 모략을 구사했다. 그가 사용한 무수한 계략들은 구시대 상인들이 활용할 수 있는 상술의 총집합이라고 할 만했다. 그러다 도리어 성선회의 반격에 무너지게 되었으니, 이것은 자업자득의 결과라 해야 옳을 것이다.

　이 점은 오늘날의 상인들에게 매우 생생한 교훈과 시사를 던진다. 상해(商海)의 경쟁에서 지모는 없어서는 안 될 것이되, 그것이 도를 지나쳐 이기적인 것이어서는 곤란하다는 점이다. 주유를 생각해 보라. 그는 한 걸음에 세 가지 모략을 생각해 낼 정도로 머리가 비상한 사람이었다. 그러나 그는 여러 차례 제갈량을 모략으로 제압하려다 실패하고 결국은 자기 꾀에 빠져 황천으로 떠나고 만다.

오늘날의 세계를 지구촌이라 한다. 산업은 날이 갈수록 세분화되어 가는 추세다. 이 시대에 기업이 사회를 이탈하여 독자적인 발전을 추구하는 것은 불가능하다. 우리는 상호협력과 공동발전의 정신으로 시너지 효과를 창출하는 마인드가 필요한 시대를 살아가고 있다. 한 상인이 자신의 남다른 지모로 단기간에 폭리를 취하는 데 성공하더라도 그는 결코 이런 성공을 장기적으로 견지할 수 없다. 결국에는 인심을 잃고 다수 경쟁자들의 반격에 직면하게 될 것이기 때문이다.

'참으로 큰 지혜는 모략이 없다.' 이 말은 모략을 쓰지 않는다는 뜻이 아니다. 모략을 남용하지 않고 지혜롭게 활용한다는 의미다. 남을 함정에 빠뜨리고 계략에 말려들게 하는 일을 하지 않는다는 의미다. 그렇게 함으로써 도리어 자신의 사업을 장기적으로 반석 위에 올려놓을 수 있기 때문에, 그것이 '큰 지혜'라는 것이다. 더구나 광범위한 대중을 소비자로 삼는 시대에 사업의 규모가 커질수록 많은 사람들의 배려와 지원이 필요하며, 특히 동업계 사람들과의 원만한 협력관계가 없이는 사업의 성공을 보장받을 수 없다. 이기적인 모략과 음모는 결코 취할 바가 아니다.

'난세가 영웅을 만든다'라는 말이 있다. 시대환경이 영웅을 탄생시키는 바탕이 되지만, 그 시대적 상황에 대처할 능력이 없으면 영웅은 탄생하기 어렵다. 성선회가 위대한 업적을 이루고, 호설암과의 대결에서 승리할 수 있었던 것은 바로 그가 변화하는 시대상황을 제어할 능력을 지니고 있었기 때문이다.

성선회가 성공한 첫 번째 원인은 그가 시대의 변화를 정확히 읽고 그에 유연하게 대처했기 때문이다.

성선회는 청 말기의 전형적인 신흥 자본가였으며, 그가 일으킨 기업들도 중국 자본주의 발전 단계를 보여주는 상징적 모델이라고 할 수 있다. 그는 비록 과거에 급제하지 못했지만 사숙하는 기간 동안 사회의 실질적인 문제들에 대해 고민하고, 경세치용의 학문을 탐구했다. 이어 이홍장의 막부에 들어가서 시대의 변화상을 정확히 읽고 양무운동에 적극 가담하여, 양무파의 핵심인물 중 한 사람으로 부상한다.

아울러 그는 열강의 침탈로부터 국익을 지켜내기 위해서는 하루속히 중국을 부강하게 하고 근대화시키는 길밖에 없다고 판단했다. 이에 그는 각종 근대적 산업을 일으키기 위해 애쓰는 한편, 스스로도 서양의 신기술을 도입하여 많은 근대적 민간기업을 창립했다. 또한 성선회는 새로운 시대환경을 주도해 갈 인재 양성의 필요성을 절감하고, 신식교육 도입에 심혈을 기울였다. 그는 최초의 공립대학을 설립한 외에, 최초의 사범대학과 각급 학교를 설립하고 교육제도를 완비하여 중국 근대교육사에 큰 족적을 남겼다.

경쟁이 치열한 상해(商海)에서 살아남아 승리의 고지를 차지하기 위해서는 상황을 정확히 판단하고 적절히 대처하는 능력이 참으로 중요하다. 그리고 이에 더하여 경쟁과 대립의 국면을 자신에게 유리하게 이끌어가는 수완을 더한다면 금상첨화라 하겠다. 그러면

'국면을 유리하게 이끌어간다는 것'이란 무엇인가? 손자병법은 다음과 같은 내용을 담고 있다.

"형세를 잘 운용할 줄 아는 전략가는 전투에서 장병들을 지휘하는 것이 마치 돌과 나무덩이를 움직이는 것과 같다. 돌과 나무는 평탄한 곳에 놓으면 비교적 안정적이나 움직임이 없고, 경사지거나 둥근 곳에 놓으면 구르려고 하는 성질이 있다. 그러므로 지혜로운 전략가는 전투에서 유리한 형세를 차지하기 위해 마치 8천 척이나 되는 높은 산에서 둥근 돌을 굴려 내리는 것과 흡사한 상황을 조성하니, 이를 아무도 당해낼 수 없다. 이것이 바로 군사상 유리한 형세를 만들어내는 것이다."

이 점은 한 서양 전략가에 의해서도 유사하게 언급되었다. "전략 수립의 진정한 목적은 전투를 수행하는 것이라기보다, 일종의 유리한 형세를 구축해 내는 것이다."

그러나 전략적으로 유리한 형세를 조성하는 것이 아무리 중요하다 하더라도 그 자체만으로는 어떤 성과를 획득할 수 없다. 그 유리한 형세를 바탕으로 실질적인 전투에서 승리를 거두어야 비로소 목적하는 바를 성취할 수 있는 것이다. 성선회가 이룩한 성공의 또 다른 요인은 그가 기회를 잘 포착해 냈다는 점이다.

기회란 우연히 찾아오는 것이지 구할 수 있는 것이 아니다. 그러나 기회를 정확히 포착해 내고 그것을 자기발전의 밑거름으로 활용하는 것은 누구나 쉽게 해낼 수 있는 일이 아니다. 성선회에게 이홍장과의 만남은 하나의 크나큰 기회이자 인생의 전환점이 되었다.

이홍장은 만청(晚淸) 시기 조정의 위세당당한 중신이었다. 당시 그의 주위에는 각계의 수많은 인재들이 모여들어 그를 위해 봉사했고, 그는 그들에게 비바람을 피하여 의지할 수 있는 '큰나무'가 되어 주었다. 아울러 그들은 이홍장의 후광을 입어 벼슬을 얻고, 부를 획득했다. 성선회는 이런 인간관계를 십분 활용하여 이홍장의 막부에서 총애를 얻었을 뿐 아니라, 그 자신은 중국 근대사에 실업계의 거두로 이름을 남기게 되었다.

기회를 포착하더라도 그것을 활용하여 성공을 일궈내는 데는 모험을 두려워하지 않는 용기를 필요로 한다.

철학적 각도에서 보자면 기회와 모험이란 상호보완적인 두 개의 개념이다. 기회는 우연성의 범주에 속하는 것이며, 많은 위험의 한가운데 도사리고 있는 경우가 많다. 많은 사람들이 그것을 발견하지 못하거나, 혹은 발견하더라도 감히 낚아채지 못하는 것은 이런 이유에서다. 그러므로 기업의 최고경영자는 위험을 두려워하지 않는 용기와 예지를 필요로 한다. 그래야만 기회가 출현할 때, 그것을 망설이지 않고 포착해 기업의 발전을 위한 밑거름으로 활용할 수 있을 것이기 때문이다.

현실생활에서 우리는 누구나 기회를 만나게 된다. 그러나 그 기회의 실질적 의의를 제대로 간파하지 못하여 놓쳐버리는 사람들이 적지 않다. 또 어떤 이는 기회의 효용을 부정하기도 하고, 어떤 이는 기회란 오직 소수의 사람에게만 찾아오는 것으로 치부하기도 한다. 관건은 기회가 다가올 때 그것을 제때 포착해 내는 것이다. 그리고 그것이 지닌 위험 요소를 최소화하고 유익한 요소를 확대시키며 적절히 활용할 때 비로소 경영관리상의 성공에 도달하게 된다. 그러나 기회를 스쳐 지나가거나, 포착하더라도 제대로 활용하지 못하면 결국 기다리고 있는 것은 실패의 종착점일 뿐이다.

성선회는 자신에게 찾아온 기회를 십분 활용하여 호설암과의 대결에서 최종적인 승리를 거두었다. 일세를 풍미한 관상으로서, 그는 일평생 봉건 지배계층의 이익을 보호하기 위해 갖은 노고를 아끼지 않았다. 의화단 운동, 신해혁명 진압에도 기여했던 그는 이 일로 자신이 충성을 바친 청조를 위한 속죄양이 되어 관직을 잃기도 했다. 신해혁명 이후, 청조의 몰락과 함께 그의 정치권력도 사라졌으며 그의 사업은 막대한 경제적 손실을 입었다. 어떤 의미에서 그는 종말을 고하는 봉건체제의 순교자였던 셈이다.

역사를 바꾼
위대한 라이벌

초판 1쇄 인쇄 2022년 6월 16일
초판 1쇄 발행 2022년 6월 22일

지은이 화장
옮긴이 정광호
펴낸이 김형성
펴낸곳 (주)시아컨텐츠그룹
책임편집 강경수
디자인 공간42

주소 서울시 마포구 월드컵북로5길 65 (서교동), 주원빌딩 2F
전화 02-3141-9671
팩스 02-3141-9673
이메일 siaabook9671@naver.com
등록번호 제406-251002014000093호
등록일 2014년 5월 7일

ISBN 979-11-88519-38-5 [03910]